XINZHONGGUO SHEHUI BAOXIAN ZHIDU
BIANQIAN YU ZHANWANG

新中国社会保险制度变迁与展望

丁少群 等 编著

西南财经大学出版社
四川·成都

图书在版编目(CIP)数据

新中国社会保险制度变迁与展望/丁少群等编著.—成都:西南财经大学出版社,2020.9
ISBN 978-7-5504-4519-2

Ⅰ.①新… Ⅱ.①丁… Ⅲ.①社会保险制度—研究—中国
Ⅳ.①F842.61

中国版本图书馆 CIP 数据核字(2020)第 168941 号

新中国社会保险制度变迁与展望

XINZHONGGUO SHEHUI BAOXIAN ZHIDU BIANQIAN YU ZHANWANG

丁少群 等 编著

责任编辑:刘佳庆
封面设计:墨创文化
责任印制:朱曼丽

出版发行	西南财经大学出版社(四川省成都市光华村街 55 号)
网　　址	http://www.bookcj.com
电子邮件	bookcj@foxmail.com
邮政编码	610074
电　　话	028-87353785
照　　排	四川胜翔数码印务设计有限公司
印　　刷	四川五洲彩印有限责任公司
成品尺寸	170mm×240mm
印　　张	30.75
字　　数	794 千字
版　　次	2020 年 9 月第 1 版
印　　次	2020 年 9 月第 1 次印刷
书　　号	ISBN 978-7-5504-4519-2
定　　价	128.00 元

出版说明

文承千秋史，潮引万水东。

1949年中华人民共和国的成立，是中国有史以来最伟大的事件，也是20世纪世界最伟大的事件之一，中华民族的发展开启了新的历史纪元。1978年，在中国共产党历史上，在中华人民共和国历史上，实现了新中国成立以来具有深远意义的伟大转折，开启了改革开放和社会主义现代化的伟大征程，推动了中国特色社会主义事业的伟大飞跃。中国特色社会主义道路、理论、制度、文化，以雄辩的事实彰显了科学社会主义的鲜活生命力，社会主义的伟大旗帜始终在中国大地上高高飘扬，中华民族正以崭新姿态屹立于世界的东方！

习近平总书记指出："哲学社会科学研究要立足中国特色社会主义伟大实践，提出具有自主性、独创性的理论观点，构建中国特色学科体系、学术体系、话语体系。""70年砥砺奋进，我们的国家发生了天翻地覆的变化。""无论是在中华民族历史上，还是在世界历史上，这都是一部感天动地的奋斗史诗。"深刻反映70年来党和人民的奋斗实践，深刻解读新中国70年历史性变革中所蕴含的内在逻辑，讲清楚历史性成就背后的中国特色社会主义道路、理论、制度、文化优势，是新时代中国哲学社会科学工作者的历史责任。

从新中国成立到改革开放之前，中国共产党领导人民进行社会主义革命和建设，探索适合中国实际情况的社会主义建设道路，虽然经历过曲折，但总体上看，全面确立了社会主义基本制度，实现了中国历史上最深刻最伟大的社会变革，取得了独创性理论成果，成就巨大，为当代中国的一切发展进步奠定了根本政治前提和制度基础，为开创中国特色社会主义提供了宝贵经验、理论准备、物质基础。改革开放以来，从开启新时期到跨入新世纪，从站上新起点到进入新时代，中国特色社会主义迎来了从创立、发展到完善的伟大飞跃，中国共产党在理论、实践、制度等方面全面推进科学社会主义进入新阶段，科学社会主义在中国焕发出强大的生机和活力。可以说，中国共产党对社会主义理想百折不挠的追求、坚持不懈的实践，以及取得的举世瞩目的成就，为5 000年的中华文明注入了新的基因，使中国由贫穷落后走上小康之路，同时也极大地影响和改变着世界历史的发展进程。

经济社会比较落后的国家在革命胜利后如何建设社会主义，是社会主义发展史上的重大历史性课题；而新中国成立70年来，中国共产党建设社会主义的实践探索，是对这一历史性课题的成功“解题”。从“出题”到“解题”，中国每时每刻都在发生变化，我们必须要在理论上跟上时代，不断认识实践规律，不断推进理论创新、制度创新，在聆听时代声音中展现出更有说服力的真理力量。

“制度是关系党和国家事业发展的根本性、全局性、稳定性、长期性问题。”中国特色社会主义制度，是当代中国发展进步的根本制度保障，集中体现了中国特色社会主义的特点和优势。我们坚持完善和发展中国特色社会主义制度，不断发挥和增强我国的制度优势，在经济、政治、文化、社会等各个领域形成一整套相互衔接、相互联系的制度体系。

时代是思想之母，实践是理论之源。在回顾中国共产党引领中国人民绘就这一幅幅波澜壮阔、气势恢宏的历史画卷的同时，如何以马克思主义为指导，有分析、有选择地吸收和借鉴新制度经济学中的合理成分，站在新的历史起点，肩负起新时代的历史使命，系统梳理新中国成立以来我国经济社会制度的发展脉络，全面探究新中国经济社会制度的演进路径，以使我们更加清醒地认识新时代中国特色社会主义的历史方位，更加自觉地增强对中国特色社会主义经济社会制度的价值认同，从而构建基于我国自身伟大实践的具有深刻解释力的中国特色社会主义经济社会制度理论体系，是一个伟大而艰巨的时代课题。对“兴学报国”90余载的西南财经大学来说，关注国计民生、破解经济现象、剖析社会迷局、贡献西财方案，本是“题中应有之义”；

对“经世济民，孜孜以求”的西财经济学人来说，能够站在学术高地，以理论和智慧主动服务国家战略，更是光荣使命，责任重大。

“成为中国高等财经教育的主要引领者、国际商科教育舞台上的有力竞争者、实现中华民族伟大复兴中国梦的重要贡献者”，这是西南财经大学在新时代的历史使命。围绕着“深化学术创新体系改革，增强服务国家发展能力”，西南财经大学第十三次党代会报告指出：“深入贯彻落实加快构建中国特色哲学社会科学的意见，瞄准学科前沿和国家重大需求，以广阔视野、创新精神大力推进学术创新，在服务国家发展中彰显西财价值。”这就要求我们，要以原创理论成果和服务国家、行业及区域重大战略需求为主线，加快推进中国特色社会主义政治经济学等理论体系建设，产出一批具有时代影响力的原创性成果，彰显西财学术影响力。

西南财经大学是教育部直属的国家“211 工程”和“985 工程”优势学科创新平台建设的全国重点大学，也是国家首批“双一流”建设高校，理应在构建中国特色哲学社会科学学科体系、学术体系和话语体系，深刻解读新中国 70 年历史性变革中所蕴含的内在逻辑，讲清楚历史性成就背后的中国特色社会主义经济制度与社会变革的关系等方面有所作为。

西南财经大学结合自身学科专业特色、优势和“双一流”建设要求，组织相关学科专业学者梳理新中国成立以来经济社会制度的变革与实践，总结过往取得的成就和经验与教训，积极探索未来的发展方向与路径，策划了这套“新中国经济社会制度变迁丛书”并成功入选“十三五”国家重点图书、音像、电子出版物出版规划（新广出发〔2016〕33 号）。该套丛书包括《新中国经济制度变迁》《新中国货币政策与金融监管制度变迁》《新中国保险制度变迁》《新中国社会保险制度变迁与展望》《新中国审计制度变迁》《新中国统计制度变迁》《新中国工业企业制度变迁》《新中国财政税收制度变迁》《新中国经济法律制度变迁》《新中国对外贸易制度变迁》《新中国卫生健康制度变迁》《新中国社会治理制度变迁》《新中国行政审批制度变迁》《新中国农业经营制度变迁》《新中国人口生育制度变迁》共计 15 册。

西南财经大学党委和行政高度重视这套丛书的编撰和出版，要求每本书的研究、编写团队要坚持以习近平新时代中国特色社会主义思想为指导，把学习、研究、阐释当代中国马克思主义最新成果作为重中之重；要扎根中国大地，突出时代特色，树立国际视野，吸收、借鉴国外有益的理论观点和学术成果，推进知识创新、理论创新、方法创新，提升学术原创能力和水平；要立足我国改革发展实践，挖掘新材料、发现新问题、提出新观点，提炼标识性学术概念，打造具有中国特色和国际视野的学术话语体系，形成无愧于时代的当代中国学术思想和学术成果，立足自身研究领域，为推动中国经济学、管理学学科体系建设做出贡献；要坚持用中国理论阐释中国实践、用中国实践升华中国理论，推动学术理论中国化，提升中国理论的国际话语权，并推动研究成果向决策咨询和教育教学转化。

本套丛书以习近平新时代中国特色社会主义思想为指导，力求客观真实地揭示新中国经济社会制度变革的历程，多维度、广视角地描绘新中国经济社会制度演进的路径，较为全面系统地总结中国共产党带领全国各族人民为实现国家富强、民族振兴和人民幸福的“中国梦”所进行的中国特色社会主义经济社会制度变革的伟大实践和理论探索。

历史车轮滚滚向前，时代潮流浩浩汤汤。历史是营养丰沛的最好的教材，70 年来中国共产党带领中国人民走过的路，是一部感天动地的奋斗史诗，是独一无二的实践经验，也是滋养理论研究的取之不竭的现实沃土。新中国 70 年的光辉历程，“积聚了千里奔涌、万壑归流的洪荒伟力”。我们应深深饱吸这 70 年波澜壮阔的变革中所蕴藏的丰饶的学术营养，立足当下，并在 21 世纪全球经济一体化的世界格局中观照我国改革开放的深化发展，以及经济社会和谐发展的本质要求，通过对经济社会最深层次、最具价值、最本质和最急迫问题的挖掘、揭示与探索，从波澜壮阔的历史回溯中提炼学术成果，提升理论自信；我们在解析历史的同时，也是以高度负责的敬业精神，用奋进之笔在书写着一部“当代史”。

当然，本套丛书只是对新中国经济社会制度变革问题进行系统性探索的开始，我们希望并相信本套丛书能够引起更多的哲学社会科学工作者，尤其是相关经济、管理学界的学者的关注，从而推动新中国经济社会制度变迁的纵深研究，为中国特色社会主义制度变革和创新提供更多更好的理论依据和决策支持。因历史资料搜集等方面存在的差异，书中的观点和方法还有许多不完善、不成熟之处，敬请读者批评指正。

目录 MULU

第四篇 新中国其他社会保险制度之变迁与展望

导论

新中国社会保险制度的总体变迁路径及研究特色

一个国家选择什么样的社会保险制度和治理体系，是由这个国家的历史文化、社会性质、经济发展水平决定的。而在中国这样一个具有超长历史纵深、超大国土面积、超大人口规模、超常复杂的城乡多元结构，乃至老年人口体量规模越来越超大的社会主义发展中国家建立社会保险制度，在以往的世界各国实践中是没有任何现成模式可以学习的。

新中国成立 70 年来，中共中央鲜明提出走自己的路、建设有中国特色的社会主义，我国城乡社会保险制度获得了更快更全面的发展。70 年来，中国社会保险制度经历了“从无到有”“从有到全覆盖”（城乡全民覆盖、全险种覆盖）的巨大历史变迁过程，并形成了具有中国新时代特色的全民社保建构模式，积累了重要经验。展望未来，我国城乡社会保险制度，又将经历从全覆盖向高质量发展的重要转变过程。

本书全面梳理和概括了中国特色的城乡社会保险发展历程、管理方式、制度特征、取得的历史成就，并对其未来高质量发展的方向进行展望，具有重要的历史价值和现实意义。

一、70 年社会保险制度发展成就斐然

新中国成立 70 年来，包括基本养老保险、基本医疗保险、失业保险、工伤保险和生育保险等在内的中国社会保险制度建设，成就斐然。

2018 年全国参加基本养老保险人数为 94 293 万人，比上年增加 2 745 万人。全年基本养老保险基金总收入 55 005 亿元，基金总支出 47 550 亿元。年末基本养老保险基金累计结存 58 152 亿元。其中，全国参加城镇职工基本养老保险人数为 41 902 万人，开始享受职工退休金待遇的离退休人员为 11 798 万人；城乡居民基本养老保险参保人数为 52 392 万人，实际领取待遇人数为 15 898 万人。

2018年全国参加基本医疗保险[①]（以下简称“基本医保”）人数为134 459万人，参保率稳定在95%以上，基本实现人员全覆盖。其中，参加职工医保人数为31 681万人，政策范围内住院费用报销支付比例全国平均达到81.6%；2018年仍然参加新型农村合作医疗保险（以下简称“新农合”）的人数为1.3亿人，参加全国城乡居民基本医疗保险（以下简称“城乡居民医保”）的人数为89 736万人，政策范围内住院费用报销支付比例全国平均达到65.6%，享受待遇人次和医疗费用持续增加。2018年基本医保基金总收入21 384亿元，总支出17 822亿元，年末基本医保基金累计结存23 440亿元，其中基本医保统筹基金累计结存16 156亿元，职工基本医疗保险个人账户累计结存7 284亿元。

2018年全国参加失业保险人数为19 643万人，比上年增加859万人。全年共为452万名失业人员发放了不同期限的失业保险金，失业保险金月人均水平1 266元，比上年增长13.9%。全年发放稳岗补贴惠及职工6 445万人，发放技能提升补贴惠及职工60万人。全年失业保险基金收入1 171亿元，基金支出915亿元。年末失业保险基金累计结存5 817亿元。

2018年全国参加工伤保险人数为23 874万人，比上年增加1 151万人。截至2018年年末，全国新开工工程建设项目工伤保险参保率为99%。全年认定（视同）工伤110万人，评定伤残等级56.9万人。全年有199万人次享受工伤保险待遇。全年工伤保险基金收入913亿元，基金支出742亿元。年末工伤保险基金累计结存1 785亿元（含储备金294亿元）。

2018年全国参加生育保险20 434万人，比上年增长5.9%。生育保险基金收入781.1亿元，比上年增长21.6%；基金支出762.4亿元，比上年增长2.5%；当期结存18.7亿元，累计结存581.7亿元[②]。

---

① 全国基本医疗保险包含职工基本医疗保险、城乡居民基本医疗保险以及新型农村合作医疗保险。

② 本节中基本医疗保险、生育保险的数据来源于《2018年全国基本医疗保障事业发展统计公报》（国家医疗保障局2019年6月30日发布）。本节中基本养老保险、失业保险、工伤保险的数据来源于《2018年度人力资源和社会保障事业发展统计公报》（中华人民共和国人力资源和社会保障部2019年6月11日发布）。

二、回顾70年，社会保险制度发展进入新时代

回顾过去的70年，我国社会保险制度的变迁大致经历了四个重要阶段：

一是计划经济时代（1949—1978年）覆盖面有限的“国家-单位保障制度”阶段。1951年《中华人民共和国劳动保险条例》颁行，该条例是新中国成立后第一个内容完整的社会保险法规，对职工的退休养老、疾病医疗、工伤待遇、生育待遇等多项社会保险及管理都做了规范，标志着中华人民共和国劳动保险制度的确立，是中国社会保险制度“从无到有”的开创性成就。当然，这一初创阶段的制度还不够成熟、不完善，制度的覆盖范围有限，单位封闭运行、保障层次单一，缺乏风险共担机制，国家财政负担沉重。

二是改革开放初期（1979—1996年）适应市场经济体系的企业养老、医疗保险制度的艰难改革探索阶段。这是我国计划经济向市场经济体制渐进转变的重要转轨时期，国营企业开始蜕变为独立的市场经济主体，急需剥离“企业办社会”的沉重负担，此时打破企业保障走向社会统筹成为必然。但是，新的独立于企业的社会保障制度体系中，国家、企业和个人的责任该如何划分，怎样才能更好地体现社会公平与效率的统一？“摸着石头过河”是这一时期的特色，各地试点形成了丰富的企业职工养老、医疗保险制度形式，为后续统一的城镇职工养老、医疗保险制度的建立奠定了重要的实践基础。同时，这也逐步形成了具有中国特色的分散试点→总结经验复制推广→形成法规固化定型的渐进式改革经验。

三是统一的城镇职工“五险”制度正式建立和全面推广时期（1997—2008年）。以统筹账户和个人账户相结合为特征的统一的城镇职工基本养老保险、城镇职工基本医疗保险制度实施办法，先后于1997年、1998年颁布，并在全国各类企业逐步推广施行。其间，筹资水平、待遇计发办法等具体实施方案，也经过了多次微调、修订，但统账结合的基本制度框架始终未变。并且，2015年的机关事业单位养老保险制度改革也与企业养老保险制度进行了并轨，彻底解决了养老金“双轨制”问题。

四是从城镇转向农村的普惠性全民社保建设时期（2009—2018年）。早

在2003年，党中央就开始部署在广大农村地区试点新型农村合作医疗制度，筹资方式是以政府补贴为主、个人缴费为辅，主要保大病风险。最初几年主要是探索试点，新农合覆盖面有限、保障水平较低。2009年，党中央决定在农村地区开展新型农村社会养老保险的试点，养老保险所需要的资金远大于医疗保险，制度设计更复杂，这体现了党中央对农村民生保障的重视和决心，标志着中国农民也可以像城镇职工一样享有国家提供的基本养老保险和医疗保障，并且国家对农民社会保险的补贴力度和保障水平不断提高。为推进城乡经济社会事业统筹发展，我国先后于2014年、2016年开始推行城乡居民基本养老保险制度、城乡居民基本医疗保险制度的整合，大大提高了制度的公平性，并促进了新型城镇化的发展。

新中国成立70年来，中国社会保险经历了全面而深刻的制度变革，走过了一条具有中国特色的渐进改革与发展道路，曾经与计划体制相适应的传统社会保障制度已经完全转化成了与市场经济体制相适应的新型社会保险体系，为全球社会保障制度变革贡献了最重要的中国经验。

以中共十九大的召开为标志，从2018年开始以习近平新时代中国特色社会主义思想为指导，我国的社会保险制度变迁之路又将进入一个新的历史阶段——从全面覆盖向高质量发展迈进。中共十九大报告指出，我国要按照“兜底线、织密网、建机制”的要求，全面建成覆盖全民、城乡统筹、权责清晰、保障适度、可持续的多层次社会保障体系。改革发展的目标是更好地体现社会的公平正义，努力满足人民群众差异化需求。2018—2019年，我国加速推进国有资本划转充实社保基金，正式开启第三支柱的养老金制度——个税递延型商业养老保险的试点。新的国家医疗保障局成立，改革医保支付方式、解决异地就医报销难，“4+7”药品带量集中采购的“三医联动”改革正在路上。这一系列的改革创新措施，必将推进我国社会保险制度变迁走向更加公平、更可持续、更具流动人口适应性的高质量发展新阶段。

三、总结70年，社会保险制度变迁与展望的研究特色

本书主要从历史变迁的视角总结了新中国成立70年以来的中国城乡社会保险发展历程、管理方式和制度特征，并以客观的态度、专业的视角和科学的方法来评析新中国不同阶段社会保险制度的变革成效与问题，尽可能以理性的思维来展望未来的社会保险发展方向和政策趋势。既以此书向新中国成立70周年献礼，也期望以此研究成果推动中国社会保险制度的可持续发展。

本书以新中国城乡社会保险制度为研究对象，较全面地从历史纵深与政策评估的角度，对中国计划经济时代30年的社会保险制度变迁与改革开放后40年的社会保险改革探索及制度深化进行系统的总结与评析；同时，以习近平新时代中国特色社会主义思想、社会保障事业“十三五”发展规划、《“健康中国2030”规划纲要》等为指导，对我国统筹城乡的社会保险制度未来发展趋势提出改革展望和发展建议。本书按时间序列、分险种、按城乡展开，对我国社会保险的不同制度（包括可能成为我国第六大社会保险险种的长期照护保险）进行分类研究、总结归纳，并进行展望。其中，对计划经济时代30年的社会保险制度变迁采取概括性回顾和研究，对改革开放后我国适应市场经济体制的社会保险制度建立及改革发展过程进行深入研究和详写。全书内容共五篇，具体由新中国城镇职工养老保险制度之变迁与展望、新中国城镇职工医疗保险制度之变迁与展望、新中国农村社会保险制度之变迁与展望、新中国其他社会保险制度之变迁与展望以及新中国70年城乡社会保险制度变迁之重要事件索引组成。

本书在撰写中力求对中国城乡社会保险制度的演变阐述准确、全面，引用的法规政策资料丰富、具有权威性，从专业的视角对制度变革成败得失的评估尽可能做到客观、公正。本书的研究定位是：不仅具有一定的理论学术价值，而且具有较高的历史价值与资料价值，力争成为一部历史性的、全景

式的中国城乡社会保险制度变迁、成效评估与发展展望的研究著作。相较于同类著作的研究，本著作的主要特色体现在：

其一，本书以社会保险制度而非社会保障体系为主要研究对象，坚持有所为有所不为。我国社会保障体系包含了社会保险、社会救助和社会福利等十分广泛的内容，但其核心制度为社会保险。因此，单纯研究新中国城乡社会保险的制度变迁，既把握了社会保障体系的重点，又可以使选题研究更为深入。而且，随着我国市场化改革的推进，部分救助或福利项目也越来越多地通过参保的方式来实现，如对农村低保人口的重要救助方式之一，就是由社会保险兜底。

其二，在研究中突出中国元素，展示新中国城乡社会保险制度变迁的特色经验和对世界社保体系建设的重要贡献。纵观世界各国及其历史，从来没有一个像中国这样具有超长时间历史纵深、超大人口规模、超常复杂的城乡多元结构及严重的地区发展不平衡，乃至老年人口体量规模超大的发展中国家，建立起过全民覆盖的社会保险制度。涉及 14 亿人口的全面社会保险体系的建成，是了不起的世界成就。本书紧密结合 70 年来新中国城乡社会经济制度变迁历程，重点总结、归纳和分析了中国城乡社保制度的改革路径、发展规律和中国经验，展现了中国模式对世界社保体系建设的巨大贡献。

其三，研究具有较强的开放性和时代性，不仅重视对传统社会保险“五险”制度的历史变迁研究，还注重对我国最新社保制度改革成果进行总结。主要包括有可能成为我国社会保险第六大险种的长期照护保险制度的试点进展与成就展望、国有资本划转充实社保基金的制度安排、城乡居民大病保险制度的改革成效和发展方向等，都在书中做了较为全面的调查分析和总结研究。

其四，本研究具有较强的前瞻性，不仅注重对新中国社保制度历史的总结和阐释，还注重对新中国社保制度未来发展方向进行研究和展望。本书基于对新中国社会保险制度变迁规律的专业认识，并以习近平新时代中国特色社会主义思想为指导，贯彻《“健康中国2030”规划纲要》精神，对我国统筹城乡的社会保险制度未来发展方向和具体路径进行了研究，提出了对未来改革的展望和建议，以期对我国各项社会保险制度的进一步完善和走向高质量发展提供有价值的决策参考意见。

第一篇

新中国城镇职工养老保险制度之变迁与展望

第一章
计划经济时代（1949—1978 年）职工养老保险制度的发展与变迁

1949 年新中国成立之初，中国刚刚经历了上百年的动乱与战争，受此影响，新中国成立初期的经济条件极为困难，民生凋敝、百废待兴。为尽快摆脱经济困境，我国建立起高度集中的计划管理体制，利用行政手段的高效性集中资源以恢复国民经济。基于国家统一负责的城镇职工养老保险制度——劳动保险制度，也由此建立并逐步发展起来。受“左”倾思潮影响，“大跃进”和“反右倾”等运动使社会经济发展遭受巨大波折；随后的“文化大革命”更加剧烈地冲击了我国国民经济建设事业，正常的生产生活秩序被打乱，进而影响到养老保险制度的建设与实施，使城镇职工养老保险发展处于停滞状态。直至改革开放后，城镇职工养老保险制度才得以恢复。

第一节　新中国成立初期劳动保险制度的产生与发展

一、劳动保险制度的产生与发展历程

（一）企业职工养老保险制度的建立与发展

新中国成立之初，百废待兴，养老保险制度也开始迈步发展。1948 年，中国共产党便在东北地区试点劳动保险制度。其他地区以此为经验和借鉴，纷纷开始制定并施行劳动保险制度。1949 年 9 月 29 日，对国民经济发展起指导作用且具有临时宪法性质的《中国人民政治协商会议共同纲领》出台，规定“逐步实行劳动保险制度”，明确了劳动保险制度建立的最高法律依据。由于各地对劳动保险的认识存在偏差，劳动保险的实施范围和待遇标准存在较大的地区差异，加之经验不足，具体实际工作也存有诸多问题①。1949 年 11 月，劳动部与中华全国总工会牵头组建劳动保险起草委员会，开始起草劳动保险法规工作。1950 年 3 月 15 日，中央人民政务院财政经济委员会发布了《关于退休人员处理办法的通知》，对新中国成立前的党政机关、铁路、海关、邮局等公共服务部门职工所享受的退休保障制度进行了确认，规定男女职工年龄在 50 岁以上、工龄满 10 年即可退休，退休时可以一次性领取退休金。这是中华人民共和国成立后发布的第一个关于退休养老的法规，标志着国家开始构建退休养老保障制度。但该法规只是对这些部门原有职工在新中国成立前享受退休保障制度的延续或认可，因此并不能视为建立了新中国的退休养老保险制度②。经过一年多的起草、论证、审核，1951 年 2 月 26 日，政务院颁布了《中华人民共和国劳动保险条例》（以下简称《劳动保险条例》），同年 3 月 24 日，劳动部又颁布了实施细则。该条例是新中国成立后第一个内

① 柯龙山. 我国城镇养老金双轨制的历史演进与终结研究［D］. 福州：福建师范大学，2016：86.

② 郑功成，等. 中国社会保障制度变迁与评估［M］. 北京：中国人民大学出版社，2002：78.

容完整的社会保险法规，对职工多项社会保险及其劳动保险金管理等内容做了规范，其中职工退休养老保险是极为重要的内容，标志着我国城镇职工养老保险制度的确立。

《劳动保险条例》的实施范围为：有正式职工 100 人以上的国营、公私合营及合作经营的工厂、矿场及其附属单位以及业务管理单位；铁路、航运、邮电部门各企业单位与附属单位。暂不实行《劳动保险条例》的单位，职工保险待遇可由各企业或其所属产业或行业的行政方面或资方与工会组织根据《劳动保险条例》规定的原则及本企业、本产业或本行业的实际情况协商，订立集体合同来解决。

退休条件和退休待遇如表 1. 1 所示，一般男性职工年龄满 60 岁，一般工龄达到 25 年，本企业工龄达到 10 年，即可享受退职养老或在职养老待遇。其中，退职养老待遇在本人工资的 35%~60%浮动；在职养老待遇在本人工资的 10%~20%浮动。《劳动保险条例》对女性职工进行了保护：女性职工的养老条件在年龄方面比男性少 10 岁，在一般工龄的计算上也少 5 年，即除了在本企业工龄年满 10 年外，一般女性职工只要年龄满 50 岁，一般工龄达到 20 年即可享受养老待遇。另外，对井下矿工或在 32℉以下低温或 100℉高温工作场所的工作者，以及提炼或制造铅、汞、砒、磷、酸化学、兵工工业中直接从事有害身体健康的特殊岗位职工在养老条件方面进行照顾：其一，退职退休年龄条件比一般员工少 5 年。其二，减少工龄要求。井下矿工或在低温、高温工作场所的职工从事该工作 1 年，一般工龄和本企业工龄按照 1 年零 3 个月计算；在提炼或制造铅、汞、砒、磷、酸及其他化学、兵工工业中直接从事有害身体健康的工作者从事该工作 1 年，其一般工龄和本企业工龄按照 1 年零 6 个月计算；如果从事上述前者的工作时间合计达到 10 年，或从事上述后者的工作时间合计达到 8 年，即使现在没有从事相应类型的各项工作，仍然可以按照条例规定享受退职养老待遇。

表 1.1　1951 年版《劳动保险条例》中关于养老条件和养老待遇的规定

<table>
<tr><th rowspan="2">类别</th><th colspan="4">养老条件</th><th colspan="2">养老待遇</th></tr>
<tr><th>性别</th><th>年龄</th><th>一般工龄（年）</th><th>本企业工龄（年）</th><th>退职养老</th><th>在职养老</th></tr>
<tr><td rowspan="2">一般职工</td><td>男</td><td>60</td><td>25</td><td>10</td><td rowspan="4">最低数额为本人工资的 35%。本企业工龄超过 10 年者，每超过 1 年增加本人工资的 2%，最高为本人工资的 60%</td><td rowspan="4">最低数额为本人工资的 10%。本企业工龄超过 10 年者，每超过 1 年增加本人工资的 1%，最高为本人工资的 20%</td></tr>
<tr><td>女</td><td>50</td><td>20</td><td>10</td></tr>
<tr><td rowspan="2">特殊岗位职工</td><td>男</td><td>55</td><td>25</td><td>10</td></tr>
<tr><td>女</td><td>45</td><td>20</td><td>10</td></tr>
</table>

注：该表内容根据《劳动保险条例》整理。

1952 年 1 月 12 日，政务院财经委员会颁发《国营企业工人职员退职处理暂行办法（草案）》，该办法对年老却不符合退休养老条件的自请退职或行政方面令其退职的职工进行退职处理，由企业行政方面给退职职工一次性发放退职金，如表 1.2 所示。

表 1.2　1952 年国营企业工人退职处理的规定

<table>
<tr><th rowspan="2">类型</th><th colspan="3">退职条件</th><th rowspan="2">退职待遇</th></tr>
<tr><th>性别</th><th>年龄</th><th>本企业工龄（年）</th></tr>
<tr><td rowspan="2">甲</td><td>男</td><td>≥50</td><td>≥10</td><td rowspan="2">发给原工资 6 个月。本企业工龄超过 10 年部分，每满 1 年，增发原工资半个月，但退职金总额不得超过原工资 12 个月</td></tr>
<tr><td>女</td><td>≥45</td><td>≥10</td></tr>
<tr><td rowspan="2">乙</td><td>男</td><td><50</td><td>≥10</td><td rowspan="2">发给原工资 5 个月。本企业工龄超过 10 年部分，每满 1 年，增发原工资半个月，但退职金总额不得超过原工资 12 个月</td></tr>
<tr><td>女</td><td><45</td><td>≥10</td></tr>
<tr><td>丙</td><td>—</td><td>—</td><td>≥10</td><td>本企业工龄在 2 年以内，发给原工资 2 个月，以后本企业工龄每增加 1 年，增发原工资一个月的 1/3</td></tr>
</table>

注：该表内容根据《国营企业工人职员退职处理暂行办法（草案）》整理。

随着社会改革的推进，战时遭受严重破坏的国民经济开始好转，扩大劳动保险实施范围和提高劳动保险待遇水平提上日程，但考虑到“抗美援朝”的需要和经济建设的资金需求，实施范围和待遇标准只宜进行一定程度上的扩大和提高。1953 年 1 月 2 日政务院颁布了《关于中华人民共和国劳动保险条例若干修正的决定》，劳动部随之发布了该条例实施细则的修正草案，并与中华全国总工会联合发出了修正有关劳动保险待遇支付的通知。修改后的条例将工、矿、交通事业的基本建设单位和国营建筑公司纳入实行劳动保险的范围，并将“有工人职员一百人以上”的规定放宽。享受养老保险待遇的条件也进一步放宽，将本企业工龄降为 5 年；退职养老待遇水平也得到一定的提升，由原先的 35%~60%提高到 50%~70%，如表 1.3 所示。

表 1.3　1953 年版《中华人民共和国劳动保险条例若干修正的决定》中关于退休条件和退休待遇的规定

<table>
<tr><th rowspan="2">类别</th><th colspan="4">养老条件</th><th colspan="2">养老待遇</th></tr>
<tr><th>性别</th><th>年龄</th><th>一般工龄（年）</th><th>本企业工龄（年）</th><th>退职养老</th><th>在职养老</th></tr>
<tr><td rowspan="2">一般职工</td><td>男</td><td>60</td><td>25</td><td>5</td><td rowspan="4">本企业工龄已满 5 年未满 10 年者，付给本人工资的 50%；已满 10 年未满 15 年者，付给本人工资的 60%；已满 15 年及 15 年以上者，付给本人工资的 70%</td><td rowspan="4">本企业工龄已满 5 年未满 10 年者，付给本人工资的 10%；已满 10 年不满 15 年者，付给本人工资的 15%；已满 15 年及 15 年以上者，付给本人工资的 20%</td></tr>
<tr><td>女</td><td>50</td><td>20</td><td>5</td></tr>
<tr><td rowspan="2">特殊岗位职工</td><td>男</td><td>55</td><td>25</td><td>5</td></tr>
<tr><td>女</td><td>45</td><td>20</td><td>5</td></tr>
</table>

注：该表内容根据《中华人民共和国劳动保险条例若干修正的决定》整理。

新中国第一部宪法——“五四宪法”于 1954 年 9 月 20 日通过，其第九十三条明确指出“国家举办社会保险、社会救济和群众卫生事业，并且逐步扩大这些设施，以保证劳动者享受这种权利”，再一次为我国社会保险确立了最高法律依据。1956 年，《劳动保险条例》的实施范围已经扩展到商业、外贸、粮食、供销、合作、金融、民航、石油系统、地质、水利、水产、国营农牧场及林场等行业部门。到 1956 年，参保的企业职工达到 2 300 万人，覆盖率达 94%①。

《劳动保险条例》不仅仅规定了劳动保险的实施范围、养老条件和养老待遇，还确定了劳动保险金的筹集与管理方式。劳动保险金资金主要来源于单

① 付奉义，胡代霞. 谈我国基本养老保险制度改革［J］. 湖南文理学院学报（社会科学版），2008（1）：53-54，89.

位或企业，劳动保险的各项费用全部由实行劳动保险的企业行政方面或资方负担；其中一部分由企业行政方面或资方直接支付，另一部分由企业行政方面或资方缴纳劳动保险金，交工会组织办理。企业行政方面或资方须按月缴纳相当于各企业全部工人与职员工资总额的3%，作为劳动保险金；不得在工人与职员工资内扣除，并不得向工人与职员另行征收。企业行政方面或资方，按照上月工资总额计算，于每月一日至十日限期内，一次向中华全国总工会指定代收劳动保险金的国家银行，缴纳每月应缴的劳动保险金。另外，劳动保险基金余额全部转入省、市工会组织或产业工会全国委员会户内，作为劳动保险调剂金。调剂金由省、市工会组织或产业工会全国委员会用于对所属各工会基层委员会劳动保险基金不足开支时的补助或举办集体劳动保险事业之用。中华全国总工会对所属各省、市工会组织、各产业工会全国委员会的调剂金，有统筹调用之权；如省、市工会组织或产业工会全国委员会调剂金不足开支，可申请中华全国总工会调拨调剂金补助，由此实现全国范围的调剂。

（二）机关事业单位养老保险制度的建立与发展

新中国成立初期，新进城的机关工作人员仍延续解放区供给制的分配方式，实行“包干供给制”的工资制度。对个人及家属的生、老、病、死、伤等各方面的困难，都由政府给予完全保障。这一时期，由于没有退休的规定，对老年工作人员的差别主要体现在“老年优待费”一项上。

1951年内务部出台《关于1951年内处理革命工作人员退职办法》的通知，规定凡列入行政编制的革命工作人员参加工作满3年，因年老（55岁以上）或长期病弱，确实不能继续工作者，经医生证明，机关首长批准，可以退职。退职人员在其退职时，依照其工作年限长短，发给退职生产补助金。1952年内务部颁布《各级人民政府工作人员退职处理暂行办法》，规定：凡参加革命工作满两年，因年老（55岁以上）体弱、或残疾而不能继续工作，并自愿申请退职的职工，经一定程序的审核、核准，准予退职。退职工作人员离职时能领取一定份额生产补助粮；对曾立功的人员增发相应份额补助粮，并发放返乡路费；对于工作时间未满两年者，适当减少补助粮食发放，并酌情补助路费。

1955 年 8 月国务院发布《关于国家机关工作人员全部实行工资制和改行货币工资制的命令》，废除了包括老年优待费在内的规定，结束了供给制与工资制并存的局面。为了适应改革后的机关养老问题，1955 年 12 月 29 日国务院发布《国家机关工作人员退休处理暂行办法》《国家机关工作人员退职处理暂行办法》《关于处理国家机关工作人员退职、退休时计算工作年限的暂行规定》等法规，建立起机关事业单位退休养老制度①。机关事业单位退休养老制度在待遇水平与《劳动保险条例》的标准相似，一般退休人员可获得本人工资的 50%~70%，因公致残等可获本人工资的 80%。其机关事业单位退休养老经费完全来源于财政，退休金由工作人员退休后居住地的县级人民委员会在优抚费项下发给。对革命有重大功绩，或者在参加工作以前从事科学、技术、文化、教育等事业且对社会有特殊贡献的，其退休金可以经批准而酌量提高。尽管机关事业单位退休养老制度与企业职工退休制度的内容大体相同，但却是独立的制度安排，两者不可避免地存在差异。自此以后，国家机关事业单位工作人员的退休制度与企业职工的退休制度长期处于并行格局，形成养老保险双轨制，迄今仍对我国养老保险制度改革和发展有巨大的影响。如表 1.4 和表 1.5 所示：

表 1.4 1955 年关于国家机关工作人员退休的规定

类型	养老条件			养老待遇
	性别	年龄	工作年限	
一般工作人员	男	60	工作年限已满 5 年，加上参加工作前主要依靠工资生活的劳动年限共满 25 年；或工作年限已满 15 年	工作年限满 5 年未满 10 年的，发给本人工资（退休时的标准工资加退休后居住地点的物价津贴，下同）的 50%；满 10 年未满 15 年的，发给本人工资的 60%；工作年限满 15 年发给本人工资的 70%
	女	55	工作年限已满 5 年，加上参加工作前主要依靠工资生活的劳动年限，共满 20 年；或工作年限已满 15 年	

① 朱恒鹏，高秋明，陈晓荣. 与国际趋势一致的改革思路——中国机关事业单位养老金制度改革述评 [J]. 国际经济评论，2015 (2)：9-28，4.

表1.4(续)

类型	养老条件				养老待遇
	性别	年龄	工作年限		
因劳致残丧失工作能力	—	—	工作年限已满 10 年		发给本人工资的 70%；工作年限在十五年以上的退休人员，发给本人工资的 80%
因公残疾丧失工作能力	—	—	—	—	

注：该表内容根据《国家机关工作人员退休处理暂行办法》整理。

表 1.5　1955 年关于国家机关工作人员退职的规定

退职条件	退职待遇
年老或者病弱不能继续参加工作，又不符合退休条件的工作人员	（一）工作年限满 5 年或在 5 年以下的，除了发给本人一个月的工资外，每满 1 年加发本人一个月的工资； （二）工作年限满 10 年或不满 10 年而在 5 年以上的，除按（一）项的规定发给外，从第六年起，每满 1 年加发本人一个半月的工资； （三）工作年限超过 10 年的，除分别按（一）、（二）两项的规定发给外，从第 11 年起，每满 1 年加发本人两个半月的工资
自愿退职的工作人员	
不适宜现职工作，又不愿接受其他工作的人员	

注：该表内容根据《国家机关工作人员退职处理暂行办法》整理。

二、劳动保险发展的特征

（一）采用诸险合一模式

《劳动保险条例》设立的目的是为了减轻雇佣劳动者生活中关于生、老、病、死、伤、残等特殊困难，保护劳动者权益。它是一部综合性的劳动保险立法，涵盖工伤、残疾、疾病、死亡、生育等内容。相较于现行社会保险各项目分项筹集资金的制度，《劳动保险条例》不设分项，将各项待遇资金的筹集合为一体，由统一的机构征集和调剂使用。

（二）企业负担缴费，财政兜底

劳动保险的一个突出特征是其缴费由企业负担。《劳动保险条例》规定：

劳动保险的各项费用全部由企业的行政方面或者资方负担，按月缴纳相当于企业全部工人与职员工资的 3%；不得在工人与职员工资内扣除，且不能向工人与职员另行收费。不实行劳动保险条例的企业订立集体劳动保险合同，集体劳动保险合同所规定的费用也由企业行政方面或者资方负担。尽管企业可能因为经营不善而使劳动保险缴费和支付面临困难，但在公有制经济企业形式下，政府财政会向企业拨款，以维持其正常经营，从而实现在国家财政兜底的情况下维持劳动保险的正常运转。国家机关工作人员退休时的车船费、行李费、途中伙食补助等费用按照相关行政经费开支办理，其退休金以及丧葬补助费等也无须其自行承担。因此，无论是企业的劳动保险制度还是机关事业单位的退休待遇都由单位负责，财政兜底。

（三）双轨制开始形成

企业职工与国家机关工作人员养老保险制度的双轨制肇始形成于该阶段。两者费用来源不同，企业职工实行《劳动保险条例》，由企业负责缴费；国家机关工作人员，按照《国家机关工作人员退休处理暂行办法》等规定实行，其待遇由行政费用负担。另外，两者在待遇水平方面也存在一定的差异。双轨制的形成有其历史原因。新中国成立之初，原有的一些企业已经开始实行养老保险，为了维护社会稳定和恢复生产，政府对原有的养老保险制度予以认可和继续，进而发展成劳动保险制度；而国家机关工作人员在新中国成立之前实行的是供给制，新中国成立后，供给制得到延续，并进而改革为国家机关人员养老退休制度。

（四）基于工会的三级管理体制

在劳动保险制度中，工会起着至关重要的作用，劳动保险金的收支皆由工会负责。在劳动保险制度建立之初，劳动部为全国企业劳动保险业务的最高监督机关，负责贯彻《劳动保险条例》的实施，检查全国劳动保险业务的执行；各级劳动部门对劳动保险金的缴纳和业务执行负有监督之责，对劳动保险的申诉负有处理之责。工会基层委员会为基层业务单位，负责督促保险金的缴纳和决定保险金的支付，办理劳动保险实际业务；其经费审查委员会按月审查劳动保险基金账目。各省、市工会组织，各产业工会全国委员会或地区委员会负责指导所属工会基层委员会的劳动保险业务，审核劳动保险基金报表、预决算和基金收支，接受有关劳动保险的申诉。各大行政区工会组织指导督促所属各省、市工会组织及其区域内产业工会组织的劳动保险工作，审核省、市工会组织劳动保险基金及调剂金收支报表、预决算以及业务计划书等。中华全国总工会是全国劳动保险事业的最高领导机关，统筹全国劳动保险事业的进行；督导所属各地方工会组织、各产业工会组织有关劳动保险事业的执行；审核并汇编劳动保险基金及总基金的收支报告表；编制劳动保险金的预决算、业务计划书及业务报告书。1954 年，根据中央精简政府机构的精神，政务院决定把整个企业劳动保险事业的管理事务交给中华全国总工会负责。根据政务院指示，劳动部与中华全国总工会于 1954 年 6 月 15 日发出《关于劳动保险业务移交工会统一管理的联合通知》，从此企业劳动保险业务由各级工会统一管理。

工会基层委员会管理劳动保险基金，省、市工会或产业工会管理劳动保险调剂金，全国总工会管理劳动保险总基金。前两个月的劳动保险金是启动准备金，从第三个月起，企业行政方面或资方缴纳的劳动保险金分为两个部分：其中 70%留在工会基层委员会，形成劳动保险基金；其余 30%上交中华全国总工会，作为劳动保险总基金，用于举办集体劳动保险事业。至此，资金管理形成了全国统筹、三级联通、相互调剂的管理调剂机制，如图 1.1 所示：

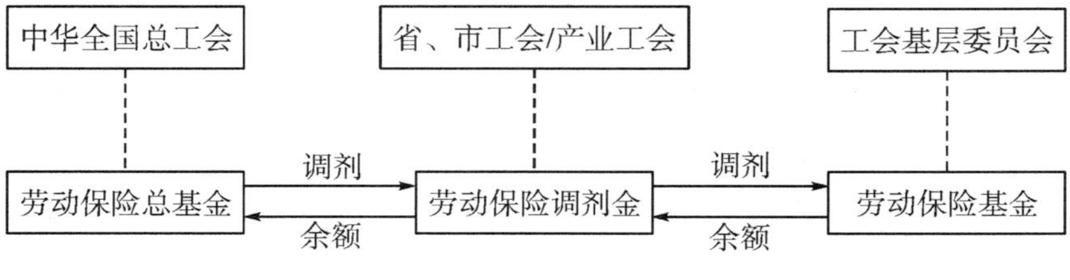

图 1.1　劳动保险的统筹调剂机制①

① 柯龙山. 我国城镇养老金双轨制的历史演进与终结研究［D］. 福州：福建师范大学，2016：88.

（五）逐步扩大实施范围

受制于经济发展条件和现实状况，劳动保险立法的初始设想是采取先重点试行，取得经验后再行推广的办法。因此其覆盖范围呈现逐步扩大的特征，具体路径为从大型企业到中小企业，从企业到国家机关事业单位。1951 年颁行的《劳动保险条例》适用范围限定在雇佣职工人数在 100 人以上的国营、公司合营、私营及合作社经营的工厂、矿场及其附属单位与业务管理机关与铁路、航运、邮电的各企业单位及其附属单位。1953 年修订的《劳动保险条例》将工厂、矿场及交通事业基本建设单位、国营建筑公司纳入保障范围，并规定未纳入保障范围的企业可以采取订立集体合同的方式规定劳动保险项目。到 1956 年，《劳动保险条例》的实施范围进一步扩展至商业、外贸、粮食等行业部门。

第二节　劳动保险制度的调整与改革

一、劳动保险制度的调整与改革历程

（一）企业和机关事业单位养老保险制度的合并

随着社会主义三大改造任务的完成，社会主义计划经济体制建立起来，国民经济得到恢复与发展。企业职工和国家机关工作人员的退休养老制度也相继建立起来，对改善职工退休生活起了巨大作用，体现了社会主义制度的优越性，激发了职工的劳动积极性和对社会主义制度的认同①。但是，双轨式运行的退休养老制度致使企业和机关事业单位职工的养老待遇存在差异，造成群众不满；并且，养老退休制度的一些规定还不够完善，某些退休条件较

① 周恩来. 关于劳动工资和劳保福利问题的报告［R］. 北京：中共八届三中全会，1957.

为严格，有些待遇标准不够适当，导致相当大一部分因年老和身体衰弱而丧失劳动能力的职工不能够或不愿退休，从而对单位的生产和工作以及本人都不利①。根据中共八届三中全会精神，为使应该退休的职工能够退休，精简机构、提高生产和工作效率、节约经费开支、安排青年学徒的劳动就业，劳动部和中华全国总工会等有关部门开始对社会保险制度进行修改、补充和完善②。经全国人大常委会批准，于1958年2月9日正式实施《国务院关于工人、职员退休处理的暂行规定》，进一步放宽退休条件，并对退休待遇标准做了调整。在退休条件方面，退休条件中的“一般工龄”减少了5年；新增了因身体衰弱而丧失劳动能力职工的退休规定。在退休待遇方面，增加了对有特殊贡献人员的退休待遇；为鼓励达到退休年龄的职工继续工作，取消了在职养老补助；统一了国家机关工作人员和企业工作人员的退休费用标准（统一为本人工资的50%~70%）。这是我国第一个统一养老保险制度的单独法规，它对企事业单位和国家机关、人民团体的工人、职员实行统一的养老保险制度③（如表1.6所示）。

表1.6　1958年《国务院关于工人、职员退休处理的暂行规定》中关于养老条件和养老待遇的规定

<table>
<tr><th rowspan="2">类别</th><th colspan="4">养老条件</th><th rowspan="2">养老待遇</th></tr>
<tr><th>性别</th><th>年龄</th><th>连续工龄（年）</th><th>一般工龄（年）</th></tr>
<tr><td rowspan="2">一般职工</td><td>男</td><td>60</td><td>5</td><td>20</td><td rowspan="4">5年≤连续工龄<10年，为本人工资的50%；10年≤连续工龄<15年，为本人工资的60%；15年≤连续工龄，为本人工资的70%</td></tr>
<tr><td>女</td><td>55</td><td>5</td><td>15</td></tr>
<tr><td rowspan="2">特殊岗位</td><td>男</td><td>55</td><td>5</td><td>15</td></tr>
<tr><td>女</td><td>45</td><td>5</td><td>15</td></tr>
</table>

① 马文瑞. 关于“国务院关于工人、职员退休处理的暂行规定（草案）”的说明［J］. 中国劳动，1957（23）：4-5.

② 同①.

③ 同①.

表1.6(续)

类别	养老条件				养老待遇
	性别	年龄	连续工龄（年）	一般工龄（年）	
丧失劳动力者	男	50	5	15	5 年≤连续工龄<10 年，为本人工资的 40%；10 年≤连续工龄<15 年，为本人工资的 50%；15 年≤连续工龄，为本人工资的 60%
	女	45	5	15	
	—	—	5	25	
革命工作	专职从事革命工作满 20 年，因身体衰弱不能继续工作而自愿退休				本人工资的 70%
特殊待遇	对社会有特殊贡献的工人、职员的退休费，可以酌情提高待遇标准，提高的幅度最高不得超过本人工资的 15%，并且必须经过上级主管机关批准				
因公残疾丧失劳动能力	在实行劳动保险条例的企业单位，仍然按照劳动保险条例的有关规定办理；在没有实行劳动保险条例的企业、机关，其退休费，饮食起居需要人扶助的，按月发给本人工资的 75%，饮食起居不需要人扶助的，按月发给本人工资的 60%				

注：该表内容根据《国务院关于工人、职员退休处理的暂行规定》整理。

关于工人、职员的退职问题，1952 年初由政务院财政经济委员会发布试行的《国营企业工人、职员退职处理暂行办法（草案）》和由国务院 1955 年年底发布的《国家机关工作人员退职处理暂行办法》都作了规定。但由于这两个暂行办法未公开发布，不为职工所了解；且该项工作未引起各单位的足够重视，未得到认真落实；加之某些规定不尽恰当，退职条件限制过于严苛，退职待遇标准偏低，以致不少应该退职的职工不能或不愿退职。对于已经退职的职工，处理办法和待遇水平也存在差异：一些根据前述两个文件的规定处理；一些则根据由上级主管部门或地方劳动部门同意通过的自行拟定的办法进行处理。因此，适当地调整退职条件和退职待遇，制定一个更切合实际的、企业和机关统一执行的可妥善处理职工退职问题并同时达到改进劳动组织、提高生产和工作效率的退职办法便成为应时之需[①]。由此，1958 年国务院公布实施了《国务院关于工人职员退职处理的暂行规定（草案）》。

按照该草案，对如下四种情况的职工作退职处理：一是因年老体衰不能继续从事原来的工作，在本企业、机关又无轻便工作可分配，且不符合退休条件的职工。该类职工一般工龄较短、不够享受退休待遇的条件，但因身体原因已经不能继续从事工作，如果仍然固守工作岗位，不仅对其身体健康状况有害，还不利于单位精简机构、提高生产效率。二是自愿退职，其退职对单位的生产或工作并无妨碍的职工。这类职工主要因为本人条件不适合现任工作，或者愿意另谋他就，只要本人申请、原单位同意，就可以作退职处理。三是担任工作时间不久（连续工龄不满三年），因病或者非因工负伤长期（一年以上）停止工作的职工。该类职工对单位的生产或工作的贡献不多，但单位已经负担其治疗费用一年以上，给单位带来严重的负担；如继续由单位负担其治疗费用，则缺乏合理性。四是因录用的时候体检不严，在到职六个月以内发现原来患有严重慢性疾病而不能坚持工作的职工，也作退职处理[②]。

该草案根据我国人口众多、经济发展水平低的实际情况，对退职待遇作了适当规定。除了按照工龄长短发给退职人员退职补助费外，对于年老体衰和长期患病的人员，还另加发待遇。退职补助费最高额度为 30 个月的本人工资。按照规定标准，退职人员（除了工龄特别短的以外）一般可以领到几百元至一两千元的退职补助费，在当时足够维持本人几年以至十年以上的生活[③]（如表 1.7 所示）。

① 马文瑞. 关于“国务院关于工人、职员退休处理的暂行规定（草案）”的说明［J］. 中国劳动，1957（23）：4-5.

② 同①.

③ 同①.

表 1.7 《国务院关于工人职员退职处理的暂行规定（草案）》中关于退职条件和退职待遇的规定

<table>
<tr><th rowspan="2">退职条件</th><th colspan="2">退职待遇</th></tr>
<tr><th>一次性退职待遇</th><th>加发待遇</th></tr>
<tr><td>（1）年老体衰，经劳动鉴定委员会或者医生证明不能继续从事原职工作，在本企业、机关内部确实无轻便工作可分配，而又不符合退休条件的</td><td rowspan="4">连续工龄不满 1 年的，发给 1 个月的本人工资；1 年以上至 10 年的，每满 1 年，加发 1 个月的本人工资；10 年以上的，从第 11 年起，每满 1 年，加发一个半月的本人工资。但是退职补助费的总额，最高不得超过 30 个月的本人工资</td><td rowspan="4">（1）类条件另加发 4 个月的本人工资
（3）类条件另加发 2 个月的本人工资</td></tr>
<tr><td>（2）本人自愿退职，其退职对于本单位的生产或工作并无妨碍的</td></tr>
<tr><td>（3）连续工龄不满 3 年，因病或非因工负伤而停止工作的时间满 1 年的</td></tr>
<tr><td>（4）录用后在 6 个月以内，发现原来有严重慢性疾病，不能坚持工作的</td></tr>
</table>

注：该表内容根据《国务院关于工人职员退职处理的暂行规定（草案）》整理。

《国务院关于工人、职员退休处理的暂行规定》与《国务院关于工人职员退职处理的暂行规定（草案）》将企业职工与机关事业单位职工退休、退职养老待遇进行了统一。但在支付方面仍然是“双轨制”：企业职工的退休费用源自劳动保险金，机关事业单位工作人员养老待遇费用则由财政开支。尽管如此，由于在制度上实现了待遇的统一，使原先不同制度之间的待遇差异有所缩小，也是对制度并轨的一次有益尝试。

（二）集体企业养老保险的发展

随着城镇集体经济的不断发展，集体职工的退休养老问题凸显。为解决集体单位职工的养老问题，1965 年 1 月国务院颁发《关于手工业厂、社职工、社员退休福利统筹办法（试行草案）》和《关于手工业厂、社职工、社员退职处理办法（试行草案）》，各地开启了手工业厂的退休退职试点。经过一年的试点，两个试行草案获得了各地职工和社员的认可。1966 年 4 月 20 日，根据各地在试点中提出的意见进行修改而形成的《关于轻、手工业集体所有制企业职工、社员退休统筹暂行办法》《关于轻、手工业集体所有制企业职工、社员退职暂行办法》颁布，正式建构起集体所有制单位的退休统筹制度，规定集体企业职工退休养老金相当于本人工资的40%~65%，略低于国营企业和机关事业单位职工的退休待遇（如表1.8和表1.9所示）。

表1.8 《关于轻、手工业集体所有制企业职工、社员退休统筹暂行办法》中退休条件和待遇的规定

类别	退休条件				退休补助待遇
	性别	年龄	连续工龄（年）	一般工龄（年）	
一般职工	男	60	8	20	本人工资的45%~65%
	女	50（职员55）	8	15	
特殊岗位	男	55	8	20	
	女	45	8	15	
丧失劳动能力者	男	50	8	15	本人工资的40%~60%
	女	45	8	15	
	—	—	8	25	
特殊待遇	对社会有特殊贡献的，可以酌情提高退休补助，提高的幅度最高不得超过本人工资的10%，并且必须经过上级主管机关批准				
因公残疾丧失劳动能力	饮食起居需人扶助的，按月发给本人工资的75%；饮食起居不需人扶助的，按月发给本人工资的60%				

注：该表内容根据《关于轻、手工业集体所有制企业职工、社员退休统筹暂行办法》整理。

表1.9 《关于轻、手工业集体所有制企业职工、社员退职暂行办法》中退职条件和待遇的规定

退职条件	退职待遇	
	一次性退职待遇	加发待遇
职工社员年老体衰，全部或部分丧失劳动能力，经过鉴定，证明不能继续从事原职工作，本企业无轻便工作可以安排，而又不符合退休条件的	连续工龄不满一年的，发给一个月的本人工资；连续工龄一年以上的，每满一年，发给一个月本人工资的50%~90%；但退职补助费的总额，最多不得超过二十个月的本人工资	另加发三个月的本人工资
参加轻、手工业合作社后，在一年内，发现其有慢性疾病，不能坚持工作的		

注：该表内容根据《关于轻、手工业集体所有制企业职工、社员退职暂行办法》整理。

1958—1966 年，企业和机关事业单位工人职员退休养老制度得到一定程度的统一，军官退休制度得以建立，并尝试在集体所有制企业中建立养老退休制度，扩充退休人员困难救济内容，从而进一步扩大了养老退休制度的实施范围，使相关规定更加完善，形成了按照所有制区分的养老退休制度格局。

（三）“文化大革命”对劳动保险制度的冲击

1966 年，“文化大革命”爆发，国家进入动乱时期，劳动保险制度遭到了严重破坏。1966 年 12 月中华全国总工会机关被造反组织“全国临时工造反总部”查封，中华全国总工会停止了工会领导机关的一切活动。各厂矿组织的“夺权和革命”活动，导致生产停滞，劳动保险管理机构遭到冲击，负责管理企业职工劳动保险业务的工会组织被迫停止活动，负责保险业务的内务部门被撤销，历史资料丢失，待遇证明残缺不全，各种手续制度混乱①。由于中华全国总工会停止了工作，各省（自治区、直辖市）的劳动部门和工会的工作也相应停止，工会负责的养老保险工作也被迫停止。养老保险事务没有直接的上级领导，只能由企业的党支部和工会组织负责，职工养老保险基金或退休金由企业独自负责。工会作用也开始发生改变，逐渐失去劳动保险事务的执行功能。社会保险事务处于无人管理的状态，劳动保险金的征集、管理和调剂工作被迫停止。有的企业趁机放宽了社会保险的享受条件，有的地方趁管理混乱提高退休金待遇。一些地方甚至一度中止实施退休养老制度，导致一批具备退休、退职条件的职工得不到妥善安置，使理应获得保险待遇的职工无法获得养老待遇；异地支付养老保险金的实施办法也被迫废止。另外，中华全国总工会积存的近 4 亿元社会保险总基金被收归国库②，用以支持经济建设，退休、退职制度缺乏资金支持。

鉴于这一混乱局面，财政部于 1969 年 2 月颁发了《关于国营企业财务工作中几项制度的改革意见（草案）》，要求“国营企业一律停止提取劳动保险金”，企业退休职工等劳保开支改为营业外列支，同时要求“原基层工会和

① 周弘，张浚. 走向人人享有保障的社会：当代中国社会保障的制度变迁［M］. 北京：中国社会科学出版社，2015：55.

② 张慧霞. 中国城镇社会养老保险政策变迁［D］. 北京：中国社会科学院研究生院，2011：141.

各级工会历年结存的工会经费和劳动保险金存款……一律由银行实行冻结，听候处理”。由此，劳动保险失去了统筹调剂功能，沦为名副其实的企业保险制度，职工退休养老事务由社会事务演变为企业内部事务。大批具备退休、退职条件的企业职工和国家机关、事业单位工作人员难以离开工作岗位，导致单位机构臃肿、人员老化，难以更新，干部、职工实际上走向了终身制①。

“文化大革命”时期，许多集体企业和私营企业被国有化，大批临时工转为固定工，退休养老制度覆盖范围扩大。在“文化大革命”中后期，企业的生产和管理遭受冲击，企业职工工资水平增长有限，社会经济发展停滞。在这种情况下，退休养老制度难以提高待遇标准和继续扩大覆盖范围，政策难有突破，实施范围仍以国营企业为主②。1973 年 5 月 15 日，财政部发布《国营工业、交通企业若干费用开支办法》，规定退休职工的退休金、职工退职金等劳动保险费用均在营业外开支。1977 年 12 月 14 日，三部门联合下发了《轻工业部、财政部、国家劳动总局关于手工业合作工厂劳动保险福利待遇标准和劳保费用列支问题的通知》（〔77〕轻物财字第 116 号），认为手工业合作工厂实质已经成为全民所有的企业，规定手工业合作工厂所支付劳动保险费用可在营业外开支，停止执行之前确定的按工资总额提取 1.5%作为退休费的统筹基金的规定。

尽管如此，“文化大革命”期间，养老退休政策也并未被废除，仍在实施，原因可归为两点：其一，劳动保险体现了社会主义制度的优越性，若废除该制度则是对社会主义制度的一种否定；其二，由于广大职工群众对该制度的拥护，同时由于企业仍由国家统负盈亏，企业并不承担社会保险的最终责任，因此劳保制度尽管已经支离破碎，但仍能艰难地延续下来③。

主管职能部门因“文化大革命”冲击而遭裁撤或被迫停止工作，企业劳动保险因劳保费用改为营业外列支而丧失统筹调剂功能，退休养老制度沦落为封闭的单位养老制度，职工被更紧密地束缚于单位。加之派系斗争，职工

---

① 郑功成，等. 中国社会保障制度变迁与评估［M］. 北京：中国人民大学出版社，2002：81.
② 柯龙山. 我国城镇养老金双轨制的历史演进与终结研究［D］. 福州：福建师范大学，2016：109.
③ 柯龙山. 我国城镇养老金双轨制的历史演进与终结研究［D］. 福州：福建师范大学，2016：108.

内部出现分化，阶层利益条块化，阶层凝聚力减弱，职工养老权利被漠视，保险政策被批判，工作人员被缩减，退休工作处于停滞状态。大量符合退休条件的职工不能按期办理退休手续，形成职工终身工作制①。企业因政治运动的冲击，难以正常生产，陷入极大的困境之中，无力缴纳保险金，拖缴行为时有发生。企业退休养老制度固化为单位保险并且一直延续到改革开放时期，造成各企业退休待遇的极大差异，也使得社会统筹改革成为新时期养老保险制度改革和建构的迫切需求和重要任务之一。

（四）劳动保险制度的恢复与发展

1976 年，"四人帮"覆灭标志着"文化大革命"的结束。在这十年动乱时期，企业和国家机关的退休退职工作基本停滞，一大批年老体弱的人员没有顺利退休。据 1978 年的数据统计，企业职工中应退未退的有 200 多万人，国家机关工作人员中也有 60 多万人②。同时，退休退职规定拟定于 1958 年，20 年来情况有了很大变化，迫切需要修订。因此，中共中央组织部、国家劳动总局会同有关部门起草了《国务院关于安置老弱病残干部的暂行办法》和《国务院关于工人退休、退职的暂行办法》，经全国人大常委会原则批准，由国务院于 1978 年 6 月 2 日颁布实施，并通知各地先行试点，再普遍推行。中共中央组织部和国家劳动总局还联合召开了会议，对贯彻执行两个暂行办法和试点工作作了具体部署。经过试点，两个暂行办法于 1979 年全面实施。

相较于 1958 年的规定，两个暂行办法关于退职退休的条件有了较大的变化。

一是分别对干部和工人拟定退职退休办法。此举主要是考虑到两个群体的差异。一部分参加革命工作时间较长的老干部对革命事业有重大贡献，有丰富的工作经验，尽管年老体弱，但仍能在顾问等岗位上发挥他们的特长和积极作用，而工人不存在这种问题。

① 柯龙山. 我国城镇养老金双轨制的历史演进与终结研究［D］. 福州：福建师范大学，2016：110-111.

② 周弘，张浚. 走向人人享有保障的社会：当代中国社会保障的制度变迁［M］. 北京：中国社会科学出版社，2015：56.

二是放宽离职休养条件。过去规定可以离职休养的是第二次国内革命战争时期以及在这以前参加革命工作的老干部。这次将离职休养范围进一步拓宽。1949 年以前参加革命工作的地委正副书记、行政公署正副专员及相当职务以上的干部，1942 年年底以前参加革命工作的县委正副书记、政府县长及相当职务以上的干部，以及 1937 年 7 月 7 日以前参加革命工作的老干部都可以离职休养。

三是适当提高退休待遇。1949 年 10 月参加革命工作的，按革命时期政策来确定退休待遇标准；这之后参加工作的，干部和工人分别按工作年限、连续工龄来确定退休待遇标准。退休费标准由原来本人工资的 40%~70%，提高到 60%~80%（解放战争时期参加革命工作的为 80%，1949 年 10 月后参加工作的为 60%~75%）。对于因公致残完全丧失劳动能力而退休的，进一步提高待遇水平：饮食起居不需要人扶助的，由原来的 60%提高到 80%；饮食起居需要人扶助的，由原来的 75%提高到 90%，并且每月加发不超过一个普通人工资的护理费。

四是提高退职生活费标准。原有的一次性退职补助费改为按月发放的退职生活费，其水平为本人标准工资的 40%，并继续享受医疗待遇。这样可以更好地解决退职人员的生活问题，有利于社会安定。

五是规定最低限额。具体标准是：退休最低限额为 25 元，退职最低限额为 20 元，因公致残退休的为 35 元。该规定保证了原工资较低的退休退职人员的基本生活。随着生活费用上涨，1983 年 6 月又将最低限额提高 5 元。由于部分商品调价，国家曾于 1979 年 11 月和 1985 年 5 月对退休退职人员增发生活补贴（两次增发金额分别为 5 元和 12~17 元），以保障他们的生活。

此外，还对退休退职人员的异地安家补助费进行了规定。两个暂行办法的贯彻执行，对当时退休退职工作的展开起了积极作用。

两个暂行办法的相关规定如表 1. 10 和表 1. 11 所示：

表 1.10 《国务院关于工人退休、退职的暂行办法》中

关于退休、退职条件和待遇的规定

<table>
<tr><th rowspan="2">类别</th><th colspan="3">养老条件</th><th rowspan="2">养老待遇</th></tr>
<tr><th>性别</th><th>年龄</th><th>连续工龄（年）</th></tr>
<tr><td rowspan="2">一般职工</td><td>男</td><td>60</td><td>10</td><td rowspan="6">抗日战争时期参加革命工作的，按本人标准工资的 90% 发放。解放战争时期参加革命工作的，按本人标准工资的 80% 发放。新中国成立后参加革命工作，连续工龄满 20 年的，按本人标准工资的 75% 发放，连续工龄满 15 年不满 20 年的，按本人标准工资的 70% 发放，连续工龄满 10 年不满 15 年的，按本人标准工资的 60% 发放。退休费低于 25 元的，按 25 元发放</td></tr>
<tr><td>女</td><td>50</td><td>10</td></tr>
<tr><td rowspan="2">特殊岗位</td><td>男</td><td>55</td><td>10</td></tr>
<tr><td>女</td><td>45</td><td>10</td></tr>
<tr><td rowspan="2">完全丧失劳动力者</td><td>男</td><td>50</td><td>10</td></tr>
<tr><td>女</td><td>45</td><td>10</td></tr>
<tr><td>特殊待遇</td><td colspan="4">获全国劳动英雄、劳动模范称号，在退休时仍然保持其荣誉的工人，省（自治区、直辖市）革命委员会认为在革命和建设中有特殊贡献的工人，部队军以上单位授予战争英雄称号的转业、复员军人，在退休时仍保持其荣誉的，其退休费可以酌情高于本办法所定标准的 5%～15%，但提高标准后的退休费，不得超过本人原标准工资</td></tr>
<tr><td>因公残疾完全丧失劳动能力</td><td colspan="4">因公致残，由医院证明，并经劳动鉴定委员会确认，完全丧失劳动能力的情况：饮食起居需要人扶助的，按本人标准工资的 90% 发放，还可以根据身体情况发给一定数额的护理费，护理费标准，一般不超过一个普通工人的工资；饮食起居不需要人扶助的，按本人标准工资的 80% 发放；同时具备两项以上的退休条件，应按最高标准发放；退休费低于 35 元的，按 35 元发放</td></tr>
<tr><td>退职</td><td colspan="4">不具备退休条件，由医院证明，并经劳动鉴定委员会确认，完全丧失劳动能力的工人，应该退职。退职后，按月发给相当于本人标准工资 40% 的生活费，低于 20 元的，按 20 元发放</td></tr>
</table>

注：该表内容根据《国务院关于工人退休、退职的暂行办法》整理。

表 1.11 《国务院关于安置老弱病残干部的暂行办法》中
关于退休/退职/离职条件和待遇的规定

<table>
<tr><th rowspan="2">类别</th><th colspan="3">养老条件</th><th rowspan="2">养老待遇</th></tr>
<tr><th>性别</th><th>年龄</th><th>连续工龄（年）</th></tr>
<tr><td rowspan="2">一般职工</td><td>男</td><td>60</td><td>10</td><td rowspan="4">抗日战争时期参加革命工作的，按本人标准工资的90%发放；解放战争时期参加革命工作的，按本人标准工资的80%发放；新中国成立后参加革命工作，连续工龄满20年的，按本人标准工资的75%发放；连续工龄满15年不满20年的，按本人标准工资的70%发放；连续工龄满10年不满15年的，按本人标准工资的60%发放。退休费低于25元的，按25元发放</td></tr>
<tr><td>女</td><td>55</td><td>10</td></tr>
<tr><td rowspan="2">丧失工作能力</td><td>男</td><td>50</td><td>10</td></tr>
<tr><td>女</td><td>45</td><td>10</td></tr>
<tr><td>特殊待遇</td><td colspan="4">获全国劳动英雄、劳动模范称号，在退休时仍然保持其荣誉的干部；省（自治区、直辖市）革命委员会认为在新民主主义革命和社会主义革命、社会主义建设各条战线上有特殊贡献的干部；部队军以上单位授予战争英雄称号和认为对作战、军队建设有特殊贡献的转业、复员军人，在退休时仍保持其荣誉的，其退休费可以酌情高于本办法所定标准的5%~15%，但提高标准后的退休费，不得超过本人原标准工资</td></tr>
<tr><td>因公残疾丧失劳动能力</td><td colspan="4">因公致残，由医院证明，并经劳动鉴定委员会确认，完全丧失劳动能力的。饮食起居需要人扶助的，按本人标准工资的90%发放，还可以根据实际情况发给一定数额的护理费。护理费标准，一般不超过一个普通工人的工资。饮食起居不需要人扶助的，按本人标准工资的80%发放。同时具备两项以上的退休条件，应按最高标准发放。退休费低于35元的，按35元发放</td></tr>
<tr><td>退职</td><td colspan="4">不具备退休条件，由医院证明，并经劳动鉴定委员会确认，完全丧失劳动能力的工人，应该退职。退职后，按月发给相当于本人标准工资的40%作为生活费。退休费低于20元的，按20元发放</td></tr>
<tr><td>离休</td><td colspan="4">对丧失劳动能力，1949年9月以前参加革命工作的地委正副书记、行政公署正副专员及相当职务以上的干部，1942年年底以前参加革命工作的县委正副书记、革命委员会正副主任及相当职务的干部，1937年7月7日以前参加革命工作的干部，可以离职休养，工资照发</td></tr>
</table>

注：该表内容根据《国务院关于安置老弱病残干部的暂行办法》整理。

党的十一届三中全会确定了在全民所有制经济占主导地位的条件下，各种经济成分长期并存，对城镇集体经济组织实行加强领导、统筹安排、大力扶持、积极发展的政策。为了促进城镇集体经济的发展，国家开始逐步解决集体企业职工养老保险问题。

《轻工业部、财政部、国家劳动总局关于手工业合作工厂劳动保险福利待遇标准和劳保费用列支问题的通知》规定手工业合作工厂职工的社会保险待遇标准，可以按照国营企业的有关规定执行。1978 年 8 月 19 日，交通部、财政部、国家劳动总局印发《交通部、财政部、国家劳动总局关于集体所有制企业劳动保险金和福利基金提取、列支问题的通知》（〔78〕交水运字 1400 号），要求集体所有制交通运输企业的劳动保险费改由“营业外”列支，停止执行按工资总额提取 3%的劳动保险金及由税后利润提取公益金的实施办法，集体单位职工劳动保险待遇标准和企业福利基金提取比例，可以按照国营企业的有关规定执行。1978 年 9 月 29 日，《国务院批转商业部、财政部、供销合作总社、国家劳动总局关于合作商店实行退休办法的报告的通知》（国发〔1978〕195 号）发布，要求国营商业、供销合作社归口领导的合作商店中的正式员工，其退休条件参照国营企业职工退休办法执行，退休费用标准按照略低于或不高于国营企业职工的标准执行。上述规定的实施，将集体职工的社会保险向前推进了一大步。

二、劳动保险制度调整的特征

（一）统一劳动保险制度的尝试

1958 年，通过《关于工人、职员退休处理的暂行规定》和《国务院关于工人职员退职处理的暂行规定（草案）》两个法规，将企事业单位和国家机关、人民团体职员退休、退职条件和退休、退职待遇进行了统一。尽管在劳动保险金的来源与管理方面、实际养老待遇方面仍然存在差异，但这无疑是我国养老保险制度的一次有益尝试，并一定程度上缩小了不同单位间的待遇差异，使退休、退职制度更加适合当时的经济发展需要。“文化大革命”结束后，企业与机关事业单位的劳动保险制度再次回到双轨的道路上。

（二）法规层面上继续扩大覆盖面

20世纪60年代，国务院、内务部和中国人民解放军总政治部通过颁布一系列法规，确立了军官退休制度。随后，内务部和财政部对生活困难的退休人员进行补助，对退休人员的困难补助成为退休养老保障的一项内容。另外，《关于轻、手工业集体所有制企业职工、社员退休统筹暂行办法》与《关于轻、手工业集体所有制企业职工、社员退职暂行办法》要求集体所有制的手工业合作工厂职工的劳保问题按照当地国营企业的有关规定执行。之后，《轻工业部、财政部、国家劳动总局关于手工业合作工厂劳动保险福利待遇标准和劳保费用列支问题的通知》在法规上对手工业合作工厂的劳动保险进行了确认，认为手工业合作工厂具有一定规模，机械化程度高，供产销和劳动工资已纳入计划，成为“在形式上是集体所有，在实际上成了全民所有”的企业，指示其职工劳动保险福利待遇按照国有企业规定执行，并对手工业合作工厂的劳动保险费用作了统一规定。由此可见，尽管“文化大革命”使退休退职制度受到较大冲击，但此阶段法规层面的覆盖范围仍然有所扩展。

（三）劳动保险制度变为单位保险制度

“文化大革命”使劳动保险管理部门受到冲击，劳动保险制度遭到严重破坏。企业生产停滞，工会停止活动，历史资料丢失，待遇证明残缺，手续制度混乱。劳动保险金的征集、管理和调剂工作被迫停止。鉴于此，财政部决定：国营企业停止提取劳动保险金；企业的退休职工、长期病号工资和其他劳保开支，改在营业外列支；银行冻结基层工会和各级工会历年结存的工会经费和劳动保险金存款。由此，劳动保险失去了统筹调剂功能，劳动保险制度变为名副其实的单位保险制度，职工退休养老事务由社会事务演变为单位内部事务。

第三节　对计划经济时代退休养老制度的评析

一、养老待遇权益法定，覆盖面有限

新中国成立后，社会主义制度确立，包括养老保险在内的各项社会保障制度被当成社会主义的应有之义。《中华人民共和国宪法》（1982 版）第四十五条明确规定：公民在年老、疾病或丧失劳动能力的情况下，有从国家和社会获得物质帮助的权利；国家发展为公民享受这些权利所需要的社会保险、社会救济和医疗卫生等事业。可见，享受养老保障实际上是中华人民共和国公民的一种宪定权益，而发展养老保险事业则成为国家应当承担的一种宪定义务。

劳动保险下的退休养老制度的建制理念是基于公平原则，为劳动人民谋取福利。从 1950 年延续旧中国某些行业的退休办法，到 1951 年颁布实施《中华人民共和国劳动保险条例》，再到 1958 年制定《关于工人、职员退休处理的暂行规定》。国家一直以主动、积极的姿态来建设面向城镇职工的养老社会保障制度，并将其视为社会主义制度优越性的具体体现。

应该肯定的是，在较短时间内和经济条件极差的背景下，我国政府能够建立起成体系的职工退休养老制度，无疑是社会主义建设的一项巨大成就。但也正是由于建立时间短，经济条件较差，加之“文化大革命”的冲击，职工退休养老制度的扩面工作困难，很大部分集体企业职工未能纳入该制度内。

二、政府主导，运转高效

退休养老制度的重要目标是解除职工的后顾之忧。除“文化大革命”时期外，退休养老制度基本上能够做到政令畅通，正常运转。一方面，国家行政机构高效运转，退休养老的政策能够有效地贯彻落实，违反政策的现象较为少见；另一方面，退休人员的养老待遇可以得到保证，不会有人担心自己退休以后领不到退休养老金。因此，它是一种信誉极高的制度，不仅解除了城镇职工老年生活的后顾之忧。也解除了城镇职工心理上的后顾之忧，每一个就业劳动者都不必为自己退休以后的生计担忧，这正是社会保障制度作为一种稳定机制的内在功能得到有效发挥的标志。

从当前的视角来评价当时劳保制度下的退休养老制度，虽然会发现它存在着很多缺陷，但解除城镇职工的养老后顾之忧并确立了这种制度的崇高信誉是它取得的重大成就，这是现阶段重建新型养老保险制度所应当效仿的。

三、单位封闭运行，层次单一

劳动保险制度在数十年的实践中，在保障职工基本生活方面作用巨大；但随着制度发展和经济变革，该制度的内在缺陷越发凸显，主要表现在脆弱性、封闭性和单一层次性方面。

第一，在计划经济时期，劳动保险制度由政府行政机关主导，这决定了该制度必然深受行政架构职能部门调整乃至领导人更迭以及政治运动的打击，在一定程度上损害了制度的内在稳定性。社会保险蜕变为单位保险便是这种因行政机构混乱而导致制度不稳定的严重后果之一。

第二，劳动保险制度是非社会化的，各个单位组织只对本单位职工负责，这种封闭运行的直接后果便是职工队伍老化、机构队伍臃肿、人浮于事、效率低下、单位养老负担畸轻畸重。在计划经济条件下，劳动者就业岗位受单位保障，单位则因国家保障而长存，由此形成了一个流动性极弱的劳动就业和保障体制。在该体制下，职工与单位的就业关系发展成为实质上的终身制。在就业终身制下，组织存续时间越长，职工队伍越老化；组织越年轻，职工队伍越年轻。这种差异导致各个单位养老负担畸轻畸重。若想改变单位组织的职工队伍年龄结构，便只能不断补充年轻人，在原有职工不能流动的情况下，职工队伍持续膨胀，进而造成单位机构臃肿、人浮于事、效率低下的局面。这必然损害退休养老制度的可持续性。

第三，在计划经济时期，劳动保险制度是单一层次的养老制度安排，这种单一性造成了养老待遇替代率不断攀升。在单一层次制度下，退休人员只能从劳保渠道获得养老金，老年生活完全依赖单一制度的保障。按照国家在20世纪50年代确立的退休制度，企业职工退休待遇标准不得超过本人工资的70%，机关、事业单位职工不得超过60%，这意味着职工退休后收入会剧减①。在长期实行低工资政策的背景下，职工工资水平长期偏低，难以积累储蓄用于养老。因此，唯有提高劳保待遇水平才能确保退休人员的老年生活。由此，职工退休养老金的替代率一路攀升，到改革开放前后，退休养老金替代率几乎达到90%，部分获得有关荣誉称号又有特殊贡献者的退休养老金替代率达到100%②。

此外，由于退休养老的责任由国家或企业单位单方面负责，随着退休人员的增加，国有企业因离退休人员多而陷入困境的现象屡见不鲜。以1956年成立的辽宁省大连色织布总厂为例，该厂曾是东北三省纺织行业的排头兵和大连市的创利大户，但从1986年开始大滑坡，1987年出现建厂以后的第一次大亏损，以后连年亏损，直到1994年10月8日宣告破产。造成该厂破产的原因虽然是多方面的，但一个极为重要的原因即是企业保障制下的退休人员众多所形成的沉重负担，在该企业破产前，只有在职职工1 258名，而退休人员却达1 503名，退休人员的费用开支超过在职职工，企业不堪重负③。类似大连色织布总厂由兴旺到破产的例子不胜枚举。

综上所述，传统的劳动保险制度虽然是在为人民谋福利，也确实解除了城镇职工的养老后顾之忧，但因严重的内在缺陷而缺乏可持续性。可持续性的缺乏不仅使制度本身难以为继，也拖垮了国有企业，最终成为国家的沉重负担。

---

① 刘传济，孙光德．社会保险与职工福利［M］．北京：劳动人事出版社，1987：31.

② 郑功成．中国社会保障论［M］．武汉：湖北人民出版社，1994：12.

③ 郑功成．从企业保障到社会保障［M］．沈阳：辽宁人民出版社，1996：33-34.

第二章
改革开放初期（1979—1997年）企业职工养老保险制度变革

1976年10月，粉碎“江青集团”的胜利，结束了“文化大革命”的动乱，劳动保险制度也得以恢复和发展。1982年第五届全国人大第五次会议审议通过《中华人民共和国宪法》，规定实行企事业单位职工和工作机关工作人员的退休制度，退休人员生活受国家和社会的保障，再次明确了养老保险制度的最高法律依据。随着改革开放政策的实行，我国进入了新的历史发展时期，养老保险工作也进入了新的发展阶段，集体企业开始参照实施养老保险制度，覆盖范围不断扩大。随后，养老保险的社会统筹探索也逐步展开。随着市场经济体制的确立，适应市场经济特征的养老保险制度改革步伐逐步加快，国家、集体与个人共担责任的多方筹资、统账结合模式逐步得以确立，各项具体的制度实施规则也不断得以优化、完善。

第一节 制度变革的背景

对传统退休养老保险制度的根本性变革，起因于经济改革和原有制度遭遇的现实困境，同时还受政治、社会等诸因素的影响。

首先，经济体制改革动摇了传统退休养老保险的制度基础。随着经济改革的深入，国有企业改革逐渐成为整个经济体制改革的核心环节。从 1984 年国家开始讨论国有企业的破产问题，到 1988 年 11 月 1 日《中华人民共和国企业破产法（试行）》生效，中国企业破产制度初步确立。破产制度的建立意味着市场经济的优胜劣汰机制必然发挥日益重大的作用，任何企业乃至非企业组织都面临着市场竞争，并可能因竞争失败而走向破产。其结果就是在市场经济条件下，中国将不再有“长生不死”的企业单位组织，这意味着支撑传统退休养老制度的组织基础和经济基础开始瓦解。由此，经济体制改革构成了传统退休养老制度变革的基本社会背景，而包括传统退休制度在内的整个社会保障制度改革则构成了推进国有企业改革的重要配套措施。劳动就业体制与财政税收体制的改革，直接促使传统退休养老制度走向责任分担和社会化。一方面，随着劳动合同制的推行，政府包办就业的格局彻底改变，劳动者就业终身制被打破，转而通过与单位订立劳动合同的形式进行自主择业和自由流动。这种就业方式的转变使劳动者从“单位人”转化为“社会人”，并承担失业风险。“社会人”身份意味着单位保障的瓦解，因而需要社会化的养老保险制度安排。另一方面，改革开放后的财政税收体制改革，改变了国家财政统收统支格局，代之以分级负责的财政和分税制。在这种背景下，退休养老保险制度也必须考虑中央和地方政府之间的分级负责与责任分担，这也是养老保险制度变革的重要原因。

其次，传统退休养老保险制度自身面临着无法自拔的困境。在单位保障制度下，由于退休养老制度的非社会化、封闭性和单一层次性，职工老化与企业老化几乎同步，在职职工与退休职工比直线上升。据统计，在退休人数增长方面，1978 年全国城镇退休职工仅为 314 万人，1982 年增长到 1 113 万人，1988 年达到 2 115 万人，1992 年达到 2 598 万人，15 年增长了 7.3 倍；在职职工与退休职工之比，1978 年为 30.3∶1，1980 年为 12.8∶1，1985 年为 7.5∶1，1992 年降到 5.7∶1①。一些老国营企业因退休人员持续增长而陷入经营困境，越是老企业，退休人员越多，企业为支付退休人员的退休养老金和保障其医疗待遇等而直接耗费的财力越大。许多国有企业因成本过大而导致经营状况持续恶化，最终出现两个后果：一是企业失去竞争能力而成为国家的负担，政府通过巨额的财政补贴维持企业的生存并保障退休人员的生活，而这种补贴关系显然与市场经济体制与现代企业制度的内在要求相背离；二是企业因经营状况无法改变，只能拖欠退休人员的退休养老金，损害退休人员的养老保障权益和退休养老制度的信誉，极易酿成社会风险。因此，如果不对传统退休养老制度从根本上加以变革，便难以摆脱困境。

另外，通过对外开放，中国看到了各国养老保障制度改革的潮流和某些共同的发展取向，有了经验借鉴。计划经济时代的“闭关锁国”和西方社会的一味排斥，使我们形成了既不了解国外养老保障制度发展动态也不屑借鉴国外做法的思维定式。随着 20 世纪 80 年代国门逐渐打开，西方发达国家和一些发展中国家对传统养老保障制度的改革和养老保险制度的多样化走势，给中国提供了现实参照。各市场经济国家养老保险制度的社会化和责任分担，使我们逐渐认识到了我国传统退休养老制度的内在缺陷，从而助推了改革进程。

此外，其他相关因素也发生了相应变化。政治上，中国放弃了极左的思想政治路线，开始脚踏实地地开展经济建设，效率观念逐渐得到确立，包括传统退休养老制度在内的原有社会保障制度因缺乏效率而被重新审视。在社会发展方面，计划生育政策的推行改变了中国传统式的大家庭结构，加上经济结构多元化所带来的社会分层的变化，对传统退休养老制度进行社会化改革的要求日益迫切。在思想观念上，经过经济改革的洗礼，人们对社会公平亦有了新的理解，开始承认并接受市场竞争观念，自我负责、自我保障的意

---

① 郑功成．中国社会保障论［M］．北京：中国劳动社会保障出版社，2009：98-100.

识逐步得到确立。上述变化的出现，不仅要求改革传统的退休养老制度，而且也为这一制度的变革创造了有利的环境条件。

第二节　制度变革的历程：重大事件与制度建构

一、劳动保险制度的新发展

（一）修订离职休养制度

关于离职休养，1978 年 6 月 2 日公布实施的《国务院关于安置老弱病残干部的暂行办法》已有相关规定。为了更好地安置老干部，发扬关心、爱护干部的传统，经第五届人大常委会会议通过，国务院于 1980 年 10 月 7 日公布了《国务院关于老干部离职休养的暂行规定》（国发〔1980〕253 号）。1982 年国务院决定再次放宽离职休养的条件，并于 4 月 10 日颁发《国务院关于发布老干部离职休养制度的几项规定的通知》（国发〔1982〕62 号），对离职休养待遇作了规定。随后，劳动人事部于 1983 年 1 月 15 日发出《劳动人事部关于新中国成立前参加工作的老工人退休待遇的通知》（劳人险〔1983〕3 号），对 1949 年前参加工作的老工人的退休待遇也做了相应调整。

（二）推进集体企业养老保险发展

自“文化大革命”结束后，政府一直在推动集体企业养老保险的发展，但仍有众多集体企业游离于养老保险制度之外，其员工退休生活难有保障。对尚未实行社会保险的集体职工，国家对其社会保险问题十分关切。1979 年 9 月 1 日三部门联合发布的《卫生部、财政部、国家劳动总局关于集体卫生人员实行退休、退职有关问题的通知》（〔79〕卫医字第 1065 号）要求集体卫生人员的退休退职参照国营企业和国家机关的规定，结合实际情况，自行拟定。1980 年 2 月财政部、国家劳动总局发布的《财政部、国家劳动总局关于城镇集体所有制企业的工资福利标准和列支问题的通知》(〔80〕财字17号)规定城镇集体所有制企业职工的劳动保险费用,经省(自治区、直辖市)经税务部门同意和劳动部门和主管部门批准,可以在营业外或其他费用项目下列支。由此,各省(自治区、直辖市)及其所属的一些城市,相继制定了集体经济组织职工的社会保险办法。这些办法的实施,解除了集体职工退休养老的后顾之忧,调动了他们的积极性,有利于稳定职工队伍和社会安定。

1983年4月14日,为促进城镇集体经济的发展,国务院颁发了《国务院关于城镇集体所有制经济若干政策问题的暂行规定》(国发〔1983〕67号)。要求城镇集体所有制企业根据自身的经济条件提取社会保险金,以“逐步建立社会保险制度,解决职工的年老退休、丧失劳动能力的生活保障等问题”;社会保险基金在征收所得税前提取,实行专项储存,专款专用。该规定为进一步解决城镇集体单位职工的社会保险问题提供了依据,扩大了社会保险在集体单位的实施范围。到1984年年底,已经实行《劳动保险条例》和参照国营企业有关社会保险规定实行的集体职工已经达到1 700万人,占城镇集体职工总数的62.9%①。

(三)改进出境定居人员的社会保险待遇支付办法

1958年《关于工人、职员退休处理的暂行规定》规定,退休人员要求到国外安家的,退休费可以由本人委托在国内定居的亲友代领,或一次发给5年的退休费,以后不再发放。1978年修订的《国务院关于工人退休、退职的暂行办法》规定:获准出境定居的归侨、侨眷职工(包括港澳、台湾同胞眷属职工及国内一般公民职工),符合国务院规定退休、退职的,一次发给5年的退休费或退职生活费;不符合退职条件的可办理离职手续,并一次发给1~24个月本人标准工资的离职补助费。为了适应对外开放政策的要求,1982年6月17日,劳动人事部等部门联合发出《关于获准出国定居的退休、退职人员待遇问题的通知》,规定获准出国定居的党政机关、人民团体、事业单位以

① 《当代中国》丛书编辑部. 当代中国的职工工资福利和社会保险[M]. 北京:中国社会科学出版社,1987:330.

及国营企业退休、退职人员与国内退休退职人员享受同等待遇。本人领取不便，可以委托国内亲友代领，直至本人去世为止。出国定居的退休、退职人员死亡后，按其原工作单位的规定，发给丧葬费和供养直系亲属抚恤费或救济费。支付上述待遇所需外汇，由当地中国银行按有关规定办理。对出国定居人员领取社会保险待遇条件的放宽，促进了侨民、侨眷政策的落实，有利于国家对外开放和“四化”建设。

（四）推进中外合营企业职工养老保险制度

关于中外合营企业职工的社会保险制度，1980 年 7 月国务院发布的《中外合资经营企业劳动管理规定》（国发〔1980〕199 号），要求中外合营企业按照国营企业标准支付职工的劳动保险费。1984 年 1 月劳动人事部发布的《中外合资经营企业劳动管理规定实施办法》（劳人劳〔1984〕1 号）规定合营企业职工的劳动保险和福利待遇按照国营企业相关规定执行，“合营企业认为有不适用的，可以提出意见，报请省（自治区、直辖市）劳动人事部门在商得财政部门和同级工会组织同意后批准执行”。因此，中外合营企业职工的社会保险一般都按照国营企业的规定和其他有关规定执行。

1978—1984 年，社会保险工作有了不小的进展，原有的劳动保险制度被修订，扩大了覆盖范围。中央对社会保险制度进行了改革探索，取得了一些经验。但当时的社会保险制度还存在着不少与国内形势发展不相适应的地方。例如，单位化的养老保险制度仍未改变，难以适应经济体制改革的需要。城镇集体经济和个体经济的社会保险、外资和中外合资企业的社会保险只在部分地区有相应规定，有的地区还在试点。社会保险工作的管理机构还不健全。这些都需要随着经济体制改革的深入发展，经过调查研究，积极稳妥地、有计划有步骤地进行改革，以适应社会主义现代化建设的要求。

二、制度变革的兴起：由单位制到社会化

1984 年 10 月 20 日，党的十二届三中全会通过的《关于经济体制改革的决定》将国有企业的经营权与所有权分离，使其成为自主经营、自负盈亏的

商品生产者。由于不同企业的离退休人数不同，单位化的养老保险使企业负担畸轻畸重，不利于企业公平地参与市场竞争，也阻碍了员工在不同企业之间的合理流动。另外，实行单位化养老保险制度的企业主要是国营企业和部分集体企业，一些“三资”企业、私营企业和个体工商户等难以建立单位化的养老保险。为适应市场经济需要，单位化的养老保险制度改革势在必行，社会化的养老保险制度改革拉开序幕。

（一）退休基金社会统筹的试点

1984 年，全国离退休（含退职，下同）职工达到 1 458.5 万人，其中全民所有制单位有 1 062.5 万人，相当于在职职工的 12.5%，集体所有制单位有 396 万人，相当于在职职工的 12.3%。离退休费用 105.8 亿元，其中全民所有制单位 84.6 亿元，相当于工资总额的 9.7%；集体所有制单位 21.2 亿元，相当于工资总额的 8.3%①。1978—1984 年我国离退休人数及费用增长情况见表 2.1。

表 2.1　1978—1984 年离退休人数局费用增长情况②

单位:%

年份	全民所有制单位		集体所有制单位	
	离退休人数增长率	离退休费用增长率	离退休人数增长率	离退休费用增长率
1978	100.0	100.0	100.0	100.0
1979	166.5	177.3	410.0	360.0
1980	224.6	266.3	593.3	700.0
1981	260.6	326.9	700.0	900.0
1982	304.6	380.9	826.7	1 100.0
1983	357.4	453.9	923.3	1 330.0
1984	374.1	519.0	1 320.0	2 120.0

① 《当代中国》丛书编辑部. 当代中国的职工工资福利和社会保险［M］. 北京：中国社会科学出版社，1987：334.

② 《当代中国》丛书编辑部. 当代中国的职工工资福利和社会保险［M］. 北京：中国社会科学出版社，1987：335.

随着时间的推移，离退休人数和离退休费用越来越多。如何筹集和使用好这笔资金，如何管理、发挥这一支队伍的作用，使保险实行社会化管理，将是发展经济、安定社会的重要问题。1982 年，四川省南充市开始进行集体企业退休费用统筹试点，其基本做法主要有三点：其一，采取低标准的养老金；其二，实行“国家资助、企业多纳、个人少出”的原则筹集养老金；其三，在低标准的养老金基础上，企业另想办法提供补充养老金，实行“基本”与“补充”相结合的办法。随后，《国务院关于城镇集体所有制经济若干政策问题的暂行规定》（国发〔1983〕67 号）要求城镇集体所有制企业根据自身经济条件，逐步建立社会保险制度；并规定社会保险基金在营业外列支，要求各省（自治区、直辖市）自行拟定办法，进行试点。同年，广东、江苏部分县市也开始试点养老保险社会统筹。

随着集体企业社会统筹试点的推行，国营企业也开始走上养老保险社会统筹之路。1984—1985 年，四川省自贡市、江苏省泰州市等地区开始试点全民所有制企业退休费用统筹。1985 年 9 月 23 日通过的《中共中央关于制定国民经济和社会发展第七个五年计划的建议》提出，应改变过去全部由国家包办的方式，社保资金的筹集应由国家、企业和个人合理负担，以单位承担为主；实行社会化管理和单位化管理相结合，以社会化管理为主的改革方向。退休费用社会统筹试点有步骤、有计划地逐步扩展开来，并取得一定成效。1985 年年底，广东省在 114 个县、市中的 73 个县、市实行了退休费用统筹；福建省工交企业实行了全省统筹。辽宁省的鞍山、锦州、黑山、兴城、北镇、锦县、锦西、绥中、义县等县、市，江苏省苏州市等地也实行了统筹①。1986 年 4 月 12 日，第六届全国人民代表大会第四次会议通过的《中华人民共和国国民经济和社会发展第七个五年计划》明确指出：通过多渠道筹集社会保障基金，改革社会保险管理体制，坚持社会化管理与单位管理相结合，以社会化管理为主。

---

① 《当代中国》丛书编辑部. 当代中国的职工工资福利和社会保险［M］. 北京：中国社会科学出版社，1987：334.

为了搞活用工制度和适应四化建设的需要，推进城市经济体制改革的深入发展，全国各地开始推行劳动合同制。到1985年年底，全国实行劳动合同制的工人已达332万人①。保险制度的配套改革，也成为各地在推行合同制的一项重要内容。到1985年年末，四川、安徽、河南、福建、湖北、甘肃、广西、浙江、上海、天津等省（自治区、直辖市）制定了合同制工人社会保险办法。各地施行的社会保险办法中，多数以养老保险和待业保险项目为主，个别地方暂时先试行养老保险制度。保险基金主要从用人单位提取，有的地方由个人少量缴纳，有的地方给予适当补助。从用人单位提取的部分，大都是按合同制工人工资总额的一定比例提取，有的按全民所有制企业职工月平均工资的一定比例提取，具体标准各地不一。保险业务工作，多数由劳动部门成立社会保险公司管理，少数由劳动服务公司管理，个别由人民保险公司管理。1986年7月12日国务院发布《国营企业实行劳动合同制暂行规定》（国发〔1986〕77号），明确指出劳动合同制工人退休养老实行社会保险制度，养老基金主要来源于企业和工人，养老金入不敷出时，国家予以适当补助。其中，企业缴费比例为劳动合同制工人工资总额的15%左右；工人以不超过本人标准工资的3%进行缴纳；由当地劳动行政主管部门所属的社会保险专门机构进行管理。另外，该文件还规定了劳动合同制工人的退休养老各项待遇。其中，退休费标准根据缴纳退休金年限长短、金额多少和本人在一定工作期间平均工资收入的不同比例确定。相较于原有养老保险制度，该项规定对原有国有企业的养老保险制度做出了重大改革，摒弃了单位化的养老保险制度，构建起责任分担的社会化养老保险制度，因此成为单位化养老保险制度向社会化养老保险制度转变的重要标志。

在总结各地改革经验的基础上，国务院于1991年6月29日发布了《关于企业职工养老保险制度改革的决定》（国发〔1991〕33号），对企业职工的养老保险制度改革进一步做出原则性规定：第一，要求逐步建立起基本养老

---

① 《当代中国》丛书编辑部. 当代中国的职工工资福利和社会保险［M］. 北京：中国社会科学出版社，1987：335.

保险、企业补充养老保险、职工个人储蓄性养老保险的三个层次养老保险制度；改变养老保险完全由国家、企业包办的方式，实行国家、企业、个人三方共同负担。第二，明确基本养老保险基金筹集方式，按照以支定收、略有结余、留有部分积累的原则统一筹集；企业缴费按本企业职工工资总额和当地政府规定的比例在税前提取；职工个人缴费在调整工资的基础上逐步实行，缴费标准开始时可不超过本人标准工资的 3%，以后随着经济的发展和职工工资的调整再逐步提高。第三，明确基本养老保险基金管理方式：基本养老保险缴费转入社会保险管理机构在银行开设的“养老保险基金专户”，实行专项储存，专款专用，任何单位和个人均不得擅自动用。对存入银行的基金，按其存期参照人民银行规定的同期城乡居民储蓄存款利率计息，所得利息并入基金；积累基金的一部分可以购买国家债券。第四，鼓励补充养老保险的发展。企业可根据自身经济能力为本企业职工建立企业补充养老保险，所需费用从企业自有资金中的奖励、福利基金内提取；职工个人自愿参加个人储蓄性养老保险。国家提倡、鼓励企业实行补充养老保险和职工参加个人储蓄性养老保险，并在政策上给予指导；允许试行将个人储蓄性养老保险与企业补充养老保险挂钩的办法。第五，社会保险管理机构可从养老保险基金中提取一定的管理服务费，具体的提取比例根据实际工作需要和节约的原则，由当地劳动部门提出，经同级财政部门审核，报养老保险基金委员会批准。

《关于企业职工养老保险制度改革的决定》（国发〔1991〕33 号）的实行，使养老保险社会统筹取得了突飞猛进的发展。到 1991 年年底，全国有 2 300 多个市县进行了企业养老保险统筹（其中 1 300 多个市县还在城镇集体企业范围内进行退休费用统筹），占全国市县总数的 98%[①]。

养老保险社会统筹自试点改革以来就存在一些行业不加入或者退出地方统筹的现象。究其原因，可能在于各行业发展不平衡、经济效益和养老负担存在重大差异；加之养老保险地方管理不健全、不规范，引发处于优势地位的行业对基金安全和职工利益受损的担忧，促使其退出或不参加地方统筹。

① 夏波光. 从配套到支柱（1986—1997）［J］. 中国社会保障，2009（10）：32-35.

1987 年，铁道部、邮电部、中国建筑工程总公司直属企业等开始进行养老保险的行业统筹①。建立行业统筹一是基于行业利益的追求；二是这些处于垄断地位的国有经济部门，行业内部生产和财务核算相对独立，职员多，业务遍及全国，而地方统筹层次太低，难以满足管理上的需要。由于养老保险制度改革的总体框架不明，各地皆处于试点阶段，并且地方统筹的各种方式也难以满足跨地区的大型企业发展的需要，政府便同意了行业统筹的做法。1988 年，劳动部和财政部《关于中国建筑工程总公司直属企业固定职工离退休费用统筹问题的复函》（劳字〔1988〕23 号）同意了中国建筑工程总公司全民所有制固定职工离退休费用试行行业统筹的做法。1993 年 10 月 15 日，国务院又发出《关于企业职工养老保险统筹问题的批复》（国函〔1993〕149 号），肯定了交通部等八个部门的职工养老保险实行行业统筹的做法。直至 1998 年，行业统筹的基本养老保险才移交地方管理。

（二）计发标准的改革

依据《国务院关于工人退休退职的暂行办法》，退休费根据标准工资和工作年限来计发，但改革开放后，标准工资在工资总额中所占比例逐步缩小，加之通货膨胀的影响，退休职工待遇过低。另外，随着国有企业工资分配自主权的落实，国家不再统一安排工资升级，“标准工资”的概念逐渐淡化；而大量涌现的非国有企业不实行“标准工资”，无法以“标准工资”为基数计发养老金②。在基本养老保险社会统筹取得一定规模后，劳动部开始研究退休金计发办法。1993 年 10 月 19 日，劳动部发布《关于基本养老金计发办法改革试点工作的通知》（以下简称《通知》），规定基本养老金由社会性养老金和缴费性养老金两部分组成：社会性养老金以职工退休时本省（自治区、直辖市）上一年月职工平均工资为基数，按照企业职工本人缴费年限分段计发；缴费性养老金以职工本人指数化月平均缴费工资为基数计发。《通知》要求建立离

---

① 慈勤英. 关于基本养老保险统筹“条块之争”的思考［J］. 湖北大学学报（哲学社会科学版），2000（3）：95-98.

② 中国劳动和社会保障部. 新中国劳动和社会保障事业［M］. 北京：中国劳动社会保障出版社，2007：710.

休、退休人员基本养老金随职工平均工资增长指数定期调整的制度。按照该方案，缴费满 35 年、本人缴费工资接近社会平均工资的职工，退休时的基本养老金工资替代率约为 60%[①]。另外，《通知》也对缴费比例作了规定，如表 2.2 所示：

表 2.2 《关于基本养老金计发办法改革试点工作的通知》中关于缴费比例和计发办法的规定

缴费比例	职工	按本人工资收入的 2%缴纳。职工本人的缴费工资超过当地上一年月职工平均工资 200%以上的部分暂不缴纳，也不计入月平均缴费工资基数。职工本人的工资收入低于当地职工平均 60%的，按当地职工平均工资的 60%缴纳
	企业	企业按照全部职工工资总额（按国家统计局规定的工资总额范围）和当地政府规定的比例缴纳
计发办法	社会性养老金	以职工退休时本省（自治区、直辖市）上一年月职工平均工资为基数，按照企业职工本人缴费年限分段计发：企业和职工本人缴费满十五年及其以上的，按职工平均工资的 25%计发；企业和职工本人缴费满十年不满十五年的，按职工平均工资的 20%计发；缴费满五年不满十年的，按职工平均工资的 15%计发
	缴费性养老金	以职工本人指数化月平均缴费工资为基数计发：缴费满五年的，每满一年，发给职工本人指数化月平均缴费工资的 1%
调整与增长幅度	严格控制待遇水平增长幅度。按照本办法计发的基本养老金，低于原规定计发标准的差额部分可以补齐；高于原规定标准的，其增加幅度最高不得超过 20%。试点地区基本养老金总水平提高的幅度不得超过现行待遇水平的 2%。职工离休、退休后领取的基本养老金，根据经济发展和养老保险基金的收缴情况，从离退休的下一年起，每年 7 月 1 日按照本省（自治区、直辖市）或当地上一年职工平均工资增长率的 50%~80%调整一次。职工平均工资负增长时不做调整	

注：该表内容根据《关于基本养老金计发办法改革试点工作的通知》整理。

此外，上海、广东等地也推出了具体的养老金计发方案。这些地方的养老金计发方案借鉴了新加坡和智利等国家的个人账户制度经验，建立起养老

① 中国劳动和社会保障部. 新中国劳动和社会保障事业［M］. 北京：中国劳动社会保障出版社，2007：711.

金个人账户，为“社会统筹与个人账户相结合”的改革积累了经验，奠定了制度基础。

（三）统账结合模式的确立

关于社会统筹与个人账户结合的探索，最早可追溯到1989年福建省实施的城镇集体企业职工养老保险办法，它采用现收现付统筹式的基本养老保险与个人账户储蓄积累式的补充养老保险相结合的双层式养老保险制度。随后，经国务院批准，深圳市和海南省对企业职工基本养老保险采用个人账户和共济基金账户相结合的筹资模式。1993年，上海也试行了以个人储存和统筹互济相结合的筹资模式，取得了在特大城市运行的经验，对全国统账结合模式的全国推广起到了良好的示范作用。

1993年，中共十四届三中全会通过的《关于建立社会主义市场经济体制若干问题的决定》确立了统账结合的原则，要求“城镇职工养老和医疗保险金由单位和个人共同负担，实行社会统筹和个人账户相结合”。1994年年底国务院召开的全国企业职工养老保险制度改革试点工作会议决定于1995年重点进行基本养老保险统筹和个人账户相结合的试点工作①。1995年3月17日，国务院颁布《关于深化企业职工养老保险制度改革的通知》（国发〔1995〕6号），对养老保险制度深化改革提出了11项要求，提出了职工养老保险制度的改革目标；确立了制度改革原则；重申基本养老保险费用由企业和个人共同负担，实行社会统筹与个人账户相结合的模式；指出要建立基本养老金正常调整机制；国家在建立基本养老保险的同时，鼓励建立企业补充养老保险和个人储蓄性养老保险；另外还对养老金的管理、发放做出了相关原则性的规定。“统账结合”是我国养老保险制度的一项重要制度创新，也是当时国情下的现实选择。在计划经济时期，养老保险实行的是现收现付制，没有预提积累，如继续采用该模式，将使国家和企业负担过重，无法释放企业效率，且也无法应对人口老龄化的挑战；而实行完全积累方式，则会使当时养老金面临严峻的现时支付压力。在这种情况下，统账结合是一种更为现实的制度选择。

① 林义．社会保险［M］．北京：中国金融出版社，2010：144．

由于对“统账结合”的具体目标认识不一致，《关于深化企业职工养老保险制度改革的通知》（国发〔1995〕6 号）提出了两个实施办法，供各地根据自身情况选择实施。

办法一，基本上是采用上海自 1993 年以来的职工养老保险制度改革方案。要点如下：其一，单位和个人共同缴纳基本养老保险费；企业按职工工资总额的一定比例缴纳，在税前列支；职工个人以本人上年度月平均工资为基数缴纳，免征个人所得税，个人缴费起步时为本人缴费工资的 3%，以后每两年提高一个百分点，最终达到 8%。其二，建立基本养老保险个人账户，个人账户按职工工资收入的 16%左右的费率计入，包括职工本人缴纳的全部养老费、企业缴费中的按个人工资的 8%左右划转计入部分和按当地职工当月平均工资的 5%左右划转计入部分。其三，基本养老金计发标准为：个人账户累计储存额除以 120，按月领取，个人缴满 15 年，或实行该办法前连续工龄满 10 年的，可享受按此计发的基本养老待遇，未达到该项规定的，退休时，个人账户存储额一次性支付给本人；个人账户存储额用完时，由社会统筹基金按照原计发标准继续支付，直至其死亡；职工或离退休人员死亡的，其个人账户存储额中尚未领取或未领取完的部分，支付给职工的受益人或法定继承人。其四，新旧办法的衔接。实行“新人”新办法，“老人”老办法，“中人”过渡办法。

办法二，是在劳动部提出的“结构式”养老金计发方案上，加上个人账户的设计而形成。要点如下：其一，单位和个人共同缴纳基本养老保险费，企业以职工工资总额为基数，按照当地政府规定的比例缴纳，在税前列支；职工个人按照本人上年度月平均工资的一定比例缴纳，免征个人所得税。个人缴费的上限和下限分别为当地上年月平均工资的 300%和 60%。其二，建立基本养老保险个人账户，个人账户资金包括职工个人缴纳的全部或一部分和企业缴费中职工缴费工资基数高于当地平均工资 200%～300%部分的全部或者一部分。其三，缴费 10 年以上的职工可领取基本养老金，基本养老金包括社会性养老金、缴费性养老金和个人账户养老金三部分；社会性养老金为社会平均工资的 20%～25%发放，缴费性养老金依据缴费工资和缴费年限计发，个人账户养老金可以选择一次性领取、多次领取或按月领取；个人缴费年限不满10年退休的，缴费每满1年，一次性发给相当于2个月当地社会平均工资的社会性养老金和缴费性养老金，个人账户存储额也一次付清；职工或退休人员死亡的，个人账户存储额一次性支付给其受益人或法定继承人。

这两个实施办法均体现了"统账结合"的原则，都力求将社会互济与自我保障、公平与效率相结合，但结合的具体形式不同。比较而言，办法一更强调个人账户，更强调自我保障；办法二虽设立个人账户，但更强调公平，共济性更强，更注重稳定的保障水平①。

《关于深化企业职工养老保险制度改革的通知》（国发〔1995〕6号）颁发后，各地区根据自身情况，结合相关要求，开始试行"统账结合"的养老保险制度改革方案。其中，上海、吉林、黑龙江、江西、河南、云南、青海七个地区选择实行办法一；北京、天津、浙江、湖南、广东选择实行办法二；另外，河北、山西、内蒙古等地区以及水电、石油、交通、煤炭等行业则创立第三类办法实行。

1995年以后，"统账结合"的职工养老保险制度改革深化推广，"统账结合"模式确立起来，将个人缴费与待遇结合起来，形成了激励机制，带动了职工的缴费积极性；部分地区个人缴费比例的提高也相应降低了企业费率，减轻了企业负担。但是，基金统筹层次较低，调剂能力较弱，挤占挪用养老保险基金的问题严重；且多种养老保险办法并行，在带来管理困难的同时，还造成了地区间、行业间差异过大，待遇攀比现象严重，也对劳动力在地区间和行业间的流动造成了新的障碍。在此背景下，劳动部、国家体改委等七部委组成联合调研组，就企业职工基本养老保险制度问题进行调研，并在总结改革试点经验的基础上，提出了统一企业职工养老保险制度的框架方案，经国务院批准后，于1997年7月16日发布了《国务院关于建立统一的企业职工基本养老保险制度的决定》（以下简称《决定》）。《决定》就缴费比例、个人

① 中国劳动和社会保障部．新中国劳动和社会保障事业［M］．北京：中国劳动社会保障出版社，2007：716.

账户规模、养老金计发方法进行了统一，其主要内容涉及如下七个方面：

一是统一规范企业和职工个人的缴费比例。企业缴费比例一般不得超过企业工资总额的 20%（包括划入个人账户的部分），具体比例由各省（自治区、直辖市）人民政府确定。确需超过企业工资总额 20% 的，应报劳动部、财政部审批。个人缴纳的基本养老保险费比例，1997 年不得低于本人缴费工资的 4%，1998 年起每两年提高 1 个百分点，最终达到本人缴费工资的 8%。有条件的地区和工资增长较快的年份，个人缴费比例提高的速度应适当加快。

二是统一个人账户规模。个人账户规模为本人缴费工资 11%，个人缴费全部计入个人账户，其余部分从企业缴费中划入。随着个人缴费比例的提高，企业划入的部分逐步降至 3%。

三是统一养老金计发方法。基本养老金由基础养老金和个人账户养老金组成。个人缴费年限累计满 15 年的，退休后按月发放基本养老金。基础养老金月标准为省（自治区、直辖市）或地（市）上年度职工月平均工资的 20%，个人账户养老金月标准为本人账户储存额除以 120。个人缴费年限累计不满 15 年的，退休后不享受基础养老金待遇，其个人账户储存额一次性支付给本人。个人账户可随职工调动而全部转移；职工死亡后，个人账户的个人缴费部分可以继承；不能提取支取。

四是规定制度过渡办法。采取“新人”新办法，“老人”老办法，“中人”过渡办法。《决定》实施前已经离退休的人员，按原规定发给养老金，同时执行养老金调整办法。《决定》实施前参加工作、实施后退休且个人缴费和视同缴费年限累计满 15 年的，按照新老办法平稳衔接、待遇水平基本平衡等原则，在发给基础养老金和个人账户养老金的基础上再发放一部分过渡性养老金，过渡性养老金从养老保险基金中解决。

五是扩大养老保险覆盖范围。《决定》要求基本养老保险制度要逐步扩大到城镇所有企业及其职工。城镇个体劳动者也要逐步实行基本养老保险制度，其缴费比例由各地参照该《决定》精神确定。

六是规范养老保险基金管理。要求基本养老保险基金实行收支两条线，专款专用。基金结余除预留相当于两个月的支付费用外，全部购买国债或存入银行专户，严格禁止投入其他金融和经营性事业。建立健全社会保险基金监督机构，财政、审计部门依法加强监督，确保基金安全。

七是提高统筹层次。要求逐步由县级统筹向省或省授权的地区统筹过渡，并指出待全国基本实现省级统筹后，原实行行业统筹的企业，参加所在地区的社会统筹。

《决定》在归纳总结多年改革的经验和教训基础上，构建起了社会主义市场经济体制下的统一的企业养老保险制度基本框架，有利于尽快结束我国企业职工养老保险多年来存在的地区制度分割、分散管理的局面，为进一步深化改革奠定了坚实基础。到 1998 年年底，除个别地区尚未出台统一并轨方案外，绝大多数省级地区已经按照统一的“统账结合”制度运行，统一全国养老保险制度的目标基本实现。企业缴费得到基本控制，个人缴费率逐步提高。1998 年 1~9 月，全国平均缴费率为 22.86%，比上年下降 0.71%。其中，企业平均缴费率为 19.36%，比上年下降 1.03%；个人平均缴费率为 3.51%，比上年提高 0.33%。到 1998 年 9 月底，建立个人账户人数占参保人数的比例达到 77%①。

第三节　统账结合的养老保险制度特征及成就评价

一、统账结合的养老保险制度特征

对比改革开放前的传统养老退休制度，统账结合的养老保险制度具有鲜明特征：

① 中国劳动和社会保障部. 新中国劳动和社会保障事业 [M]. 北京：中国劳动社会保障出版社，2007：718.

一是强调个人责任，实行责任共担机制。传统养老保险制度的退休费用由企业承担，个人无须缴费。而统账结合模式确立的则是责任共担原则。《国务院关于企业职工养老保险制度改革的决定》（国发〔1991〕33 号）明确要求“改变养老保险完全由国家、企业包办的方式，实行国家、企业、个人三方共同负担”。《国务院关于建立统一的企业职工基本养老保险制度的决定》（国发〔1997〕26 号）也要求建立资金来源多渠道、权利与义务相对应的养老保险体系，并明确规定企业缴费比例为企业发放工资总额的 20% 左右，个人缴纳的基本养老保险费比例最终提高到本人缴费工资的 8%；个人缴费全部进入个人账户，个人缴费不满足规定年限的，无法享受基础性养老金部分。由此，原先由企业承担的养老责任现在转化为企业和职工共同承担；不仅如此，政府通过承担社会保险机构运行的管理费用，以及最终兜底基本养老保险基金缺口来分担养老责任。尽管在确立统账结合模式的过程中，各方缴费责任仍未最终确定，但国家、企业、个人共担的原则已经形成，个人享受的养老金权益与个人缴费息息相关。这是应对市场经济改革和保证养老保险制度财务可持续性的必然要求。

二是采取基金部分积累制。传统的企业职工养老保险制度为现收现付制：国家机关、事业单位的退休经费列入国家财政预算，企业单位职工的退休经费为企业年度经营成本的开支项目，没有基金积累。而统账结合模式则属于部分积累制，这是一种现收现付制与基金制的结合。基础性养老金属于社会统筹部分，具有互助调剂功能；在此基础上引入的个人账户则属于基金积累制，强调职工的自我保障，激励机制强。相较于单纯的现收现付制和基金制而言，统账结合的基金部分积累制吸收了两种模式的长处，将现收现付制的统筹互济功能和基金制的激励机制有机地结合起来。这一制度的创新是我国养老保险制度长期实践探索的结果，也是应对制度的历史问题和人口老龄化的必然要求。

三是实行社会化的养老保险制度。传统的养老保险制度有较强的单位化属性，实行单位封闭运行机制，职工被严格分属于单位组织内，退休人员皆从所在单位领取退休费用，单位也仅对本单位员工承担养老责任，从养老待遇的角度来说，职工完全依附于所在单位。因此，传统的养老保险制度是一种单位化的养老保险制度。统账结合模式则打破了养老保险制度的单位化，使之成为实质上的社会化养老保险制度。一方面，职工养老保险制度的管理运行社会化。相对于传统养老保险制度，统账结合模式的职工养老保险由独立于企业之外的社会保险经办机构负责管理，养老保险费的收缴、管理和待遇给付独立于企业，并接受社会监督。另一方面，职工养老待遇也不完全依赖单位。其待遇标准由政府统一制定，并根据各地实际情况略有不同。基础性养老金在行业内或者地区内实行统筹调剂，个人账户养老金依据缴纳费用的多少和年限的长短进行发放，而不取决于企业的经营状况。由此，职工退休后无须再依靠原单位，职工养老保险走向了社会化，这也适应了市场经济体制劳动关系改革、人口流动的现实要求。

二、对统账结合的养老保险制度的评析

（一）覆盖面有所扩大，代际、地区差异较大

相较于改革开放前传统的职工养老保险制度，逐步建立起来的统账结合模式更具有公平性。这主要体现在三个方面：

第一，扩大了制度覆盖面。由于统账结合模式兼顾了各方面的利益诉求和积极性，个人账户产生的激励机制更是使职工成为督促企业按时缴费的力量，这使养老保险制度在我国快速推进，覆盖面得到极大扩展。朱镕基同志在 1997 年国有企业下岗职工基本生活保障和再就业工作会议的总结讲话中提道：1997 年全国参加养老保险社会统筹的在职职工人数已有 8 670 多万人，覆盖率约 80%，包括职工和离退休人员共 1. 2 亿人。其中，国有企业覆盖率为 96%，城镇集体企业为 53%，其他各类企业为 31. 8%。

第二，统一了缴费和计发办法。《国务院关于建立统一的企业职工基本养老保险制度的决定》统一规范了企业和职工个人缴费比例，明确了个人账户规模，统一了养老金计发办法。此举增强了养老保险制度在地区之间、企业之间的公平性，有助于营造公平的市场竞争环境和构建统一的劳动力市场。

第三，提高了统筹层次。《国务院关于建立统一的企业职工基本养老保险制度的决定》（国发〔1997〕26 号）要求将企业职工基本养老保险逐步由县级统筹向省或省授权的地区统筹过渡。统筹层次的逐步提高能充分发挥大数法则效能，使养老金在更大范围内统筹调剂使用，强化制度的横向再分配功能，增强了制度公平性。

尽管制度公平性得到增强，但仍有不足。首先，存在代际不公平问题。为减少改革阻力，顺利推进制度实施，《国务院关于建立统一的企业职工基本养老保险制度的决定》（国发〔1997〕26 号）实行“老人”老办法，“新人”新办法，“中人”过渡办法。这意味着社会统账部分既要支付“新人”“中人”退休后的基础性养老金，又要支付“中人”的过渡性养老金和“老人”的全部养老金。对于“中人”和“新人”来说，缴费与享受待遇之间有了一定的义务与权利对等性，但“老人”义务与权利的对等性并没有体现出来。尽管也有划拨国有资产的原则性规定，但如何划转，划转多少，以及国有资产划转与“老人”养老待遇之间的关系并没有明确，导致个人账户挪用现象严重，造成“老人”“无偿”享受养老待遇的表象。其次，代内差异也较大，主要体现在地区差异和行业差异方面。尽管制定了全国统一的养老保险制度，但各省（自治区、直辖市）统筹层次较低，大多是市级统筹，从而使得基础性养老金地区差异极大。并且，原先的 11 个行业统筹与地区统筹也存在制度差异，导致行业与行业间、行业与地区间差异繁多。

（二）激励机制增强，“空账”问题凸显

统账模式极大地促进了职工养老保险制度的发展。从个人角度看，个人账户将缴费与养老待遇相关联，产生了强大的激励效应，促进了职工养老保险制度的扩面工作。企业主动参与职工养老保险的积极性增强。职工基本养老保险作为职工的一项重要待遇而被职工看重，这促使企业更愿意主动参与职工养老保险制度，以便在争夺人力资源时不“落于人后”。“老人”老办法、“新人”新办法、“中人”过渡办法的改革方式极大地减少了制度改革的阻力，从而有助于统账结合的职工养老保险制度的推广实行。

统账结合的部分积累制相较于现收现付制能更好地适应当时中国的国情，

可持续性较强。但一些新的问题也对可持续性产生了不利影响。首先是个人账户“空账”问题。由于“老人”不缴养老保险费，其待遇又从现有制度建立的养老基金中支取，导致统筹账户不足，遂将个人账户的养老金来弥补统筹账户的不足，使个人账户成为虚拟空账，且“空账”数额越来越大，这对职工养老保险制度的可持续性造成了极大的伤害。其次，养老基金收益难以跑赢通货膨胀。《国务院关于建立统一的企业职工基本养老保险制度的决定》规定养老保险基金只能用来购买一部分国债，或者存入银行，以存款利息计息。这一收益远低于通货膨胀率，从而造成养老基金事实上的贬值。最后，统账模式受人口老龄化冲击严重。21 世纪初，我国进入老龄化社会，且老龄化程度不断加剧。这使城镇职工基本养老保险的制度抚养比也不断攀升，对制度可持续性造成巨大冲击。

（三）责任分担机制建立

相较于传统的养老保险制度来说，统账结合模式的养老保险制度强调责任分担，明确个人责任，更具有可持续性。首先，明确了个人缴费义务，改变了由企业负担养老保险费的模式，确立了政府、企业、个人三方负担原则，使养老保险基金资金来源渠道更加丰富。其次，统账结合模式使职工养老保险制度从单位化转向社会化，从单位负责变成社会统筹，费用的征缴、管理、支付都更加社会化，使职工养老待遇不受企业经营状况影响，不因企业经营不善，而致使职工养老保险待遇受损。最后，个人账户的激励机制使职工个人有持续缴费的动力，减少了逃缴费的动机，并有助于职工监督企业缴费行为，在一定程度上促进了养老保险费用的收缴和扩面工作，有利于制度的可持续运行。

第三章
1997 年至中共十八大前的职工养老保险制度改革与调整

1997 年国务院颁布的《关于建立统一的企业职工基本养老保险制度的决定》，勾画出了社会主义市场经济体制下具有中国特色的企业职工养老保险制度的基本模式和框架，指出了我国社会养老保险制度发展改革的方向，极大地促进了我国企业职工养老保险制度的发展。但该制度在实际运行中，也出现了一些新的问题，且面临人口老龄化、经济全球化等诸多冲击。在这个阶段，职工养老保险制度继续深化改革，逐步实现省级统筹，探索做实个人账户，完善经办服务体系，加快养老保险制度法制化进程，极大地扩展了制度覆盖面，提高了制度运行效率。

第一节　企业职工养老保险制度面临的主要问题

一、个人账户空账运行

个人账户空账问题源于从现收现付制到部分积累制转变而形成的转轨成本。计划经济时期，基于体现社会主义优越性和经济建设需要，我国长期实行“低工资，高就业”政策，职工工资中未包含将来退休养老的部分，这部分由国家集中提取起来，用于经济建设。其中相当一部分形成了国有资产，对国家的经济发展起了巨大作用。对退休职工，国家则承诺负责其养老问题。由于此时期参保企业都是全民所有制企业，在实际操作中就体现为单位化的养老保险制度，即由单位负责退休职工的养老费用。这实际上是由在职职工承担退休职工养老费用的现收现付制。随着职工养老保险制度改革的深化，逐渐形成了统账结合模式的部分基金积累制。在该制度模式下，职工享受养老待遇的权益来源于其缴纳养老保险费的义务。“老人”的养老权益由国家承诺，其费用应由国家承担。但政府在建立统账结合的职工基本养老保险制度伊始，就回避了“老人”养老金的来源问题，而是采取了由统筹基金暂时承担这部分债务的办法。由此，统筹性养老基金一方面要承担已退休老职工的养老金支付，另一方面还要承担“中人”的过渡性养老金，财务压力巨大。在平均缴费率较高的情况下继续提高缴费率会加大企业负担，不利于企业的生产发展。为此，国家采取借用个人账户资金解决当期“老人”养老金和“中人”的一部分养老金支付问题，从而使个人账户变成了“空账”。

二、企业职工基本养老保险地区、行业分割

1995 年国务院决定企业职工基本养老保险实行统账结合模式，并明确市级政府可以就中央提供的两个方案进行自主选择或另外重组制度。此举既使

企业职工基本养老保险在各地改革创新，同时也造成了全国养老保险模式各行其是、地区分割的状态。而国务院先后批准了 10 多个行业在全国范围内自行行业统筹养老保险业务，进一步加剧了制度安排的碎片化。

碎片化的制度安排对养老保险制度造成了严重影响：

一是地区分割统筹导致地区之间养老保险缴费实际缴费负担畸轻畸重，突破了养老保险制度筹资公平与市场经济竞争公平的底线。由于不同地区的人口年龄结构有别，退休人员历史负担有别，加之因经济发展水平不同而导致的财政补贴能力强弱差异巨大，在地区分割统筹的情况下，养老保险实际缴费率存在显著的地区差异：人口年龄结构越老化，历史债务负担越重，财政补贴能力越弱的地区，缴费率下降空间越小，企业压力越大；人口年龄结构越年轻化，历史债务负担越轻，财政补贴能力越强的地区，缴费率下降空间越大，企业负担越轻。缴费率的地区差异违背了市场经济条件下劳动成本公平法则，损害市场经济公平环境，不利于劳动力自由流动[①]。

二是削弱了基金调剂功能，导致基金抵御风险能力不足。在统账结合模式的职工养老保险制度建立之初，各地已退休的“老人”和工作的“中人”缴费比例存在较大差异；并且因国有企业和集体所有制企业比重较高，老工业基地和工业基础较好的省份债务负担更重；加之，经济发展水平差异导致的财政补贴能力不足，一些中西部省份和东北老工业基地省份的收支结余状况较差。2010 年，辽宁、黑龙江、天津、吉林、重庆、湖北、新疆、上海、陕西、青海、内蒙古等 15 个省（自治区、直辖市）的企业部门基本养老保险收支结余皆为负数，其中辽宁与黑龙江均超过 100 亿元；相反，广东、江苏、北京、山东等省市皆有较高结余，其中广东省结余超过 400 亿元[②]。地区分割的职工基本养老保险，致使养老保险基金统筹层次过低，养老保险基金无法在各省之间进行调剂，共济能力较弱，抗风险能力差。且分散于各地的养老

---

① 郑功成. 从地区分割到全国统筹——中国职工基本养老保险制度深化改革的必由之路［J］. 中国人民大学学报，2015，29（3）：2-11.

② 郑秉文. 中国养老金发展报告 2011［M］. 北京：经济管理出版社，2011：31.

保险基金，风险点多面广，监管难度大，也增大了养老保险基金损失风险①。

三是不利于提高社保资金运用效率。养老基金分割在全国几千个县市级统筹单位，治理结构难以建立，投资策略的升级和优化难以实现，不利于提高社保基金投资回报率，致使社保基金积累越多，投资压力越大，贬值风险越高，隐患越大②。

三、社会保险法制化进程滞后

社会保险法制属于社会主义市场经济法律体系的有机组成部分。社会保险领域要实现依法治国，有法可依是必然选择。但直至20世纪90年代末，社会保险领域的法律法规远远不能满足依法治国、构建社会主义法治国家的需要。我国于20世纪50年代初颁布了《劳动保险条例》，但该项制度于20世纪60年代末中断。20世纪80年代随着企业改革深入，社会保险制度改革被提上议事日程。随后，包括养老、医疗、失业、工伤等社会保险制度取得了相应进展，但社会保险法制化依然很低。除了1994年颁布的《中华人民共和国劳动法》中有一章对社会保险和福利作了规定外，其他涉及社会保险事务的皆是行政性法规和规章。即使对各单项单行社会保险制度，也鲜有专门的法律，而关于社会保险争议的法律规范更是接近空白③。

制定高位阶的社会保险法律是世界各国社会保险制度建立和完善的基本经验。在社会保险制度构建方面，我国虽然颁布了不少规范性的文件，但却没有一部专门的基本法律对社会保险权利和关系进行规范。社会保险基本法的缺位，导致遵从社会保险内在规律和本质要求的相关法律制度无法及时建立起来，一些本应由法律来调整的社会保险关系一直游离于法制之外，导致

---

① 盛和泰. 养老保险“碎片化”的成因分析与应对策略［J］. 保险研究，2011（5）：32-35.

② 郑秉文. 中国社会保险“碎片化制度”危害与“碎片化冲动”探源［J］. 社会保障研究，2009（1）：209-224.

③ 郑尚元. 依法治国背景下社会保险法制之建构［J］. 武汉大学学报：哲学社会科学版，2017，70（4）：27-35.

我国社会保险制度缺乏权威性、公平性、透明性、稳定性和可操作性，致使社会保险法律规范的效力层次偏低，体系功能弱化，削弱了我国社会保险制度的可持续性，也与现代法治国家的“法律之治”的基本要求以及社会主义和谐社会的“公平正义”的理念相去甚远①。

四、人口老龄化和劳动力迁移流动的冲击

2000 年，我国正式进入老龄化社会。受计划生育政策影响，我国老龄化更具有“快”和“高”的特点，给企业职工养老保险制度带来极大冲击。随着人口老龄化程度逐渐加深，劳动人口比例逐步降低，就业人口减少，进而抬升企业职工基本养老保险的制度赡养率，加剧企业职工基本养老保险社会统筹部分财务平衡压力，影响整个养老保险制度的财务可持续性。

另外，劳动力的迁移流动也对企业职工养老保险制度产生了重大影响。劳动力的迁移流动对地域之间的年龄结构老龄化和老龄化向纵深发展产生了不容忽视的影响②。地区经济发展水平的差异，加速了劳动力的跨区域流动。劳动力大规模地跨区域流动会影响各地区企业职工基本养老保险的制度赡养率，进而扩大地区间企业职工养老保险财务压力的差异。对于经济较发达地区，劳动力呈净流入状况，有助于降低当地职工基本养老保险制度赡养率，增加制度的缴费收入，提高养老保险的财务支付能力；对于经济欠发达地区，劳动力呈净流出状况，这会抬升当地职工基本养老保险制度赡养率，在减少缴费收入的同时，还可能增加养老保险支出。两种不同的反向影响既增加了养老保险制度在地区间的不公平性，也不利于营造公平统一的市场环境。

---

① 杨思斌. 中国社会保险法制建设述评［J］. 财贸研究，2007，(3)：136-142.

② 田雪原. 人口老龄化与养老保险体制创新［J］. 人口学刊，2014，36（1）：5-15.

第二节　改革深化的历程：关键事件与制度建构

一、完善统账结合模式与做实个人账户的探索

自1997年我国正式确立统账结合模式的职工基本养老保险制度以来，由于养老保险个人账户的资金被用来弥补社会统筹基金的不足，个人账户成为虚拟账户，“空账”数额越来越大。到2000年，养老保险个人账户“空账”额度达到2 000多亿元；2004年，个人账户“空账”数额急剧攀升，达到7 000多亿元；2005年增加到8 000亿元；到2006年年底，我国养老金“空账”额度达到9 000亿元①。个人账户巨大的“空账”额度对养老保险制度的顺利运行产生了极大压力。

2000年12月25日国务院出台的《国务院关于印发完善城镇社会保障体系试点方案的通知》（国发〔2000〕42号）决定于2001年在辽宁省及其他省（自治区、直辖市）确定的部分地区进行做实个人账户试点工作。该通知在职工养老保险制度方面进行了改进，包括分离基本养老保险的社会统筹账户与个人账户，对其进行分账管理，并决定做实个人账户。试点方案主要内容有以下几点：

其一，调整个人账户规模。个人账户规模由本人缴费工资的11%调整为8%，将职工个人缴费由5%调整到8%，并全部计入个人账户，个人账户存储额取决于个人缴费额和个人账户基金收益。原来规定企业缴费比例为企业工资总额的20%依然不变，但企业缴费部分全部纳入社会统筹基金，不再划入个人账户，并以省（自治区、直辖市）为单位进行调剂。

其二，社会统筹基金与个人账户实行分账管理。社会统筹基金不能占用个人账户基金；个人账户基金由省级社会保险经办机构统一管理，按国家规

① 林义. 社会保险［M］. 北京：中国金融出版社，2011：147.

定存入银行，全部用于购买国债，并规定其运营收益率要高于银行同期存款利率。

其三，调整养老保险待遇。方案规定缴费每满一年增加一定比例的基础养老金，总体水平控制在 30%左右。

其四，规定基本养老金水平的调整。要求基本养老金参照城市居民生活费用价格指数和在职职工工资增长情况设计调整方案。

其五，对于没有参加过基本养老保险统筹，且已经没有生产经营能力、无力缴纳养老保险费的城镇集体企业，不再纳入养老保险统筹范围，已退休职工由民政部门按企业所在地城市居民最低生活保障标准按月发放生活费。

其六，明确多层次养老保险体系。鼓励有条件的企业为职工建立实行市场化运营和管理的企业年金。企业年金实行基金完全积累，采用个人账户方式进行管理，费用由企业和职工个人缴纳。并规定企业缴费在工资总额 4%以内的部分，可从成本中列支。同时鼓励该地区开展个人储蓄性养老保险试点工作。

2001 年，辽宁成为中国首个做小做实个人账户养老保险体制改革的试点省份。2004 年，试点扩大到黑龙江和吉林两省。2001—2003 年，中央财政每年定额补助辽宁 14. 4 亿元，2004 年和 2005 年中央财政每年定额补助黑龙江、吉林两省 18. 2 亿元。辽宁省和黑吉两省分别按照“补缺口”模式和“补账户”模式运作。辽宁省按照“补缺口”模式运作。根据收支两条线的原则，将个人账户和财政补助划清界限。个人账户规模从原来个人缴费工资的 11%降为 8%，全部由职工缴费形成，并按此标准做实。先将县市个人账户基金向省个人账户专户归集，由省社保经办机构监督管理。个人账户完全记清，一方面做到账人对应，另一方面要求个人账户基金与基金总数严格对应。与此同时，中央补助下放到省级财政专户，然后参照各地需求和地方补助情况下拨到市县财政专户，直接补充统筹账户的发放缺口。中央补贴额度如果少于统筹发放缺口，还需要地方政府自筹资金补足。黑龙江和吉林按照“补账户”模式运作。相较于辽宁按照 8%一次性做实个人账户，黑吉两省则从 5%起步做实个人账户，这主要是考虑到中央和地方政府的财政压力。黑吉两省个人账户则留在地方，并直接用于弥补当期统筹账户发放缺口，因此个人账户在形式上仍为“空账”。同时，中央财政补助下拨至省国库专户独立存放，每年登记一定的记账利息，这部分资金与“空账”的个人账户相对应，形成“补账户”模式。

2005年年底，国务院试点工作小组对两种模式进行评估。评估报告认为两种模式均未真正做实个人账户。无论“补缺口”模式还是“补账户”模式，都是由于资金紧缺所致，两种模式会产生相似的结果，或者社会统筹基金不足，或者个人账户不能做实。黑吉模式基金的分头管理问题也得到关注，中央财政补助资金由中央集中管理，个人账户基金由各省（自治区、直辖市）投资运营，这就意味着基本养老保险个人账户基金分两处管理，需要制定两个不同的运营办法和监督管理办法①。

在充分调查研究和总结东北三省的试点经验基础上，2005年12月3日，国务院发布了《关于完善企业职工基本养老保险制度的决定》（国发〔2005〕38号）。该决定是职工基本养老保险制度方面的又一重大决策，对统账结合的职工基本养老保险制度进行了优化，极大地推动了制度改革的深化与发展。首先，扩大了职工基本养老保险覆盖范围。决定明确指出个体工商户和灵活就业人员都要参加企业职工基本养老保险，并在今后一个时期内以非公有制企业、城镇个体工商户和灵活就业人员为参保工作的重点；并统一了个体工商户和灵活就业人员的缴费标准。覆盖范围的扩大有利于适应就业方式多样化和城市化的发展；同时扩大了基金来源，有利于制度的可持续性；并且，统一的缴费标准也有利于劳动力在全国范围内合理流动。但是其缴费标准较高，为当地上年度在岗职工平均工资的20%，这对于工作水平较低的灵活就业人员来说有不小压力，对制度扩面工作有一定负面影响。其次，改革养老金计发办法。将基础养老金与在岗职工平均工资、缴费年限和缴费水平挂钩，并确定了与城镇人口平均预期寿命、本人退休年龄、利息等因素相关的个人账户养老金计发月数。计发办法的改革形成了“多缴多得”的缴费激励机制，

① 林义. 社会保险［M］. 北京：中国金融出版社，2011：148.

计发月数也更加科学，有利于制度扩面工作和减少断缴现象，但这种激励机制的增强也在一定程度上弱化了制度再分配功能。再次，要求构建基本养老金待遇正常调整机制。规定企业退休人员的基本养老金要根据职工工资和物价变动等情况，进行适时调整。这在一定程度上统一了各地对基本养老金待遇调整的认识和待遇调整的水平，保证了基本养老金的购买力。此外，完善社会统筹与个人账户相结合的基本制度，逐步做实个人账户也是该决定的主要任务之一。该决定认为逐步做实个人账户，积累基本养老保险基金，不仅是应对人口老龄化的重要举措，也是实现企业职工基本养老保险制度可持续发展的重要保证。要求继续抓好东北三省做实个人账户试点工作，抓紧研究制订其他地区扩大做实个人账户试点的具体方案；制定个人账户基金管理和投资运营办法，实现保值增值。并规定从 2006 年 1 月 1 日起，个人账户规模统一调整为本人缴费工资的 8%，全部由个人缴费形成。个人账户规模的缩小，有利于统筹账户与个人账户的平衡，在一定程度上限制了统筹账户挪用个人账户资金的额度，有利于做实个人账户工作的推进。

在该决定的推动下，2006 年，做实个人账户的试点地区扩大到上海、天津、山东、河南、山西、湖北、湖南、新疆八个省（直辖市、自治区）①。八省（自治区、直辖市）试点方案基本一致，但与辽宁省方案和黑吉两省的方案又有所不同。其主要特点是动态做实、半动态补助。动态做实指个人账户做实数额随缴费工资基数的增长而增长，半动态补助指中央财政对已做实的部分实行定额包干补助，不再随缴费工资总额的变化而调整。另外，做实个人账户需区分“老中新”。以实行个人账户做实政策为分界点，之前已经退休的人员，个人账户不再做实；已经参保尚未退休的人员，以前没有做实的个人账户不再做实，以后的缴费逐步做实；之后参保的人员，个人账户从参保缴费开始就逐步做实。做实个人账户从个人缴费工资的 3%起步，以后视情况逐年提高。

2007 年 2 月 15 日，劳动和社会保障部、财政部联合下发了《关于进一步

① 林义. 社会保险［M］. 北京：中国金融出版社，2011：148.

扩大做实企业职工基本养老保险个人账户试点工作有关问题的通知》（劳社部发〔2007〕6号），要求2007年各试点省份可根据自身承受能力，在不增加本地区基本养老保险基金缺口、不影响企业离退休人员基本养老金当期发放的前提下，研究提出是否将做实个人账户比例调高到4%。同时要求江、浙、粤等经济发达省份根据自身实际情况，依靠自身能力开展做实个人账户工作试点。截至2007年年末，辽宁、吉林、黑龙江、天津、山西、上海、山东、河南、湖北、湖南、新疆11个做实个人账户试点省份共积累基本养老保险个人账户基金786亿元，比2006年年末增加301亿元①。

二、提高统筹层次，行业统筹移交地方管理

（一）推行省级统筹

1997年，《国务院关于建立统一的企业职工基本养老保险制度的决定》指出，基本养老保险“要逐步由县级统筹相省级或省授权的地方统筹过渡”。实行基本养老保险基金省级统筹也是统一企业职工养老保险制度的重要策略。

1998年，国务院发布《关于实行企业职工基本养老保险省级统筹和行业统筹移交地方管理有关问题的通知》（国发〔1998〕28号），明确要求“加快实行企业职工基本养老保险省级统筹”，以深化企业职工养老保险制度改革，增强基金管理和调剂力度，确保养老金按时足额发放。并明确指出在1998年年底以前，实行企业职工基本养老保险省级统筹，建立基本养老保险基金省级调剂机制；到2000年，在省（自治区、直辖市）范围内，基本实现统一企业缴纳基本养老保险费比例，统一管理和调度使用基本养老保险基金，对社会保险经办机构实行省级垂直管理；省级统筹的范围包括省（自治区、直辖市）内的国有企业、集体企业、外商投资企业、私营企业等城镇各类企业及其职工；加快实现企业离退休人员基本养老金的社会化发放，推进社会化管理过程。

① 郑功成. 中国社会保障30年［M］. 北京：人民出版社，2008：69.

到 1999 年年底，全国绝大多数省级地区的省级统筹工作有所进展。其中，北京、上海、天津实现了统一制度（城镇各类企业职工和个体劳动者实行统一的基本养老保险制度）、统一标准（统一企业和职工的缴费基数及缴费比例、养老金计发办法、给付项目、养老金调整制度）、统一管理（统一基本养老保险业务管理程序和基金管理制度）、统一调剂使用基金和社会保险经办机构的垂直管理。其他地区也都建立了调剂金制度。但是除了京津沪和少数省份外，大多数地区仍然以地级统筹为主，统筹层次较低，基金调剂能力较弱。并且，省级集中调剂金也较为困难。由于县市级统筹或地市级统筹已经实行多年，经济利益格局已经形成，实行省级统筹必然会调整利益格局，难免受到地方干扰，拒缴或少缴调剂金，导致省级调剂金的收缴集中相当困难。1999 年全国省级调剂金总规模为 217 亿元，仅占同期养老保险基金收支总规模的 5.6%。同期省级调剂金累计结余仅占养老保险基金累计结余的 2.96%。规模较小的省级调剂金，直接影响基金调剂功能的发挥。

为加快实现省级统筹步伐，原劳动保障部和财政部于 2007 年 1 月 18 日联合发出《关于推进企业职工基本养老保险省级统筹有关问题的通知》（劳社部发〔2007〕3 号），该通知制定了企业职工基本养老保险省级统筹标准。该通知要求尚未实现省级统筹的地区结合自身实际情况，明确工作重点，逐步实现在全省范围内统一调度和使用基金；积极创造条件，向省级统筹过渡。《通知》要求各地区，结合本地实际情况，对照《企业职工基本养老保险省级统筹标准》，加快推进和完善省级统筹制度。其省级统筹标准可概括为六个统一：其一，统一基本养老保险制度，全省执行统一的企业职工基本养老保险制度和政策。其二，统一基本养老保险缴费，全省统一规定企业和职工基本养老保险缴费比例和缴费基数。其三，统一基本养老保险待遇，全省实行统一的基本养老金计发办法、统筹项目和待遇调整办法。其四，统一基本养老保险基金使用，基本养老保险基金由省级直接管理，统一调度使用，实行统收统支；现阶段也可实行省级统一核算、省和地（市）两级调剂，结余基金由省级授权地（市）、县管理方式，其中，中央财政、省级财政补助资金和上解的调剂金由省级统一调剂使用。其五，统一基金预算，全省统一编制和实施基本养老保险基金预算。其六，统一基本养老保险业务规程，全省统一基本养老保险管理制度和业务经办流程，执行统一的数据标准，使用统一的应用系统。

推进企业职工基本养老保险省级统筹，是完善企业职工基本养老保险制度的重要内容。实现省级统筹，有利于提高企业职工基本养老保险制度抵御风险的能力，确保基本养老金按时足额发放；有利于参保职工跨地区流动，促进统一的劳动力市场的形成；有利于提高公平性，增强制度的再分配功能；有利于减少管理层次和管理环节，规范基金运转，强化监督，确保基金安全，提高基金使用效率。

（二）行业统筹移交地方管理

由于各地方社会统筹层次比较低，且制度不统一，一些跨行政区域经营、全程全网作业或流动作业的行业参加地方统筹存在较多困难。1986—1993 年，铁道、邮电、交通、水利、民航、煤炭、有色金属、电力、石油、银行、中建 11 个行业经批准实行了退休费用行业统筹。由此形成了企业职工养老保险制度行业统筹与地方统筹两种不同的社会统筹形式。到 1997 年年底，参加行业统筹的在职职工约为 1 394 万人，占当年国有企业参保职工总数的 20. 3%；由行业统筹支付养老金的离退休人员约为 422 万人，占当年参加统筹的国有企业离退休人员总数的 21. 2%①。随着社会主义市场经济体制的确立和社会保障体制改革的深化，行业统筹自成体系的管理机制使基金只能在本行业之内调剂，难以实现更大范围内的风险共担，行业之间、行业与地方之间缴费比例、待遇标准各不相同，造成同一地区同类人员养老待遇差异，损害了制度的公平性，也影响建立全国统一的基本养老保险制度改革目标的实现，不利于国有企业的深化改革。1998 年，随着国务院机构改革和行业管理体制的变化，一些原来负责行业统筹的部门或调整或合并，这迫切要求将行业统筹移交地方管理。

① 中国劳动和社会保障部. 新中国劳动和社会保障事业 [M]. 北京：中国劳动社会出版社，2007：723.

《国务院关于实行企业职工基本养老保险省级统筹和行业统筹移交地方管理有关问题的通知》（国发〔1998〕28 号）要求要加快实行企业职工基本养老保险省级统筹，将铁道、邮电、交通、水利、民航、煤炭、有色金属、电力、石油、银行、中建 11 个行业的基本养老保险行业统筹移交地方管理。由于实行行业统筹的行业，有的是跨省管理，有的企业规模大，为有利于组织企业的生产经营，不宜完全按照属地原则将养老保险分割过碎；有些县市经济实力有限，难以组织管理大企业的退休费用；实行省级统筹已经成为深化企业职工养老保险制度改革的阶段性目标。因此，行业统筹移交地方后，直接纳入省级统筹，由省社会保险经办机构直接管理。该通知规定在 1998 年 8 月 31 日以前，将 11 个行业统筹企业的基本养老保险工作按照先移交后调整的原则，全部移交给省、区、市管理。行业统筹移交地方管理后，从 1999 年起逐步调整缴费比例，起步时不低于企业工资总额的 13%，然后分行业在 3~5 年内逐步过渡到与地方企业相同的比例。

行业统筹移交地方管理是深化养老保险制度改革、建立全国统一的养老保险制度的重要一步，有利于确保企业离退休人员基本养老金的发放、增强省市养老金统筹调剂的能力，也为加快实现省级统筹创造了条件。

三、社会保险法制化建设进程加快

（一）《中华人民共和国社会保险法》的诞生

在该阶段，整个社会保障领域最重要的具有里程意义的事件之一便是 2010 年《中华人民共和国社会保险法》（以下简称《社会保险法》）的诞生。一直以来，我国社保领域的法制化框架都是通过一系列行政法规、部门条例、规章、通知等在实践试点的摸索中搭建。但是这些条例规章的权威性和规范性不够，难以在地方上得到执行。随着社会保障制度改革的深入，社会保障立法尤为迫切。

立法工作的酝酿起始于 20 世纪 90 年代。1994 年颁布的《中华人民共和国劳动法》确立了社会主义市场经济条件下劳动力市场的基本法律原则，为保护劳动者的合法权益提供了重要法律保障。此后，诸如《社会保险费征缴暂行条例》（中华人民共和国国务院令第259号）等一系列社会保障行政法规先后出台。自中共第十四届三中全会通过的《关于建立社会主义市场经济体制若干问题的决定》明确了我国社会保险改革方向和原则后，社会保险体系建设持续推进。在这一过程中，一些基本的重要的原则需要以立法的形式确定下来；对基金的收缴、管理、发放也需要通过法律加以规范；对公民的社会保障权利，需要通过立法进一步明确。社会保障立法的重要性和迫切性逐步得到广泛认同，一些人大代表、政协委员和专家学者也在不断提出社会保障立法建议。

在中国进行社会保障立法，面临诸多困难。首先是社会保障的项目繁杂，项目之间差异较大。单社会保险就包含5个险种，且缴费比例、基金管理模式、待遇标准不相同，养老保险和医疗保险还有统筹基金和个人账户之分。加之社会救助、社会福利等项目，更涉及管理部门、服务对象的多样性，其情况更为复杂。其次，二元经济结构导致城乡差异过大，加之城乡劳动力流动形成的农民工群体社会权益未得到足够的保障，制约了社会保障制度法制化进程。最后，公平与效率关系的讨论正方兴未艾。此外，地区差异在涉及统筹层次等问题时，同样制约了社会保障立法进程①。

20世纪末开始，《工伤保险条例》（中华人民共和国国务院令第375号）、《社会保险费征缴暂行条例》（中华人民共和国国务院令第259号）、《失业保险条例》（中华人民共和国国务院令第258号）等单项社会保险项目条例陆续颁行，社会保险立法也开始紧锣密鼓地进行。2000年5月，时任劳动和社会保障部部长刘雅芝在全国劳动保障依法行政工作会议上透露："劳动和社会保障部抓紧了社会保险法的起草、调研和论证工作，并形成了初稿"。并指出"围绕和起草社会保险法，研究制定相关的社会保险法规、规章"是劳动和社会保障部当期和今后一个时期的主要目标任务之一②。但由于关于统账模式是

① 陈培勇，林琳. 社会保障立法：难题·破解 [J]. 中国劳动，2006（9）：19-21.

② 佚名. 全面推进依法行政 大力促进劳动保障事业的发展——劳动和社会保障部副部长刘雅芝在全国劳动保障依法行政工作会议上的讲话（摘录）[J]. 中国劳动，2000（8）：4-7.

否可行、个人账户如何做实、建立什么样的统筹层次、谁来征收社会保险金等基本原则问题争论不休、悬而未决，社会保险立法较为缓慢。

2003年10月，党的十六届三中全会通过的《关于加快完善社会主义市场经济体制若干问题的决定》强调坚持社会统筹与个人账户相结合，逐步做实个人账户，并提出实行基本养老金基础部分全国统筹的目标。这实际上明确了社会保险的一些原则性问题。2004年3月，第十届全国人民代表大会第二次会议通过的《中华人民共和国宪法修正案》明确规定："国家建立健全同经济发展水平相适应的社会保障制度，"由此，《中华人民共和国宪法》成为社会保障制度最高法律依据。2005年12月，社会保险法被列入立法计划。2006年8月，《劳动和社会保障部办公厅关于印发劳动和社会保障部立法工作规定的通知》(劳社厅发〔2006〕21号）印发了修订后的《劳动和社会保障部立法工作规定》(劳社厅发〔1998〕18号)，进一步强化规范了劳动和社会保障部立法工作。社会保险立法由此驶入快车道。

在社会保险法的拟定过程中，社会保险制度的覆盖范围、制度体系、统筹层次等问题引起热议，其核心是就业保护与就业增长的关系。即从增强法律的强制性和劳动者权益保障的角度出发，社会保险法应覆盖所有劳动者；还是基于社会保险会增加企业经营成本、不利于中小企业和非正规就业发展、不利于推动就业的考量，社会保险法应分类别、分步骤地扩大覆盖面[①]。关于社会保险制度采取一元还是多元体系，即公务员和事业单位的社会保险是否纳入城镇职工社会保险体系，也存在分歧。公务员和事业单位职工的社会保险继续保持独立，有助于保证机关和事业单位工作人员队伍的稳定性，而制度并轨则有利于人员流动、增加制度公平性[②]。另外，社会保险费的征收体系、个人账户"空账"运行等问题也受到关注。

2007年12月，《中华人民共和国社会保险法（草案）》在第十届全国人大常委会第三十一次会上首次提请审议。一审稿确立了"广覆盖、保基本、

---

① 彭宅文. 我国的社会保险制度与促进就业：历程与问题［J］. 中国劳动，2008（8）：11-15.

② 周弘，张浚. 走向人人享有保障的社会——当代中国社会保障的制度变迁［M］. 北京：中国社会科学出版社，2015：265.

多层次、可持续”的方针，明确了基本框架，但就社会保险费的征收机构、社会保险关系转移接续等问题争论激烈，因此一审稿大量使用授权性规定①。2008年12月，《中华人民共和国社会保险法（草案）》在第十一届全国人大常委会第六次会议上再次提请审议。二审稿明确了社会保险基金的政府责任，强化了社会保险制度的强制性，提出了基本养老保险基金逐步实现全国统筹的目标，并原则性规定了基本养老保险的转移接续办法。随后，该草案面向社会通过网络、报刊、来信等方式广泛征求意见，从而形成了空前事关社会权益的民主大讨论，并征集到7万件左右、主要集中在七个方面的意见②。2009年12月，《社会保险法（草案）》第三次提请审议，此次审议稿增加了新型农村社会养老保险和城镇居民养老保险的规定。2010年10月25日，《中华人民共和国社会保险法（草案）》第四次提请审议，四审稿规定了基本养老保险实现全国统筹，明确了异地就医医疗费用结算制度，强化了用人单位和个人信息保护，完善了社会保险争议的处理机制。随后，2010年10月28日，第十一届全国人大常委会第十七次会议表决通过了《中华人民共和国社会保险法》(以下简称《社会保险法》)，并于2011年7月1日起实行。由此，历经十余年的调研、磋商、讨论、审议等程序，中国第一部规范社会保险制度的综合性法律诞生。

（二）《社会保险法》的内容与特点

综观《社会保险法》，其内容可归结为七个方面：一是明确了劳动者与公民的社会保险权。二是明确了我国社会保险制度由基本养老保险、医疗保险、工伤保险、生育保险、失业保险五大项目构成。三是明确了社会保险各项目的运作模式，如基本养老保险项目采取统账结合模式、个人账户实账制、基本养老金实行全国统筹。四是明确社会保险责任分担机制，规定了单位与工作人员的缴费义务，以及政府的财政兜底责任。五是明确了社会保险的运行监督机制，即一方面明确了社会保险的行政主管机关及其责任，另一方面明

① 杨思斌. 社会保险立法述评［J］. 河北法学，2011，29（9）：77-84.
② 杨思斌. 社会保险立法述评［J］. 河北法学，2011，29（9）：77-84.

确了社会保险制度特别是社会保险基金的监督机制。六是明确了各主体的法律责任。七是解决了一些历史遗留问题，如国有单位职工“视同缴费”政策[①]。

我国这部《社会保险法》有以下几个特点：一是采用综合立法模式，即通过一部全面、系统性的法律规范多项社会保险活动。相较于分散立法，有助于整个社会保险体系的统一协调。二是这部《社会保险法》更像是一部权利法案，而不像是用于实施的法案。从所规定的内容看，其肯定了公民在相关情况下获得相应社会保险的权利和义务，对社会保险各项目的基本架构做了原则性规定；如要实施，还需要相应的更具体的行政法规加以配套。三是以调整利益关系，划分责任为核心。纵观《社会保险法》，从各子项社会保险项目的框架规定，到社会保险的经办、监管都以划分政府机构、企业、个人责任和利益贯穿始终。四是留有调整空间。《社会保险法》对一些处在改革中且未成熟的做法没有明确安排，留有调整空间，这与我国社会保险制度渐进改革方式相适应，也是社会保险制度发展不健全的一个反映[②]。

（三）《社会保险法》的不足

尽管《社会保险法》解决了社会保险制度建设中许多重大问题，成为我国社会保险制度建设法制化的一个里程碑。但由于改革的复杂性和现实的制约，《社会保险法》也存在一些问题。一是立法理念上重管理轻权益保障。《社会保险法》属于社会法范畴，应以保障公民社会保险权利和维护社会公正为首要理念。但从《社会保险法》第一条上看，把便于政府对社会保险事务进行管理的“规范社会关系”理念放在首要位置，而“维护公民社会保险权益”居于次要位置[③]，从而致使其行政色彩较为浓厚，强调的是行政权力的行使与保障和行政相对人的义务履行和责任[④]。二是授权条款太多，回避了一些

---

① 郑功成.《社会保险法》：我国社会保障法制建设的里程碑［J］. 中国劳动，2011（1）：6-9.

② 郑功成.《社会保险法》：我国社会保障法制建设的里程碑［J］. 中国劳动，2011（1）：6-9.

③ 冯祥武. 论《社会保险法》的制度创新与立法不足［J］. 中国人力资源开发，2011（6）：69-74，84.

④ 郭捷，张琳. 我国《社会保险法》的问题反思及未来展望［J］. 中国劳动，2015（10）：40-44.

重大问题。在《社会保险法》中，明确表示授权类型的条款就多达10个。这其中就包括具有较大争议性的公务员和事业单位基本养老保险制度与企业职工基本养老保险制度双轨并行、社会保险费征缴主体、新型农村合作医疗管理、基本养老保险统筹层次等社会保险制度的核心矛盾，这对《社会保险法》的权威是一种伤害。三是偏重原则性规定，可操作性不强。如关于城镇居民养老保险的缴费主体、缴费标准、待遇标准，对“在中国境内就业的外国人”如何界定、外国人保险待遇标准如何确定等问题未作进一步规定。由此来看，健全和完善《社会保险法》任重而道远。

四、社会保险经办服务体系改革

我国社会保险经办服务体系是社会保障制度运行的载体，与社会保险制度相伴而生，并制约社会保障制度的发展。

1951年《中华人民共和国劳动保险条例》颁布后，政务院规定全国国营、公司合营、合作社等企业的职工及其供养的直系亲属所享受的社会保险待遇统一由原劳动部和中华全国总工会负责管理，1950—1955年，国家先后明确了革命工作人员、机关和事业单位工作人员的社会保障问题。其间，国家机关工作人员的社会保险和社会福利以及社会救济，基本上由民政部统一管理。1957—1965年，我国社会保障制度逐步改进和完善。在此期间，原劳动部是全国企业劳动保险业务的最高监督机构；中华全国总工会是全国企业劳动保险事业的最高领导机关，由各级工会管理企业劳动保险业务。1966—1976年的十年“文化大革命”时期，我国社会保障事业几乎处于停滞状态，社会保险变成“企业保险”。1978—1980年，中华人民共和国民政部、原国家劳动总局，原国家人事局相继成立，结束了社会救济、社会福利、社会保险事务无主管部门的局面①。

① 郑秉文. 中国养老金发展报告2013——社保经办服务体系改革［M］. 北京：经济管理出版社，2013：118.

1982 年，劳动人事部成立，下设保险福利司，专管社会保险工作。1984 年，一些地区开始实行企业职工养老保险费用社会统筹的改革，由此促成了我国现代意义的社会保险经办机构的成立。1986 年国务院发布了《国营企业实行劳动合同制暂行规定》，开启了国营企业劳动合同制改革，规定“劳动合同制工人退休养老工作，由劳动行政主管部门所属的社会保险专门机构管理，其主要职责是筹集退休养老基金，支付退休养老费用和组织管理退休工人”。各省（自治区、直辖市）根据暂行规定，结合当地实际，相继建立经办设保险业务的专门机构。1986—1987 年，省、地（市）、县（区）三级经办社会保险业务的专门机构陆续在本级劳动人事部门下成立，主要承担执行政策、承办事务、管理基金和提供服务等职能①。在此期间，由于新制度尚在形成之中，社会保险的管理服务工作仍主要由企业承担②。《关于企业职工养老保险制度改革的决定》规定“劳动部门所属的社会保险管理机构……经办基本养老保险和企业补充养老保险具体事务……管理养老保险基金”；社会保险管理机构应建立健全基金管理制度，“编制养老保险基金和管理服务费收支的预、决算，报当地人民政府在预算中列收列支，并接受财政、审计、银行和工会的监督”；并规定“社会保险管理机构可从养老保险基金中提取一定的管理服务费……主要用于支付必要的行政和业务等费用”。为适应社会主义市场经济改革的步伐，1993 年中共中央发出的《关于建立社会主义市场经济体制若干问题的决定》，提出“建立统一的社会保障管理机构，提高社会保障事业的管理水平”的要求；并规定社会保障管理机构主要行使行政管理职能，与社会保险基金经营职能分开。1994 年 7 月通过的《中华人民共和国劳动法》进一步对经办机构作了规定，要求“社会保险基金经办机构依照法律规定收支、管理和运营社会保险基金，并负有使社会保险基金保值增值的责任”。各地开始普遍设立社会保险经办机构。同年，劳动部成立社会保险事业管理局，负

① 郑秉文. 中国养老金发展报告 2013——社保经办服务体系改革［M］. 北京：经济管理出版社，2013：118-119.

② 孟昭喜. 社保经办：以参保人员为本——改革开放 30 年社会保险经办事业发展记略［J］. 中国社会保障，2009（1）：20-23.

责指导各地经办管理工作。这期间，社会保险经办机构以养老保险项目为主，负责基金的征缴、调剂及管理工作。由于养老保险费实现了差额缴拨、企业发放等原因，许多管理服务工作仍由企业承担①。

自1998年开始，社会保险经办机构进入快速发展时期。1998年，国务院在原劳动部基础上组建了劳动和社会保障部。同年发布的《国务院关于实行企业职工基本养老保险省级统筹和行业统筹移交地方管理有关问题的通知》要求“对社会保险经办机构实行省级垂直管理”。从此，经办机构开始独立承担社会保险基金管理经办管理等工作。为避免社会保险基金被挤占挪用，1999年财政部、劳动和社会保障部下发了《关于社会保险经办机构经费保障等问题的通知》，决定“各级劳动保障部门所属设保险经办机构不得从社会保险基金中提取任何费用，所需经费列入财政预算拨付”。同年，我国开始实行养老金社会化发放，由各类商业银行通过其服务网点直接向享受养老待遇的企业退休人员发放养老金。2000年，劳动和社会保障部成立社会保险事业管理中心，由此，中央、省、市、县四级社保经办机构整体框架得以确立。

进入21世纪，新型农村合作医疗保险制度、城镇居民基本医疗保险制度、新型农村居民养老保险制度、城镇居民养老保险制度相继得以确立和完善，我国社保经办机构也逐步由单纯管理向管理和服务并重转变，社保经办工作范围也随着社保制度体系的完善而扩展。为方便群众办理社会保险业务，适应国家社保扩面工作及提高经办服务能力水平的要求，经办机构由全权管理服务开始向建立基层社会保障平台，委托和利用包括银行、邮局、定点医疗机构、定点药店等社会服务组织共同开展管理转变②。2010年10月通过的《社会保险法》系统地规定了社会保险经办机构的工作内容：提供社会保险服务，负责社会保险登记、个人权益记录、社会保险待遇支付等工作。

社会保险经办体系的建设对我国社会保险制度的顺利运行发挥了重要作

---

① 孟昭喜．社保经办：以参保人员为本——改革开放30年社会保险经办事业发展记略［J］．中国社会保障，2009（1）：20-23．

② 孟昭喜．社保经办：以参保人员为本——改革开放30年社会保险经办事业发展记略［J］．中国社会保障，2009（1）：20-23．

用。但社保经办服务体系仍然还存在一些问题：一是经办机构人均负荷比较大，服务质量受限。2000—2012 年，社保经办机构工作人员增加了近 1 倍，但社会保险参保人次合计增加了 7 倍（不含“新农合”与失业保险），经办系统担保人次人均负荷比一路攀升，从 2000 年的 2 757 : 1 提高到 2012 年的 9 692 : 1[①]。由于工作量成倍增长，县市级经办机构工作人员经常处于超负荷运转状态，服务质量也就难以保证。二是经费保障不足。2012 年，社保经办的人均服务费用仅 8.88 元；社会保险行政成本仅占保险基金征收额的 0.62%；养老保险行政成本仅占养老金支出的 0.59%；这些指数皆远低于韩国、美国、荷兰、智利等国家。三是金保工程建设滞后，不能满足服务型政府发展要求。金保工程经过数年发展，使社会保险信息化建设取得了长足进步，但是，按照“记录一生、保障一生、服务一生”的发展目标，经办体系的规范化、信息化和标准化建设目前还难以满足经办服务的准确性、可及性和便利性要求；而对金保工程逐年投入、积少成多的碎片化投资模式较为低效，难以发挥规模效应，加之地区分割，从而导致全国统一的信息平台难以建立，影响经办服务质量和效率[②]。因此，要确保社保经办体系能够匹配社会保险制度的发展，促进社会保险制度的稳定运行，必须继续加快、深化社保经办服务体系改革。

在纵向上，社保经办服务体系形成四级架构，而在横向上则形成了二元征缴体制。自 1986 年以来，随着经济社会体制的变革，单位化的养老保险制度难以为继，社会化的养老保险改革拉开序幕，劳动部门也开始构建跨单位的社会保险经办机构，并开始征缴和管理经办社会保险费。1998 年，财务部等部门联合颁发了《企业职工基本养老保险基金实行收支两条线管理暂行规定》（财社字〔1998〕6 号），指出基本养老保险费可以由税务部门代征。1999 年 1 月，国务院发布《社会保险费征缴暂行条例》，规定社会保险费用

① 郑秉文. 中国社会保险经办服务体系的现状、问题及改革思路［J］. 中国人口科学，2013（6）：2-16，126.

② 郑秉文. 中国养老金发展报告 2013——社保经办服务体系改革［M］. 北京：经济管理出版社，2013：7-8.

既可以由税务机关征收，也可由社会保险经办机构征收，由此正式确立了二元征缴体制。《国务院关于印发完善城镇社会保障体系试点方案的通知》（国发〔2000〕42号）继续肯定了二元征收体制。此后10多年，税务和社保经办机构两套征收体系并行，各占半壁江山。关于两套征收体系的探讨也一直是社保深化改革的热门话题。主张由税务机构征收的观点认为，税务机构税务经验丰富，信息健全，可以强化征收力度，效率较高。主张由社保经办机构征收的观点认为，税务机构征收面对的是企业而非个人，无法做到精细化管理。社保经办直接接触参保人群，更了解实际事务中的各种细节，还可以减少多部门协作造成的"交易成本"问题。

二元征缴体制是制度深化改革的探索，受部门利益纷争影响，该体制延续近二十年。随着社会保险制度覆盖面不断扩展，社保基金规模逐步扩大，二元征缴体制的矛盾愈发突出和尖锐。一方面，各地区自行选择征缴方式，导致地区间征缴体制出现较大差异，不利于形成全国统一的社会保险行政管理体制，阻碍了统筹层次的提高。另一方面，二元征缴体制将社保管理工作分散在更多的行政部门，容易造成部门间政策不统一，导致推诿扯皮；加之税务和社保经办机构两个部门在实际征管过程中，由于协调衔接机制上的摩擦，在社保数据核准统计口径、票据传递时滞以及复审差错纠正等方面产生诸多问题，造成交易成本上升[①]。直至2018年《深化党和国家机构改革方案》的出台才从政策层面结束了二元征缴体制的历史。

① 郑秉文，房连泉．社会保障供款征缴体制国际比较与中国的抉择［J］．公共管理学报，2007（4）：1-16，121．

第三节　职工养老保险制度改革调整的初步成效

一、覆盖范围不断扩大

自 1997 年对企业职工基本养老保险进行统一后，制度覆盖面不断扩大。如图 3.1 所示，1997 年城镇职工缴费人数为 8 670.9 万人，到 2012 年增加至 22 981.1 万人，增加了 1.7 倍。离退休人数增长幅度更大，1997 年仅为 2 533 万人，到 2012 年则增加到 7 445.7 万人，增加了 1.9 倍。城镇职工基本养老保险基金规模增长幅度更大。如表 3.1 所示，1997 年基金收入仅为 1 337.9 亿元，2012 年达到 20 001 亿元，增加了 13.9 倍；1997 年基金支出 1 251.3 亿元，2012 年达 15 561.8 亿元，增加了 11.4 倍；1997 年基金累计结余 682.8 亿元，2012 年达 23 941.3 亿元，增加了 34.1 倍。

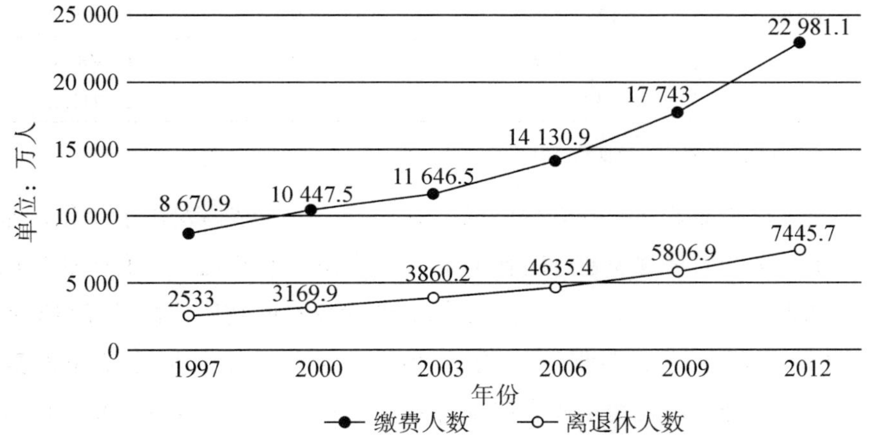

图 3.1　1997—2012 年中国城镇职工基本养老保险制度覆盖面变化

注：根据中国统计局官方数据整理。

表 3.1　1997—2012 年中国城镇职工基本养老保险基金收支情况

单位：亿元

年份	基金收入	基金支出	累计结余
1997	1 337.9	1 251.3	682.8
1998	1 459	1 511.6	587.8
1999	1 965.1	1 924.9	733.5
2000	2 278.5	2 115.5	947.1
2001	2 489	2 321.3	1 054.1
2002	3 171.5	2 842.9	1 608
2003	3 680	3 122.1	2 206.5
2004	4 258.4	3 502.1	2 975
2005	5 093.3	4 040.3	4 041
2006	6 309.8	4 896.7	5 488.9
2007	7 834.2	5 964.9	7 391.4
2008	9 740.2	7 389.6	9 931
2009	11 490.8	8 894.4	12 526.1
2010	13 419.5	10 554.9	15 365.3
2011	16 894.7	12 764.9	19 496.6
2012	20 001	15 561.8	23 941.3

注：根据中国统计局官方数据整理。

另外，随着企业职工养老保险的大力推行，参保结构发生了变化，非国有企业参保人数总体规模超过国有企业。截至 2011 年年底，国有企业参保人数有 7 953 万余人，占企业总参保人数的 38.95%；而其他各种经济类型企业和港澳台外资企业的参保人数有 8 406 万余人，占企业总参保人数的 41.17%①。其他经济类型企业和港澳台外资企业的参保人数首次超过国有企业参保人数，体现了企业职工基本养老保险制度在非国有企业扩面工作方面取得的巨大成就。

① 郑秉文. 中国养老金发展报告 2012 [M]. 北京：经济管理出版社，2012：1.

二、经办服务体系逐步完善

在这个阶段内，有两次大的国家机构改革，分别是 1998 年国务院机构改革和 2008 年国务院机构改革。在 1998 年机构改革中，中央将原人事部管理的机关事业单位社会保险纳入原劳动部基础上组建起来的劳动和社会保障部，这使机关事业单位和企业的社会保险被纳入统一的管理部门。2008 年中央又将人事部与劳动和社会保障部合并，组建成人力资源和社会保障部（以下简称“人力资源和社会保障部”），由此将人事管理与社会保险管理职能整合到一个部门。这对于推动社会保险制度的发展有着重要意义。管理机构的整合有助于统筹规划社会保险制度的发展，有助于明确部门责任，提高行政效率。在这期间，各项社会保险制度的建立、社会保险法制化进程、公务员事业单位养老保险改革试点、个人账户做实方案的探索等重大社会保险领域的发展皆与统一的管理部门（劳动和社会保障部/人力资源和社会保障部）全力推进分不开。在统一管理机构下形成的央、省、市、县四级社保经办管理体系则是社会保险制度改革的载体，其高效的运转对于社会保险制度改革的推进起了关键作用，是社会保险制度的平稳有效运行的重要保障。

四级经办体系的建立，推动了经办机构的发展，经办机构数量不断增加，经办人员队伍不断扩大。经办机构数量由 2000 年的 4 784 个增加至 2012 年的 8 411 个，增加了将近一倍。其中，2012 年养老保险机构数量为 3 447 个，占总数的 40. 99%。经办人员编制数量也逐年增加，从 2000 年的 71 111 人增至 2012 年的 156 746 人。2012 年养老保险实有经办人员达 95 844 人，占总人数的 55. 67%[①]。经办系统的完善和经办队伍的壮大对养老保险制度的扩面工作起了重要支撑作用，如表 3. 2 所示：

---

① 郑秉文. 中国养老金发展报告 2013 [M]. 北京：经济管理出版社，2012：4-5.

表 3.2　2000—2012 年社保经办服务系统机构和人员情况①

项目	2000 年	2002 年	2004 年	2006 年	2008 年	2010 年	2012 年
机构数量(个)	4 784	6 469	7 293	7 455	7 419	7 653	8 411
人员编制(人)	71 111	96 205	106 982	114 572	123 006	136 572	156 746
实有人数(人)	74 945	98 071	112 675	124 736	133 043	150 376	172 177

三、制度改革和法制化进程加快，可持续性提高

1998 年以来，我国对企业养老保险制度进行了提升统筹层次、做实个人账户等改革或试点。这对于提升企业职工养老保险制度的可持续性有重要作用。统筹层次的提高，整合了职工养老保险基金池，扩大了基金规模，使其应对风险的能力更强，有助于制度的可持续发展。统账结合模式是应对人口老龄化重要制度设计，但个人账户“空账”运行有损制度的可持续性，做实个人账户不仅有助于提高制度可持续性，还有助于增强制度应对老龄化的能力。

在该阶段内，社会保险的法制化进程加快。特别是《社会保险法》的出台，使社会保险制度进入了法治化轨道。《社会保险法》对职工基本养老保险统账结合、责任分担等制度模式和原则进行了法律层面的确认，增强了制度模式的法理性和稳定性，符合人们对于基本养老保险制度的预期，对制度的可持续性发展有重要意义。

① 郑秉文. 中国养老金发展报告 2013 [M]. 北京：经济管理出版社，2012：4.

第四章 中共十八大以来职工养老保险制度改革深化与发展展望

不断加速的人口老龄化、经济结构转型下经济增速放缓及居民收入差距的扩大，对职工养老保险制度的深化改革提出了更为迫切的要求。为应对挑战，增强该制度的可持续性和公平性，中共十八届三中全会提出了包含养老保险制度在内的系统性的社会保障制度全面深化改革方案。该改革方案从养老保险制度的运行管理、配套措施和不同制度间的协同等方面进行了全面深化改革部署。“十三五”规划是对该方案的进一步明确和细化。中共十八大以来，机关事业单位养老保险制度改革、国有资本划转社保基金在原有制度探索的经验和教训下有了长足的进展，但仍然存在一些不足，需高度重视潜在风险。而中共十九大关于“新时代”的定位，则为今后养老保险制度的进一步深化改革指明了方向。

第一节　十八届三中全会有关社保制度的全面深化改革方案

一、十八届三中全会关于社保制度的改革方案

中共十八大报告指出，“中国特色社会主义进入新时代，我国社会主要矛盾已经转化为人民日益增长的美好生活需要和不平衡不充分的发展之间的矛盾”，进一步增强制度的公平性和可持续性成为制度改革的方向。2013 年 11 月 12 日，中共第十八届中央委员会第三次全体会议通过了《中共中央关于全面深化改革若干重大问题的决定》，该决定将“建立更加公平可持续的社会保障制度”纳入推进社会事业改革创新的任务之一。该决定涉及社会保障制度改革的主要内容大体可分为社会保险制度类、综合配套类和其他社会保障制度三个方面。

关于社会保险制度方面的改革内容主要包括以下四点：

一是完善统账结合模式。要求“坚持社会统筹和个人账户相结合的基本养老保险制度”“完善个人账户制度，健全多缴多得激励机制”“实现基础养老金全国统筹”。多缴多得的激励机制有助于提升职工持续缴费的动力，增强制度的可持续性。推进基础养老金全国统筹有助于解决跨地区流动就业人员的养老保险关系转移及其权益保障问题，促进全国性统一劳动力市场的形成，并可以进一步扩大养老保险基金调剂范围，逐步缓解和改变养老保险基金收支与结余在地区间的不均衡状况，提高基金承受风险能力和资金使用效率，增强制度的公平性。

二是制度的并轨与整合。要求“推进机关事业单位养老保险制度改革”“整合城乡居民基本养老保险制度”。推进机关事业单位养老保险制度改革的方向就是实现与职工基本养老保险制度并轨，缩小待遇制度差异，增强制度公平性。制度的并轨与整合有助于消除分散的管理体制、改进效率低下的经

办体制、避免资源浪费，使制度更加完整和高效。

三是待遇确定和正常调整机制。要求“建立健全合理兼顾各类人员的社会保障待遇确定和正常调整机制”。统观社会保险各项目，待遇确定和待遇调整机制都存在不科学的因素。比如，职工基本养老保险在以10%的增幅“十一连调”的同时，城乡居民基本养老保险数年才调整一次。建立健全合理兼顾各类人员的社会保障待遇确定和正常调整机制，有助于增加制度的可持续性，减少地区间和制度间的不公平。

四是降低社会缴费率。要求“完善社会保险关系转移接续政策，扩大参保缴费覆盖面，适时适当降低社会保险费率”。长期以来，我国政策缴费率居高不下，致使企业缴费负担偏重，人工成本居高不下，影响企业竞争力，导致部分企业逃费现象严重，实际缴费率偏低。适当降低社会保险缴费率，可以减小企业负担，提升企业参保程度，提高实际缴费率，对制度的可持续发展有重要意义。

关于综合配套方面的改革内容主要包括以下六点：

一是渐进式延迟退休。本次改革首次提出“研究制定渐进式延迟退休年龄政策”以应对老龄化和平衡养老金收支①。延迟退休有助于缩小养老保险资金缺口，防范未来基金收不抵支状况。而渐进式的稳步推进策略有助于保证该政策效率与公平的统一。

二是健全经办服务体系，要求“加快健全社会保障管理体制和经办服务体系”。社会保障经办服务体系是社会保障制度运转的载体，经办服务体系的健全关系到整个社会保障制度健康发展。因此，社会保障经办服务体系需与深化改革的社会保障制度相匹配，才能保证社会保障制度稳定、高效运转。

三是财政投入和基金监管。要求“划转部分国有资本充实社会保障基金”“健全社会保障财政投入制度，完善社会保障预算制度”；“加强社会保险基金投资管理和监督，推进基金市场化、多元化投资运营”。划转部分国有资产充

① 《中国社会保障》编辑部. 十八届三中全会《决定》中的社会保障全解——专家学者眼中的社保改革蓝图［J］. 中国社会保障，2013（12）：14-19.

实社保基金是政府承担隐性债务的必然选择，有助于社保基金的财务平衡和可持续发展。优化和完善社会保障预算管理体制，增强预算政策连续性、稳定性和系统性，必然会提升社会保障预算资金的配置效率，对促进社会保障制度的可持续发展有重大作用。加强基金投资监管，推动基金多元化投资有助于实现社保基金的增值保值，增强社保制度的财务可持续性。

四是多层次社会保障体系的构建。要求“制定实施免税、延期征税等优惠政策，加快发展企业年金、职业年金、商业保险，构建多层次社会保障体系”。在老龄化背景下，单一层次的社会保障制度功能有限，难以满足不同群体的需要。构建多层次社会保障体系，有助于建立具有互补性的组合式的社会保障体系，增强应对社会风险的能力。实施免税和延期征税的优惠政策有助于企业年金、职业年金和商业年金的发展，对促进多层次社会保障体系建设有重要意义。

五是调整计划生育政策。要求“启动实施一方是独生子女的夫妇可生育两个孩子的政策，逐步调整完善生育政策，促进人口长期均衡发展”。随着人口老龄化加速，老年抚养比持续攀升，人口红利逐渐消失。独生子女政策的松动和逐步放开，有助于缓解这一局势，增强国家应对老龄化挑战的能力。

六是事业单位的分类改革。要求“加快事业单位分类改革”“推动公办事业单位与主管部门理顺关系和去行政化”“推进有条件的事业单位转为企业或社会组织”。事业单位的分类改革和去行政化关系社会保障的发展，尤其是养老保险并轨和医疗保障事业的发展。事业单位的分类改革对于推动事业单位与企业职工基本养老保险有着至关重要的作用；推进公立医院的去行政化则有利于医保支付制度改革的深化。

其他社会保障主要涉及城乡低保制度、住房保障和供应体系、养老服务产业以及残疾和贫困儿童保障等制度的完善和发展。

中共十八届三中全会通过的《中共中央关于全面深化改革若干重大问题的决定》对我国社会保障制度具有深远影响。它指明了我国社会保障制度的改革方向——公平和可持续，并从多个方面提出了改革举措，对我国社会保障制度的深化发展具有重要指导意义。

二、社保的“十三五”规划纲要

“十三五”时期，经济发展进入新常态、人口老龄化加快以及供给侧结构性改革不断推进对社会保障事业发展带来了一系列新机遇、新挑战：社会保障体系的公平性、适应流动性和可持续性方面有待加强，征缴扩面空间缩小，基金平衡安全矛盾突出。制度深化改革亟须继续推进。

2016 年 7 月 6 日，依据《中共中央关于制定国民经济和社会发展第十三个五年规划的建议》和《中华人民共和国国民经济和社会发展第十三个五年规划纲要》，人力资源和社会保障部发布了《人力资源和社会保障事业发展“十三五”规划纲要》，确定了“坚持全民覆盖、保障适度、权责清晰、运行高效，稳步提高社会保障统筹层次和水平；以增强公平性、适应流动性、保证可持续性为重点，建立健全更加公平、更可持续的社会保障制度”的目标，并规定了该时期四个方面的主要工作任务。

一是基本实现法定人员全覆盖。实施全民参保计划，促进和引导各类企业和符合条件的人员长期持续参保，基本实现法定人员全覆盖。将中小微企业、灵活就业人员、农民工作为推进全民参保计划的重点群体。

二是完善社会保障制度体系。包括完善统账结合的城镇职工基本养老保险制度；出台病残津贴、遗属抚恤政策；出台渐进式延迟退休年龄方案；完善失业保险制度；建立统一的城乡居民基本医疗保险制度和经办运行机制；全面实施城乡居民大病保险制度；将生育保险和基本医疗保险合并实施；完善工伤保险制度；完善社会保险转移接续政策；鼓励发展多层次社会保障体系；探索建立长期护理保险制度。其中，在城镇职工基本养老保险制度方面，要求完善个人账户制度，规范缴费政策，健全参保缴费激励约束机制，提高收付透明度，实现基础养老金全国统筹。

三是建立合理的待遇调整机制。包括养老保险待遇调整机制、医保待遇标准、失业保险金标准调整机制和正常的工伤待遇调整机制。在基本养老保险方面，要求逐步建立覆盖全体参保人员合理的待遇调整机制，适当提高退休人员基本养老金和城乡居民基础养老金标准。

四是确保社会保险基金安全可持续运行。主要涉及完善社会保险基金预决算制度，完善筹资机制；适当降低社会保险费率；加快推进社会保险基金监督管理立法，强化基金收支、管理和投资运营全过程监督检查；推进划转部分国有资本充实社会保险基金工作；拓宽社会保险基金投资渠道；完善企业年金、职业年金市场化运营法规政策和监管机制；完善基金监督信息系统等内容。

从具体内容看，“十三五”规划中关于社保的很多内容是对十八届三中全会中关于社会保障制度改革内容的进一步细化。

在第十三个五年规划纲要的推动下，城镇职工养老保险制度改革继续深化推进。2017 年 4 月 13 日发布的《人力资源和社会保障部、财政部关于印发统一和规范职工养老保险个人账户记账利率办法的通知》（人社部发〔2017〕31 号）将机关事业单位和企业职工基本养老保险个人账户记账利率进行了统一；提出统一和规范记账利率的基本原则，指出记账利率主要依据职工工资增长和基金平衡状况等因素确定，并通过合理的系数进行调整；规定记账利率不得低于银行定期存款利率。这不仅增强了养老保险制度的激励作用，还进一步促进了双轨制的整合，有利于提升养老保险制度的公平性。

三、中共十八大以来职工养老保险发展成就与面临的挑战

随着养老保险制度改革的不断深化，城镇职工养老保险制度得到巨大发展。

首先，制度覆盖范围不断扩大。2013 年职工养老保险参保人数为 32 218 万人，到 2017 年增加至 40 293 万人，4 年累计增加 8 075 万人，年平均增长率为 5.76%。参加城镇职工养老保险的农民工数量不断攀升，从 2013 年的 4 895 万人增加至 2017 年的 6 202 万人，四年累计增长了 26.7%。企业参保人数也不断增加，由 2013 年的 30 049 万人增加至 2017 年的 35 317 万人，共增加 5 268 万人。如表 4.1 所示：

表 4.1　2013—2017 年城镇职工养老保险覆盖范围情况

单位：万人

年份	参保人数	参保缴费职工	参保离退休人员	参保农民工	企业参保人数
2013	32 218	24 177	8 041	4 895	30 049
2014	34 124	25 531	8 593	5 472	31 946
2015	35 361	26 219	9 142	5 585	33 123
2016	37 930	27 826	10 103	5 940	34 264
2017	40 293	29 268	11 026	6 202	35 317

注：根据 2013—2017 年度《人力资源与社会保障事业发展统计公报》数据整理。

其次，基金收支规模不断扩大。2017 年，城镇职工基本养老保险基金收入 43 310 亿元，其中缴费收入为 33 403 亿元，各级财政补贴 8 004 亿元；基金支出 38 052 亿元；累计结余 43 885 亿元。相较于 2013 年，基金总收入、征缴收入、财政补贴收入、支出分别增长了 90.96%、79.26%、165.12%、106.02%。财政补贴收入增长幅度最大，次之是支出，缴费收入增长幅度最小。按照职工基本养老保险单位和职工个人分别负担 20%和 8%的比例计算，2017 年，单位缴费收入约为 23 859.29 亿元，个人缴费约 9 543.71 亿元。如表 4.2 所示：

表 4.2　2013—2017 年城镇职工基本养老保险基金收支状况

单位：亿元

年份	总收入	征缴收入	财政补贴	总支出	累计结余
2013	22 680	18 634	3 019	18 470	28 269
2014	25 310	20 434	3 548	21 755	31 800
2015	29 341	23 061	4 716	25 813	35 345
2016	35 058	26 768	6 511	31 854	38 580
2017	43 310	33 403	8 004	38 052	43 885

资料来源：2011—2017 年度《人力资源和社会保障事业发展统计公报》。

无论从制度覆盖面还是基金收支来看，城镇职工养老保险的规模都在不断扩大，但仍面临严峻挑战。

受人口老龄化影响，职工养老保险制度可持续性面临严峻挑战。图 4.1 显示，2013—2017 年，参保缴费人口增长速度皆慢于离退休人口增长速度，并且增速之差有扩大趋势。2013 年，两者相差 1.26 个百分点，2017 年两者差距已经达到 3.96 个百分点。由此导致制度抚养比不断提升：2013 年，城镇职工养老保险制度抚养比为 33.26%；而 2017 年，已经增长至 37.67%。如图 4.1 所示：

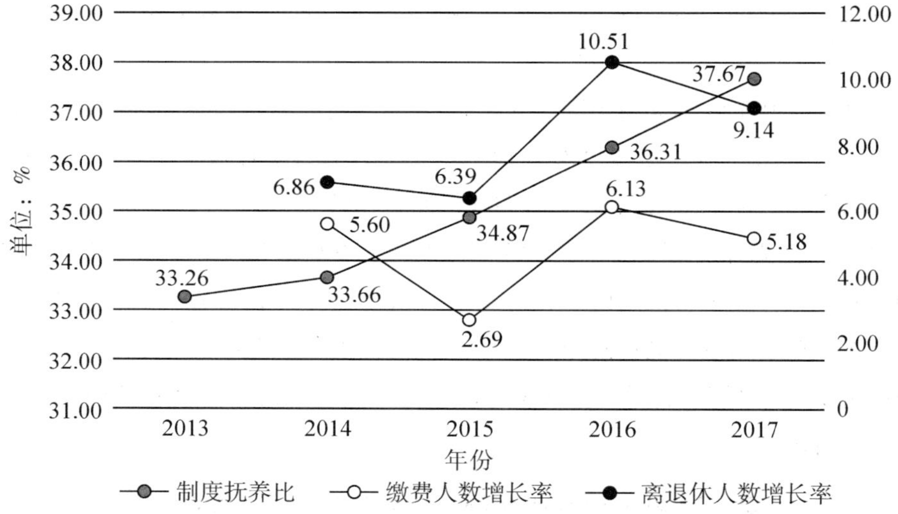

图 4.1　2013—2017 年城镇职工养老保险制度抚养比情况

注：根据历年《人力资源与社会保障事业发展统计公报》数据计算而成。

制度抚养比的提高增加了基金收支平衡压力。2013—2017 年，职工养老保险基金支出占征缴收入的比例不断攀升。2014 年基金支出超过征缴收入，其比例为 106.46%，2015—2017 年，该比例皆维持在 110%以上。这意味着已经无法通过征缴收入实现制度当期收支平衡，必须依靠其他收入来源才能保障基金的稳定运行。而在此之间，财政补贴力度不断增加：2013 年财政补贴占基金总收入的比例由 2013 年的 13.31%增加至 2017 年的 18.48%。随着人口老龄化程度加剧，在当前制度框架下，职工基本养老保险制度扩面工作难度将加大，制度抚养比可能会进一步提升，基金收支平衡压力将继续增大，如何拓宽制度资金来源将是职工养老保险制度面临的严峻课题。如图 4.2 所示：

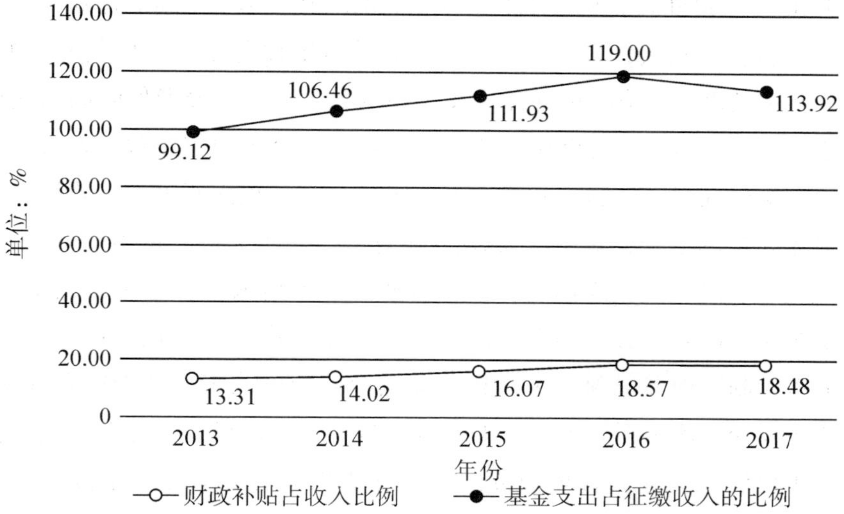

图 4.2 2013—2017 年职工养老保险财政补贴占比与基金支出占比

注：根据历年《人力资源与社会保障事业发展公报》数据计算而成。

第二节 机关事业单位养老保险制度改革与制度统一

一、养老金“双轨制”的形成与机关事业单位退休制度改革探索

自改革开放后养老保险制度恢复以来，机关事业单位职工和企业职工养老保险制度便走上了不同的发展之路，形成了“双轨制”。由于制度改革不同步，两种制度逐渐在待遇保障等方面拉开了差距，制度的公平性削弱。因此，对机关事业单位养老保险制度的改革十分必要。但因路径依赖、群体利益等

多方面的原因，机关事业单位养老保险制度改革呈现出了一定的曲折性。

自1978年以来，尽管经济体制改革促使企业职工养老保险改革得到推进，但在整个80年代，机关事业单位养老保险制度基本上是对计划经济时期养老保险制度的延续，实行现收现付制，采取财政包干、单位负责的办法。随着社会主义市场经济改革的深化发展，机关事业单位养老保险制度改革也成为必然。一方面，机关事业单位离退休费用完全由国家统包，列入国家财政预算，实行现收现付制，未建立个人账户和基金积累制度，随着机关事业单位退休人员的增加，离退休费用急剧增长，增加了财政负担。另一方面，相较于企业职工养老保险制度，机关事业单位退休人员养老金替代率偏高，造成了企业退休人员心理不平衡，有损制度的公平性。另外，两种差异较大的养老保险制度因养老保险关系转移接续等问题影响了劳动者的合理流动，不利于市场经济体制下人力资源的合理配置。此外，机关事业单位离退休人员以原单位管理为主，管理服务的社会化程度很低，增加了单位社会事务负担。

1991年，国务院发布《国务院关于企业职工养老保险制度改革的决定》（国发〔1991〕33号），规定由国家人事部负责机关事业单位的养老保险制度改革。自此，为了适应经济体制改革的需要，机关事业单位的职工养老保险制度改革逐渐启动。

1992年1月27日，人事部发布《人事部关于机关、事业单位养老保险制度改革有关问题的通知》（人退发〔1992〕2号），对机关事业单位养老保险制度改革提出了原则性意见，指出机关、事业单位养老保险制度的改革，要“按照国家、集体、个人共同合理负担的原则”，逐步改变退休金实行现收现付、全部由国家包办的做法；本着兼顾经济发展和适当积累的思想，统筹安排养老保险基金；在总结现行干部退休制度的基础上，建立国家统一的、具有中国特色的机关、事业单位社会养老保险制度。由此，机关事业单位养老保险制度改革的序幕正式拉开。随后，试点改革在各地展开；到1997年，已有1/2的地区进行了机关事业单位养老保险改革试点。其中全国就机关事业单位养老保险改革发文的省级政府达19个，进行试点的省、区、市为27个，县市区有 1 700 多个。但由于条件限制，大多数地方采取的是“部分铺开”的做法，即将机关事业单位合同制工人、聘用制干部、自收自支事业单位职工纳入养老保险制度之内，而只有少数地方才实行了“一步到位”的做法，即将机关事业单位全部职工纳入养老保险体系之内，实行城镇职工一体化的养老保险①。整体而言，机关事业单位养老保险制度仍然是计划经济体制下基本制度框架的延续，与企业职工养老保险相比，其改革发展进程缓慢得多。

1998 年国家机构改革，将包括公务员和事业单位工作人员在内的全体职工养老保险工作划归到新成立的劳动和社会保障部。从此，我国社会保险事业的管理体制更加统一和规范。同年，为适应国务院机构改革和社会主义市场经济要求，根据中共中央、国务院深化科技体制改革的决定，先后有三批科研院所和勘察设计单位改革了管理体制，实行属地化、企业化管理。这些单位包括国家经贸委归口管理的 10 个国家局所属的 242 家科研机构、建设部所属的 178 家工程勘察设计单位以及建设部等 11 个部门（单位）所属的 134 家科研机构。相关部门在没有出台新的事业单位养老保险制度改革办法下，对转制事业单位养老保险政策做出了具体规定。转制单位及其工作人员按所在地人民政府规定，分别以工资总额和个人缴费工资为基数缴纳基本养老保险费，建立基本养老保险个人账户，转制前的连续工龄视同缴费年限，不再补缴养老保险费。养老保险待遇也采用“老人”老办法、“新人”新办法、“中人”过渡办法。转制前已经退休的人员，原离退休待遇不变。转职后参加工作的人员退休，执行当地企业职工基本养老保险制度。转制前参加工作、转制后退休的人员，基本养老金办法按企业的相关规定执行并设置 5 年过渡期，过渡期内如按照企业相关规定计发的待遇低于原事业单位计发办法的，加发一定比例的补贴，所需费用从基本养老保险统筹基金中支付。

转制单位的养老保险改革取得了一定的成绩，但对于当时庞大的机关事业单位养老保险规模而言，其改革步伐太小。截至 2000 年年底，机关事业单位有在职工作人员 3 816.2 万人，离退休人员 832 万人，分别占全国城镇在职

---

① 褚福灵. 机关事业单位养老金制度改革历程和经验［J］. 中国高等教育，2016（7）：18-21.

职工总数与离退休人员总数的27.4%和22.3%①。

2000年12月出台的《关于完善城镇社会保障体系的试点方案》也对机关事业单位的养老保险制度作了规定。要求公务员、参公管理的事业单位以及全部由财政供款的事业单位的养老保险制度维持不变；已改制为企业的事业单位执行城镇企业职工基本养老保险制度，并保持已退休人员基本养老金水平不变；由财政部分供款事业单位的养老保险办法另行制定；公务员转入企业工作的，执行企业职工基本养老保险制度；企业职工调入机关的，执行机关养老保险制度。2001年9月28日出台的《关于职工在机关事业单位与企业之间流动时社会保险关系处理意见的通知》（劳社部发〔2001〕13号）对在机关事业单位和企业之间流动的人员的养老保险关系衔接和退休待遇计发办法进一步作了更为具体的规定。同年，劳动和社会保障部印发了《关于完善城镇职工基本养老保险政策有关问题的通知》（劳社部发〔2001〕20号），要求已经进行机关事业单位养老保险改革试点的地区，要进一步巩固改革试点成果，不能退保，要完善费用征缴机制，探索个人缴费与待遇计发适当挂钩的办法，积极创造条件实行养老金社会化发放。这三个法规实际上是将机关事业单位养老保险制度改革限定在了试点地区已经改制的事业单位和财政部分供款的事业单位范围内，公务员和全额拨款事业单位又回到了计划经济时代下的退休养老制度框架下。

2003年，中共十六届三中全会通过了《中共中央关于完善社会主义市场经济体制若干问题的决定》，要求继续积极探索机关和事业单位社会保障制度改革。随后，机关事业单位养老保险试点改革在各地进一步展开。试点改革大致可分为以下五种方式：一是与企业职工养老保险制度按照相同的制度模式、统一的缴费比例实施社会化管理；二是与企业职工养老保险制度同时进行内容基本一致的改革，但机关、事业单位与企业实施不同的缴费率，分账管理；三是机关、事业单位实施与企业不同方式的改革；四是政府机关维持

① 中国劳动和社会保障部．新中国劳动和社会保障事业［M］．北京：中国劳动社会保障出版社，2007：731．

老办法，仅对事业单位养老保险制度进行改革；五是政府机关和全额拨款事业单位维持老办法，只对差额拨款事业单位以及自收自支事业单位进行改革。各地改革试点内容可以归结为三个方面：一是按照国家、单位和个人三方负担的原则，建立多渠道筹资机制；二是依照统账结合的办法建立个人账户；三是按“以支定收、略有结余、留有部分积累”的原则，进行基金积累①。

2005 年 4 月 27 日，第十届全国人民代表大会常务委员会第十五次会议通过了《中华人民共和国公务员法》（中华人民共和国主席令第 35 号），并于 2006 年 1 月 1 日起实行。该法规定建立国家公务员保险制度，明确其所需经费列入财政预算，并规定了公务员可以提前退休的条件。2006 年 6 月，原人事部和财政部印发了《关于机关事业单位离退休人员计发离退休费等问题的实施办法》（国人部发〔2006〕60 号），该办法规定机关事业单位退休人员的退休费按照退休前工资的一定比例计发，最高可达 90%。《中华人民共和国公务员法》和离退休待遇计发办法实质上是对原有养老保险制度进行了肯定和强化，体现了中央政府在机关事业单位职工养老保险制度改革方面踌躇不前。

一系列对机关事业单位养老保险制度改革进行限制的文件和对原有养老保险制度的肯定，致使机关事业单位养老保险制度改革一直处于各地分散的试点过程中，并最终不了了之。究其原因，主要有以下几点：

其一，利益受损主体的阻碍。机关、事业单位养老保险制度改革的目标是建立社会统筹和个人账户相结合的养老保险制度，实行缴费责任共担机制，实现与企业职工基本养老保险制度的一体化。新制度实施后，机关事业单位工作人员需要连续缴费一定年限后才能享受退休待遇，且待遇水平与原来制度安排下无须缴费就享受原工资 80%～90%的比例相距甚远；而弥补养老金替代率下降空缺的职业年金制度也未能建立起来。致使改革试点的机关、事业单位工作人员预期收益大幅缩小，成为潜在利益受损主体，必然阻碍改革的推进。

其二，制度转轨成本较高，责任划分不清。如上所述，机关、事业单位

① 郑功成．中国社会保障 30 年［M］．北京：人民出版社，2008：71-72.

养老保险制度的改革目标是与企业职工基本养老保险制度一体化，实行缴费责任分担和统账结合的模式。在改革过程中，也会面临巨额的“老人”“中人”转制成本问题。由于中央没有明确这部分资金的承担责任，加之分税制改革后，地方财政收入相对下降，面对巨额的转制成本，地方政府不愿去触碰这个棘手问题，致使机关事业单位养老保险制度试点改革难有实质进展。

其三，人事制度改革未能同步，阻碍养老保险改革。机关事业单位职工退休费用的社会化管理发放是试点改革的重要目标之一。因此，社会保险经办机构经办机关事业单位养老保险制度是改革的题中之义。但是，机关、事业单位职工的工资调整、退休审批等政策的执行和业务操作仍在人事部门，与归劳动与社会保障部管理的社会保险经办机构分属两个部门。工作中难免出现制度衔接不畅、矛盾的地方。并且，机关事业单位由于不是社会主义市场经济体制改革的前沿部门，其人事制度改革滞后，未形成优胜劣汰机制，而是维持着“铁饭碗”制度，从而也就无法建立真正适应市场经济体制的薪酬制度，对应的养老保险制度也就难以进行根本性变革①。

我国企业职工基本养老保险制度随着《关于完善企业职工基本养老保险制度的决定》（国发〔2005〕38 号）的出台而基本成形。随之，日益增大的机关事业单位和企业职工之间的养老保险待遇差异愈加引发社会关注，形成了机关事业单位养老保险制度改革的外部压力。同时，机关事业单位工资制度改革也逐渐完成。2008 年，国务院机构改革将分管机关事业单位的人事部与分管企业的劳动和社会保障部合并，组成了人力资源和社会保障部，统管社会保障事宜，从而在一定程度上理顺了管理体制。新一轮机关事业单位养老保险试点改革势在必行。

2006 年 10 月中共十六届六中全会通过的《关于构建社会主义和谐社会若干重大问题的决定》将加快机关事业单位养老保险制度改革作为加强制度建设、保障社会公平正义的一项重要任务。2007 年 10 月，中共十七大报告再次

① 朱恒鹏，高秋明，陈晓荣. 与国际趋势一致的改革思路——中国机关事业单位养老金制度改革述评［J］. 国际经济评论，2015（2）：9-28，4.

提出要促进机关、事业单位基本养老保险制度改革。2008 年 2 月 29 日，国务院常务会议研究部署事业单位工作人员养老保险制度改革试点工作，并于同年 3 月 14 日出台《国务院关于印发事业单位工作人员养老保险制度改革试点方案的通知》(国发〔2008〕10 号)，确定在山西、上海、浙江、广东、重庆 5 省（直辖市）先期开展试点。这标志着机关事业单位养老保险制度改革再次启动。

试点方案实行统账结合的基本养老保险制度，其缴费主体、缴费基数、缴费比例、个人账户规模、基本养老金计发办法大体与企业职工基本养老保险相同；并建立事业单位职业年金制度，以提高事业单位退休人员生活水平，增强事业单位人才竞争力。试点方案要求建立健全省级基金调剂制度，实行与企业职工基本养老保险相同的统筹层次，具备条件的地方可直接实行省级统筹。试点方案要求事业单位基本养老保险基金单独建账，与企业基本养老保险基金分开管理，分别使用。

2011 年 3 月，中央下发了《关于分类推进事业单位改革实施指导意见》，开始了事业单位的综合配套改革，其中事业单位养老保险制度改革是重要内容之一。2011 年《国务院办公厅关于印发分类推进事业单位改革配套文件的通知》(国办发〔2011〕37 号）印发了包括《事业单位职业年金试行办法》等指导文件以推动改革试点，但各试点地区事业单位养老保险制度改革依然无实质性进展。

从改革方案的具体内容来看，该方案与当时所实施的职工基本养老保险制度较为一致，这体现了事业单位养老保险制度改革与职工基本养老保险制度相统一的政策取向；该方案的试点有助于推动机关事业单位养老保险制度与职工基本养老保险制度的并轨。但该方案在改革实践方面进展缓慢。原因在于以下几点：一是该方案只适用于分类改革后的公益类事业单位工作人员，但事业单位分类改革一直在持续之中，因此是否纳入事业单位改革无法完全确定。二是受制于工资制度改革进程，具体改革方案难以出台。事业单位养老保险制度改革方案出台时，尚未出台绩效工资制度。随着绩效工资制度改革的逐步到位，须考虑与事业单位绩效工资制度的衔接问题。因此，在事业单位绩效工资制度实施到位之前，试点地区出台基本养老制度改革具体方案的难度较大①。三是使部分改革对象利益受损，增加改革阻力。方案希望通过采取过渡性养老金和建立职业年金的办法补偿职工退休待遇的下降，减少改革阻力。但过渡性养老金安排中对方案实施后达到退休年龄但缴费年限累计不满15年的职工实行一次性支付个人账户存储额、不发放基础性养老金、终止基本养老保险关系的规定，这相当于剥夺了这部分人群的部分养老金权益；并且职业年金也未建立起来，造成了部分人员养老待遇预期下降②，甚至引发提前退休事件。四是将作为政策制定者和改革推动者的公务员群体游离于改革之外，使人民大众产生了对制度公平性的质疑③。

二、“双轨制”的终结：机关事业单位与企业职工养老保险制度的统一

2012年党的十八大报告与2013年11月党的十八届三中全会通过的《中共中央关于全面深化改革若干重大问题的决定》，都要求尽快推进机关事业单位养老保险制度的并轨改革。2014年12月，国务院副总理马凯在第十二届人民代表大会常务委员会第十二次会议上做了《国务院关于统筹推进城乡社会保障体系建设工作情况的报告》，指出机关事业单位养老保险制度改革是要建立与城镇职工统一的养老保险制度，改革思路是“一个统一、五个同步”。“一个统一”指党政机关、事业单位建立与企业相同基本养老保险制度；“五个同步”指机关与事业单位同步改革，职业年金与基本养老保险制度同步建立，养老保险制度改革与完善工资制度同步推进，待遇调整机制与计发办法同步改革，改革在全国范围同步实施。这一思路体现了对前两次改革经验和

---

① 财政部财政科学研究所课题组．我国事业单位养老保险制度改革研究［J］．经济研究参考，2012（52）：3-25．

② 朱恒鹏，高秋明，陈晓荣．与国际趋势一致的改革思路——中国机关事业单位养老金制度改革述评［J］．国际经济评论，2015（2）：9-28，4．

③ 成欢，蒲晓红．事业单位养老保险改革存在的争议及思考［J］．经济体制改革，2009（5）：62-65．

教训的总结。

2015年1月14日，国务院发布《关于机关事业单位工作人员养老保险制度改革的决定》（国发〔2015〕2号），全面开启机关事业单位养老保险制度与企业职工养老保险制度的并轨改革。该决定明确了改革、原则和政策举措。确定实行统账结合的基本养老保险制度，并明确了基本养老金计发办法，要求建立基本养老金正常调整机制和职业年金制度，并对养老保险关系转移接续做了规定。

《关于机关事业单位工作人员养老保险制度改革的决定》规定基本养老保险费由单位和个人共同负担。单位按照本单位工资总额的20%缴纳保险费，个人以本人缴费工资的8%缴纳保险费。基本养老保险个人账户的规模为本人缴费工资的8%，全部由个人缴费形成。个人工资超过当地上年度在岗职工平均工资300%以上的部分，不计入个人缴费工资基数；低于当地上年度在岗职工平均工资60%的，按当地在岗职工平均工资的60%计算个人缴费工资基数。这使得以财政为主的供款方式变为单位和个人缴费、财政承担养老兜底责任的多渠道筹资，形成了与企业职工基本养老保险一致的三方共担机制，有利于制度间的衔接。

待遇计发标准也与企业职工基本养老保险制度基本一致。该决定实施后参加工作、个人缴费年限累计满15年的人员，退休后按月发给基本养老金。基本养老金由基础养老金和个人账户养老金组成。基础养老金月标准以当地上年度在岗职工月平均工资和本人指数化月平均缴费工资的平均值为基数，缴费每满1年发给1%。这使得缴费与职工职务、工资变动相关联，具有激励作用。另外，个人账户养老金月标准为个人账户储存额除以计发月数，计发月数根据本人退休时城镇人口平均预期寿命、本人退休年龄、利息等因素确定。

该决定实施前参加工作、实施后退休且缴费年限（含视同缴费年限）累计满15年的人员，视缴费年限长短增发过渡性养老金。决定实施后达到退休年龄但个人缴费年限累计不满15年的人员，其基本养老保险关系处理和基本养老金计发比照2011年的《实施〈中华人民共和国社会保险法〉若干规定》，可以延长缴费或者补缴至15年，享受相应的养老待遇。“老人”维持原有待遇不变，“新人”则完全适用于新制度。对“老人”原有待遇水平的保障和过渡政策的安排，有利于改革的平稳过渡。另外，机关事业单位基本养老保险基金单独建账，与企业职工基本养老保险基金分别管理使用。

该决定指出应为其工作人员建立职业年金。随后，国务院于2015年3月27日印发了《机关事业单位职业年金办法》（国办发〔2015〕18号），构建起机关事业单位职业年金制度。依据规定，单位按工资总额的8%缴费，个人按本人缴费工资的4%缴费，采用个人账户的方式进行管理。工作人员退休时，依据其职业年金积累情况和相关约定按月领取职业年金待遇。另外，国务院还下发通知调整了工资结构和标准，使职工扣除个人应缴纳的基本养老保险费和职业年金后，工资略有上涨，这实质是财政承担了前期成本。职业年金制度的建立，有利于优化机关事业单位退休人员养老待遇结构，保障其退休后生活水平，同时有助于多层次养老保险体系的构建；职工工资的上涨也有利于改革的平稳推进。2017年1月12日，人社部与财政部联合印发了《关于机关事业单位基本养老保险关系和职业年金转移接续有关问题的通知》（人社部规〔2017〕1号），对机关事业单位工作人员基本养老保险和职业年金转移接续做了详细的规定。

三、机关事业单位养老保险制度改革在推进中面临的障碍

至2016年上半年，全国31个省（自治区、直辖市）相继出台了机关事业单位养老保险改革实施办法，机关事业单位养老保险制度改革全面启动。这次改革结束了我国多年来政府包干的机关事业单位养老退休制度，建立起了统账结合模式，这对完善养老保险体系、与企业职工基本养老保险制度走向最终并轨、优化人力资源配置和收入再分配体系均有十分重大的意义。但是，按照规定，机关事业单位基本养老保险基金单独建账，与企业职工基本养老保险基金分开管理。这就使得两者不能同处一个风险池子，实现风险共担。因此，机关事业单位基本养老保险制度与企业职工基本养老保险制度目

前仍然未能实现实质上的统一并轨，且随着改革的深入，一些问题开始显现。

一是转轨成本巨大。为了顺利推行改革，国家采取"'老人'老办法、'新人'新办制度、'中人'逐步过渡"的方式。根据2017年3月我国"两会"期间公布的数据，当前我国机关事业单位工作人员人数约5 000万，"中人"的数量达到80%，这部分人员实现转轨的成本在4.5万亿元以上①。据曾益等人测算，如果转制成本由自身筹资体系承担，机关事业单位自2015年后均会出现当期赤字，至2090年，累计赤字将高达239万亿元；如由财政全部负担转制成本，则机关事业单位有充足的支付能力；即使财政部分负担转制成本，其财务持续状况也好得多②。在经济下行压力较大时期，地方财政压力也较大。进一步厘清中央财政和地方财政责任分担机制，是不可回避的问题。

二是配套改革滞后。机关事业单位养老保险制度改革是一项复杂的系统性工程，受多种因素影响，需要进行联动配套改革，才能顺利推动养老保险制度改革的深化发展。首先，事业单位分类改革还未完成。自2011年，事业单位分类改革持续推进，但仍未完成，延缓了机关事业单位养老保险制度改革。按照养老保险制度改革方案，单位需要缴纳20%的基本养老保险费和8%的职业年金，而单位性质会影响到单位承担的缴费比例：一类公益性事业单位缴费全部由各级财政支付；二类公益性事业单位由财政和单位共同承担；三类是全部由事业转成企业的自收自支由单位承担。由此可见，事业单位分类改革的完成是其养老保险制度并轨改革的重要基础。但至今，事业单位分类改革仍在进行中。其次，人事制度改革滞后，阻碍养老保险制度改革。2015年，人社部下发了《关于贯彻落实〈国务院关于机关事业单位工作人员养老保险制度改革的决定〉的通知》（人社部发〔2015〕28号），要求严格按照机关事业单位编制管理规定确定参保人员范围；编制外人员应依法参加企业职工基本养老保险；对于编制管理不规范的单位，要先按照有关规定进行清理规范，待明确工作人员身份后再纳入相应的养老保险制度。可见，机关

---

① 许晨．机关事业单位养老保险并轨问题探析［J］．现代经济信息，2018（11）：37，39．

② 曾益，刘倩，虞斌．中国机关事业单位养老保险制度财务可持续性研究——基于转制成本分担的视角［J］．经济管理，2015，37（10）：158-168．

事业单位养老保险制度改革受制于编制改革进程，而目前，编制改革仍在进行中。另外，信息系统建设滞后，也影响机关事业单位养老保险制度改革进程。长期以来，由于各地养老保险制度的碎片化，致使各地数据库建设水平各不相同，主要表现为采用的应用系统不同、信息标准和口径不一以及一些地方信息不完善。这对养老保险制度改革也有一定的掣肘作用。

机关事业单位养老保险制度改革是一项长期性和系统性的工程，在改革过程中必然面临不少挑战和阻碍，不能一蹴而就，需要考虑历史因素、根据发展实际、结合多项配套措施平稳推进。

第三节　国有资本划转社保基金的重大探索

2000 年 8 月，为应对人口老龄化高峰时期的社会保障支出，国家设立全国社会保障基金，此后 20 年又对该基金管理制度和政策进行了多次调整和完善。在我国，划转国有资本充实社保基金具有重要意义。

一、国有资本划转社保基金的政策变迁与调适

梳理我国国有资本划转社保基金的历史看，国有资本划转社保基金大致可以分为国有股减持（变现）、国有股转持和国有资本划转三个阶段。

（一）国有股减持政策阶段

1997 年，我国建立了“统账结合”的企业职工基本养老保险制度新的框架体系，意味着传统的单位养老向社会化养老迈出了实质性步伐。但是，由于受传统计划经济的长期深刻影响以及国企改革发展过程中形成的诸多历史遗留问题，一部分国有企业还未能完全适应市场经济发展的要求，同时传统的单位养老带来的隐性债务等社会负担加重导致企业经营缺乏活力，以致产

生了经营困难、经济效率下降、债务增加等一系列问题。

为解决推进国有企业改革发展的资金需求，完善社会保障机制和改变国有企业经营效率低下的状况。1999 年 9 月，党的十五届四中全会通过的《中共中央关于国有企业改革和发展若干重大问题的决定》提出，“加快社会保障体系建设是顺利推进国有企业改革的重要条件。要采取多种措施，包括变现部分国有资产、合理调整财政支出结构等，开拓社会保障新的筹资渠道，充实社会保障基金”。从此国家开始进行国有股减持的探索性尝试①。这称得上是“划转部分国有资本充实社会保障基金”政策的雏形。

2000 年 8 月，国家正式将全国社会保障基金作为国家社会保障储备基金，专门用于养老保险等支出的补充和调剂。资金来源渠道包括中央财政预算拨款、国有资本划转、基金投资收益和国务院批准的其他方式，运营主体为全国社会保障基金理事会。全国社保基金理事会具有对拥有资本的投资运作权。

为缓解当时国有企业职工下岗、分流的压力以及解决养老保险个人账户“空账”、隐性债务问题，进一步开拓新的社保资金筹集渠道，推动社保体制完善和深化国企发展，2001 年 6 月，国务院印发《减持国有股筹集社会保障资金管理暂行办法》（国发〔2001〕22 号），要求国家上市公司首次发行和增发股票时以市场定价方式出售融资额 10%的国有股，出售国有股收入以划拨方式转给全国社保基金理事会。但由于当时股权分置改革正在进行，划拨变现对股票市场稳定造成了一定冲击，该办法核心内容的第五条仅执行四个月即被暂停②，但在境外上市企业的国有股依然要执行政策规定③。其主要原因是广大投资者不认可将首次发行和增发股票与国有股存量发行捆绑定价，大

---

① 李锦. 国企“输血”社保：大局大担当［N］. 经济参考报，2017 年 12 月 22 日，第 011 版。

② 金刚. 国有资产充实养老保险基金方式的选择［J］. 南方经济，2010（4）：26. 国发〔2001〕22 号文的第五条是“国有股减持主要采取国有股存量发行的方式。凡国家拥有股份的股份有限公司（包括在境外上市的公司）向公共投资者首次发行和增发股票时，均应按融资额的 10%出售国有股；股份有限公司设立未满 3 年的，拟出售的国有股通过划拨方式转由全国社会保障基金理事会持有，并由其委托该公司在公开募股时一次或分次出售。国有股存量出售收入，全部上缴全国社会保障基金。”

③ 实际上，自 2005 年开始，境外国有股执行减持政策已改为转持政策。

多数投资者认为按市价减持国有股的方式并不合理，在投资者可采取行动的范围内他们只能“用脚投票”表达反对意见，于是“用脚投票”就成了助推股市持续下跌的主要力量，但更深层次的原因则是市场仲裁者（证监会）身上非独立性的判断和缺乏决策应有的权力，这也是市场长期可持续发展的主要障碍之一①。

从中央决定和国发文件等相关政策看，这个阶段国有资本划转社保基金主要是以变现国有资产的方式补充社保基金，即利用国有资本（资产、股权）存量变现收入弥补社会保障的历史隐性债务。

（二）国有股转持政策阶段

2009年6月，在我国股权分置改革任务基本完成的前提下，财政部、国资委、证监会、社保基金会四部门出台的《境内证券市场转持部分国有股充实全国社会保障基金实施办法》（财企〔2009〕94号）规定：“在境内证券市场首次公开发行股票并上市的股份有限公司（含国有股），均须将10%的实际发行股份数量转由社保基金会持有。”同时规定社保基金会承继原境内上市公司国有股东的禁售期义务，且对股权分置改革新老划断至本办法颁布前首次公开发行股票并上市的股份有限公司转持的股份，社保基金会在承继原国有股东的法定和自愿承诺禁售期基础上，再将禁售期延长三年。

《境内证券市场转持部分国有股充实全国社会保障基金实施办法》与《减持国有股筹集社会保障资金管理暂行办法》减持变现政策相比不同的是：全国社保基金理事会直接持有国有股的股权，而且将划转范围直接规定为境内上市的公司；全国社保基金会享有股权长期的收益，并拥有处置权利，但对上市公司日常经营管理不干预。

这个阶段政策层面发生了新的变化，对划转方式作了新的规定，即从划转变现的国有资产转变为直接持有国有股权，享有一定且有限的股东权利，但实质上不参与上市公司经营管理。

---

① 张文. 国有股减持与市场仲裁的独立性［J］. 财贸经济，2002（5）：43.

（三）国有资本划转政策阶段

自2009年6月执行《境内证券市场转持部分国有股充实全国社会保障基金实施办法》以来，全国社保基金理事会转持中央层面上市公司国有股权取得了一定效果。为了更好地筹集社会保障基金，2013年11月，中共十八届三中全会通过的《中共中央关于全面深化改革若干重大问题的决定》要求，“划转部分国有资本充实社会保障基金。完善国有资本经营预算制度，提高国有资本收益上缴公共财政比例，2020年提到30%，更多用于保障和改善民生”。2015年8月，中共中央、国务院下发《关于深化国有企业改革的指导意见》（中发〔2015〕22号），再次对这一要求进行了重申。同年11月，《国务院关于改革和完善国有资产管理体制的若干意见》（国发〔2015〕63号）提出，“在改组组建国有资本投资、运营公司以及实施国有企业重组过程中，国家根据需要将部分国有股权划转社会保障基金管理机构持有，分红和转让收益用于弥补养老等社会保障资金缺口”。

为了切实落实中央决策部署，更好地发挥国有资本的社会保障功能和实现共享发展，满足人民群众日益增长的美好生活需要，经过几年的酝酿，2017年11月9日，国务院以国发〔2017〕49号文的形式公布了《划转部分国有资本充实社保基金实施方案》（以下简称《实施方案》），在四大“基本原则”框架下，从划转范围、对象、比例、承接主体、划转程序、承接主体对国有资本的管理、划转步骤、配套措施和组织实施八个方面对划转部分国有资本充实养老保险基金进行了明确和规定，旨在进一步推动国有企业深化改革，使全体人民共享国有企业发展成果，增强基本养老制度的可持续性。此次政策的突出特点是分为中央和地方两个层面，分别将已完成公司制改革的国有及国有控股大中型企业、金融机构纳入划转范围，划转比例为国有股权的10%，并明确了中央和地方的承接主体。此时，中央的提法和思路发生了变化，已由划转国有资产变为了划转国有资本，即由承接主体进行持有，参与红利分配，在经过批准的情况下可以投资运作获取收益。

三个政策性文件的比较如表4.3所示：

表 4.3　我国国有资本划转社保基金政策比较

发文字号	国发〔2001〕22 号文	财企〔2009〕94 号文	国发〔2017〕49 号文
出台时间	2001 年 6 月	2009 年 6 月	2017 年 11 月
出台部门	国务院	四部门（财政部、国资委、证监会、社保基金会）	国务院
划转范围	国家拥有股份的股份有限公司	含国有股的股份有限公司	中央和地方国有及国有控股大中型企业、金融机构（公益类企业、文化企业、政策性和开发性金融机构以及国务院另有规定的除外）
划转对象	首次发行和增发股票的国家拥有股份的股份有限公司（含境外上市公司）	在境内证券市场首次公开发行股票并上市的含国有股的股份有限公司	中央和地方企业集团已完成公司制改革的； 未完成公司制改革的企业集团所属一级子公司股权
划转方式	国有股存量发行	国有股存量发行	国有股权转移
划转性质	国有股减持变现	国有股转持	国有股权划转
划转比例	融资额的 10%	实际发行股份数量的 10%	企业国有股权的 10%
承接主体	全国社会保障基金理事会	全国社会保障基金理事会	中央：全国社会保障基金理事会； 地方：国有独资公司
承接主体权利	管理出售国有股的收入	享有转持股份的收益权和处置权，不干预上市公司日常经营管理	财务投资者，享有划入国有股权的收益和处置权，不干预企业日常生产经营管理
承接主体义务	信息披露	信息披露、承继原国有股东的禁售期义务或按规定延长三年	履行三年以上的禁售期义务，并应承继原持股主体的其他限售义务

资料来源：笔者根据《国务院关于印发减持国有股筹集社会保障资金管理暂行办法的通知》《财政部 国资委 证监会 社保基金会关于印发〈境内证券市场转持部分国有股充实全国社会保障基金实施办法〉的通知》《国务院关于印发划转部分国有资本充实社保基金实施方案的通知》等文件整理而成。

二、《划转部分国有资本充实社保基金实施方案》的评析

划转部分国有资本充实社保基金历经三次政策变迁和调整。在《减持国有股筹集社会保障资金管理暂行办法》和《境内证券市场转持部分国有股充实全国社会保障基金实施办法》的基础上，为了更好地发挥国有资本的社会保障功能和实现共享发展，国务院以国发〔2017〕49 号文的形式公布了实施方案，划转中央和地方层面的部分国有资本用于充实养老保险基金，缓解基金支付压力与风险。经过不断的实践、探索、反馈、总结，此次实施方案既有变化创新，也有承继不变。

（一）《实施方案》的变化及创新

1. 扩大了划转范围

一是区分了中央和地方层面的划转。《减持国有股筹集社会保障资金管理暂行办法》和《境内证券市场转持部分国有股充实全国社会保障基金实施办法》主要划转范围在中央企业，而《实施方案》则将中央企业和地方国有企业一并纳入划转范围，体现了中央地方共同分担责任、共享国企改革发展成果的安排，有利于提高解决地方养老保险基金缺口的内生能力。二是进一步明确了划转范围和例外情形。《实施方案》明确中央和地方国有及国有控股大中型企业、金融机构属于划转范畴。而未在本次方案规定划转范围的为公益类企业、文化企业、政策性和开发性金融机构以及国务院另有规定的情况。

2. 明确了划转对象

一是划转对象界定清晰。《实施方案》规定必须是完成公司制改革的中央和地方企业集团才能划转股权，这在一定程度上能够厘清企业法律关系问题、解决企业市场活力问题和避免因权属或债权债务关系不清引致的连带风险。二是划转对象扩大。相较于《减持国有股筹集社会保障资金管理暂行办法》和《境内证券市场转持部分国有股充实全国社会保障基金实施办法》规定的上市公司国有股转（减）持政策，《实施方案》规定的划转范围主要为非上市企业集团，即在划转范围内符合条件的所有企业均属于划转对象，实际上解决了现有存量国有资本如何划转的问题。股权的多元化有利于企业治理方

式的更新和治理水平的提高，促进企业积极参与资本市场，同时提前划转可避免整体上市时期划转对资本市场造成较大影响。三是可探索新的划转对象。《实施方案》提出将未完成公司制改革的企业集团所属一级子公司股权纳入探索划转的范围。这既有利于扩大划转范围、拓宽资金来源渠道，也有利于自下而上推动企业集团的改制和划转，是此次《实施方案》的亮点。

3. 突出了使用范围

《减持国有股筹集社会保障资金管理暂行办法》和《境内证券市场转持部分国有股充实全国社会保障基金实施办法》规定上市公司国有股权转（减）持给全国社会保障基金，专门用于补充、调剂养老保险等社会保障支出，以应对人口老龄化高峰期。而《实施方案》特别强调划转的国有股权是基本养老保险基金的重要组成部分，明确划转部分国有资本的基本目标是弥补因视同缴费年限政策实施而造成的企业职工基本养老保险基金支付缺口，解决的是历史欠账和转轨成本问题，目标更加明确、范围界定更加清晰，有利于提升国有资本使用的精准性、强化其特定用途的专用性和政策导向性，具有较强的历史阶段性特征。

4. 细化了承接主体

《减持国有股筹集社会保障资金管理暂行办法》和《境内证券市场转持部分国有股充实全国社会保障基金实施办法》规定上市公司国有股转（减）持的承接主体是中央层面的全国社会保障基金理事会。而此次《实施方案》的承接主体分为中央和地方两个层面。中央企业国有资本划转的承接主体依然是全国社保基金会，条件允许并经特别批准，还可以组建养老金管理公司，独立运营管理划转的中央企业国有股权。而地方层面，各省级人民政府有两种方式集中持有、管理和运营划转的国有资本，一是可设立国有独资公司，二是可委托具有国有资本投资运营功能的公司进行运营管理。这区别于目前部分地方政府探索的将国有资本划转至新设的省级社会保障基金或国有资本预算收入调入一般公共预算收入补充社会保险基金的操作实践，是此次《实施方案》的一大创新。一方面，国有独资公司作为承接主体经营管理国有资本体现了国有企业和国有资本的市场属性，更加注重国有资本的保值增值，契合了党的十九大报告提出的“加快国有经济布局优化、结构调整、战略性重组，做强做优做大国有资本”的改革精神；另一方面，国有独资公司或国有资本投资运营公司作为承接主体，有利于构造多元的市场投资主体和投资渠道，分散养老保险基金入市运作的整体风险，并助推国有资本投资运营公司探索新的发展路径，同时也是深化国资国企和完善基本养老保险制度联动性、互动式改革的新举措。

5. 创新了配套措施

一是规定在划转范围内涉及国有股权变动事项的企业，其改革方案应统筹兼顾国有资本划转方案，这有利于国有企业改革和完善基本养老保险制度的协调、协同发展。二是探索建立对划转国有股权的合理分红机制，有利于提升国有股权在资本市场运作的积极性。三是执行适时收缴办法，财政部门将依据养老金支付的实际，适时对承接主体持有的国有资本收益进行收缴。

（二）《实施方案》的承继与不变

1. 国有资本划转比例不变

与《减持国有股筹集社会保障资金管理暂行办法》和《境内证券市场转持部分国有股充实全国社会保障基金实施办法》基本一致，《实施方案》规定划转比例统一为10%，而且突出了划转的是企业的国有股权，而不是红利或收益。此次《实施方案》规定的划转比例具有明确的阶段性目标，可在一定程度上避免大规模划转对企业可持续发展造成影响。

2. 国有资本管理方式不变

与《减持国有股筹集社会保障资金管理暂行办法》和《境内证券市场转持部分国有股充实全国社会保障基金实施办法》基本一致，《实施方案》规定不论是中央层面的全国社保基金会，抑或地方层面各省（区、市）的国有独资公司等，承接主体均仅为财务投资者，不干预、不参与企业日常生产经营管理，不向企业派出董事，只享有所持有国有股的收益权和处置权。

3. 国有资本处置方式不变

与《减持国有股筹集社会保障资金管理暂行办法》和《境内证券市场转持部分国有股充实全国社会保障基金实施办法》基本一致，《实施方案》规定中央和地方层面的承接主体对持有的国有股权均应履行三年以上的禁售期义务，原有持股主体的其他限售义务也应一并承继。这在一定程度上能够维持划转国有企业的经营稳定和维护资本市场的健康发展。

（三）《实施方案》的进一步完善与展望

1. 承接主体的角色与治理作用发挥有待进一步明确

在《实施方案》的规定下，承接主体仅为财务投资者，这与国有资本收益上缴财政补贴类似，未能对国有企业股权多元化、公司治理改革、法人治理结构完善产生有效的作用，社保基金持股国有资本在参与公司治理、推动股权多元化等方面与国有资本收益上缴财政补贴相比具有比较优势。

2. 国资划转比例的弹性需要进一步增强

由于各地区经济社会发展水平、人口老龄化程度、国有企业发展层次均不同，利用国有资本补充养老保险基金缺口的规模也不同。《实施方案》规定10%的比例，对于国有经济发展较好、人口老龄化程度不深的地区可以满足补充缺口需求；而对于经济欠发达地区、人口老龄化严重地区而言则可能无法满足基本养老需要，需要根据地区实际确定划转比例，增强划转比例的弹性。

3. 国有资本退出机制尚待完善

《实施方案》并未明确规定禁售期到期后国有股权的转让（转持）、变现等退出机制。承接主体为了弥补基金缺口要对持有的国有资本进行运作获取收益，必然会对国有企业的发展做出评估和判断，在经济形势走低、企业发展显现疲软的情况下，作为“经济人”的承接主体则会择机转让减持股权或变现国有资本，进而对国有企业治理和资本市场发展会产生一定消极影响。此外，在国有企业发展过程中，划转的优良的国有资本也可能成为低质、低效甚至是无效的资产，这些资本是否退出、如何退出以及退出后怎样管理也值得进一步关注。

三、中央层面国有资本划转社保基金的实践与展望

据《全国社会保障基金理事会社保基金年度报告（2016 年度）》统计，截至 2016 年年年末，国有股减转持资金和股份共计 2 748.16 亿元。其中，减持资金为 922.80 亿元，境内转持股票为 997.85 亿元，境外转持股票为 827.51 亿元。

图 4.3 和表 4.4 显示了 2012—2016 年我国国有资本划转社保基金总额和结构变化的情况。2012 年，国有股减转持资金和股份 78.73 亿元，其中转持股票 74.35 亿元，占总额的 94.44%；减持现金 4.38 亿元，占总额的 5.56%。2016 年，国有股减转持资金和股份 185.00 亿元，其中转持股票 125.39 亿元，占总额的 67.78%，减持现金 59.61 亿元，占总额的 32.22%。

从图 4.3 和表 4.4 中可以看出，一是国有资本划转社保基金总额逐年增加，2016 年的划转额是 2012 年的 2.35 倍；二是国有资本划转社保基金结构不断优化，转持股票和减持资金的结构比由 2012 年的 94：6 优化为 2016 年的 68：32；三是境内外转持股票占转持股票总额的比例不断均衡，2012 年境内外转持比约为 40：60，2016 年为 46：54。

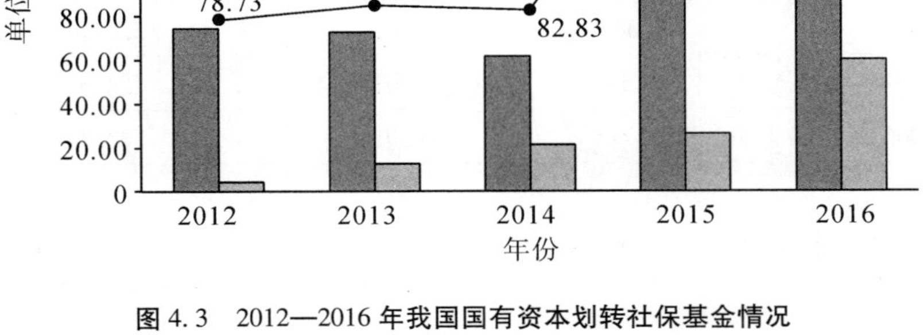

图 4.3　2012—2016 年我国国有资本划转社保基金情况

表 4.4　2012—2016 年我国国有资本划转社保基金来源构成情况

年份	减持资金占全部来源比例（%）	转持股票占全部来源比例（%）	境内转持股票占转持股票总额比例（%）	境外转持股票占转持股票总额比例（%）
2012	5.56	94.44	39.70	60.30
2013	14.98	85.02	24.97	75.03
2014	26.05	73.95	41.40	58.60
2015	14.64	85.36	46.52	53.48
2016	32.22	67.78	45.85	54.15

数据来源：根据《全国社会保障基金理事会社保基金年度报告（2016 年度）》相关数据计算而得。

表 4.5 显示了我国财政性净拨入全国社保基金情况。2000 年，财政性净拨入全国社保基金 200 亿元；2016 年，财政性净拨入 700.6 亿元，年均增长 7.65%。到 2016 年年末，财政性净拨入全国社保基金资金和股份额累计达到 7 979.97 亿元①，其中，中央财政预算拨款额为 2 898.36 亿元，彩票公益金额为 2 333.45 亿元。

表 4.5　2000—2016 年我国财政性净拨入全国社会保障基金资金情况

年份	财政净拨入额（亿元）	年份	财政净拨入额（亿元）
2000	200.00	2009	825.9
2001	595.26	2010	634.44
2002	415.76	2011	482.79
2003	49.08	2012	526.14
2004	278.54	2013	554.32
2005	228.71	2014	552.38

① 2016 年扣除实业投资项目上市时社保基金会作为国有股东履行减持义务累计减少国有股 13.56 亿元，以及用于四川地震灾区工伤保险金补助财政调回 6.80 亿元，财政性净拨入全国社保基金累计 7 959.62 亿元。

表4.5(续)

年份	财政净拨入额（亿元）	年份	财政净拨入额（亿元）
2006	574.23	2015	706.38
2007	308.14	2016	700.6
2008	326.95	合计	7 959.62

数据来源：全国社会保障基金理事会官网，http://www.ssf.gov.cn.

此外，国有资本划转社保基金总额占财政性拨入全国社保基金资金和股份的比例不断上升。2013 年划转额为 78.79 亿元，占财政性拨入全国社保基金 554.32 亿元的 14.21%，2016 年划转额占财政性拨入全国社保基金 700.60 亿元的 26.41%，占比增长了 12 个百分点。

中央层面国有资本划转社保基金取得了一定成效，但也存在着一些障碍。展望未来，中央层面国有资本划转尚需解决以下重要问题：

（一）统筹协调划转涉及的各主体利益博弈

划转部分国有资本充实社会保障基金是一项系统工程，涉及财政部门、国有资产监督管理部门、社保行政部门、社会保障基金理事会、证券监督管理部门以及国有企业、广大的国企职工和离退休人员。上述相关部门或群体均有自身的利益范围和诉求，相互影响、相互制衡。财政部门和国有资产监督管理部门有权对国有企业进行管理和监督，并获得国有资本收益，但由于划转国有资本涉及资本定价等复杂问题，划转国有资本也可能会造成国有资产流失，证券监督部门方面也担心划转国有股权后造成股市波动，影响我国资本市场发展，国资监管、国有企业等部门存在划转后企业运营受影响、利润分配减少的担心。因此，相关部门囿于自身利益，对推动划转工作持谨慎态度，动力不足。

（二）要进一步制订和完善划转配套实施方案

此前实施的国有股减持和转持政策均引起了我国股票市场的波动，造成了划转时断时续，究其原因，主要在于划转实施过程中的配套方案细则不完善，关键问题解决方案不完备。一是划转后的产权不清晰、划转的定价方式未明确，转减持变现机制不完善，导致国有企业、国有股变现方等利益群体的无所适从，变现过程中也易产生造成国有资产流失的嫌疑，直接延缓了划转的实施；二是社保基金的功能不是稳定市场，而是规避风险，当前社保基金持股的退出程序和决策机制不明确，社保基金的减持、增持或退出动向成了资本市场变动的“风向标”，易造成其他投资者的“跟风”，不利于资本市场的长期稳定发展。

（三）深化国企改革　提升国有资产质量

当前，我国正在深入推进供给侧结构性改革，整体经济由高速增长向中高速增长转变，国企正在进行优化国有资本布局、放大国有资本功能、推动国有资本做强做优做大、从“管资产”向“管资本”转变、积极发展混合所有制经济的重大改革阶段，但也面临着历史任务重担和正处于“三去一降一补”的阵痛期和深刻变动调整期，甚至部分国企生产出现经营困难、效益下降。一是历史包袱沉重且仍未“卸掉”。“三供一业”移交工作、企业办社会职能剥离工作进展缓慢，养老保险历史欠账等尚未完全厘清，目前部分企业缴纳社保困难，欠缴情况突出，以致国有企业实有资产清账难度较大。二是劳动关系复杂，退休人员转由社会化管理仍存难度。随着退休人员的增多，企业承受的社会负担会越来越重，一旦发生经营亏损或资不抵债，职工的权益将难以得到保障。国有企业各种用工制度待遇千差万别，离退休人员管理良莠不齐，移交社会化管理仍存障碍和阻力。国有资本划转涉及众多不同类型的国企人员，划转后哪些人群可以享受待遇、哪些被排除在待遇之外，仍有待进一步明确。三是国有企业资产数量和质量有待厘清。在目前我国整体经济形势放缓的情况下，部分国有企业效益下降；有的国有企业国有资产实有数量不清；有的存量净资产尚不够弥补企业的转制改革成本。部分企业资产质量水平不高，低效、无效资产数量较大，阻碍了国有资本划转的顺利实施。在此形势下，亟须进一步深化国企改革，不断提升国有资产的质量和国有资本的运营管理水平。

四、地方层面国有资本划转社保基金的实践与展望

在《国务院关于印发划转部分国有资本充实社保基金实施方案的通知》（国发〔2017〕49号）发布前，大多数地方政府对国有资本划转社保基金仍处于观望状态，部分地方政府开始了探索实践。我国地方国有资本划转社保基金主要有股权划转和收益划转两种方式，代表地区如山东省和上海市。

（一）山东省国有股权划转的实践

2015年3月，山东省政府出台了《省属企业国有资本划转充实社会保障基金方案》（鲁政字〔2015〕46号）[①]，提出了省属企业国有资本划转充实省社会保障基金的方案，将471户省属国有企业（含国有控股参股企业）30%的国有资本划转充实省社会保障基金。2015年5月18日，首批3户省属企业将30%国有资本划转给山东省社会保障基金理事会[②]，意味着山东在利用国有资本补充社保基金方面迈出了实质性步伐。目前已持有26家省属国有企业股权，截至2017年年底，社保基金会持有的基金权益达1 001.54亿元，基金资产总额为1 036.95亿元，持有划转股权权益1 031.61亿元，划转股权累计确认投资收益15.62亿元[③]。山东方案以及后续探索具有以下特点：

（1）成立了专门的机构。山东省成立了社会保障基金理事会，负责承接省属企业划转的国有资本和通过其他方式筹集的资金，根据实际需要拨出资金，用于补充社会保险基金。

（2）社保基金理事会的职责有突破。除了持有国有资本股权外，社保基金理事会还履行划转的国有股权出资人和投资者职能，可对其进行直接股权投资和资产股权委托运作，并对其进行监管。

---

① 山东省人民政府办公厅. 关于印发省属企业国有资本划转充实社会保障基金方案的通知（鲁政字〔2015〕46号）[NB/OL]. 山东省社会保障基金理事会官方网站. http://www.sdssf.org.cn/eap/61.news.detail? news_id=345.

② 3户省属企业分别为山东能源集团、山东机场公司、山东盐业集团。资料来源：《山东省企30%国资划转充实社保基金》，http://politics.people.com.cn/n/2015/0520/c70731-27027285.html.

③ 资料来源：山东省社会保障基金理事会官方网站，http://www.sdssf.org.cn/eap/61.news.detail? news_id=4864.

（3）划转国有企业范围较大。国发〔2017〕49 号文规定的划转范围主要是国有及国有控股大中型企业和金融机构，并不包括公益类、文化类企业以及政策性和开发性金融机构。而根据鲁政字〔2015〕46 号要求，山东省属以及部门管理的国企 471 户均在划转范围内，其中包括 28 户文化类国企。

（4）划转的国有资本界定清晰。山东省社保基金理事会作为承接主体，持有的是国企的实收资本（股本），不包括资本公积、盈余公积、未分配利润等，而企业利润则按照出资额进行分配。

（5）划转的企业需为公司制。山东省要求划转方案发布实施时尚未完成公司制改造的全民所有制企业，要在 2016 年年底前完成公司制改造，变为公司制企业后及时进行国有资本划转①。

（6）划转后实施实质监管。山东省国资委和社保基金会分别按持有的产权情况行使股东职权和履行相应的股东义务，可以提名、选举董事和监事，可以派出股权董事和参与持股企业重大决策，这比国发〔2017〕49 号文中规定承接主体仅为财务投资者前进了一步，股东更能实质性地行使股东的权利。目前，已实现社保基金理事会向持股企业派出股权董事的全覆盖。

（7）采取循序渐进的方法。划转方案要求兼顾企业改制、国有资产监管工作进展情况，依照“一次划转、分步到位、逐户完善”的步骤操作实施。

（8）探索构建长效机制。山东省提出要探索建立划转国有股权统筹运作长效机制，充分发挥社会保障战略储备基金作用②。

（9）承接主体持有股权调整。国发〔2017〕49 号文规定地方政府可成立国有独资公司或依托现有的国有资本投资运营公司的专户承接、运营、管理划转的国有资本。山东省政府决定将山东省社保基金理事会持有的省属国企 20%国有资本及享有权益，一次性调整至具有国有资本战略运营策划、资本

---

① 《山东省正式划转省管国有企业国有资本充实社保基金》，山东省社会保障基金理事会官方网站，http://www.sdssf.org.cn/eap/35.news.detail? news_id=363.

② 龚正：《2018 年政府工作报告——在山东省第十三届人民代表大会第一次会议上（2018 年 1 月 25 日）》，山东省人民政府官方网站，http://www.shandong.gov.cn/art/2018/2/2/ art_2940_104156.html.

流转、投融资、基金管理和创新发展功能平台的山东国惠投资有限公司持有[①]。至此，山东省形成了社保基金理事会（持股 10%）和国有资本投资运营公司（持股 20%）“双平台”持股国企充实社保基金的发展模式。

（二）上海市国资收益划转的实践

上海市国有资本收益划转的实践始于 2016 年。2016 年 2 月，上海市公布了《2015 年预算执行情况和 2016 年预算草案的报告》，要求进一步扩大国有资本经营预算收益收缴范围，将市本级国有资本经营预算的 19% 调入一般公共预算，用于充实社会保险基金[②]。2017 年 1 月，《上海市 2016 年预算执行情况和 2017 年预算草案的报告》进一步将市本级国有资本经营预算调入一般公共预算比例增加至 22%[③]，统筹用于扩大社会保险基金规模，提高社会保险基金支付能力。

与山东省划转股权不同的是，上海市将国有资本经营预算收入先行调入一般公共预算账户，再补充社会保险基金，其直接用收益充实社会保险基金，而不是新设立单独的社会保障基金会对收益进行管理。

（三）地方国有资本划转实践的分析与展望

表 4.6 显示了我国部分省市国有资本划转社保基金的划转实践。目前，地方政府的实践主要有两种方式：一是国有资本股权的划转。以山东省和辽宁省[④]为代表，具体做法是专门成立省级社会保障基金会监督管理、投资运作划转的股权，获取收益和利润分配，而且山东划转比例达到 30%，远超划转

① 《山东国惠将承接省属国企 20%股权》，山东省发展和改革委员会官方网站，http://www.sdfgw.gov.cn/art/2018/4/16/art_4489_831315.html.

② 上海市财政局：《关于上海市 2015 年预算执行情况和 2016 年预算草案的报告》（2016 年 1 月 29 日上海市第十四届人民代表大会第四次会议通过），上海市财政局官方网站，https://www.czj.sh.gov.cn/zys_8908/zt/rmzt/ysbgjd_9264/2016nysbgjd/ysbg/201701/t20170103_174569.html.

③ 上海市财政局：《关于上海市 2016 年预算执行情况和 2017 年预算草案的报告》（2017 年 1 月 20 日上海市第十四届人民代表大会第五次会议通过），上海市财政局官方网站，https://www.czj.sh.gov.cn/zys_8908/zt/rmzt/ysbgjd_9264/2017nysbgjd/ysbg/201701/t20170124_174731.html.

④ 辽宁省除将部分省属企业 20%的国有股权划转至辽宁省社会保障基金理事会持有外，还将划转的股权向战略投资者进行公开转让出售，旨在实现深化国企混合所有制改革和充实社保基金“蓄水池”的“双重目标”。

10%国有股权的国家政策规定；二是国有资本收益的划转。以上海市、广州市为代表，通过将国有资本经营预算收入调入一般公共预算以提高财政的支付能力，划转补充现有的社会保险基金。

表 4.6　我国部分地区国有资本划转社保基金实践

序号	地区	划转方式	划转比例（%）	划转渠道
1	山东省	国有资本股权	30	新设社会保障基金
2	辽宁省	国有资本股权	20	新设社会保障基金
3	上海市	国有资本收益	19（2016 年） 22（2017 年）	已有社会保险基金
4	广州市	国有资本收益	20（2016 年） 22（2017 年）	已有社会保险基金

部分资料来源：李浏清. 充实社保“家底”国资划转迈开步伐［N］. 中国劳动保障报，2017-05-05（003）.

上述地方国有资本划转社保基金的实践探索为我国国发〔2017〕49 号文规定的部分试点以及全面铺开此项工作奠定了良好基础，但不论是划转国有股权还是国有资本收益补充一般公共预算收入均存在一定的实践问题，尚需未来进一步深化改革和健全制度。主要包括：

一是地方养老保险基金缺口弥补涉及中央和地方政府两个层面，当前仅为地方国有资本划转至地方社保基金，在此过程中未考虑中央政府的责任。在养老保险制度运行中，中央与地方政府的责任划分，尚需进一步明确。

二是地方国有资本划转的比例和规模未与当地的支撑社保发展的国有资本和财政承受能力相结合。需要通过对各省（自治区、直辖市）养老保险基金收支规模与缺口的中长期测算，并结合央地责任划分，综合确定地方国有资本的划转比例和规模。

三是地方国有资本划转的方式、管理模式、充实养老保险基金的方式，均需通过进一步研究和改革探索加以明确。

第四节　中共十九大关于全面建成多层次社保体系的重要思想及改革展望

一、中共十九大报告关于构建多层次社会保障体系的重要思想

中共十九大的召开具有划时代的重大意义，开创性地提出了一系列重要思想、重大判断和重大举措。它对社会主义发展阶段产生了更进一步的深刻认识，明确“中国特色社会主义进入了新时代，这是我国发展新的历史方位”这一重大论断，成为我国今后一段时期内制定路线、方针、政策的根本依据。确立了坚持以人民为中心的习近平新时代中国特色社会主义思想和根据这一思想规划的国家发展基本方略，这为深化社会保障改革和全面建成中国特色社会保障体系构筑了新的时代指引。

中共十九大报告确立了以人民为中心的发展思想，坚持以人民为中心也成为社保体系建设的追求目标。改革开放以来，我国一直强调以经济建设为中心，在这一思想的指引下，社会保障改革被视为社会主义市场经济改革的配套机制，扮演的服从并服务于经济增长的工具性角色。以经济建设为中心的思想是特定历史阶段的产物，有其必然性与合理性。在这一思想的指引下，社会保障制度的建设发展确实为我国经济社会的快速发展提供了重要的保障，但这也是我国社会保障制度长期处于配套性政策地位和试验性改革状态而难以成熟、定型的重要原因。在以人民为中心的发展思想指引下，新时代的社会保障体系建设需要摆脱配套工具性的价值取向，从服从或服务于经济增长的角色转变为国家发展的重要目标，进而成为坚持以人民为中心的有力制度保障①。因此，党的十九大确立的坚持以人民为中心的发展思想，是新时代社会保障体系建设的强大思想指引，将社会保障制度建设置于更重要的位置。

---

① 郑功成. 全面理解党的十九大报告与中国特色社会保障体系建设［J］. 国家行政学院学报，2017（6）：8-17，160.

在以人民为中心的发展思想指引下，增进民生福祉成为发展的根本目的，坚持在发展中保障和改善民生成为新时代坚持和发展中国特色社会主义的基本方略之一。由此，经济发展与改善民生的关系得到重新审视，民生建设固然为经济发展提供了强大保障和动力，但经济发展也要以改善民生为根本目的。二者是双向促进、有机联系的统一体：离开经济发展谈民生，是无源之水，罔顾经济发展实情谈民生，缺乏可持续性；离开民生谈发展，则缺乏稳定性，更会迷失发展方向。因此民生需要在发展中补齐短板。具体来说，就是在“幼有所育、学有所教、劳有所得、病有所医、老有所养、住有所居、弱有所扶”方面不断取得新进展，从而“促进人的全面发展、全体人民共同富裕”“维护社会和谐稳定”“人民安居乐业”。

中共十九大报告指出，我国社会主要矛盾已经转化为人民日益增长的美好生活需要与不平衡不充分的发展之间的矛盾。主要矛盾的变化确定了新时代社会保障制度深化改革的目标也要相应做出调整。保障和改善民生是社会保障制度的内涵价值所在。同时，社会保障制度也是时代发展的产物，具有深刻的时代背景，随时代变化而发展。当下，社会保障制度作为现代国家治理体系的重要组成部分，必然随着社会主要矛盾的变化而拓展理念和价值追求，在解决发展不充分不平衡的问题上需要做出更多努力，发挥更加全面和积极的作用。具体来说，就是社会保障制度改革要以“公平、正义、共享”的价值理念为指引，强化社会保障制度的再分配功能，促进社会公平正义[①]。

中共十九大报告规划的走向富强民主文明、和谐美丽的现代化强国的战略步骤与行动纲领，给了社会保障体系建设发展进程具体的指引。中共十九大报告规划了从 2020 年到 21 世纪中叶的“两步走”战略。第一阶段是从 2020 年到 2035 年，目标是基本实现社会主义现代化。其关键性指标是人民平等参与和发展的权利得到充分保障，各方面制度更加完善，人民生活更为宽裕，中等收入群体比例明显提高，城乡区域发展差距和居民生活水平差距显

① 鲁全. 中国共产党对社会保障认识的变迁与发展（1997—2017）[J]. 国家行政学院学报，2017（6）：99-104，163.

著缩小，基本公共服务均等化基本实现。第二阶段是 2035 年到 21 世纪中叶，目标是建成富强、民主、文明、和谐、美丽的社会主义现代化强国。核心指标是全体人民享有更加幸福安康的生活，基本实现共同富裕。“两步走”战略离不开社会保障制度的强力支撑。因为以生产要素为依据的初次分配会致使个人所得因个人禀赋、机会、环境等不同而产生较大差距，如果没有健全的社会保障体系并充分发挥其再分配功能，便难以显著缩小差距；而在全球化和市场经济竞争激烈的背景下，人民生活风险会增加。如果没有完善的社会保障体系，幸福安康生活的实现将有更大的不确定性，无法达到共同富裕。因此，全面建成新时代中国特色社会保障体系是“两步走”战略的必要且重要条件；同时，“两步走”战略也成为社会保障体系建设的重要依据[①]。

基于新时代的背景、指导思想和发展战略，党的十九大提出“按照兜底线、织密网、建机制的要求，全面建成覆盖全民、城乡统筹、权责清晰、保障适度、可持续的多层次社会保障体系”。“兜底线”有两层含义：其一，强调保基本，防止社会保障待遇“泛福利化”。其二是强调政府责任。“兜底线”关乎社会公平正义。只有兜住底线，才能体现社会主义市场经济的本质要求，才能维护政府的公信力。至于底线何在，则需要结合新时代发展情况和要求科学合理地界定。“织密网”是制度覆盖范围要广，要建立覆盖全体公民的社会保障体系，以达到人人都能享有社会保障权益。“建机制”是要持续深化改革，建立健全社会保障体制机制，不断提高社会保障法治化水平。“覆盖全民、城乡统筹、权责清晰、保障适度、可持续的多层次社会保障体系”是目标。实现全民参保计划，才能充分发挥制度保障功能和再分配功能；实现城乡社会保障制度的统筹整合，有利于缩小城乡制度差异；明确各级政府和用人单位、个人、社会的社会保障权利与责任，有利于提高制度激励机制，提升制度可持续性；合理引导群众的保障预期，根据经济发展确定保障待遇水平，有助于降低制度压力，提升制度改革回旋余地，同时也有助于民众分享

① 郑功成. 全面理解党的十九大报告与中国特色社会保障体系建设［J］. 国家行政学院学报，2017（6）：8-17，160.

经济发展成果；构建多层次社保体系则有利于取长补短，实现组合效应，更有助于保障群众基本生活，实现社会公平，满足人民日益增长的美好生活需要。

为实现这些目标，中共十九大报告提出十项社保改革任务：一是全面实施全民参保计划。二是完善基本养老保险制度，实现全国统筹。三是完善统一的城乡居民基本医疗保险制度和大病保险制度。四是完善失业和工伤保险制度。五是建立全国统一的社会保险公共服务平台。六是统筹城乡社会救助体系，完善最低生活保障制度。七是保障妇女儿童合法权益。八是完善社会救助、社会福利、慈善事业、优抚安置等制度，健全农村留守儿童和妇女、老年人关爱服务体系。九是发展残疾人事业，加强残疾康复服务。十是坚持“房子是用来住的、不是用来炒的”定位，加快建立多主体供给、多渠道保障、租购并举的住房制度。

中共十九大报告从时代背景、指导思想、发展战略出发，制定了社会保障体系发展的中长期规划，并针对具体的项目提出了原则性的发展改革要求，对我国社会保障事业的发展指明了道路和方向。

二、推进城镇职工基本养老保险制度的全国统筹

提高统筹层次一直是职工养老保险制度改革的重要内容之一。在原劳动保障部和财政部于 2007 年 1 月 18 日联合发出的《关于推进企业职工基本养老保险省级统筹有关问题的通知》（劳社部发〔2007〕3 号）推动下，依据《企业职工基本养老保险省级统筹标准》，各省（自治区、直辖市）职工基本养老保险逐渐实现了省级统筹。这为基础养老金全国统筹提供了坚实的制度基础。但仅实现省级统筹远不能满足制度发展需要，不利于缓解日益凸显的社会矛盾。由于各省经济发展条件、人口年龄结构差异巨大，各省（自治区、直辖市）职工养老保险基金收支压力差异巨大。黑龙江省自 2013 年开始收不抵支，至 2016 年职工养老保险累积结余为负；2015 年，收不抵支的省份扩展为河北、辽宁、吉林、青海、黑龙江、陕西六省；2016 年进一步扩展为河北、内蒙古、辽宁、吉林、青海、黑龙江、湖北七省；2017 年，山东也出现收不

抵支状况。至2017年，7个省（自治区、直辖市）累积结余在2 000亿元以上，分别为广东、北京、上海、江苏、浙江、山东、四川，皆为人口大省或东部经济发达省份，其中超过5 000亿元的仅广东一省，达9 245亿元；累计结余低于500亿元的省（自治区、直辖市）有8个，分别为天津、吉林、黑龙江、海南、西藏、青海、甘肃、宁夏，大多为经济欠发达或人口流出较为严重的省份，其中黑龙江为负①。具有较高基金结余的地区，基金平衡压力小，其缴费率便适当调低；而基金结余较低的地区，即使不调低缴费率也难以通过缴费收入实现收支平衡。以2016年为例，全国养老保险的总体缴费为18.26%，经济发达地区的缴费率偏低，如广东为7.95%，福建为13.5%；经济欠发达地区的缴费率偏高，如四川为30.19%，甘肃为28.50%，辽宁为26.18%②。缴费率的高低不等造成了企业在不同地区成本的差异，导致企业更愿意向缴费率低的地区发展。由此，低缴费地区经济发展水平不断提高，就业机会增多，年轻劳动人口持续流入，进而缓解了当地养老保险制度老年抚养比提高的问题，减小了当地养老保险基金财务平衡压力。而缴费率高的地区则以反向的形势使养老保险基金财务平衡压力进一步加大。

省级统筹引致的地区差异备受关注。由此，十八大报告明确提出“尽快实现养老保险全国统筹”。发展不充分、不均衡已经成为人民实现美好生活的结构性障碍，因此十九大报告将“推动实现均衡发展”作为深化改革开放的内容之一；并明确要求“尽快实现养老保险全国统筹”。为推进统筹层次的提高，缓解地区间差异，国务院于2018年6月13日发布了《关于建立企业职工基本养老保险基金中央调剂制度的通知》（国发〔2018〕18号），要求自2018年7月1日起，实行养老保险基金中央调剂制度。设立中央级社会保障基金财政专户，实行收支两条线管理，专款专用。中央调剂基金采取先预缴预拨后清算的办法，资金按季度上解下拨，年终统一清算。中央调剂金由各省份养老保险基金上解的资金构成，各省按照职工平均工资的90%和在职应

① 根据国家统计局年度数据整理。

② 贾玉娇．养老保险全国统筹的复杂性分析转向与框架［J］．华中科技大学学报（社会科学版），2019，33（1）：35-41.

参保人数作为计算上解额的基数。其计算公式为：

某省份上解额=（某省份职工平均工资×90%）×某省份在职应参保人数×上解比例

其中，上解的初始比例为3%，并逐步提高；职工平均工资为统计部门提供的各省城镇非私营单位和私营单位就业人员的加权平均工资；各省份在职应参保人数暂为在职参保人数和国家统计局公布的企业就业人数二者的平均值为基数核定。

中央调剂金以收定支，当年筹集资金按照人均定额全部拨付地方，地方拨付额的计算公式为：

某省份拨付额=核定的某省份离退休人数×全国人均拨付额

其中，

全国人均拨付额=筹集的中央调剂基金/核定的全国离退休人数

2018年中央调剂金总规模为2 422亿元[①]，仅占全年城镇职工基本养老保险基金收入的4.7%。

建立中央调剂金实质上是实行部分基础养老金实现全国统筹[②]。由于涉及调整不同地区的重大利益关系，实现基本养老保险全国统筹难度非常大，推动职工基本养老保险全国统收统支的改革进展非常缓慢。建立中央调剂金制度是基本养老保险全国统筹的过渡性措施，通过实现部分基础养老金全国统筹可以减少改革阻力，并在一定程度上增强养老保险制度的互济性，缓解当前各省（自治区、直辖市）养老保险基金压力的不平衡现象。

从上解基数和上解比例的角度看，中央调剂金的调剂能力仍然较弱。地区性差异和由此带来的劳动力流动障碍依旧[③]。面对日益严峻的地区差异，各省上解比例应逐步提高，增加中央调剂金的调剂能力。在此基础上逐步实现基本养老保险全国统筹。

---

① 数据来源于《2018年度人力资源和社会保障事业发展统计公报》。

② 卢驰文．基本养老保险中央收取调剂金制度的目标与功能定位［N］．中国经济时报，2018-04-24（005）．

③ 房连泉．实现基本养老保险全国统筹的三种改革路径及利弊分析［J］．北京工业大学学报（社会科学版），2019，19（3）：8-16．

三、建立完善的基本养老保险待遇调整机制

2005年，由国务院发布的《关于完善企业职工基本养老保险制度的决定》（国发〔2005〕38号）提出要建立基本养老金正常调整机制。2011年，这一要求被写入《中华人民共和国社会保险法》。随后，党的十八届三中全会报告与人力资源和社会保障事业“十三五”规划都明确提出建立待遇合理调整机制。

待遇调整机制是养老保险制度运行的基础要素之一。建立合理的养老保险待遇调整机制正是党的十九大报告关于强化社会保障制度建设“建机制”方针的内在要求。合理的待遇调整机制可以保障养老金实际购买力，一定程度上缓解由人口老龄化、物价上涨、经济增速放缓而带来的养老基金收支平衡压力。但就目前来看，这一合理机制仍然悬而未决。

城镇职工基本养老保险制度自20世纪90年代建立以来，一直未出台明确的待遇调整机制。1998—2005年企业退休人员养老金待遇多为随机调整，国家并没有公布统一的调整政策文件。这期间退休金明显滞后于社会平均工资增长，养老金替代率不断下降，由1998年的85.7%下降到2005年的57.7%①。为了改变这种局面，从2005年开始，国务院每年都下发关于调整退休人员基本养老金的通知，确定待遇调整水平。该通知会确定一个总体的调整水平，2005—2015年，退休人员月人均基本养老金都以10%及以上的比例实现“十一连”涨；在经济结构转型、增速放缓的经济新常态背景下，自2016年起，涨幅开始放缓：2016年至2019年分别以6.5%、5.5%、5%、5%的比例上调。近年来，该通知提出一个原则性的调整办法，调整办法则采取定额调整、挂钩调整与适当倾斜相结合的方式。定额调整主要体现公平原则；挂钩调整则是强化“长缴多得”“多缴多得”的激励机制，调整幅度一般与退休人员本人缴费年限（或工作年限）、基本养老金水平等因素挂钩；倾斜调整

① 房连泉. 建立可持续的基本养老保险待遇指数化调整机制研究——来自国际案例的经验启示［J］. 人口学刊，2018，40（5）：66-77.

体现了对高龄退休人员、艰苦边远地区退休人员等群体的政策照顾。各省（自治区、直辖市）依照该通知的总体调整水平和调整办法自行确定三部分的具体调整比重。

依据现有调整方式，基本养老保险待遇总体调整水平由人力资源和社会保障部以通知的形式每年公布一次，但该比例的确定方式并不明晰。定额调整、挂钩调整与适当倾斜相结合的调整办法也属于原则性的规定，且主要考虑缴费激励和对弱势群体的关注，与物价、工资增长、财务收支状况等对养老保险制度财务可持续性高度关联参数的相关性较小①。在人口老龄化不断加剧、经济增速放缓的情况下，还有较大的改进空间。建立确保待遇水平适度的、纳入了有助于基金平衡的可持续性因子或相关调整参数的、更加透明的养老保险待遇自动调整机制十分必要②，也将是今后养老保险制度深化改革的重要内容之一。

四、扩大职工养老保险对灵活就业人员和农民工群体的覆盖面

扩大覆盖范围既是基本养老保险制度的政策目标，也是增强制度可持续性的重要方式。多年的发展表明职工基本养老保险制度的覆盖范围一直处于扩大状态。但需看到，在当前制度下扩展职工养老保险覆盖范围存在挑战。

从基本养老保险制度体系层面看，职工基本养老保险应该覆盖全部职工。但当前制度安排难以将灵活就业人员纳入其中。职工基本养老保险是基于正式劳动合同就业形式下的保险模式，是养老保险制度实行的基础，基本养老保险的强制性也主要依此而定。但灵活就业人员往往不与雇主签订正式的劳动就业合同，因此缺乏这种制度基础。其参保行为属于“自愿”行为，具有

① 房连泉. 建立可持续的基本养老保险待遇指数化调整机制研究——来自国际案例的经验启示［J］. 人口学刊，2018，40（5）：66-77.

② 林义，寒滨徽. OECD 国家公共养老金待遇自动调整机制的经验及启示［J］. 探索，2019（2）：108-117.

很强的“市场交易”性质[①]。在缺乏强制性的条件下，灵活就业人员基于自身经济状况和当前利益的考虑便会主动游离于职工基本养老保险制度之外。即使他们参与其中，其“断保”行为发生的可能性也会更大。随着平台型企业的发展，零工经济、共享经济不断崛起，灵活就业人员规模有不断扩大趋势。这势必削弱制度的强制性，不利于制度覆盖范围的继续扩大。因此，增强职工养老保险对灵活就业人员参保行为的激励机制或强制性将是扩大其覆盖范围的关键。另外，相较于签订正式就业合同的职工来说，灵活就业人员个人缴费负担更重。依据《关于完善企业职工基本养老保险制度的决定》（国发〔2005〕38 号），灵活就业人员参加基本养老保险的缴费基数为当地上年度在岗职工平均工资，缴费比例为 20%，全部由个人缴纳。较高的个人缴费比例在一定程度上削弱了制度的吸引力。

农民工群体也需特别关注。按照当前制度安排，农民工既可以参加城镇职工养老保险制度，又可以参加城乡居民养老保险制度。因此城镇职工养老保险可以通过吸纳更多的农民工拓展覆盖面，增加制度可持续性。2018 年，农民工总量接近 2.9 亿人[②]。但数据显示城镇职工养老保险在农民工群体方面的覆盖率较低，2017 参加城镇职工基本养老保险的农民工 6 202 万人，仅占当年农民工总数的 21.65%[③]。因此拓展城镇职工养老保险在农民工群体覆盖面的潜力巨大。如前所述，农民工在职工养老保险与城乡居民养老保险间自愿选择。由于镇职工养老保险缴费相对较高，个人缴费负担过重，加之农民工收入水平较低，城镇职工基本养老保险制度对农民工缺乏吸引力。这主要因为农民工收入水平较低。2018 年，城镇单位就业人员月平均工资为 6 872 元[④]；而同期的农民工月均收入仅为 3 721 元[⑤]，仅为前者的 54%。在低收入

① 郑秉文. 养老保险降低缴费率与扩大个人账户——征缴体制改革的“额外收获”[J]. 行政管理改革，2018（11）：12-21.

② 数据来源于《2018 年农民工监测调查报告》。

③ 根据《2017 年度人力资源和社会保障事业发展统计公报》与《2017 年农民工监测调查报告》相关数据计算而得。

④ 根据国家统计局公布的城镇单位就业人员年度平均工资计算。

⑤ 数据来源于《2018 年农民工监测调查报告》。

水平下，首先考虑的是当期消费需求，用于养老保险的支出会相应减少。

庞大的灵活就业人员和农民工群体及其较低的职工养老保险覆盖率意味着城镇职工基本养老保险制度扩面工作还有很大的拓展空间。这需要对职工基本养老保险继续深化改革，提高适应灵活就业形式的能力，增强制度的激励机制，才能将更多的灵活就业人员、农民工就业群体纳入城镇职工基本养老保险制度之内。

第二篇

新中国城镇职工医疗保险制度之变迁与展望

第五章
计划经济时代（1949—1978年）的公费医疗与劳保医疗制度

新中国成立后，我国确立了以公有制为主体、指令性计划为核心的计划经济体制。与此相适应，我国借鉴了苏联以全民所有制单位工资收入者为主要对象的城镇职工医疗保障制度，包括面向机关事业单位职工的公费医疗制度和以国营、集体企业职工为对象的劳保医疗制度[①]。公费和劳保医疗制度的经费主要由国家和用人单位负担，各级国家机关、党派团体、事业单位的工作人员和国有企业、大部分集体企业职工的疾病医疗风险也主要由国家及用人单位承担。公费医疗和劳保医疗制度基于新中国成立初期计划经济时代的社会发展水平和人民需要而建立，在减轻职工病伤及生育负担、增进劳动者身体健康、提高劳动者身体素质方面发挥了积极作用，为我国早期经济发展和社会稳定做出了历史性贡献，是具有新中国成立初期特色的重要福利制度之一。

---

① 本刊编辑部. 医改备忘录之一——职工医疗保障制度变迁的轨迹（上）[J]. 中国社会保险，1998（6）：10.

第一节 公费医疗与劳保医疗制度的建立

一、劳保医疗制度的建立及早期运行情况

（一）劳保医疗制度的建立背景及制度内容

经过新中国成立初期的经济恢复后，我国开始逐步确立以高度集中的指令性计划为特征的计划经济体制，并逐步形成了政企合一的制度基础。在此背景下，为保障企业职工的疾病医疗风险，我国创建并确立以《劳动保险条例》为支撑的劳保医疗制度。

劳保医疗制度是对我国参与劳动保险的企业职工及其家属所享受的伤病免费医疗及预防医疗制度的统称，政务院于1951年颁布《中华人民共和国劳动保险条例》，标志着劳保医疗制度的正式建立。

劳保医疗制度的保障对象主要是全民所有制企业及城镇集体企业的职工，其医疗费用源于企业基于工资总额比例提取的福利金，企业职工享受的医疗待遇具体包括①：

（1）因病和非因工负伤就医情况下的诊疗费、手术费、住院费和普通药费（贵重药费、住院膳费和就医路费除外）；

（2）因工负伤情况下的全部诊疗费、药费、住院费、住院膳费和就医路费；

（3）企业职工所供养的直系亲属的一半的普通药费和手术费（贵重药费、住院费、住院膳费和就医路费除外）。

（二）劳保医疗制度的初期覆盖情况

由于《劳动保险条例》制定于国家财政经济尚未全面恢复的背景下，因

① 中国劳动和社会保障部组织．新中国劳动和社会保障事业［M］．北京：中国劳动社会保障出版社，2007：742.

此其实施范围存在一定的限制：仅规定为少数几个行业和有 100 人以上职工的工矿企业实施[①]。因此，仍有大部分城镇企业职工无法享受劳保医疗待遇。至 1952 年年底，全国实行劳动保险的企业仅 3 861 家，覆盖职工 302 万人，连同他们供养的直系亲属在内也仅有 1 000 万人左右。

而随着《劳动保险条例》在 1953 年的修订，劳保医疗制度覆盖范围逐步拓展：所有工矿、交通、建筑企业皆可参与；其他企业也可在订立集体劳动合同时通过各方协商实行劳动保险。因此，截至 1953 年年底，实行劳动保险的企业有 4 400 多家，覆盖职工 420 万人，另有签订集体劳动保险合同的单位 4 300 多家，覆盖职工 70 多万人。而到 1956 年，劳动保险覆盖职工已有 1 600 多万人，其中签订集体劳动保险合同的职工高达 700 万人。至此，劳动保险已覆盖当年全国职工总数的 94%以上。

（三）劳保医疗制度下的资金运行及管理

从医疗费提取比例来看：劳保医疗在 1953 年以前全由企业行政负担，在 1953 年《关于国营企业 1953 年计划中附加工资内容和计算办法的规定》颁布后则改为根据行业性质分别按照工资总额的 5%～7%提取。由于就业人数和工资总额每年均有增加，工会经费和劳动保险金连年结余。因此，1957 年 3 月 23 日国务院转批的《关于整顿现行附加工资提取办法的报告》将提取比例进一步调整为重工业 5. 5%、轻工业 5%、贸易部门 4. 5%[②]。

在劳保医疗的基金管理上：劳保医疗经费由企业行政支付；宏观上在建制初期由劳动部和全国总工会两部门共同管理，在 1954 年 5 月后则由全国总工会一家统管；微观上则由企业行政和工会共同管理，各级工会负责组织劳动保险工作，各级劳动行政机关则负责监督劳动保险的基金缴纳、业务执行并处理有关申诉。

---

① 古钺. 劳动保险制度的兴衰——新中国社会保险史话之二［J］. 中国社会保障，2019（2）：10-11.

② 郑功成，等. 中国社会保障制度变迁与评估［M］. 北京：中国人民大学出版社，2002：122.

二、公费医疗制度的建立及早期运行情况

（一）公费医疗制度的建立及内容

公费医疗制度是我国对国家机关、事业单位工作人员等实行的免费治疗和疾病预防医疗制度的统称。其享受对象包括各级政府机关、党派、人民团体及文化、教育、科研、卫生等事业单位工作人员，在乡二等乙级以上革命残疾军人和高等学校在校学生①。

1952年6月27日，政务院颁布《关于全国各级人民政府、党派、团体及所属事业单位的国家工作人员实行公费医疗预防的指示》，公费医疗制度在我国正式确立。该指示明确提出从1952年7月起分期在全国公职人员中推行公费医疗制度，公费医疗制度的覆盖范围包括全国各级人民政府、党派、工青妇等团体、各种工作队及文化、教育、卫生、经济建设等事业单位的国家工作人员和革命残疾军人；其待遇项目及标准与“劳保医疗”的规定相同，即诊疗费、手术费、住院费和普通药费均由国家预算拨付，在卫生部门管理的“公费医疗经费”项目下列支；但住院的膳食、就医路费由个人负担。

（二）公费医疗制度初期覆盖情况

1952年8月24日经政务院批准，同年8月30日卫生部颁发的《国家工作人员公费医疗预防实施办法》进一步明确了公费医疗的覆盖范围及预防经费等问题。1953年1月，卫生部颁布《关于公费医疗的几项规定》，将公费医疗制度延伸到大学及专科在校学生和乡镇干部中。1956年出台的《关于办理各国在华专家公费医疗预防几项规定》《国家机关工作人员退休后仍应享受公费医疗待遇的通知》《关于高等学校工作人员退休后仍应享受公费医疗待遇的通知》等一系列法规、文件则使公费医疗制度得到了进一步完善②。

随着公费医疗制度及相关卫生政策的延伸和落实，广大知识分子、民主党派人士和高校学生从中获益。据统计，1952年享受公费医疗的人数为400万

---

① 董研. 我国医疗保障制度的变迁与改革［J］. 人口与经济，2004（S1）：51-54.

② 姚力. 新中国城镇职工医疗保障制度的历史考察［J］. 党的文献，2010（3）：94-99.

人；到 1957 年时，公费医疗享受人数达到 740 万人；20 世纪 70 年代末则增至 2 300 万人。

（三）公费医疗制度下的经费运行及管理①

首先，公费医疗据单位类型差异有着不同的经费来源：国家机关及全额预算管理单位以各级财政拨款为经费来源，而差额预算管理及自收自支预算管理的事业单位则需自行提取医疗基金。而自 1953 年起，中央直属机关在地方的单位的公费医疗经费由中央财政直接拨款改为由当地卫生机关上报人数，增列入地方卫生事业费预算内统一办理。

其次，经费的管理则由各级政府设立公费医疗管理委员会调节医疗服务供需单位间的协作和联系，并审核、监督经费的使用；而公费医疗享受人在指定医疗机构发生的合规就诊、住院费用则可在公费医疗经费中报销，其具体核定标准在 1961 年以前为机关工作人员每人 18 元/年，之后经多次调整逐步提高至 20 元、22 元、25 元、30 元，1979 年以后的具体标准则由各地自行确定。

三、公费医疗与劳保医疗制度的对比及调整

（一）公费医疗与劳保医疗制度的对比

从制度覆盖和管理经办来看：公费医疗和劳保医疗存在服务主体与经办主体之间的差异，且这种差异与其制度定位密切相关；基本满足了谁享受谁承担的资金负担原则，医疗保障提供与劳动归属挂钩。

而从医疗保障来看，除劳保医疗的职工家属可享受半费医疗外，二者其他项目与待遇水平几乎一致：除挂号费、营养滋补药品及整容、矫形等项目外，其余医疗费用均由政府或企业负担，且基本满足了职工的基本医疗需求。如表 5. 1 所示：

① 郑功成，等. 中国社会保障制度变迁与评估［M］. 北京：中国人民大学出版社，2002：120-121.

表 5.1 计划经济时代的公费医疗和劳保医疗对比

制度类型	享受范围及对象	经费来源	经费水平	经费管理及使用	免费项目	自费项目
公费医疗	国家机关、事业单位工作者；二等乙级以上革命伤残军人；高校在校学生；离退休人员	预算拨款+自提医疗基金	从 1952 年的每年 18 元/人逐年提高	各级政府建立公费医疗管理委员会，专款专用、统一使用	诊疗、医药、检查、住院、手术、接生、计划生育手术、工伤时的住院膳食及外地就医路费、特殊贡献者住院膳食费、假肢费	挂号费等
劳保医疗	企业职工及其直系亲属；离退休人员	企业职工福利基金	从企业职工福利基金中按比例提取，一般为5.5%	单位自行管理，专款专用、统一使用	同上	挂号费；家属半费医疗、住院费、就医交通费

资料来源：《中华人民共和国劳动保险条例》及《关于全国人民政府、党派、团体及所属事业单位的国家工作人员实行公费医疗预防措施》。

（二）公费医疗与劳保医疗制度的调整

虽然劳保医疗和公费医疗在颁布施行的十多年间发挥了积极作用，但前期制度的快速拓展与制度负担能力之间的矛盾也日益突出，浪费现象愈发严重。1960 年，国家规定公费医疗标准为每年每人 18 元，实际上却为 24.6 元；1964 年的规定标准为每年每人 26 元，实际却为 34.4 元。

1957 年，周恩来同志代表中央在党的八届三中全会上作了《关于劳动工资和劳保福利问题的报告》，指出“某些方面走得快了，某些项目办得多了，某些规定不切合实际和不够合理”，提出要按“简化项目、加强管理、克服浪费”的方针整顿劳保福利工作和制度①。然而，这一方针及其指示精神却因各种原因及“左”倾思想影响未能及时落实。直至 1965 年，以中央批示卫生部党委报告要求“公费医疗制度应做适当改革，劳保医疗制度的执行也应适当整顿”为契机，有关部门才开始着手两项制度的改进工作。

① 古钺. 劳动保险制度的兴衰——新中国社会保险史话之二［J］. 中国社会保障，2019（2）：11.

1965 年 10 月，卫生、财政两部联合颁布《关于改进公费医疗管理问题的通知》，提出对国家机关工作人员的医疗制度进行相应调整以降低医疗浪费：增设个人自付的挂号费、出诊费；营养滋补药品改由本人自理（医院领导批准使用除外）。同时，1966 年 4 月，劳动部和中华全国总工会也联合发布《关于改进企业职工劳保医疗制度几个问题的通知》以改进企业职工劳保医疗制度[①]：

（1）职工因病和非因工负伤就医发生的医院挂号费和出诊费由职工自负；在本单位医务室和保健室就诊时，一般可不收挂号费；

（2）企业负担职工因病和非因工负伤就医发生的贵重药费，但营养滋补品除外；

（3）企业和本人按 2∶1 的比例分摊职工因工负伤或患职业病住院期间的膳食费；

（4）职工供养直系亲属就医发生的普通药费和手术费实行半自费，但挂号费、检查费、化验费等由个人自负；

（5）企业负担职工实行计划生育手术发生的挂号费、检验费、药费、手术费和住院费（含取暖费），但住院期间膳食费则由职工自负；职工供养的直系亲属实行计划生育手术时，免收上述各项医疗费用，其负担者由各省（自治区、直辖市）人民委员会决定。

虽然政策上将一些项目改为由个人承担，但随后的实际工作中却未收到预期改进成效。此外，卫生部和北京市党委也曾在党内提出讨论改革两项制度的动议，有关部门也曾多次草拟《劳动保险条例》改革方案，但这些改革意向却都因问题复杂及“文化大革命”的爆发而被束之高阁。

① 中国劳动和社会保障部组织．新中国劳动和社会保障事业［M］．北京：中国劳动社会保障出版社，2007：743.

四、“文化大革命”期间的职工医疗保障制度变迁

（一）“文化大革命”前期：冲击医疗制度管理体系

在“文化大革命”初期，未见其对职工医疗保障制度造成任何明显的冲击，但随着“文化大革命”的推进，其影响日趋明显并造成了难以预料的深刻变化。

随着各级工会遭到破坏，业务组织离散，职工医疗保障管理日趋瘫痪，劳动保险管理不得不转由企业承担。而1969年的劳动部人员下放及1970年的留守人员并入国家计委劳动局，则从宏观层面架空了职工医疗保障的组织管理。

此后，尽管各地劳动部门根据有关通知精神逐步建立起医疗保险业务的管理机构，但在地方上仍存在许多有章不循、有章难循的情况：其间，劳保条例被批判为“典型的修正主义条例”，有的地方甚至仗着无政府主义泛滥任意修改政策；而基层管理混乱又造成许多原始资料和记录的丢失、损毁及篡改；加之生产秩序遭到严重破坏，一些企业因资金困难而无力缴纳劳动保险费，社保基金运行陷入停顿①。

（二）“文化大革命”中期：劳保医疗转向“雇主医疗保障”

在劳动保险金统一征集管理调剂使用制度失效的背景下，1969年2月，财政部要求国营企业停止提取劳动保险金，所有劳保开支均改为企业营业外列支；1969年11月，财政部又将中央国营企业的奖励基金、职工医疗卫生补助费及福利费捆绑计入成本，按工资总额的11%计提后由企业自行管理。此后，得以留存的卫生部和财政部几乎整整四年未就医疗保障再专门下发一份指导文件②。

至此，劳保医疗制度转变为纯粹的“雇主医疗保障”。尽管职工医疗保障

---

① 古钺．劳动保险制度的兴衰——新中国社会保险史话之二［J］．中国社会保障，2019（2）：11.

② 本刊编辑部．医改备忘录之一——职工医疗保障制度变迁的轨迹（上）［J］．中国社会保险，1998（6）：11.

的宏观管理工作受挫失控，经费管理陷入困顿，但由于参与职工的坚决维护，地方上的有关机构仍在勉力维持，基本医疗待遇支付工作仍在继续，整个医疗保障制度得到了基本维持。

（三）“文化大革命”后期：恢复职工医疗保障制度初见端倪

“文化大革命”后期，恢复国民经济开始逐步成为民心所向，“文化大革命”之前拟订的公费医疗制度改革方案开始落实：1974 年 1 月，卫生部、财政部首先针对公费医疗管理的混乱无序明确了公费医疗的制度覆盖范围，为公费医疗调整奠定了基础；1974 年 7 月，两部门颁发《关于检发“享受公费医疗人员资费药品范围（试行）”的联合通知》，提出规定的自费药品除用于抢救危重病人和治疗工伤人员外，均按自费处理；1975 年，卫生部、外交部颁发《关于调整外国人医疗收费标准问题的通知》，规定外专局接待的外籍专家及家属的医疗费不再由公费医疗报销，改由聘请单位支付。

1975 年，国民经济逐步恢复，新宪法再次明确劳动者的患病受助权（以物质帮助为主）；民生问题日益突出，恢复劳动医疗保障制度刻不容缓。1975 年 9 月，国家劳动总局宣告成立，劳保医疗的行政领导工作开始有了依托；劳保医疗的行政组织管理工作慢慢走上正轨。

五、“文化大革命”结束后的制度恢复与调整

（一）“文化大革命”结束后的制度恢复

1977 年 10 月，卫生部、财政部和劳动部三部门共同发文明确了公费和劳保医疗制度中的自费药品范围。之后，有关基金费用等方面的政策陆续推出：首先明确了职工福利基金的计提渠道及比例，将职工福利基金计提标准改为扣除奖金后的工资总额；其次对集体企业的费用提取列支问题做了详细规定。与此同时，工会组织也在逐步恢复并着手重新参与劳动保险的管理工作。

针对职工医疗保障的制度停滞和管理悬空，财政部、卫生部两部门和劳动部、全国总工会两部门分别于 1978 年和 1980 年发文，对整顿、加强公费

及劳保医疗管理工作提出意见：督促相关管理尽快恢复，并恢复为工会与劳动部门共同管理劳动保险的格局。此后，各地将公费医疗经费从卫生事业费中单列了出来以便考核，而劳动保险业务中的行政与工会分工也陆续到位。到 1979 年 7 月国家又专门设置了保险福利局，职工医疗保障体系恢复在组织机构上得到进一步加强。

（二）“文化大革命”结束后的制度调整及特点[①]

“文化大革命”结束后，相关政策举措均着力于推动职工医疗保障制度的规范化和制度化建设；其间对实施范围对象、开支范围、经费渠道、提取比例、支付标准、支付程序、管理体制等诸多细节都做了相应调整。

1969 年，财政部提出对用于医疗卫生费和福利费开支的职工福利基金按工资总额的 11%予以计提，如果按 11%的标准提取的基金仍入不敷出，企业可通过税后留存利润予以弥补。1992 年年底，财政部进一步改革企业财务制度，将职工福利基金提取比例提升为 14%并计入企业成本，而企业职工福利基金主要用于企业医疗卫生开支和其他福利性支出，企业职工福利设施费不再从中开支并转从税后提取的公益金中列支。

其中变化较为突出的是制度覆盖范围进一步扩展，开支范围越发明确，药品限制逐步加强，支付标准日益提高，宏观管理体制则经反复后又回到原状，单位责任日渐加重。因此，从整体医疗待遇的变化情况来看，这一时期的主要特点是“做加法”。

经过前期的规范奠基和后期的整顿改进，我国传统职工医疗保障体系至此已基本定型，整个制度也已进入成熟期；制度整体呈现出保障全面、医疗免费、惠及亲属、板块结构化、划区定点医疗、身份职业有别等特点。

---

① 本刊编辑部. 医改备忘录之一——职工医疗保障制度变迁的轨迹（上）[J]. 中国社会保险，1998（6）：11.

第二节　公费医疗与劳保医疗制度存在的问题

20 世纪 50 年代初期建立的公费医疗和劳保医疗制度，虽然为促进社会进步发挥了积极作用，但是随着政策范围逐年拓展，因为制度建设与经济发展不协调导致的一系列问题日渐显现。

一、片面理解福利性是国家包揽，医疗费用过度增长

医疗保障的福利性是指医疗保障不以营利为目的，以劳动者享有的基本权利为定位，通过为广大劳动者提供医疗保障的方式体现政府与社会责任的基本属性。

福利性是医疗保障制度的基本属性，但在我国早期的医疗保障模式中，却将国家和社会提供给劳动者的医疗费用补偿片面理解为一切费用都应由国家和社会包揽，导致劳动者发生的医疗费用基本由单位和政府埋单。由于国家和单位过度包揽，职工负担几近于无，我国的医疗保障初期的公费医疗制度和劳保医疗制度带有明显的“免费”色彩。这种过多强调福利性而忽视了保障本身经济性的制度，违反了“效率优先、兼顾公平”的原则，医疗服务供需双方都不考虑医疗保障的经济性，进而造成医疗费用过度增长。

1978—1988 年，我国城镇职工医疗费用总额增长高达 123.9 亿元：1978 年城镇职工的医疗费用总额仅为 27 亿元，1988 年就上升至 151.2 亿元。而之后 1988—1998 年的 10 年间职工医疗费用增长更是高达 629.5 亿元：1993 年，全国公费、劳保医疗费用总额 459.8 亿元；1995 年则为 653.8 亿元；1998 年则增至 780.7 亿元，平均年增长近 63 亿元。如此巨额的医疗费用支出增长，如同沉重的包袱压得国家和企业步履蹒跚，不仅使公费、劳保医疗保障制度本身逐步陷入绝境，也直接影响了整个社会的正常发展。

二、制度管理松散，对医疗服务过程缺乏有效约束

随着经济的发展、医疗技术的进步、生活水平的提升和医疗保障制度的拓展，医疗费用也相应上涨；但是即使排除以上因素，我国医疗费用的增长速度也是惊人的，这其中不乏因对医疗服务供求双方约束不到位所致的过度浪费。

计划经济时代的公费及劳保医疗制度对医院和个人均未形成有效的约束：对医疗服务需求方而言，职工医疗费用几乎由政府和企业全额承担，个人医疗负担几近于无，因此个人层面的费用意识和节约观念极为淡薄，个人追求高质量医疗服务的小病大养、以药谋私等现象层出不穷，进而加速医疗费用增长；而对医疗服务供给方而言，医疗机构的经费补偿完全由国家负担，加上医药计划价格的统制作用，医疗管理与费用脱节使得医疗机构对医疗费用的高低漠不关心，一些医疗单位片面追求经济收入，开“大处方”“人情方”等现象突出。

各地药品浪费严重，经费超支明显：有的人不管病情需要，一味要求多开药、开好药；有的家族一人享受公费医疗，全家吃公费医疗的药。其次，公费医疗管理机构不健全，管理松散，随意扩大享受公费医疗范围和报销范围也进一步加大了医疗费用的浪费。

三、缺乏合理的资金筹措机制和稳定的经济来源

劳保医疗制度的费用全部由企业负担，在“医疗卫生费”或“职工福利基金”中列支。虽然我国自 1953 年起逐步提高了企业医疗费用的提取比例，但仍难承担医疗费用的实际开支。20 世纪 90 年代，职工福利基金的提取比例上升至工资总额的 14%，但仍捉襟见肘。而公费医疗因其经费来源于财政，而各地财政状况又存在较大差异，职工医疗保障水平高低不一，有的贫困地区甚至不能保障职工基本医疗。

可见，公费及劳保医疗制度的资金筹措机制及筹措结构均不合理：费用

全部由国家、单位包揽，职工不负担医疗费用；造成资金来源渠道单一，且易使职工形成靠国家和单位提供医疗保障的依赖思想。其次，由于职工未参与到医疗保障资金筹措中，便无法较好地认识其在医疗服务使用中的责任，资金浪费在所难免。

公费及劳保医疗制度的医疗费用来源的稳定性不足：由于医疗费用来源单一，全靠国家和企业承担；一旦企业效益下滑或地方财政收入变动，医疗费用的稳定性就会受到严重影响，进而影响职工医疗保障的稳定供给；而经济来源的不稳定造成的医疗供给波动具体包含两方面的内容，当企业效益波动、财政政策调整时可能造成职工享受的医疗待遇质量变化，而当企业无力支付医疗费用时，职工则会面临严重的医疗保障空缺。

四、统筹层次过低，制度抗风险能力不足

医疗保险制度作为一项保险制度，要符合保险制度最基本的原则即大数法则。在国外，大多数情况下是以一个地区或者一个行业作为医疗保障基金的统筹单位，且各基金通常会通过加入州或国家疾病基金会联盟等方式增强其抗御风险的能力。

从医疗费用筹集来看，我国劳保医疗制度的医疗费用主要源于企业，列属于单位层次的基金统筹，统筹层次较为低下；同一家企业内部职工的风险同质性较高，风险分摊能力不足，巨灾损失发生率较高。而公费医疗制度虽然大部分通过国家财政预算拨款进行资金筹集，但也仅在单位范围内调剂使用，并未形成较高层次的资金统筹。

可见，公费和劳保医疗制度均是以单位保障为主，社会化统筹层次较低，并未实现新老企业、大小企业、不同行业之间资金统筹及风险分摊。由于职工医疗费用缺乏统筹互济，职工医疗待遇苦乐不均现象突出。许多经济不发达地区和效益差的单位职工甚至得不到相应的医疗保障，引发大量的社会矛盾。与此同时，由于公费和劳保医疗制度统筹层次过低，仅实现了同质医疗风险的汇聚却无法实现医疗风险的横向分摊，导致部分单位的医疗风险高度

集中，单位负担日益加大；制度内整体医疗费用分布极端化，制度抗风险能力不足。

五、医保覆盖范围过窄，与改革开放后的社会经济发展不协调

从计划经济时代的医疗保障制度的覆盖面来看：公费及劳保医疗制度仅覆盖了部分劳动者，涉及国家机关、事业单位和全民企业的职工（大集体企业参照执行）；在建制初期政策覆盖仅700万人；至20世纪70年代末，我国的公费及劳保医疗制度覆盖了全国75%以上城镇职工，全国享受劳保医疗人数达1.14亿人，享受公费医疗的人数达230万人；到20世纪90年代，政策覆盖达1.5亿人。可见，公费及劳保医疗制度的覆盖范围也是建立在公有制计划经济的基础之上，非公有制经济主体并不在其覆盖范围之内。

随着改革开放进程的不断推进，我国经济体制逐步从公有制计划经济过渡为以公有制为主、多种所有制并行的混合所有制市场经济。因此，一方面，建立在计划经济背景下为公有制经济提供医疗保障的劳保医疗制度与我国改革开放后蓬勃发展的社会经济环境很不协调。改革开放后，外商投资、股份制、私营等多种所有制企业快速发展，其职工和个体工商户均未列入劳保医疗制度的保障范围，但这些企业也是市场经济中的重要组成部分，其企业职工也同样面临医疗花费的问题。

另一方面，处于医疗保障体系之内的单位职工由于可以轻而易举地享受免费医疗，便产生了“免费医疗大家拿，不拿白不拿”的畸形消费心态。“一人公费，全家免费”“小病大医”等不正之风和浪费现象泛滥。而随着医疗体系市场化改革的推进，医疗费用上涨与医疗浪费行为进一步加重，医疗保障制度政策负担越发沉重；医疗保障事业与改革开放后高速发展的中国社会经济极不协调，政策调整的呼声日渐高涨。

第六章 改革开放初期（1979—1997 年）的城镇职工医疗保险制度改革探索

“文化大革命”结束后，经济建设逐步成为党和政府工作的中心。着眼于未来，改革开放成为社会经济发展的主旋律。在改革开放的大背景下，我国经济体制发生根本性调整，由早期单一的公有制经济逐步转变为以公有制为主、多种所有制并存的社会主义市场经济。在计划经济与市场经济新旧更迭的过程中，中国社会保障的制度基础日渐演变，早期的公费医疗、劳保医疗制度逐步失去其存在的经济基础。同时，随着医疗机构面向社会的市场化改革和调整，公费医疗、劳保医疗体制下的医疗费用过度增长问题日益突出，地方财政与企业负担愈发沉重，而医保制度改革的动力也最初始于财政的压力。随着制度体系中各利益主体财政压力的逐步增加，各单位逐步萌生制度调整的内在驱动，开始自主进行相关利益调整。而后地方政府与中央也开始逐步加入其中，合力推动医疗保障制度改革。至此，原有的公费医疗、劳保医疗制度开始分化变形，新的制度因素开始萌动积聚。

第一节　20世纪80年代初期：单位自发改革探索

一、单位自发改革探索的背景

（一）劳保、公费医疗制度下的医疗费用攀升

20世纪70年代末到80年代，我国医疗费用增长较快：一方面源于享受公费医疗和劳保医疗的职工人数逐年增加，由1978年的8 400万人增加到1.22亿人，加上享受半费医疗的企业供养直系亲属人数，共1.5亿人以上；另一方面就是职工个人不负担医疗费用，缺少医疗费用约束机制。

（二）改革开放带来的经济背景及就业结构调整

20世纪80年代以后，我国开始实施经济体制改革，逐步从计划经济转向社会主义市场经济；政企合一的关系开始松动，企业逐步转化为相对独立的经济实体；企业福利支出的实质负担加大，加重了企业自身的利益危机感；原有社会保障体制下的收入分配与再分配合并使用、社会和单位福利混同安排的模式难以继续运行；传统的劳保制度逐渐失去其存在的经济基础。

同时，随着集体经济、私营经济、合资经济的发展，劳动用工制度改革和企业破产法的实施，城镇企业所有制由单一的“国营”转向乡镇企业、“三资”企业、私有企业等多种形式，就业方式、用工形式也日趋多元化，逐步形成了公有制企业为主、多种非公有制企业协同发展的多元所有制就业结构，这对以往存在的就业、福利、保障三位一体的传统格局构成了严峻挑战。

（三）医疗机构的市场化调整①

此外，基于福利原则设立的医疗机构，在国家的投入再也无法满足其发展速度时，其实际运行与财务支撑间出现了明显的矛盾和困难。

① 杨健敏．医改备忘录之一——职工医疗保障制度变迁的轨迹（中）［J］．中国社会保险，1998（7）：10．

1981 年 2 月，国务院批转卫生部的文件允许医疗机构试验按成本收费，并特许其实行公费与自费医疗的双轨制。此后，1985 年 4 月，国务院批转卫生部的文件同意鼓励开展社会办医。至此，在市场经济运作的背景下，医疗机构顺势呈现出市场化、商品化取向，在为医疗机构带来一定活力的同时，也呈现出一系列不规范的医疗行为，进而造成职工医疗费用大幅上涨。

当医疗机构面临的财务危机逐步转化为职工医疗费用的急剧上涨，传统职工医疗保障制度的稳健运行便面临着致命威胁。此时，"单位保障的免费医疗"体制的缺陷暴露无遗，医疗保障制度改革势在必行。

二、单位自发探索改革的演进

（一）单位自发控费的"定额包干"探索

从 20 世纪 80 年代初期开始，部分企业和单位便开始通过引入与职工利益关联的方式开展自发控制医疗费用的实践探索。部分单位将预期的医疗费用定额发给职工个人，节约归己，超支自理。另一些单位则将医疗费用与职工利益相挂钩，采取差异化比例报销机制，把医药经费拨付给企业医院承包使用。

此类改革探索都是着力于控制职工个人的医疗行为，以期建立面向医疗服务需求方的费用约束机制。虽然其在费用控制方面取得了一定的成效，但这种定额包干方式给老年职工和多病、长病职工的诊治和生活都带来了较大的困难和后顾之忧，因职工反映强烈而多次受到相关部门的制止。

1982 年 3 月，全国总工会、国家劳动总局、财政部共同颁布《关于制止把医药费全部发给职工个人包干使用的通知》，要求对将门诊医药费资金平均发给职工个人包干使用，甚至医药费用全部由职工个人负担的做法进行纠正；此后，"定额包干"逐步让位于"比例负担"。

（二）"比例负担"的医疗费用控制改革

1984 年，财政部、卫生部共同提出要加强医疗费用管理，并在各地推进实施医疗费用与个人适当挂钩的控费改革。

具体而言，各单位每月定额发给职工用于自负医疗费用的医疗补助，且职工就医需承担一定的自负比例，其中个人门诊费用负担比例为10%~20%，住院费用自负率更低。职工个人全年自负医疗费低于补贴额的部分归个人所有，超支的部分则需个人负担一部分，并设置年内个人自付最高封顶限额，超出封顶限额部分则全部或按比例予以报销。

据有关部门统计，到1995年，实现公费和劳保医疗费用与个人挂钩的职工已占到了享受医保人群的90%以上。“比例负担”的控费改革对改变计划经济体制下的免费医疗制度产生了一定的积极作用，且多年的改革实践也使职工形成了个人负担医疗费的心理基础。

第二节　20世纪80年代中后期：地方政府组织的改革探索

长期以来，我国职工医疗保障制度实行各单位（企业或机关事业单位）按规定提供保障和管理的方式，即所谓的“企业保障”或“单位保险”的运行管理方式。但就职工人数较少的中小企业而言，企业收入有限，按比例提取的医疗经费仅够支付一般疾病开支；一旦出现危重病患者或特殊情况企业便无力承担由此产生的巨额医疗费用；不仅无法保障职工的基本医疗需求，还可能危害企业自身的生存和发展。

1985年以后，部分地方政府开始直接介入医疗制度改革，在强化费用控制的基础上，通过构建社会统筹机制提升制度运行效率：石家庄、北京、四川等地区先后开展了职工大病和退休人员医疗费用的社会统筹制度试点，为我国后续统一的社会医疗保险制度的建立奠定了一定的基础。所以，有必要对20世纪80年代中后期各地方政府的医疗保障改革探索进行总结评析。

一、医疗费用社会统筹的先期探索

（一）退休人员医疗费用社会统筹

自 1985 年 11 月起，河北省石家庄先后在 6 县（市）推行退休人员医疗费用社会统筹制度试点，1988 年年底则实现了石家庄 13 个县（市）的全面覆盖。

继河北省石家庄地区的试点实践之后，一些地区在开展退休费用（即养老保障）社会统筹的同时引入退休人员医疗费用社会统筹机制；确保离退休人员老有所养病有所医的同时减轻企业的经济负担，受到各方的推崇与积极响应。

（二）大病医疗费用社会统筹

1987 年，北京市的商业企业正在进行以租赁为主要形式的经济体制改革，而租赁制的小型商业企业的医疗费用严重不足，医疗负担畸轻畸重，且大病就医难问题尤为突出。为缓解这一矛盾，发扬互助互济精神，北京市东城区蔬菜公司于 1987 年 5 月建立“大病医疗统筹”制度，受到了所属各基层单位的普遍欢迎，且收效显著：截至 1989 年年底，大病医疗统筹制度在 3 年内共收缴大病统筹基金 250 647 元，共发生大病 201 例，拨付基金 216 598 元，基金结余 31 848 元。

1989 年，四川省社会保险事业管理局制定了《关于全民所有制小型工业企业和商业企业实行大病统筹的试行办法》。此后，四川省彭山和宜宾地区的商业系统及长宁、大邑地区的全民所有制企业均实现了在职职工和离退休人员的大病医疗费用社会统筹。

二、大病医疗费用社会统筹制度的确立

在总结各地实行大病医疗费用社会统筹经验的基础上，劳动部于 1992 年 9 月 7 日颁布《关于试行职工大病医疗费用社会统筹的意见的通知》。

该通知的内容是：

（1）为保障职工的大病医疗支出，基于“以支定筹，略有结余”的原则

建立统筹基金制度，实行县（市）级统筹并调剂使用；

（2）统筹基金制度的覆盖范围为国营企业、县级以上城镇集体企业的在职职工和离退休人员；

（3）统筹基金来源据职工在职与否而有所不同，在职职工以税前福利基金和税后留利的福利基金为基金来源，离退休人员则为企业营业外支出和个人缴费。

此后，各地相继开展了不同范围的大病医疗费用社会统筹，如北京市、成都市和山东、辽宁、河北、河南、湖北、湖南、江西等省的部分地区。

三、大病医疗费用社会统筹的典型实践及评估

（一）成都市大病医疗费用社会统筹实践

成都市于1993年开始在全市企业职工中开展大病医疗费用社会统筹，经过数年实践，其统筹机制逐步完善。

其特点主要是：

（1）公平与效率相结合，年龄越大，大病统筹基金拨付得越多；

（2）建立利益制约机制，促进了医院的内部管理和医院之间的竞争；

（3）医疗费用三方分担，并实行“差别级数”，增强三方共同管理基金的意识。市社会保险事业管理局定期公布定点医院的收费情况和企业、职工的反映，对收费不合理、医疗服务质量差、企业与职工意见大的定点医院取消定点资格。

（二）北京市大病医疗费用社会统筹实践

北京市于1995年开始在全市推行大病医疗费用社会统筹。其特点主要是：

（1）大病统筹基金的筹集比例起点较高，企业和职工（含退休人员）分别按上年度全市职工月平均工资的6%和1%按月缴纳大病医疗统筹费；

（2）大病统筹基金实行全市范围的统筹，属地管理；各区县负责基金的筹集、支付和管理，并按月将所筹集的大病统筹基金的10%上缴至市社会保

险基金管理中心，作为全市的大病统筹调剂基金。

（三）大病医疗费用社会统筹的实践成效

由于大病统筹风险小，易于操作，被越来越多的地方所采用；1993—1996年，大病统筹覆盖人数逐年增加，基金收入同步上涨，且统筹基金连年结余。到1994年年末，全国有20个地区的3.2万户企业的375万职工参加了大病统筹；1996年上升为790多万人，其间基金运行顺畅，大病医疗费用统筹整体取得了较好效果。具体如表6.1所示：

表6.1　全国职工大病统筹运行情况

年份	参加人数（万人）	基金收入（万元）	基金支出（万元）	期末结余（万元）	医疗费用支出（万元）	人均医疗费用（元）
1993	267.91	10 569	9 477	2 458	9 049	33.81
1994	374.59	25 799	21 627	6 443	20 816	55.57
1995	702.61	83 924	61 241	29 041	58 162	82.78
1996	791.18	177 029	147 317	64 336	137 374	173.56

资料来源：《中国社会保险年鉴》（1997）。

首先，大病统筹在一定范围内均衡了企业医疗费用负担，在相当大程度上缓解了医疗费用紧张的矛盾，特别是中小企业大病医疗费用不堪重负的矛盾得到了较好解决；其次，大病统筹以社会互济方式基本解决了危、重、大病住院费用的来源问题，使医疗保险制度向社会化方向迈出了可喜的一步，成为我国医疗保险制度改革的一个重要起步形式。

（四）大病医疗费用社会统筹实践存在的不足

在大病医疗费用的改革探索中，存在的主要不足在于社会统筹范围较小，一般仅限于企业，机关、事业单位和企业职工供养直系亲属的半费医疗均未纳入大病医疗费用社会统筹中。

也就是说，大病医疗费用统筹是仅限于劳保医疗制度的改革，而公费医疗制度仍处于加强管理、维系运行的制度修补状态。此外，大病统筹探索并未突破旧有医疗保障体制框架，未构成对医疗保险机制和体制上的根本性改革。

第三节　20世纪80年代后期至90年代中期：中央政府主导下的改革试点

1988年3月25日，第七届全国人民代表大会发布的政府工作报告中明确提出要加快社保制度改革，建立健全各类社会保险制度的同时逐步建成具有中国特色的社会保障体系。具体到医疗保险方面，则在卫生部之下成立了医疗制度改革研讨小组引导全国医疗制度改革。1988年7月28日，研讨小组提出《职工医疗保险制度改革设想（草案）》：建议医疗费用由国家、单位、个人三方合理负担，职工看病需自负少量的医药费；而公费、劳保医疗制度需同步改革，进而逐步建立起具有中国特色的社会医疗保险制度；并基于试点方案和过渡方案采取“点面结合”的方式推进改革。

1989年以后，中央政府开始出面领导推动职工医疗保障制度改革。在增强医院管理改革的同时，准备通过直接组织医改试点，探索建立社会医疗保险制度的道路和方法。

一、公费医疗与劳保医疗的一体化改革试点

（一）一体化改革试点的背景

在国有企业改革中，经营承包制使企业真正成为自主经营、自负盈亏、自我发展、自我约束的法人实体和市场竞争主体，显著突出了企业自身利益。在这种改革大环境的影响下，医疗机构也更加注重追求自身利益，加之政府对卫生投入不足，医疗机构过度医疗和乱收费等不良现象频发，职工看病越来越贵。

各地医疗保险制度的改革探索发展使人们越发清晰地认识到，要控制医疗费用过快增长，只单纯着眼于约束职工个人的医疗消费行为是远远不够的，同时需对医疗服务供给方予以有效的约束。

（二）一体化改革试点的内容

1989年3月4日，国务院批转国家体改委发布的《1989年经济体制改革要点》，正式开展公费、劳保医疗的一体化改革试点：在丹东、四平、黄石、株洲进行医保制度改革试点，在深圳、海南则推行社保制度综合改革试点。

四个单项试点城市除继续推进对医疗需求方约束机制的改革外，还加强了对医院医疗费用控制的改革，探索建立对医疗服务供给方的约束机制。采取的主要改革措施有：

1. 改革医疗费用支付方式

从原有的后付报销制转变为先付包干制：将医疗经费按应享受人数和定额标准统包给相关医院，产生结余则供医院留存使用，形成超支则由医院和财政共同分担，进而激励医院主动控制医疗费用，实现医疗费用的供方控制约束。

2. 制定基本药品目录和公费医疗用药报销目录

通过基本药品目录和公费医疗用药报销目录的确定，进一步规范限定用药范围，控制药费支出。

3. 引入医疗机构责任承担

加强公费医疗和劳保医疗的管理，使提供医疗经费的政府、为职工看病出资的用人单位、提供医疗服务的医院三方都要分担医疗的经济责任；如推行定点合同医院制度、扩大患者选择权、明确医患双方责任。

（三）一体化改革试点的成效评析

由于经济条件、管理体制等诸多因素的影响，四个医疗保险单项改革试点城市并未创造出预期值得推广的实践经验。1992年5月，体改、卫生、劳动、财政四部委在四平召开全国医疗保险制度改革研讨会，以期在四个试点城市进一步落实劳保、公费医疗一体化改革，但因在地方上推进劳保、公费医疗一体化改革难度过大，四市的一体化改革试点项目最终“流产”。

与此同时，进行社会保险综合改革试点的深圳和海南则在积极推进改革措施中取得了一定成效：在改革组织上，两地均于1989成立了改革领导小组，并于1992年前后成立了社会保险（保障）局与医疗保险局（仅深圳）；而在规章制度方面，两地政府都自行制定并颁布了有关医疗保险的行政规章。

尽管此时的规章不久便被更为成熟的法规所代替，而深圳早期的两局管理也归并为一局统筹，但其在劳保、公费医疗一体化改革中的思路仍为这一阶段的先导性试验成果。

二、公费、劳保医疗独立改革推进

（一）公费医疗制度调整

1989 年 8 月，卫生部、财政部共同颁布《公费医疗管理办法》，进一步明确公费开支和职工自费的具体范围，并进一步细化公费医疗待遇的享受范围。不同于以往的法规文件，《公费医疗管理办法》已降级为部门规章，可见原有的公费医疗制度运行已举步维艰，亟须一个更能适应新的形势背景的行政规章来维持运转。同时，也表明推进公费医疗制度根本性变革的时机尚未成熟。

1992 年 5 月 21 日，卫生部成立公费医疗制度改革领导小组并设立全国公费医疗管理与改革办公室，引导全国公费医疗制度改革。公费医疗制度改革的宏观管理框架初步成形。同时，卫生部下发《关于加强公费医疗制度改革试点工作的通知》，以期通过分阶段试点的形式推动公费医疗制度改革。

（二）劳保医疗制度改革进程

1992 年 5 月 4 日，国务院颁布《关于进一步做好职工医疗制度改革工作的通知》，成立由八个部门组成的医疗制度改革小组来推进和指导全国医改工作。其中，体改委负责总体层面的统筹协调，卫生、劳动两部门则分别负责研究并提出公费和劳保医疗制度改革的具体方案。

1993 年 10 月 8 日，劳动部印发《关于职工医疗保险制度改革试点的意见》：在试行大病统筹意见的基础上修正了统筹基金的界定标准，将单一的大病统筹基金调整为由个人专户金、单位调剂金和大病统筹金三部分共同构成的医疗保险基金①。

① 杨健敏. 医改备忘录之一——职工医疗保障制度变迁的轨迹（中）[J]. 中国社会保险，1998（7）：11.

三、新型职工医疗保险制度的方向确立

（一）新医疗保险制度方向的确立背景

多年的医保体系增量改革为新医疗保险制度的诞生积聚了充分的能量和民意支持，同时也为中国特色社会保障制度构建积累了大量的制度创新经验。但由于当时经济体制改革目标不甚明朗，医疗保障制度框架的重构也仍缺乏明确的制度方向。

1993 年 11 月 14 日，在中共十四届三中全会上通过了《中共中央关于建立社会主义市场经济体制若干问题的决定》，以此为契机，职工医疗保障制度变迁也开始进入全面改革的新阶段。在社会主义市场经济体制改革目标确定的背景下，社会保障体系作为社会主义市场经济体制的重要支柱也掀起了体制改革的浪潮，其中的医疗保险也成了国企配套改革的重要抓手。

（二）新型职工医疗保险的制度方向

1993 年，《中共中央关于建立社会主义市场经济体制若干问题的决定》中明确提出在国企配套改革中要建立“单位和个人共同负担、社会统筹和个人账户相结合”的新型城镇职工医疗保险制度。

具体而言，新型城镇职工医疗保险分为统筹基金和个人账户两部分：其中统筹基金由劳动保障部门统一管理，主要用于实现参保职工大额医疗费用的互助共济；而个人账户是归属于个人的专属医疗资金，主要用于支付个人的零星医疗支出并形成一定的积累来应对职工的老年医疗风险，且个人账户资金可结转也可继承。个人账户的设计将医疗费用与个人利益直接“挂钩”，有助于强化个人的健康责任意识，进而实现源头上的医疗费用控制。

自此，医保制度改革进入了由中央直接推进、以建立社会医疗保险制度为主的重构职工医保体制的新阶段。

四、职工医疗保险制度的“两江”试点

《中共中央关于建立社会主义市场经济体制若干问题的决定》发布后，国

家各部委（体改委、财政部、劳动部、卫生部等）便开始着手制定推进职工医疗保险制度试点的指导意见，并计划在大病统筹基础较好的江苏镇江、江西九江两市先期开展统账结合的职工医保改革试点。

（一）职工医疗保险制度改革试点的内容

遵照中共中央的决定，在总结各地经验和借鉴国外有益经验的基础上，1994 年 4 月 14 日，国家体改委、财政部、劳动部和卫生部共同颁布《关于职工医疗保险制度改革的试点意见》，其主要内容为：

1. 职工医疗保险费用筹集

职工医疗保险费由用人单位和职工共同缴纳，并基于属地管理原则执行当地统一的缴费标准。

2. 建立对职工个人的医疗费用制约机制，减少浪费

从医疗费用支付来看，医疗费用首先从个人账户支付，个人账户不足时由职工自付；而职工自付医疗费超过其年工资收入 5%的部分则由社会统筹医疗基金比例支付：个人负担比例随医疗费用升高而降低；职工年工资收入的 5%至 5 000 元的部分，个人需负担 10%～20%；而 5 000～10 000 元的部分，个人负担率则为 8%～10%；超过 10 000 元的部分的个人负担则仅为 2%。

3. 加强对医疗单位的有效制约，改善医疗服务

职工可在定点医院中选择就医，进而通过医疗单位间的合理竞争改善医疗服务质量并降低医疗费用。此外，在调整医疗服务价格的基础上逐步实现医疗服务和销售药品分开核算，并允许病人持处方到院外购药。同时制定医疗诊治技术规范、合理分档的医疗收费标准、医疗保险基本药品报销目录及检查、治疗费用控制标准并定期修订，而超出以上规定的医疗服务和用药则不纳入职工医疗保险体系。

4. 加强管理，强化监督

医疗保险基金须坚持以收定支、收支平衡、“管办分离”的管理原则，并建立由政府财政、审计等部门和工会、职代会代表组成的医疗保险监督组织，定期听取医疗保险管理机构关于资金收支、运营、管理、服务等工作的汇报并向社会公布。

（二）“两江”试点进程及效果

经国务院批准，首先在江苏省镇江市和江西省九江市依据四部门颁布的《关于职工医疗保险制度改革的试点意见》开展城镇职工基本医疗保险制度改革的试点工作。经过半年多时间的准备，镇江、九江两市分别提出了实施方案，经国务院批准后，从 1994 年 12 月开始实施。

“两江”方案以城镇劳动者为覆盖范围，医保费用由用人单位和职工共同缴纳，其中单位按上年度实发工资与离退休金总额的 10%缴纳，个人则按本人工资总额的 1%缴纳；企业缴费的 50%与个人缴费共同构成个人账户，个人账户专款专用、本息归个人所有，结余额则可结转使用和继承；单位缴纳的另外 50%则记入统筹基金，由社保机构统一调剂使用；职工发生的就医费用由个人账户先付，不足时再由职工自付，超过职工年工资收入 5%以上的自付费用则由统筹基金按分段累加的原则比例支付。

1995 年 6 月和 1996 年 1 月，有关部委先后总结了“两江”试点的推进情况，认为“两江”试点取得了较好成效并基本实现了职工医改的预期目标：统账结合的职工医保制度得以初步建立，职工基本医疗需求得到了更好的保障，并有效遏制了医疗费用过速增长的势头，顺利推进了医院内部治理改革。

五、职工医疗保险制度的扩大试点

鉴于我国各地经济、社会发展很不平衡，医疗保障制度改革是一项错综复杂的工作，为进一步在试点实践中获取经验，完善职工医疗保险制度改革方案，进而为后期的全国推广奠定更为坚实的基础，我国又于 1997 年开始在全国 38 个城市扩大试点。

（一）职工医疗保险制度扩大试点的指导意见①

四部委（体改委、财政部、劳动部、卫生部）于 1996 年 4 月共同制定的

① 国务院办公厅转发国家体改委财政部劳动部卫生部关于职工医疗保障制度改革扩大试点的意见[J]. 中国工会财会，1997（6）：24-26.

《关于职工医疗保险制度改革扩大试点的意见》与1994年4月14日制定的《关于职工医疗保险制度改革的试点意见》大致相同，只是更为丰富并有所发展，具体体现在：

1. 调整付费比例，规定最高支付限额

医疗费用支付办法中，超过1万元的医疗费用个人负担比例由2%变为2%~5%，并提出要确定医疗费用由社会统筹医疗基金支付的最高限额，即"封顶线"。

2. 明确政策适用范围及拓展方向

（1）对离休人员和老红军进行单独管理：若纳入职工医保制度改革则个人不缴费也不设个人账户，由社会统筹基金支付其医疗费用；但也可不纳入改革范围，医疗费用由原资金渠道解决。

（2）二等乙级以上革命伤残军人纳入职工医保改革范围，个人不缴费也不设立个人账户，由社会统筹医疗基金支付其医疗费用。

（3）职工退休后个人不再缴费，由社会统筹医疗基金比例支付无个人账户和个人账户余额为零的退休人员医疗费用，且个人自负比例为在职职工的一半。

（4）职工供养的直系亲属暂不纳入职工医保制度改革范围。

（5）职工所在单位可从福利费中适当补助因医疗费开支过多而影响基本生活的低收入家庭和生活困难职工。

（6）私营企业职工和境外投资企业的中方职工应参加当地医疗保险，并在原则上据当地统一的政策标准执行。

（7）为满足职工基本医疗保障之外的医疗需求，可发展职工医疗互助保险和商业性医疗保险作为补充。

（二）职工医疗保险制度的扩大试点情况及模式确立

1996年4月，国务院办公厅召开全国职工医疗保障制度改革扩大试点工作会议，各地按照会议要求陆续申报了58个准备参加扩大试点的城市。截至1996年5月底，48个城市向医改办备案了拟试点方案，但其中仅32个城市出台了相关方案且并未全面实施。

而海南省、深圳市和青岛市一些地区则基于扩大试点的改革目标和基本原则并借鉴“两江试点”经验，探索出不同于“两江模式”的“统账结合”社会医疗保障制度。

以上各个地方的试点标志着我国医疗保险制度改革确立并实施了“统账结合”模式。“统账结合”模式是依据我国国情、借鉴国际经验的中国特色制度创新，标志着我国职工医疗保险实现了根本性变革。

第四节　对初期改革探索的总结与政策评估

一、改革开放初期医保试点改革的成效

经过多年的试点改革，我国的医疗保障已经初步建立起资金来源多渠道、权利与义务相统一、社会互助共济与自我保障相结合的新型社会医疗保障制度，并在改革中取得了一定成效。

（一）医疗费用过快增长势头得以遏制

公费医疗和劳保医疗费用超常增长，是多年来未能控制的顽疾。在实行个人自付部分医疗费用改革基础上，试点“统账结合”的医疗保险制度改革。通过对医疗服务供需双方的约束，增强了医疗服务过程中的控费激励。同时设立职工基本医疗服务和基本用药目录并明确其报销范围，使职工的医疗费用报销有据可依，进而从源头上遏制了医疗费用过速增长。

具体来看，在医疗机构建立了以定额结算为核心的制约机制，规范了医疗行为，减少了不必要的用药和检查。参保职工则通过个人医疗账户和按比例个人负担的方式，制约参保职工医疗行为，增强职工费用意识，使之自觉控制医疗费用。从而减少医疗浪费，降低制度医疗费用支出。

就镇江市而言，仅1995年的职工医疗费用支出总额就比1994年减少3 027.57万元，职工人均医疗费下降了18%，药品消耗量也比1994年下降了4.81%[①]。

（二）保障了职工的基本医疗需求，支持了经济改革和企业改制

医疗保险制度改革从两个方面保障了职工的基本医疗需求：一是加强了医院增强医疗服务动力，二是扩大了制度覆盖范围。

具体来看，首先，医保制度改革加强了医院在保障基本医疗上的努力：医疗保障制度改革要求医院加强基本医疗服务，增强了各医院的经营服务意识、质量意识；各医院努力为病人提供优质医疗服务，使职工基本医疗需求得到有效保障。

其次，医保制度改革在扩大覆盖面以及实现社会统筹方面也起到了一定作用：过去因经济困难而不能就诊和不能住院治疗的职工比例有所下降，医改后职工就诊率明显上升。如镇江市，医改前因经济困难而不能看病的人员比例，工人占13.7%，教师占15.9%；医改后分别下降至3.9%和1.6%。医疗制度改革对扩大职工基本医疗覆盖范围起到了积极作用。

二、改革开放初期，医保试点改革面临的困境

我国城镇职工医疗保障制度经过一系列的改革，虽然初步建构起具有中国特色的“统账结合”的医疗保险制度，并取得了一定成效，但与此同时，改革开放初期的多次改革试点也存在一定不足，也暴露出了试点制度存在的一些矛盾和问题。

（一）筹资比例过高，单位负担较重

由于我国社会医疗保障制度是建立在国家统包的福利型公费、劳保医疗制度基础上，非基本医疗费用难以从职工实际医疗消费中合理剔除，而一些

① 郭士征. 中国社会保险的改革与探索［M］. 上海：上海财经大学出版社，1998：107.

城市的费率确定往往源于当地职工的实际医疗消费，并未充分考虑当地财政和企业的实际负担能力，从而导致筹资比例较高，加重了企业财务负担。

从已经启动改革方案的 40 个试点城市来看，用人单位费率在 10%以上的城市有 26 个，占 65%；低于 10%的有 14 个，占 35%①。各地财政和企业普遍反映按确定的缴费率筹资存在一定困难：财政和经济效益好的企业也表示医疗保险缴费加重了单位财务负担，而微利、困难企业又无力缴纳职工的医疗保险费，进而导致基金收缴难、覆盖面窄，既影响了制度构建，又没有真正保障相关职工的医疗风险。

（二）医药卫生体制改革滞后，费用控制难度大

医疗服务和药品价格是构成医疗保障费用的基础，因此医药体制改革与医疗保障制度改革也是唇齿相依的关系，但改革开放初期推行的职工医疗保障制度改革却仅为医保制度内的资金筹集与给付制度调整，并未开展医疗机构和医药体制改革，更未同步调整相关经济政策以形成改革合力。

因此，医药体制改革的严重滞后带来医药发展与医保改革的背离，医疗机构过度膨胀的同时诱发医疗服务行为不规范从而推高医疗服务成本，进而加大全国医疗消费支出；降低职工医疗保障水平的同时也加大了财政和企业的缴费负担及医疗费用支出管理难度。

此外，旧的医药体制和新的医保制度间的内在矛盾，也会引发“医、患、保”三方的内部矛盾，进而间接迫使社保机构提高筹资水平以缓解基金支出压力，违背制度改革初衷的同时否定社会医疗保障制度的根本价值。

（三）商业保险发展缓慢，福利刚性难以化解

因为社会医疗保险只能为职工提供水平较低的基本医疗保障，所以在公费医疗、劳保医疗时代由国家和企业包揽的福利性医疗消费亟须基本医疗保障体系之外的补充机制予以负担。

但由于公费医疗、劳保医疗制度已使职工形成了较高标准的医疗消费需

---

① 王东进. 医疗保险操作指南［M］. 北京：改革出版社，1999.

求，而社会医疗保障支付水平又无法完全满足实际发生的医疗费用。因此，如果没有商业医疗保障和其他补充医疗保障的发展，城镇职工的高水平医疗保障需求便难以在社会医疗保障体系内得到满足。而改革开放初期，我国商业医疗保障发展严重滞后，并不能与社会医疗保障制度实现医疗项目、费用和医疗需求维度的有效衔接。

第七章 20世纪90年代中期以后的职工医疗保险制度建设与改革深化

从1994年12月“两江”试点开始，到1998年12月国务院颁布《关于建立城镇职工基本医疗保险制度的决定》，全国约有40个城市推行了统账结合的医疗保险制度的试点工作。经过长期的试点，各地基于统账结合的基本制度框架逐步构建起具有地方特色的医疗保险模式，根据基金支付方式和范围的差异大致可分为“三段直通式”“板块结合式”“混合式”及“三金式”等运作模式。在各地医疗保险制度试点的基础上，国家层面终于架构起统一的城镇职工基本医疗保险制度模式。通过医疗保障制度改革实现了制度创新和机制转换，把过去由国家和企业包揽的福利型公费医疗、劳保医疗制度，逐步调整为医疗费用由用人单位和职工双方共同负担、社会统筹和个人账户相结合的社会医疗保险模式。并在此基础上，不断完善实施政策，深化制度改革，扩大制度覆盖面，从而逐步实现保基本、多层次、可持续的政策目标。

第一节　20世纪90年代中后期：百花齐放的地方医改探索

自1994年《关于职工医疗保险制度改革的试点意见》出台，我国逐步建立起统账结合的医疗保险制度：在基金筹集分配上采取用人单位和职工共同缴费，个人缴费全部进入个人账户，单位缴费按比例分别进入社会统筹基金和个人账户的运行方式。在统账结合的基金制度基础上，各地经过多年的探索实践，采取多样化的支付范围设计，逐步形成一系列具有地方特色的医疗保险模式；全国具有代表性的医疗保险制度模式主要有“三段直通式”“板块结合式”“混合式”及“三金式”四种。

一、“三段直通式”医疗保险模式

多数试点城市及“两江”试点均采取了“三段直通式”的医疗保险模式。其运作机理为：在医疗保险中设置个人账户支付、完全自负和统筹基金累进支付的三级医疗费用支付段，且各支付段间相互贯通、互为前提。职工发生的门诊及住院医疗费用均先由个人账户支付，个人账户用完后则以职工本人年工资的5%为支付上限，由其自有资金支付。如果仍然不足便由社会统筹基金按累进比例支付。在“三段直通式”中，只有当职工用完上一段的医疗资金，才可利用下一阶段的医疗费用额度，如图7.1所示：

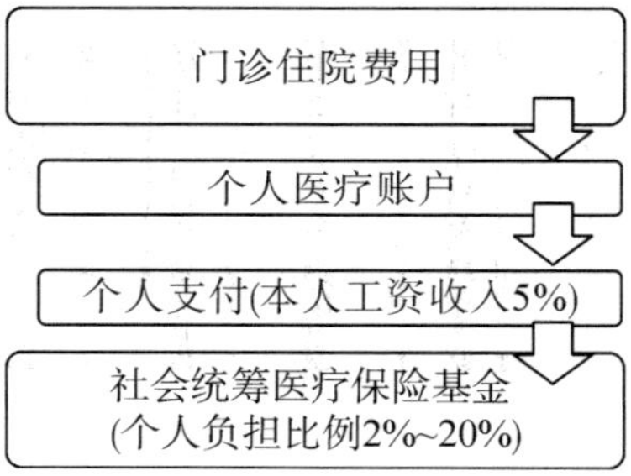

图7.1　“三段直通式”下的医疗费用支付结构

“三段直通式”医疗保险模式通过在统筹基金支付之前设置个人账户及完全自负段的方式，增强了参保职工的费用节约意识，进而对控制医疗费用过快增长及平衡统筹基金收支均产生了一定的积极作用。但其缺陷也较明显，这种运作方式不同程度地阻碍了统账结合模式的某些既定目标的有效实现，产生了一系列问题①。

（一）激励、制约参保人的机制较弱，形成新“大锅饭”

个人账户设置的初衷是希望提高个人费用意识，促进职工在年轻、无病时进行资金积累，进而利用所积累的资金实现生命周期内的纵向调剂，降低老年医疗风险，但相互贯通、互为前提的“三段直通”的做法却又在无意中削弱了个人账户的积累功能。

只有花光个人账户及完全自负段额度才有资格享受社会统筹，使得职工节省医疗费用动力不足。从利益角度看，人们普遍希望社会统筹基金尽可能多地为自己支付医疗费用，而在“三段直通式”的支付框架下，只有用完个人账户并适度自付后才可由统筹基金支付，因此其对参保职工可能产生加速使用个人账户的内在驱动，进而加速医疗浪费、弱化个人账户积累。

（二）运行成本过高

由于这种方案会使参保人产生吃“大锅饭”的冲动，因此医保管理部门需采取一系列措施来规范、监督个人账户及完全自负段资金的使用：需审核门诊处方用药、医疗服务及价格等是否合规，如若违规则不允许使用个人账户资金；对医院则需实行以上年度发生额为标准的定额医疗费用结算办法，并设置定点医院的年均门诊药方及用药量限制等。

总之，医保管理部门需使用大量外在行政监督手段干预个人账户及完全自负段的资金使用；避免参保人员为进入统筹支付段而恶意花光前两段定额资金。而门诊医疗费用与开药审批报销工作的繁杂使得其管理工作极为繁重，开展此类细节化监管不仅管理难度较大，而且运行成本畸高。

---

① 王焕青. 关于医疗保险社会统筹与个人账户结合方式的思考［J］. 中国卫生经济，1997（5）：21-22.

（三）社会统筹基金收支难以平衡

据国家医改方案要求，医疗保险基金应以不低于50%的比例进入医保个人账户，而1995年镇江市个人账户实际记入比例仅为48.5%，可见其统筹基金支出已高到挤占个人账户的程度。因此，在统筹基金有限的大前提下，如何实现统筹基金收支平衡的同时维持大病患者的医疗费支付能力就显得尤为严峻。

首先，在设计方案时应基于大病、小病医疗费用比的精确测算，科学合理地确定统筹基金与个人账户的资金分配比，以实现统筹基金收支平衡与个人账户逐步积累的双重目标。其次，医改的具体实践效果则受制于医保制度设计和具体管理工作等多重因素的影响，而“三段直通式”运作机制的制度管理相对被动，统筹基金使用也无法被计划，因此医保统筹基金面临较大的赤字风险。

二、“板块结合式”医疗保险模式

海南省则采取了“板块结合式”医疗保险模式，海南省人大常委会于1995年7月1日颁布了我国第一部地方性医疗保险法规——《海南经济特区城镇从业人员医疗保险条例》，在遵循党的十四届三中全会确立的统账结合医疗保险改革模式的基础上，建立起统筹基金与个人账户独立运作的“板块结合式”医保模式。

“板块结合式”医疗保险模式下的个人账户和统筹基金分开管理。其中，个人账户用于支付门诊和小病医疗费用，统筹基金按一定比例用于支付住院、大病医疗及若干慢性病门诊费用。同时，个人账户不得提现、透支且节余滚存。除规定由统筹基金支付的医疗费用外，其他均由个人账户支付并超支自理。而统筹基金为全体参保人员所共有，用于重病和大额医疗费用的社会调剂互助。如图7.2所示：

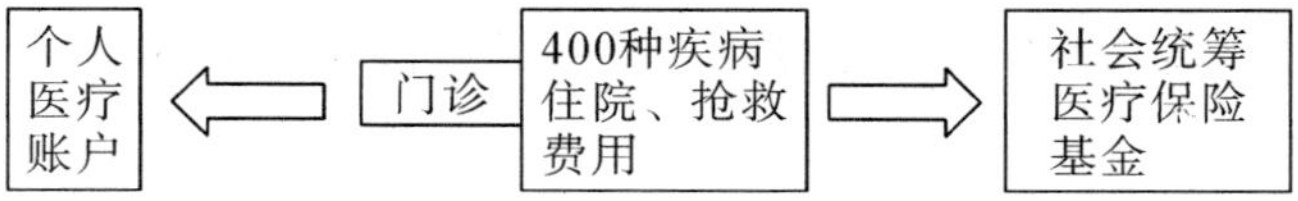

图7.2 “板块结合式”医疗保险模式下的医疗费用支付结构

（一）“板块结合式”医疗保险模式的优势

“板块结合式”医疗保险模式主要存在以下优势：由于统筹基金与个人账户泾渭分明，其对个人的激励作用、制约力均较强，能较好避免职工个人产生的医疗浪费。此外，采取板块式分流管理，实践操作上简便易行，管理难度和管理成本均较小。

（二）“板块结合式”医疗保险模式的不足

此模式下基金分块运行仍存在一定不足：首先，门诊及小病医疗费用主要由个人负担，在部分地区个人负担过重；其次，“小病”与“大病”的界定也缺乏合理的标准，从而给日常运营平添许多争议和矛盾。

虽然海南选择了400种病作为结合个人账户和社会统筹的脆弱纽带，但确定这些病种的合理性则仍然存疑。并且，尽管门诊、住院分块的基金管理模式减轻了医疗保险基金支出管理的负担，突出了医保监管重点，但也容易诱导个人小病大治，使得只需要门诊治疗的疾病在职工与医院“共谋”的驱动下采取住院治疗，进而加大医疗保险管理机构监督难度。

此外，社会统筹基金与个人账户的分块运行也会加大基金收支平衡风险，导致社会统筹基金超支时无法由个人账户补足，在此背景下就可能提高筹资比例，进而加重财政、企业及个人的缴费负担。

三、“混合式”医疗保险模式

“混合式”医疗保险模式则以深圳为代表：在社会统筹基金用于支付住院医疗费用，个人账户用于支付门诊医疗费用的“板块结合式”大框架下，根据不同的人群，将原来单一的保险形式分为三个层次①：①持有深圳市常住户口的在岗职工和退休人员参加包含门诊、住院双重保障的综合医疗保险；②领取失业救济金期间的深圳市本地失业人员和持有深圳市暂住户口的外来

① 欧水生. 深圳市基本医疗保险制度的主要特点及运作情况.［J］中华医院管理杂志，1997（11）：656-659.

务工人员仅参加住院保险；③二等乙级以上革命残疾军人及离休人员参加特殊医疗保险。

综合医疗保险中，门诊费用首先由个人账户支付，个人账户用完后再以上年度深圳市职工平均工资的10%为上限由个人自付。之后的部分则据患者就诊医院级别由统筹基金比例报销。各级医院报销比例分别为：三级65%、二级70%、一级医院75%。即对在职职工（包括退休职工）引入“三段直通式”，使少数需在门诊长期治疗且费用较高的患者，其门诊医疗费经过个人账户段和自付段之后还可以进入统筹基金享受共济，实现个人账户和统筹基金的连通。如图7.3所示：

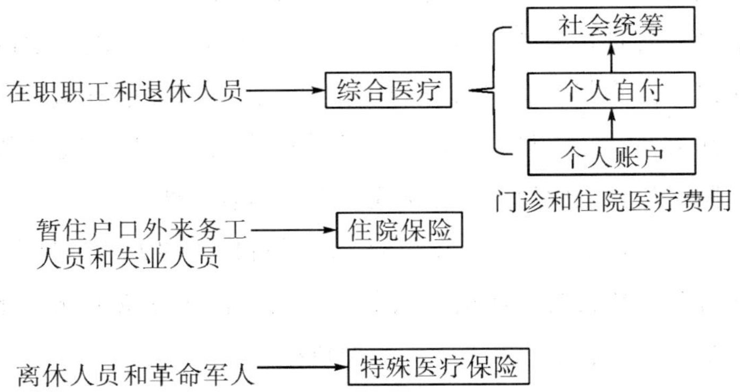

图7.3 “混合式”医疗保险模式下的医疗费用支付结构

此外，深圳市对三种不同人员的保险形式分别确定不同的缴费比例：综合医疗保险缴费比例为参保职工月工资总额的9%，其中财政和用人单位缴纳7%，个人缴纳2%；住院保险则按深圳市上年度职工月平均工资的2%由用人单位或失业保险机构全额缴纳；离退休人员则按其离退休金的12%由财政、用人单位或养老保险共济基金全额缴纳。这种差异化的缴费比例不仅减轻了参保人群的缴费负担，同时也降低了医保筹资难度，进而提高了职工医疗保障的整体覆盖率。

四、“三金式”医疗保险模式

青岛市则采取了“三金式”医疗保险模式：在个人账户基金与社会统筹基金间增设企业调剂基金，引入企业责任强化医保运行管理。其中，统筹基金主要用于保障重病及大病职工的基本医疗；由企业管理使用的企业调剂金则主要用于职工个人负担过重时的医疗费用补助，并受企业工会及职工代表大会监督；归职工所有的个人账户资金则暂由企业代管，用于职工平时的一般性医疗费用开支。

青岛“三金式”医改方案①的缴费标准为职工上年度工资总额的11%，其中企业负担10%，个人负担1%；据此筹集的资金在三块基金中根据年龄段的不同而按照不同的比例提取：统筹基金提取比例为职工工资总额的3%及离退休费用的5%；个人账户资金则为企业人均工资及退休费用的一定比例，不满45岁的职工为3%、年满45岁的为5%、退休人员则为8%；扣除社会统筹基金和个人账户资金后的部分则进入企业调剂基金。此外，每年的医保费在由社保机构扣除掉社会调剂金、风险备用金和管理费后会如数返还企业，进而激励企业参与医疗费用控制管理。

而职工就诊发生的医疗费用首先由个人账户支付，不足再以上年度本人工资的5%为上限自行负担，之后再由单位调剂基金和个人比例分担；达到统筹基金起付线（全区职工月平均工资的3.5倍）后再由统筹基金按比例支付。“三金式”简单来说就是“小病自己看，中病企业补，大病社会保”，对重病、住院费用实行社会统筹，对小病、门诊费用则在建立个人账户的基础上基于企业的直接管理优势引入企业调剂基金进行分摊。如图7.4所示：

① 吕建设．基金三块管理：医改模式的选择［J］中国社会保障，1997（9）：33-34.

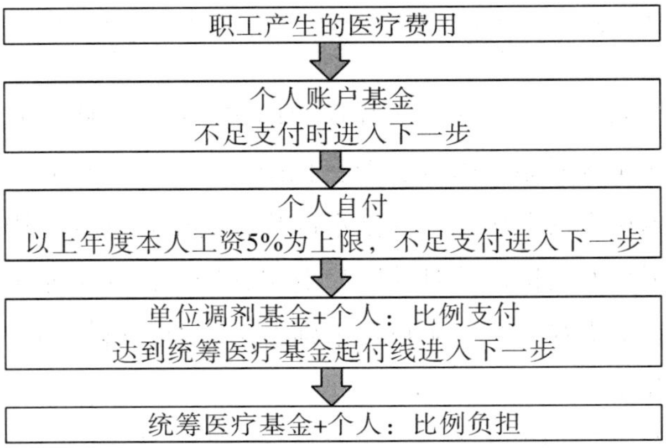

图 7.4 “三金式”医疗保险模式下的医疗费用支付结构

在“三金式”医疗保险模式下，企业缴费负担较轻，只需缴纳社会统筹部分，基金收缴相对容易。而个人账户和企业调剂金交由企业管理则可增加企业对医保工作的管理积极性，进而充分发挥企业在直接管理中的积极作用。全市统一的制度则使企业的医疗保险管理有章可循、有据可依。个人账户的企业化管理则将医保管理权下放至参保群体，并通过基金返还的方式最大限度地调动参保人自觉节约医疗费用的积极性，构建起企业、职工、医院、社保机构四方参与的监督制约机制。

虽然实行个人账户企业化管理并不会使社保机构工作量明显增加，但是企业却并未从医疗事务管理中分离出来。为了应对此项事务，企业要增加设备和人员投资，在一定程度上加大了企业的管理负担。

五、地方性医疗保险改革探索的评估

整体而言，各地在“统账结合”的制度框架下，形成了具有地方特色的医疗保险模式。分段和分块设置支付制度各有所长，也各有所短。

首先，从参保覆盖面来看：对不同职工采取差异化医疗保障的“混合式”医疗保险模式政策覆盖能力最强，能较好地覆盖广大的职工群体；“三段直通式”和“板块结合式”的保障覆盖能力居中，而“三金式”则由于对企业财务和管理要求较高，在政策覆盖能力上相对较弱。

其次，从医疗费用支付带来的诊疗激励来看：由于“板块结合式”采取个人账户和统筹基金分块运行的支付模式，可能导致参保职工小病大治的消费倾向，出现较高的住院发生率；而“三段直通式”与“混合式”则由于统筹基金支付以个人账户消费和自付为前提，可能导致医疗支出过速增长，个人账户基金积累无法实现。

此外，从医保管理负担来看：“三金式”由于将部分管理责任下放至企业，医保管理负担最轻；“板块结合式”由于各板块层次分明，医保管理负担居中；“三段直通式”和“混合式”由于支付制度的复杂，医保管理负担相对较重。

第二节 统一的城镇职工基本医疗保险制度的确立

1998年12月14日，国务院颁布《关于建立城镇职工基本医疗保险制度的决定》，统一的“统账结合”城镇职工基本医疗保险制度在中国正式确立。由此展开了自20世纪50年代劳保制度和公费医疗制度建立以来，我国最大规模的社会医疗保险制度变革和适应市场经济的新医保制度的全面建设。

一、城镇职工基本医疗保险制度构建的指导思想①

职工基本医疗保障制度改革的总任务是基于社会主义市场经济体制背景，

① 此部分关于1998年城镇职工基本医疗保险制度的内容，主要引用和参考：中国劳动和社会保障部. 新中国劳动和社会保障事业［M］. 北京：中国劳动社会保障出版社，2007.

结合财政、企业和个人的经济承受能力，建构满足职工基本医疗保障需要的社会医疗保险制度；将过去在计划经济体制下国家和企业对职工基本医疗保障的“大包大揽”的无限责任转化为有限责任。

城镇职工基本医疗保险制度架构的基本原则可概括为基本保障、广泛覆盖、双方负担、统账结合，其着眼点则在于实现制度创新、机制转换。

（一）基本保障

“基本保障”是指基本医疗保险的保障水平要与我国社会主义初级阶段的生产力水平相适应。社会主义初级阶段最突出的特点是社会生产力发展水平不高，经济综合实力不强，各地经济发展不平衡。

而生产决定分配，经济发展水平决定保障水平；初级阶段社会生产力水平不高决定了医疗保障水平只能是“低标准”的、有限的，只保基本，不保“非基本”。脱离实际，搞理想化的较高水平的医疗保障，必然会使国家财政和企业不堪重负。

就地区而言，我国各地经济发展水平存在较大的差异，因此各地区有什么样的经济发展水平，就只能提供与此水平相适应的医疗保障，不能盲目攀比。就全国与地区、地区与企业的关系而言，基本医疗保障水平只能就低，不能就高。标准定高了，经济落后地区落实不了，困难企业参加不了，整个医疗保险制度改革就难以向前推进。

（二）广泛覆盖

“广泛覆盖”是指保障范围覆盖城镇所有用人单位和职工。这是从我国所有制结构和分配结构出发，以切实保障各种所有制经济劳动者的法定医疗保障权益、维护社会分配公平的考虑。

由于历史的原因，在多种所有制经济中，国有经济社会负担最重，而非国有经济尤其是非公有经济负担相对较轻。因此，医疗保险制度改革必须顾及所有制结构和分配结构的变化及其实际状况，均衡不同所有制经济单位的医疗费用负担，促进不同所有制经济的劳动者合理流动，保证非国有经济劳动者合法保障权益的实现。

与“广泛覆盖”密切相关的是“基本医疗保障”标准，只有确定较低的基本保障标准，才能使绝大多数机关、事业和企业单位及其职工实行能够承受的、同一的缴费率，从而尽可能多地把各类用人单位及职工纳入新的医疗保障范围。

（三）双方负担

“双方负担”是指基本医疗保险费由用人单位和职工双方负担，这是通过转换筹资机制解决过去职工医疗费用缺乏合理的筹措机制和稳定来源的问题，进而使职工基本医疗待遇得到更为稳定的保障；同时也是为了改变以往医疗费用由国家包下来的福利型的“大锅饭”制度，增强职工的费用意识、节约意识、保险意识和共济意识。

而用人单位和职工个人的医疗保险费负担水平，应从当前企业经营状况和职工收入的实际出发加以确定。医疗保险筹资水平，只能根据企业和职工的实际负担能力，而不能根据其医疗需要。就是说筹资原则只能是“以收定支”，而不能是“以支定收”。

应当强调，对企业经营状况和职工收入水平不可估计过高，不能只着眼于平均数，平均数中往往掩盖了许多矛盾和问题。事实上，各地都有相当一部分企业和职工的医疗费根本无法保证。因此，在评估用人单位和职工负担能力时，必须充分考虑这一实际状况。

（四）统账结合

“统账结合”是指基本医疗保险实行社会统筹和个人账户相结合的基金管理模式，这既是从医疗保障基金筹集与费用支付机制转换出发，更是为了实现整个医疗保险运行制度的创新。

社会统筹基金的作用是建立共济机制，把“企业自保”变成“抽富济贫、互助互济”，实现分散风险、均衡企业负担，以利于维护社会分配公平。统筹基金只能用于支付“大病”费用，而不能用于保一般“小病”，否则就会削弱“共济”作用。

个人账户医疗基金的主要作用是在个人层面建立自我约束和储备积累机制：基金的个人所有性质一方面有利于促进职工节约医疗费用，另一方面也可使职工在年轻体健时积累医疗基金以应对将来年老多病时的医疗需求。社会统筹基金必须自求平衡，不能向个人账户基金透支，这样才能真正发挥“统账结合”的作用。

采取“统账结合”的制度模式，是既要实现社会统筹在医疗费用支出上的互助共济作用，又要发挥个人账户的自我约束与储备积累功能，进而促进医疗保险的制度创新和机制转换。

二、城镇职工基本医疗保险的制度框架与基本内容①

城镇职工基本医疗保险制度是把过去的福利型公费、劳保医疗制度改变为社会化管理的基本医疗保险制度，建立全新的保险费用筹措机制、支出制约机制和医疗保障基金管理机制。

（一）覆盖范围：城镇所有用人单位及其职工

城镇所有用人单位（企业、机关事业单位、社会团体和民办非企业单位）的职工均须参加基本医疗保险，且企业具体包括国有企业、集体企业、外商投资企业及私营企业等。

而乡镇企业职工和城镇个体经济组织的业主及从业人员则由各省（自治区、直辖市）人民政府自行决定是否参加基本医疗保险。

（二）缴费办法：建立合理的医疗费用筹措机制

用人单位和职工共同缴纳基本医疗保险费：单位费率约为职工工资总额的6%，个人费率则通常为2%，且费率可以随地方经济发展相应调整。

其中，6%的企业费率是据1996年全国在职职工医疗费用（工伤、生育费用除外）对工资总额的占比予以确定，并使改革前后财政和用人单位的医疗费负担基本持平；而职工个人2%的费率也基本控制在职工的经济和心理承受能力范围内。

① 本部分内容参考了《国务院关于建立城镇职工基本医疗保险制度的决定》（国发〔1998〕44号）。

（三）实行“统账结合”模式：建立基本医疗保险统筹基金和个人账户

1. 统筹基金和个人账户的建立

基本医疗保险基金由统筹基金和个人账户两部分构成：个人缴纳的医保费全部进入个人账户；而用人单位缴交的医保费则按比例分别划入统筹基金和个人账户，具体比例则由各统筹地区据其个人账户支付范围和职工年龄等因素自行确定。

2. 统筹基金和个人账户的支付范围

统筹基金与个人账户分别核算、不得相互挤占，统筹基金用于支付存在起付线以上、封顶线以下的合规医疗费用，其中起付线通常为当地职工年平均工资的 10%，封顶线则为当地职工年平均工资的 4 倍。

起付线以下的医疗费用由个人账户或个人自付；起付线以上、最高支付限额以下的医疗费用则由统筹基金比例支付；封顶线以上的医疗费用则可通过商业医疗保险等方式加以保障。统筹基金的具体起付标准、最高支付限额及支付比例由各统筹地区遵循以收定支、收支平衡的原则予以确定。如图 7.5 所示：

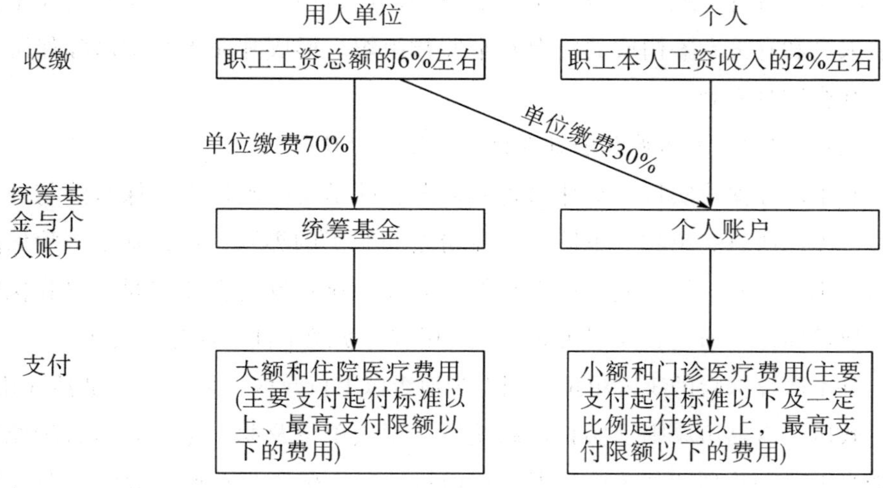

图 7.5　1998 年城镇职工基本医疗保险制度的“统账结合”模式

（四）健全基本医疗保险基金监督管理机制

在过去“企业自保”条件下，医疗保险基金管理风险由用人单位承担；而在新的基本医疗保险制度建立之后，医保基金管理风险则主要由政府承担。由于风险较之前更为集中，所以加强基金监督管理便尤为重要。

1. 基本医疗保险基金纳入财政专户管理，专款专用，不得挤占挪用

社保经办机构负责基本医疗保险基金的日常收支管理，并建立健全预算、财务会计和内部审计制度保证基金运行可追溯。社保经办机构的事业经费由各级财政预算支付，不得从医保基金中提取。

2. 基本医疗保险基金的银行计息办法

职工基本医疗保险基金根据沉淀时间的不同采取不同的计息办法：当年筹集的基金以活期存款利率计息；上年结转的基金本息则以 3 个月整存整取银行存款利率计息；存入社保财政专户的沉淀资金则以不低于 3 年期零存整取储蓄存款的利率水平计息。此外，职工医保个人账户本息均归个人所有。

3. 加强各级劳动保障和财政部门对基本医疗保险基金的监督管理

首先，审计部门需对社保经办机构的医保基金收支管理情况进行定期审计；其次，各统筹地区应设立由政府有关部门、用人单位、医疗机构及工会代表人员和有关专家构成的医保基金监督组织，形成并完善基本医疗保险基金的社会监督机制。

（五）实现基本医疗保险社会化属地化管理服务

基本医疗保险实行社会化管理和服务，就是要打破过去劳保医疗与公费医疗、不同所有制单位、不同用工身份之间职工的界限，扩大基本医疗保险覆盖范围的同时减轻企业的社会负担。而社会化不仅使企业摆脱了自我保障的尴尬局面，还通过较高层次的医疗费用统筹实现了社会性互助共济。

基本医疗保险的统筹单位原则上为地级以上行政区，但也可以是县（市）级行政区；直辖市原则上实行市级统筹。用人单位及职工基于属地管理原则参加当地统一管理的基本医疗保险；而跨地区、生产流动性较大的企业（铁路、电力、远洋运输等）及职工，则可通过异地参保方式集中参加统筹地区的医疗保险。

职工的基本医疗保险制度改革，汲取了养老保险制度改革的教训，不搞行业统筹，实行属地管理，以实现广大社会范围的互助共济。为顺利地实行属地化管理，须在政策上作相应规定：一是严格控制医疗保险基金的筹资水平，避免给一些中央、省属企业增加负担；二是要求各地提高医疗保险费用的统筹层次，以缓解一些行业和大企业参加地方医疗保险制度改革的困难。

（六）加强医疗服务标准化管理，实行医药分开核算

1. 确定基本医疗保险的服务范围和标准

劳动保障部和卫生部、财政部等有关部门共同明确基本医疗服务的范围、标准和医药费用结算办法，进而制定国家基本医疗保险药品目录、诊疗项目、医疗服务设施标准及相应的管理办法。在地方则由各级劳动保障行政管理部门结合国家规定会同相关部门，制定各地区具体的基本医疗保险服务实施标准和办法。

2. 基本医疗保险实行定点医疗机构（包括中医医院）和定点药店管理

劳动保障部门联合卫生部、财政部等制定定点医疗机构和定点药店的资格审定办法。各级社保经办机构基于中西医并举，基层、专科和综合医疗机构兼顾且方便职工就医的原则确定定点医疗机构和定点药店，并与定点医疗机构和药店签订合同以明确各方权责关系。

此外，在确定定点医疗机构和药店时需引进竞争机制，赋予职工在定点医疗机构、药店的就医、购药选择权。而国家药品监督管理局则和有关部门共同制定定点药店药事事故处理办法，保障人民的就医用药安全。

3. 积极推进医药卫生体制改革

各地要结合中共中央、国务院《关于卫生改革与发展的决定》精神，全力推进医药卫生体制改革；争取以较少的经费投入得到良好的医疗服务，进而促进医疗卫生事业健康发展。

医药卫生体制改革具体体现为：通过建立医药分开核算、分别管理制度构建医疗服务和药品流通的竞争机制，进而合理控制医疗费用水平；在实行医药分开核算、分别管理、降低药品占比的基础上，合理提高医疗技术劳务价格；同时加强医疗机构和药店的内部管理以规范医药服务行为，并加强业

务技术培训和职业道德教育提高医药服务人员的素质和服务质量，从医疗服务执行端降低医药成本。此外，合理调整医疗机构布局并积极发展社区卫生服务，将社区卫生服务中的基本医疗项目纳入医保范围。

（七）有关人员的医疗待遇：离退休人员、革命伤残军人、公务员等医疗优待和照顾政策

离休人员、老红军、二等乙级以上革命伤残军人的医疗待遇保持不变，医疗费用由原资金渠道支付，原渠道资金支付确有困难时再由同级人民政府协助解决。而国家公务员在参加基本医疗保险的基础上享受医疗补助政策。同时为了不降低特定行业职工的现有医疗消费水平，允许企业建立补充医疗保险予以过渡；且工资总额4%以内的企业补充医疗保险费可在职工福利费中列支，超过部分则可经同级财政部门核准后列入成本。

国有企业下岗职工的基本医疗保险费由再就业服务中心以当地上年职工平均工资的60%为基数缴纳。退休人员个人不缴纳基本医疗保险费，同时在个人账户计入金额和统筹基金支付比例方面予退休人员以适当照顾。

三、城镇职工基本医疗保险制度的特点①

（一）对比公费、劳保医疗的城镇职工基本医疗保险制度特点

与原有的公费、劳保医疗保险制度相比，城镇职工基本医疗保险制度呈现出质的区别，主要特点如下：

1. 强调社会保险的“有限责任”

城镇职工基本医疗保险制度中的基本医疗保险药品目录和基本医疗诊治目录，体现出基本医疗保险的核心在于保证职工在患病时能够得到基于国内医疗供给的适当且个人足以支付的医疗服务。

因此，我国职工社会医疗保险只能提供基于大多数人普遍疾患的基本医疗保障，并不能应对职工的差异化、个性化医疗需求。而由低发生率疾病引

---

① 何筠．医疗保险改革新方案的特点、难点和对策［J］．价格月刊，2000（2）：3-5．

致的职工的个性化医疗需求便只能借助其他途径予以解决。

2. 实现医疗费用的社会化管理

不同于公费、劳保医疗体系下的医疗费用单位管理，城镇职工基本医疗保险的医疗费用由社保机构统一管理。医疗费用社会化管理一方面可克服单位直接报销带来的医疗负担极端发展，实现社会保险均衡负担；另一方面，在免除职工后顾之忧的同时也可减轻企业管理负担，使企业全身心投入其经济效益建设中，进而促进我国经济平稳快速发展。

3. 建立用人单位和职工共缴的保费筹集机制

为增强个人的费用节约及风险管理意识，城镇职工基本医疗保险采取了用人单位和参保职工共同缴费的资金筹集机制；通过明确单位和个人的责任边际，强化职工个人乃医疗费用主要责任人的基本原则，在减轻企业负担的同时增强职工个人的费用节约意识，进而在一定程度上遏制医疗费用过速增长。

4. 建立统账结合的医疗费用支付模式

“统账结合”的医保制度一方面通过引入个人账户减少医疗浪费，另一方面则通过统筹基金保障职工间的医疗公平。首先，长年积累形成的职工医保个人账户承担了医疗费用零星支付的主要责任，让个人账户深入医疗支付的各个环节可转变职工“看病不花自己的钱，不心疼”的心理，进而提高个人的自身健康责任感、增强职工的自我保健意识，在减少医疗浪费的同时提升职工健康水平。而社会统筹基金则基于公平原则使各社会群体通过互助共济的方式分摊风险，避免职工因“大病”而发生高额医疗费用危及家庭正常生活。

（二）对比前期医改试点方案的城镇职工基本医疗保险制度特点

与之前在近 50 个城市进行的医改试点方案的相比，城镇职工基本医疗保险制度考虑到目前我国财政和企业的实际承受力，只能提供低水平的基本医疗保障，具有“低水平、广覆盖”的特点。

1. 降低了医疗保险金的筹资比例

为减轻企业负担，城镇职工基本医疗保险制度的筹资比例较 1994 年的“两江试点”方案明显降低：“两江”试点时为职工工资总额的 11%（其中个人缴纳 1%），而新方案则降至 8%（其中个人缴纳 2%）。此外，根据收支平衡原则，较低的筹资比例必将伴随较低的医疗保障水平，因此医保筹资比例的降低也意味着个人负担比例的相对提高，职工个人责任在基本医疗保险中得到进一步强化。

2. 严格划定了“个人账户”与“统筹基金”的支出范围

1994 年的“两江试点”因采取“直通式”统账结合模式而使统筹基金较难实现收支平衡，因此国务院在 1998 年明确指出要划定统筹基金和个人账户的支付范围，二者分别核算且不得相互挤占，即城镇职工基本医疗保险制度采用的是“板块结合式”。统筹基金和个人账户的分块运行可减少个人账户滥用，同时减轻统筹基金支付压力，但在一定程度上也会造成长病人群医疗负担过重。

3. 提高了进入“统筹基金”的门槛

城镇职工基本医疗保险制度除划定个人账户和统筹基金支出范围、明确统筹基金的大病补偿定位外，还设置了“统筹基金”的起付标准：职工产生的符合“统筹基金”支付范围的医疗费用只有超过其年工资 10%的部分才可在“统筹基金”中按比例报销。通过起付线设置形成了个人的绝对自付额度，进一步强化了职工的个人医疗责任。

4. 设立了“统筹基金”的“封顶线”

城镇职工基本医疗保险制度还设置了“统筹基金”的最高支付限额，将统筹基金对个人的最高支付额控制在当地职工年平均工资的 4 倍左右，且明确指出超过封顶线的医疗费用可通过商业保险等途径解决。从全国 40 多个城市的抽样调查来看，职工医保“封顶线”为 2 万~3 万元，而居民大病医疗支出常常高达几十万元，可见基本医疗保险在应对大病方面仍然是杯水车薪。

而医疗费用超过“封顶线”的人群又以老年人为主，虽然退休人员不缴费即可参加基本医疗保险且在政策上享受了一定的医疗待遇倾斜，但这类政策倾斜在减轻退休人员医疗负担上仍然力度不够。

第三节　城镇职工基本医疗保险的全面推进及改革完善

城镇职工基本医疗保险制度的确立翻开了我国职工医疗保障体系的新篇章，但是如何实现政策目标、落实政策期望仍存在一系列挑战。在制度确立后的数十年间，围绕制度落实的难点重点，我国又推行了一系列政策以不断完善城镇职工基本医疗保险的制度内涵。

一、城镇职工基本医疗保险制度全面推进的关键点

城镇职工基本医疗保险制度成功改革的关键点或者难点主要存在于两方面：一是如何通过其他途径满足职工群体超出基本医疗保险保障范围的个性化、高水平医疗需求；二是如何建构合理的医疗费用控制机制以避免不必要的医疗消费。

（一）建立多层次医疗保险体系，满足特殊群体医疗需要

1998 年确立的城镇职工基本医疗保险是以保障全体城镇劳动者基本医疗需求为核心的基本医疗保障制度，但并未考虑部分群体因年老、体弱等因素引致的高患病率问题。

因此，要实现职工基本医疗保险的平稳运行就还需建构多层次医疗保障体系予以补充，否则就会造成多病群体医疗负担过重、医疗水平下降，进而加剧医保制度不公平，加深医、患、保三方矛盾，威胁社会稳定运行。为维持社会平稳健康发展，政府得划拨部分医保基金来应对特定群体的高额医疗需要，最终又回到政府大包大揽的医疗保障局面。因此，建立健全多层次医保体系是解决社会保险的基本医疗保障定位与特定群体客观医疗需求间矛盾的不二选择。

而多层次医疗保障体系具体包括基本医疗保险、职工大病医疗保险、商业保险、医疗互助基金和专项医疗基金等，且以社会保险、企业补充保险及

商业保险为核心搭建起全方位的职工健康防御网。其中，医保个人账户构成了职工医疗的第一道防线，主要用于应对职工因小病产生的零星医疗支出；医保统筹基金则为职工医疗的第二道防线，主要用于承担慢性病及住院医疗费用；而大病保险则是职工医疗体系中的第三道防线，用于支付超过基本医疗保险封顶线以上的大病医疗费用；商业医疗保险、互助医疗基金则是职工医疗资金的重要补充，作为第四道防线充分满足职工的差异化医疗保障需求。

（二）建立有效的费用约束机制，控制不必要的医疗消费

1. 各地应做好调查、测算等基础性工作

由于我国幅员辽阔且各地经济状况差异较大，因此 1998 年的城镇职工基本医疗保险制度仅就基本医疗保险改革的宏观控制标准进行了相应设计，医改的具体实施方案还需各地结合当地情况再行确定；如国家层面对统筹基金起付标准和最高限额仅设置了一个大概的参考范围，分别以当地职工年平均工资的 10%和 4 倍作为参考，而具体的医保缴费比例、缴费金额及医疗费用个人自付比例均需各地自行测算。

而合理的实施方案又以较广的调查范围、可靠的调研数据、科学的测算方法及完备的项目设计为前提，因此各地医疗保险具体实施方案的制订便离不开前期的充分调查和基于调查的科学测算，一旦各地的前期准备工作出现偏误便会影响当地基本医疗保险的后期改革效果。

2. 医疗保险配套措施改革

首先，应推动实现医药经营相分离：通过医院出处方、药店售药品、患者直接购药制度实现医药经营专业化发展，进而减少因医院追求药品留成利益造成的过度用药。通过控制医疗供给方的道德风险减轻患者及医保支付压力。

其次，由于医药价格与医、患、保三方息息相关，实乃医疗保险制度运行之核心，因此还需理顺医药价格体制以配套医保制度改革。但由于我国大部分药品价格已放开，不可能对全部药品价格和医疗收费进行统一管理，因此理顺医药价格体制的核心在于区别对待不同需求性质的医药服务，对人民必需的基本医疗服务及药品采取统一定价、统一管理的运作方式，对满足职工高水平医疗保健需求的医疗技术则可适当提高其劳务价格。

二、城镇职工基本医疗保险制度的改革推进与完善

自1999年城镇职工基本医疗保险制度正式实施以来，围绕制度落实的难点与重点，我国出台了一系列举措完善制度内涵，不断扩大制度覆盖面，从基本医疗保障逐步迈入城镇职工多层次医疗保障体系的探索阶段。

（一）基本医疗保险制度不断扩容

城镇基本医疗保险自建制以来就不断将新的人群纳入其覆盖范围中：1999年，国务院和中央军委联合颁布《中国人民解放军军人退役医疗保险暂行办法》，将退役军人纳入医疗保险中，建立军人退役医疗保险基金保障退役军人的医疗风险；同年，劳动和社会保障部发布《关于铁路系统职工参加基本医疗保险有关问题的通知》，将铁路系统职工纳入社会医疗保险中。2003年，劳保部颁布《关于进一步做好扩大城镇职工基本医疗保险覆盖范围工作的通知》，将破产的国有企业（央属及地方属）退休人员纳入当地医疗保险，并以暂不建立个人账户的方法应对破产单位缴费能力不足等问题。

1. 将灵活就业人员及多种所有制企业职工纳入保障范围

劳保部于2003年出台《关于城镇职工灵活就业人员参加医疗保险的指导意见》，次年又出台《关于推进混合所有制企业和非公有制经济组织从业人员参加医疗保险的意见》，城镇职工基本医疗保险推广至灵活就业人员及多种所有制企业职工。

此后，各地方也出台了对应的政策实施具体方案：江西省于2004年出台《城镇灵活就业人员参加基本医疗保险试行办法》；武汉市则于2004年11月出台《武汉市城镇灵活就业人员基本医疗保险办法》；广州市于2005年12月将灵活就业人员纳入住院医保范围并实现了本地户籍劳动年龄人口“全覆盖”。尔后，南京、贵阳、重庆、太原、保定、张家口、汕头、牡丹江、沈阳等城市也都有相关具体政策出台。

2. 将农民工纳入制度保障范围

从2006年开始，城镇职工基本医疗保险制度将农民工列为覆盖人群：国

务院颁布《关于解决农民工问题的若干意见》，首次提出要积极稳妥地解决农民工的社会保障问题。

此后，劳动和社会保障部又于 2006 年 5 月在《关于开展农民工参加医疗保险专项扩面行动的通知》中明确指出，以在省会及大中城市从事加工制造、建筑、采掘和服务等行业并与城镇用人单位建立劳动关系的农民工为重点推进农民工参与基本医疗保险，并根据统筹规划、分类指导、分步实施等原则推动农民工医疗保险的全面覆盖。

（二）基本医疗保险制度的管理不断完善

随着城镇职工基本医疗保险的不断推进，异地就医、转移接续、医疗浪费等问题日益突出，职工医疗保险政策改革逐步转向内涵式改革，通过不断完善制度细节提升参保职工的医保体验。

1. 完善流动就业人口医疗保险转移接续制度

2009 年 12 月 31 日，人社部、卫生部、财政部联合颁布《流动就业人员基本医疗保险关系转移接续暂行办法》，明确流动人员跨统筹区域就业时可以转移其医保关系：农村人口流动到城镇就业采取由居民医保转入职工医保，而对于城镇就业人口返乡或流动就业的则分别采取转回户籍所在地居民医保和新工作地职工医保的方式。

在此基础上，2011 年 5 月 21 日，人社部出台《关于在部分地区先行启用基本医疗保险关系转移系统工作的通知》，搭建并部署社会保险关系转移信息系统，统筹支撑养老、医疗、失业等跨省和省内社会保险关系转移需求。其中，支持医疗保险关系转移的系统可用于职工基本医疗保险、城镇居民基本医疗保险、新型农村合作医疗的制度内和制度间转移；确定了 15 个省份 33 个地级以上城市开展基本医疗保险关系转移系统启用试点，逐步实现医疗保险转移接续电子化；于 2016 年 6 月 22 日下发的《流动就业人员基本医疗保险关系转移接续业务经办规程》中进一步细化基本医疗保险转移接续的操作细节。

2. 完善异地就医管理

2009 年 12 月 31 日，人社部、财政部印发《关于基本医疗保险异地就医结算服务工作的意见》，提出以异地安置退休人员为重点，提高参保地异地就医结算效率，强化就医发生地医疗服务监控；建立医保管理异地协作机制以减少个人垫付医疗费，进而逐步实现异地就医持卡结算。截至2014年，全国基本实现基本医疗保险市级统筹，多数地区已实现省内异地就医直接结算，跨省结算尝试也在部分地区得到了开展，但异地就医结算手续依然较为复杂，异地医疗服务监管仍旧缺位。

2014年11月18日，《关于进一步做好基本医疗保险异地就医医疗费用结算工作的指导意见》出台，文件指出要在方便参保人员异地就医的同时，严防异地就医过程中的欺诈骗保行为；规范省内异地就医直接结算，完善跨省异地就医人员政策，提升异地就医信息化管理水平。在此基础上，2016年12月8日，人社部、财政部联合印发《关于做好基本医疗保险跨省异地就医住院医疗费用直接结算工作的通知》，提出从转出、结算、跨省综合协调等方面规范异地就医流程；在之后的《关于进一步加强基本医疗保险异地就医监管的通知》中明确通过完善落实异地就医管理制度及经办流程、加强医疗机构协议管理、健全异地协作协查机制等方式落实异地就医监督，并加大各方联动打击医保违法违规行为力度；在《关于做好基本医疗保险跨省异地安置退休人员备案工作的通知》中提出建立跨省异地安置退休人员信息库以提供更为方便、快捷的经办服务。

3. 基本医疗保险制度入法

在社会保险制度多年实践的基础上，2010年10月28日，十一届全国人大常委会第十七次会议审议并通过了《中华人民共和国社会保险法》：明确了社会保险广覆盖、保基本、多层次、可持续且与经济社会发展水平相适应的发展方针，并提出职工应参加职工基本医疗保险，其保费由用人单位和职工共同缴纳。而无雇工的个体工商户、未在用人单位参保的非全日制从业人员及其他灵活就业人员可由个人按照国家规定缴纳基本医疗保险费后参加职工基本医疗保险。

至此，我国职工基本医疗保险制度拥有了充足的法律支撑，从法律层面充分保障了城镇职工的医疗保障享有权，并明确了医疗保险的权责关系，为职工医疗保险制度的健康发展奠定了法制基础。

（三）推动“三医联动”配套改革①

1997年，中共中央、国务院发布《关于卫生改革与发展的决定》，规定城镇职工医疗的保费采用多方分担形式，由职工本人、所在单位和国家共同负担，同时积极鼓励社会力量及个人办医，实行自主经营，自负盈亏。卫生机构实行内部自主负责制，由机构最高管理者如院长、所长及站长等承担管理职责。在药品管理方面，规定建立和完善基本药物管理制度、药物分类管理制度以及各级医疗储备管理制度等基础制度，同时规范药品市场价格，建立推行相应的价格管理政策，设置价格上限，合理调控药品利润水平。

该决定改变了我国对药品价格的规制方式，实行药品价格政府指导价，将医疗服务收入的分配权给了医院，刺激了医院的“以药养医”行为，造成医疗服务费用上涨，加重了民众看病的经济负担。因此，随着城镇职工基本医疗保险制度的改革推进，配套的基本医疗卫生体制也进行了相应改革。

1. 医疗机构改革

2006年，国务院下发《关于发展城市社区卫生服务的指导意见》，提出建立以社会医疗卫生服务中心为基础的城市医疗卫生服务体系。此后，卫生部出台的《社区卫生工作管理制度》进一步指出，社区医疗机构和服务站需执行规范收支两条线管理，收入全部上缴国家财政，国家根据社区服务站的卫生防疫工作的完成绩效来给予相应的补贴和补助。卫生服务中心的架构在一定程度上纠正了医疗体系过度市场化的倾向，加大了政府投入，强化了政府责任。

2010年，卫生部发布《关于公立医院改革试点的指导意见》，在全国范围内选取了16个城市，进行公立医院试点改革。通过引入财政投入，弥补公立医院的经费缺口，落实政府办医责任，推进补偿机制改革，推动破除“以药补医”政策落地，建立符合医疗行业特点的新型补偿机制。2015年，《关

① 林鹏. 从制度变迁视角看我国医疗保障体制改革［J］. 濮阳职业技术学院学报，2017，30（4）：70-73.

于城市公立医院综合改革试点的指导意见》出台后，公立医院改革试点范围进一步扩大；2017 年 4 月，卫计委、财政部等七部委联合发布《关于全面推开公立医院综合改革工作的通知》，自此，公立医院改革全面推开。此外，2010 年 7 月，发改委、卫生部等五部委联合出台《乡镇卫生院管理办法（试行）》，标志着乡镇卫生院管理方面的政府回归，指出其预算须由县级政府审批并报财政部核准。

2. 医药制度改革

2009 年，国务院颁布《关于深化医药卫生体制改革的意见》，明确提出要建立健全覆盖城乡居民的基本医疗卫生制度，并着力解决群众“看病难、看病贵”等问题，以使群众能够获得价廉质优的医疗卫生服务。

同年，发改委、卫生部等九部委联合颁布《关于建立国家基本药物制度的实施意见》《国家基本药物目录（基层医疗卫生机构配备使用部分）》（2009 版）《国家基本药物目录管理办法（暂行）》等文件，基本药物制度建立工作在我国正式启动。我国于 2011 年实现了所有基层公立医疗机构取消药品加成；到 2015 年则实现了县级公立医疗机构全面取消药品加成；2017 年 4 月 11 日，发改委召开全国医疗服务价格改革工作座谈会，明确指出在 2017 年 9 月底前要实现各级各类公立医院全部取消药品加成。至此，我国对基本药物实行统一招标制，通过采取零差率购销模式大幅降低了基层民众的用药负担。

3. 完善基本医疗保险医疗服务监督机制

为进一步加强医疗保险医疗服务监管，更好地保障参保人员权益，维护医疗保险基金安全，推进深化医改，在总结各地实践经验的基础上，根据《中华人民共和国社会保险法》和《国务院关于印发“十二五”期间深化医药卫生体制改革规划暨实施方案的通知》，人社部于 2014 年 8 月 18 日印发《关于进一步加强基本医疗保险医疗服务监管的意见》，明确提出将监管对象延伸到医务人员以强化医保体系下的医疗服务监督，并优化信息化监控手段，建立医疗保险费用监控预警和数据分析平台。

在此基础上，2015 年 4 月 17 日，人社部印发《关于全面推进基本医疗保险医疗服务智能监控的通知》，提出以业务需求为导向、信息系统建设为基础，在全国开展智能监控工作，以期全面、及时、高效地监控医保体系下的各类医疗服务行为（门诊、住院、购药等）。监控对象具体包括定点医疗机构、定点零售药店、医务人员（简称“医保医生”）和参保人员，并实现对门诊、住院、药店购药的全方位监控，综合运用监控规则，密切跟踪监控指标，发现疑似违规行为后及时查实处理。

4. 支付方式改革

2017 年 6 月 20 日，国务院办公厅颁布《关于进一步深化基本医疗保险支付方式改革的指导意见》：在全国范围推行以按病种付费为主的多元化医保支付方式改革，开展基于疾病诊断分组的付费方式试点，同时完善按人头、床日付费等支付方式；在 2020 年实现覆盖所有医疗机构及医疗服务的医保支付方式改革，最终在全国普及基于特定疾病和医疗服务特点的多元复合医保支付方式。

在此基础上，2018 年 2 月 7 日，人社部发布《关于发布医疗保险按病种付费病种推荐目录的通知》：在各地已开展按病种付费工作和医保大数据聚类分析的基础上，经专家论证制定了《医疗保险按病种付费病种推荐目录》；提出各地应选择诊疗方案和出入院标准比较明确、诊疗技术比较成熟、临床路径稳定、综合服务成本差异不大的不低于 100 个疾病病种开展按病种付费；充分考虑医疗服务成本、既往实际发生费用、医保基金承受能力和参保人员负担水平等因素，结合病种的主要操作和治疗方式，通过与医疗机构协商谈判合理确定按病种付费支付标准，并建立动态调整机制。2019 年 5 月 20 日，国家医保局印发《按疾病诊断相关分组付费国家试点城市名单》的通知，确定 30 个城市作为 DRG 付费[①]国家试点城市，住院费用支付改革进一步推开。

① DRG 付费是按照临床治疗相近、医疗资源消耗相近的原则对住院病例进行分组，医保基金和患者个人按照同病组同费用原则，向医院支付医疗费用的付费方式。

三、城镇职工多层次医疗保障体系的提出与构建

城镇职工基本医疗保险制度的实现离不开多层次医疗保障体系的架构，只有在建设基本医疗保险制度的同时完善多层次医疗保障体系，才能充分满足参保职工的医疗需求，实现职工医疗保险的可持续发展。因此，在改革推进城镇职工医疗保险制度的同时，我国也在逐步建构职工多层次医疗保障体系，为基本医疗保险制度稳健运行提供支撑。

（一）医疗救助体系成形

2005年3月，国务院转发民政、卫生、劳动和社会保障和财政四部委于同年2月联合制定的《关于建立城市医疗救助制度试点工作的意见》，标志着我国医疗救助制度已具雏形。该意见明确提出从2005年开始在各省（自治区、直辖市）的部分县（市、区）以两年为限进行医疗救助制度试点，之后再用2~3年时间实现制度的全国范围铺开，并最终建成管理制度化、操作规范化的城市医疗救助体系。

此外，在政策落实方面要认真选择试点地区建立城市医疗救助基金；同时医疗救助对象需以未参加职工基本医疗保险的城市低保居民和已参加职工基本医疗保险但个人负担仍然较重的人员为主。

（二）补充医疗保险的发展

我国补充医疗保险制度有着深远的政策支撑，早在《中华人民共和国劳动保护法》就明确了“国家鼓励用人单位根据本单位实际情况为劳动者建立补充保险”的政策发展方向。此后，国务院《关于建立城镇职工基本医疗保险制度的决定》也进一步提出“超过（基本医疗保险）最高支付限额的医疗保险费用，可以通过商业医疗保险等途径解决”的补充医疗保障定位。而在实践上，四川省成都市早在1996年就进行了补充医疗保险试点。补充医疗保险经过数十年的发展，目前主要存在以下几种形式：

1. 国家对公务员实行的医疗补助

据《关于建立城镇职工基本医疗保险制度的决定》，国家公务员在参加基本医疗保险的基础上，可享受等同于补充医疗保险的医疗补助政策。公务员

的补充医疗保险可保障国家公务员享受的医疗待遇在医保制度改革前后相对不下降，进而实现医保体制在公务员群体中的平稳过渡。

2. 社会医疗保险机构开展的补充医疗保险

为减轻用人单位和患病职工的医疗负担，部分地区的社会医疗保险经办机构在“基本医疗保险”的基础上开办了与基本医疗保险相衔接、补偿高额医疗费用的补充医疗保险，补充医疗保险采取自愿参保形式，以企业为费用征缴主体，而具体的缴费分摊则由企业和职工自行确定。

由于社会医疗保险机构具有基本医疗保险管理经验，其在补充医疗保险的筹资、管理及医疗费用控制方面具有相当大的优势。但医保机构引入补充医疗保险管理也会造成一定程度的风险叠加，因此须极力避免补充医疗保险与基本医疗保险间的风险传递，对基金独立建账、独立管理的同时还需尽量扩大补充医疗保险的覆盖范围以增强其抗风险能力。

3. 商业保险公司开办的补充医疗保险

商业保险公司开办的补充医疗保险是由商业保险公司承办的为已参加基本医疗保险的职工提供与基本医疗保障相衔接的补充医疗保障的保险。

商业性补充医疗保险以基本医疗保险的最高支付限额为起付线，职工发生的超过基本医疗保险最高支付限额的医疗费用由商业保险公司据合同约定比例承担，并通常以补充医疗保险合同中的保险金额为补偿上限。商业性补充医疗保险需要基本医疗保障体系及医院的配合支持，但目前商业保险公司在医疗领域的话语权仍旧较弱，因此其运行风险较大、管理难度较高，故国内仍然只有部分大型保险集团在某些地区进行了相应实践。

4. 工会组织的职工互助保险

此外，补充医疗保险还包括由工会利用其组织的有利条件开展的职工互助保险，其主要依靠工会系统通过工会层面的风险分摊，为参保职工提供补充医疗保障。

（四）商业健康保险的发展

在补充医疗保险的基础上，个人购买的商业保险也是职工多层次医疗保障体系的重要支撑。1998 年，《关于建立城镇职工基本医疗保险制度的决定》

中就明确提出，对于超出最高支付限额的医疗费用，可通过商业医疗保险等途径解决，为商业健康保险发展提供了契机。

2006年6月，国务院下发《关于保险业改革的若干意见》指出统筹发展城乡商业养老保险和健康保险，完善多层次社会保障体系，进一步为健康保险发展指明了方向；同年8月，中国保监会颁布《健康保险管理办法》，明确了健康保险在经营、销售、负债管理方面的监管要求，规范健康保险市场，维护投保人合法权益，为健康保险可持续发展奠定了基础。2009年5月，保监会颁布《关于保险业深入贯彻医改意见，积极参与多层次医疗保障体系建设的意见》，进一步提出要大力发展商业健康保险，并鼓励商业保险公司积极探索健康管理服务模式，进而满足国民的多样化健康保障需求。

2012年颁布的《中华人民共和国社会保险法释义（三）》进一步明确多层次医疗保险的内涵，指出健康保险也是更大范围上的多层次医疗保障。2012年，国务院印发《卫生事业发展“十二五”规划》，提出到2015年，初步建立“以基本医疗保障为主体、其他多种形式补充医疗保险和商业健康保险为补充、覆盖城乡居民的多层次医疗保障体系”。2015年5月，财政部、税务总局和保监会共同下发《关于开展商业健康保险个人所得税政策试点工作的通知》，规定对试点地区个人购买符合规定的商业健康保险产品的支出，允许在当年（月）计算应纳税所得额时予以税前扣除，扣除限额为2 400元/年（200元/月），以此满足参保人多层次、多样化的健康需求，并于2017年7月1日推广至全国实施。

近年来，商业健康保险公司积极发展疾病及医疗保险，截至2017年年底，已有149家保险公司开展商业健康保险业务，原保费收入4 389.46亿元，占保险市场总体规模的12%。2018年，我国健康险业务原保险保费收入5 448.13亿元，同比增长24.12%；新增保单32.01亿件，同比增长417.28%；赔付支出1 744.34亿元，同比增长34.72%。

第四节　城镇职工基本医疗保险制度改革的重要成就

自20世纪50年代初期建立起职工医疗保障制度开始，公费、劳保医疗制度在40多年的时间里为保障职工身体健康、维护社会稳定提供了重要支撑。但随着我国社会主义市场经济体制的确定，公费、劳保医疗制度也与社会经济发展越来越不兼容，所以各地进行了一系列的医疗保障制度改革探索。

直到1998年，国务院出台《关于建立城镇职工基本医疗保险制度的决定》，才标志着我国城镇职工医疗保险制度改革框架和思路的基本定型；在此基础上，各地结合当地实际情况进一步完善城镇职工医疗保险的制度内涵，不断完善参保职工的医疗保障体系。回顾职工基本医疗保险制度改革，取得了一定成效的同时也存在进一步调整的空间。

一、“统账结合”的财务模式奠定了医保基金稳定运行的基础

（一）基于政策调整的“统账结合”模式创新

我国公费、劳保医疗制度采取的是单位范围内现收现付的财务模式，缺少参保单位之间的相互调剂，同时也无法实现时空上的风险分摊，无法体现社会保障制度的共济性特征。因此在借鉴国外医疗保障制度的先进经验，结合我国真实国情的基础上，城镇职工基本医疗保险确定了社会统筹和个人账户相结合的基金收付方式，是具有中国特色的制度创新。

社会统筹医疗基金通过共同筹集的资金统一调剂来保障全体参保职工的基本医疗需求，体现了社会保险互助共济的功能。而个人账户则是由个人缴纳的保险费和按一定比例提取的企业缴费共同组成，通过个人财产模式的建构增强参保职工的缴费积极性，进而通过个人保障资金的积累实现个人生命周期内的健康风险分摊。“统账结合”模式则是将自我保障机制与法定医疗保障相融合的一种尝试和创新。

此外，医疗费用不仅在人群之间存在较大差异，在个人一生的不同阶段也表现出很大的不同。实行“统账结合”实际上是把社会共济和个人储蓄两方面的优点加以结合。前者强调人群之间的统筹互济；后者突出个人在年轻少病的时候为年老多病时的储存调剂，从而从时空两个维度分散风险，提高职工防范风险的能力。

（二）“统账结合”模式下的基金运行情况

“统账结合”模式综合统筹基金的现收现付和个人账户的基金积累，以期实现群体层面的横向风险分摊及个体层面的跨生命周期的纵向风险分摊，但城镇职工基本医疗保险统筹基金和个人账户在 20 多年的运行中实现了建制初期的大部分期待的同时，仍存在一定的不足。

从设立医保个人账户的初衷来看，个人账户设立主要存在促进个人积累，增强个人疾病应对能力和参保激励等目标。通过个人账户的设置确实提高了职工的参保积极性，在一定程度上控制了医疗浪费。2007—2017 年，我国城镇职工基本医疗保险基金收支逐年增加，且基金当年结余也呈现出增长趋势。如表 7.1 所示：

表 7.1　2007—2017 年我国城镇职工基本医疗保险基金收支结余情况

年份	基金收入（亿元）	基金支出（亿元）	基金当年结余（亿元）	基金当年结余率（%）	基金累计结余（亿元）
2007	2 214.20	1 551.70	662.50	29.92	2 440.80
2008	2 885.50	2 019.70	865.80	30.01	3 303.60
2009	3 420.30	2 630.10	790.20	23.10	4 055.20
2010	3 955.40	3 271.60	683.80	17.29	4 741.20
2011	4 945.00	4 018.30	926.70	18.74	5 683.20
2012	6 061.90	4 868.50	1 193.40	19.69	6 884.20
2013	7 061.60	5 829.90	1 231.70	17.44	8 129.30
2014	8 037.90	6 696.60	1 341.30	16.69	9 449.80
2015	9 083.50	7 531.50	1 552.00	17.09	10 997.10
2016	10 273.70	8 286.70	1 987.00	19.34	12 971.70
2017	12 278.30	9 466.90	2 811.40	22.90	15 851.00

数据来源：国家统计局网站数据。

通过进一步分析城镇职工基本医疗保险的基金结余结构发现，虽然我国城镇职工基本医疗保险基金累计结余逐年上升，但其结余增加主要源于个人账户积累及缴费人群的增加。2017 年我国城镇医保个人账户累计结余 6 152 亿元，占基金累计结余的 38.81%。从人均累计结余来看，个人账户人均结余逐年攀升，但统筹基金人均结余已出现下降趋势。即便如此，2017 年统筹基金人均累计结余为 611.89 元，仍远高于个人账户人均累计结余的 202.88 元。可见职工医保个人账户的积累功能并未如期实现，定位为现收现付的统筹基金的积累功能反而强于个人账户。如表 7.2 所示：

表 7.2　2008—2017 年我国城镇职工基本医疗保险基金累计结余结构

年份	统筹基金累计结余（亿元）	个人账户累计结余（亿元）	统筹基金人均累计结余（元）	个人账户人均累计结余（元）
2008	2 161.60	1 142.00	654.32	57.11
2009	2 661.20	1 394.00	656.24	63.54
2010	3 007.20	1 734.00	634.27	73.06
2011	3 518.20	2 165.00	619.05	85.82
2012	4 187.20	2 697.00	608.23	101.83
2013	4 806.30	3 323.00	591.23	121.09
2014	5 536.80	3 913.00	585.92	138.29
2015	6 568.10	4 429.00	597.26	153.29
2016	7 771.70	5 200.00	599.13	176.08
2017	9 699.00	6 152.00	611.89	202.88

数据来源：中国劳动统计年鉴。

二、多元筹资更趋合理，参保覆盖面不断扩大

（一）资金由单方负担转为多方负担

我国早期的公费、劳保医疗制度是在战争年代的供给制基础上参照苏联模式建立的。其主要特点在于个人不负担医疗费用，职工就医费用基本由国

家或企业承担。

由于个人不承担医疗费用，职工就医费用意识极其薄弱，医疗资源被浪费的现象普遍存在，加速了医疗费用的增长，财政与企业负担日益沉重。随着经济体制改革，企业及各级财政开始自发进行医疗制度改革以期减轻医疗负担。因此，医疗保障改革的动力之一就是把国家和企业包得太多的情况加以扭转，强调个人的医疗费用承担。这不仅是世界各国的普遍做法，也是抑制医疗费猛增的重要措施之一。

为避免未来财政因医疗消费膨胀而面临的支付困境，城镇职工基本医疗保险制度确定国家、企业、个人三者共同分担医疗费用，建立职工个人负担机制是医疗保险改革的关键。职工个人的资金负担主要体现在两方面：一方面，参与职工基本医疗保险的个人需缴纳相应比例的医疗保险费，分摊企业及财政的缴费负担；另一方面，在职工就诊发生相关医疗费用时，职工仍需承担相当比例的医疗费用。引入职工个人缴纳医疗保险费成为除企业、国家之外的医疗保障又一重要财源，对于增强医疗保险基金稳定性具有一定作用。而在医疗费用支付过程中引入个体责任，可加强参保职工的医疗费用意识，避免过度诊疗及医疗浪费；同时强调个体医疗责任，也可降低医疗保险运行中的道德风险，增强参保职工的健康管理意识，改变职工的不良生活习惯，避免恶性就医现象及职工健康状况的恶性循环。

从部分城市的筹资实践来看：2018年各地参保职工医保费率均为2%，而企业医保费率则在7%~10%左右，呈现出明显的地域差异。其中广州市企业职工医疗保险费率逐年下降，从2016年的8%逐步下降至2019年的6.5%，职工在医疗保险筹资中的相对贡献逐年上升，而从医疗费用自付情况来看，职工医疗保险参保群体自付率为25%~60%。

（二）政策覆盖范围由小变大

我国之前实行的公费、劳保医疗制度，其覆盖范围主要为国家机关、事业单位和全民企业、大集体企业的职工。其中，公费医疗的对象约4 000万人，劳保医疗的对象约1.1亿人。如将享受半费医疗的家属包括在内则接近2亿人，保障范围不到全国人口比重的20%。

由于医疗保障对象范围仅限于一部分劳动者，而外商投资企业、乡镇企业、私营企业的职工和个体劳动者，几乎都未被纳入医疗保障体系。这不仅影响到这些企业职工的基本医疗需求，而且也对这些企业的生产活动产生了不利影响，更不利于劳动力的合理流动，与社会经济发展呈现出明显的错配。

1998 年进行的城镇职工基本医疗保险制度改革，虽然还不能把“全体国民”作为保障对象，但其建立的以“全体劳动者”为对象的医疗保障，将城镇所有用人单位的职工均纳入城镇职工基本医疗保险制度之中。具体包括企业（国有、集体、外商投资和私营企业等）、机关事业单位、社会团体、民办非企业单位等。此举有效地扩大了制度的覆盖面，是医疗保障事业发展中的一件大事，具有里程碑的意义。

此后，随着城镇职工基本医疗保险制度改革的深化，政策覆盖范围进一步扩大，从最初的企业职工逐步拓展到灵活就业人员、农民工等特殊群体，并对缴费困难企业提供一定政策优惠，以加大医疗保险覆盖。1999—2018 年，城镇职工基本医疗保险政策覆盖范围逐年拓宽，参保人数连年增加：从 1999 年的 2 065. 3 万人增至 2018 年的 31 673 万人，参保人数在 20 年间增加了数十倍，且以在岗职工的增加为主。1999 年职工基本医疗保险仅覆盖城镇就业人员（包括城镇个体就业人员）的 9. 22%，2018 年该指标增长至 72. 95%。如表 7. 3 所示：

表 7. 3　1999—2017 年城镇职工基本医疗保险参保人数　　单位：万人

年份	职工基本医疗保险年末参保人数	在岗职工基本医疗保险年末参保人数	退休人员基本医疗保险年末参保人数
1999	2 065. 30	1 509. 40	555. 90
2000	3 786. 90	2 862. 80	924. 20
2001	7 285. 90	5 470. 70	1 815. 20
2002	9 401. 20	6 925. 80	2 475. 40
2003	10 901. 70	7 974. 90	2 926. 80
2004	12 403. 70	9 044. 40	3 359. 20

表7.3(续)

年份	职工基本医疗保险年末参保人数	在岗职工基本医疗保险年末参保人数	退休人员基本医疗保险年末参保人数
2005	13 782.90	10 021.70	3 761.20
2006	15 731.90	11 580.30	4 151.50
2007	18 020.30	13 420.00	4 600.00
2008	19 995.60	14 987.70	5 007.90
2009	21 937.40	16 410.50	5 526.90
2010	23 734.70	17 791.20	5 943.50
2011	25 227.10	18 948.50	6 278.60
2012	26 485.60	19 861.30	6 624.20
2013	27 443.10	20 501.30	6 941.80
2014	28 296.00	21 041.30	7 254.80
2015	28 893.10	21 362.00	7 531.20
2016	29 531.50	21 720.00	7 811.60
2017	30 322.70	22 288.40	8 034.30

数据来源：国家统计局网站资料。

三、制度形式统一化、管理社会化，提高了公平与效率

（一）形式由多样变统一

除了显见的外延性成效以外，职工医疗保险制度改革在制度形式方面也呈现出统一化的发展趋势。

1. 统一职工医疗保障制度的重要性

在计划经济时代，我国职工医疗保障制度主要有两种形式：一是公费医疗制度，以国家工作人员为保障对象；二是劳保医疗制度，以企业职工为保障对象。两套医疗制度虽然基于计划经济时代背景而建立，但两种医疗制度本身各自为政，不仅造成有效的医疗经费使用效率低下，而且还严重分割了

有效的医疗资源，造成了不必要的浪费。

因此，建立新型的医疗保障制度必须将劳保、公费医疗两套制度进行有机的统一，即在同步改革的前提下，使二者能按统一的要求、统一的结构安排进行改革。特别是在医疗保障的政策、医疗行政的管理、医疗费用的筹集，以及医疗保障给付的标准等方面，都应该实现统一，以改变各自为政、效率低下和资源分割的局面。

2. 职工医疗保险改革方针的统一

改革大政方针的统一指的是不区分单位和人员在该地区内实行统一医疗制度，但并不排斥和否认根据各地经济发展差异采取不同的实施方案和改革形式。即在地区之间允许采取大政方针统一、具体办法体现差别的改革实施方略。

因此，城镇职工医疗保障制度改革在任务、原则、主要政策和制度模式等方面均坚持全国统一，而具体的实施方案、统账结合的实现形式则由地方人民政府根据当地实际情况研究制定。如此既考虑了我国经济社会发展各地区差异较大的客观情况，又给各地留下了进一步探索和完善医疗保险制度的空间。而职工医疗保险制度整体的统一，则为提升劳动力市场化程度、促进职工流动提供了相应的医疗保障支撑。但由于经济水平差异导致的医疗保险制度细节差异，职工在跨统筹地区流动时仍面临一定的待遇调整和保障差异。

（二）管理由“单位”转变为“社会”

在政策形式统一化的基础上，职工医疗保险的管理也呈现出统一归集的发展趋势，逐步从早期的单位管理过渡为社会保障。

1. 公费、劳保医疗支付下的单位管理

早期的职工医疗制度（公费、劳保医疗制度），准确来说只算是政府保险型和企业保险型，谈不上是社会保险，远没有达到社会化的程度。

这种以“单位”保险为主的方式，医疗保障管理和服务的社会化程度较低，不仅造成新老企业之间、不同行业之间医疗待遇苦乐不均，而且造成职工医疗费用缺乏统筹互济，医疗保障体系抗风险能力较弱，还增加了企事业单位的行政事务负担，严重影响了企业的活力和市场竞争能力。因此，后期的改革中逐步出现大病统筹、退休人员医疗费用统筹等探索。

2. 城镇职工基本医疗保险的社会管理

城镇职工基本医疗保险制度强调基本医疗保障管理的属地化及医保服务的社会化。属地化的实质就是社会化，就是要打破条块分割，打破过去公费、劳保医疗之间，不同所有制单位之间，不同职工身份之间的界限，在更大的覆盖范围实行统一的制度、统一的政策、统一的待遇标准和统一的社会化管理。

职工医疗保险的社会化管理有利于减轻企事业单位的社会负担；有助于国有企业经营机制的转换和现代企业制度的建立；有利于提高管理效率，提高医疗保障基金的共济能力，更好地发挥社会保险互助互济的功能。可见，职工医疗保险的社会化管理也是适应社会主义市场经济发展的产物，但随着市场经济机制的逐步完善及职工基本医疗保险覆盖范围的扩大，完全依赖社会化管理会面临社会管理能力有限，管理效率不足等问题。在此背景下，一定程度上的“社商融合”管理或许可提升职工医疗保险的管理效率和参保职工的保障体验。

四、多层次保障体系有利于满足多样化医疗需求和责任分解

在计划经济时代，公费、劳保医疗制度是我国唯一的医疗保障制度：无论是因病、因伤造成的医疗花费，还是工伤造成的伤残补贴、死亡补偿等都在公费、劳保医疗体系内列支。

虽然政策安排尽可能将所有的疾病风险纳入保障范围，但保障水平越高，能够参与进来的企业及职工就越少，同时大包大揽也造成了医疗资源浪费并使相关企业不堪重负；进而造成医疗保障覆盖面窄、社会化程度较低，最终无法分摊职工疾病风险，制度内部矛盾日益突出，制度运行难以为继。

反观世界大多数国家的医疗保障实践后发现，一个完整的医疗保障体系都是由法定、补充、互助、商业等不同性质的多层次医疗保障组成。法定医疗保障是医疗保障系统中的主干，但它的定位是保证基本医疗。而社会上却

存在着各种阶层、各种收入以及各种职业的不同群体，其医疗需求是多样化的。因此，需要建构多层次的医疗保障网络，使社会上有不同的医疗需求（尤其是高标准和特殊的医疗需求）及暂时仍被排除在法定医疗保障之外的人们，也能享受必要的医疗保障。

我国城镇职工基本医疗保险制度明确提出其“广覆盖、低水平”的定位，给多层次医疗保障体系发展留出充足空间。既要满足不同人群的医疗保障需求，又必须有其他层次的医疗保障方式与之配套。

在此基础上，城镇职工基本医疗保险无论在政策设计还是实际运行中都围绕基本保障的原则展开：设立基本药品目录、基本诊疗方式，并对医疗机构进行分级管理；将保障范围限定在“两定点、三目录”的规定范围内，在报销比例上向基层医疗机构倾斜；并在保障范围上呈现出以住院、大病为主，门诊、慢病为辅的发展特征。

与此同时，各部委也出台了相关政策鼓励多层次医疗保障体系建设。通过引入补充医疗保险完善职工医疗保障体系，构建大病保障机制满足职工大病保险需求；鼓励商业健康保险发展，通过税收优惠、委托经办等方式增强商业健康保险竞争力，推动商业健康产品创新，满足不同人群的差异化保险需求。但我国多层次医疗保障体系建设仍处于发展的初级阶段，基本医疗保险一支独大、部分地区基本医疗保险定位不清等问题仍然突出。

第八章
“健康中国”建设与职工医疗保险的发展展望

2011年以来，我国经济发展进入新常态，在日益严峻的人口老龄化、新型城镇化持续推进的双重压力下，社会医疗保险制度设计和运行中存在的深层次问题日渐显现。在此背景下，城镇职工基本医疗保险不仅要注重覆盖面扩大、基金规模增长的外延式发展，更要朝着提高制度公平性和可持续性的内涵式、高质量发展方向转变。2013年11月，中共十八届三中全会审议并通过中共中央《关于全面深化改革若干重大问题的决定》，其中明确指出要建立更加公平、更可持续的社会保障制度，便是对这种转变的积极回应。2015年10月，中共十八届五中全会通过《关于制定国民经济和社会发展第十三个五年规划的建议》，再次重申了社保公平、可持续的发展目标。2016年8月中央政治局审议通过《“健康中国2030”规划纲要》。展望未来，在“健康中国”战略建设的背景下，城镇职工医保发展必将步入进一步深化改革的新阶段。

第一节　统账结合的医疗保险制度发展面临的新挑战

经过20余年的发展，我国“统账结合”的城镇职工医疗保障体系已日趋完善，但随着经济的进一步发展，人民的健康需求逐渐提升，职工基本医疗保险制度设计和运行中存在的问题日渐突出，统账结合的医疗保险制度发展面临着一系列新挑战。

一、医疗保险主体权责模糊，筹资设计有待优化

（一）医疗保险缴费主体权责模糊

在制度建立和运行过程中，为提高职工参保积极性、扩大政策覆盖范围，职工基本医疗保险采取了个人缴费相对较少的策略。经过多年的发展，其筹资环节基本形成并长期保持了个人与企业1∶3的缴费分担结构（有些地区甚至为1∶5），企业责任相对偏重。随着我国经济增速放缓，过重的企业缴费负担会拖累企业自主创新能力的提升，对我国经济发展造成不利影响。可见，随着经济环境的变化，个人、单位和财政三者在筹资环节应当以何种比例进行分责仍是一个值得探究的问题。

设立职工医保个人账户的初衷在于通过个人账户的资金积累提高职工的参保积极性并应对个人的老年医疗风险，但医疗保险领域以现收现付筹资模式为主，并不存在个人长期积累的基础。医疗费用会在个体生命周期的任意时点产生，个人账户积累较难实现。此外，由于个人账户功能有限，个人账户使用率不足，一方面加重了参保职工的医疗负担，另一方面也导致个人账户滥用、违规使用现象层出不穷，加大了医保管理难度。而个人账户的高比例划拨和大量结余在一定程度上也会挤占统筹基金份额，进而削弱统筹基金支付能力，因此个人账户何去何从也有待进一步研讨。

（二）医疗保险筹资机制尚待优化

医疗保险主体权责不明也进一步导致了医保筹资设计上的不足，具体体现为职工医疗保险体系下的退休职工不缴费政策。职工退休后不缴纳医疗保险费便可享受医疗保障，而居民医保则采取了全年龄段缴费策略。所有国民的医疗需求都是终身存在且十分类似，而老年人的医疗风险及医疗支出均远高于在岗职工。

在老龄化的背景下，我国老年抚养比逐年攀升，截至 2017 年已高达 15.9%，而职工基本医疗保险的人口结构老龄化程度更甚。虽然随着政策覆盖面的扩大，制度内人口结构有年轻化的趋势，但自 2012 年以来，政策扩面福利逐渐减弱，人口老龄化影响日渐突出，截至 2017 年年底，每 2.77 个在岗职工需负担 1 个退休职工的医疗保险费用。如表 8.1 所示：

表 8.1 1999—2017 年我国人口老龄化在城镇职工基本医疗保险中的发展

年份	65 岁及以上人口（万人）	老年抚养比（%）	在岗职工医保参保人数（万人）	退休人员医保参保人数（万人）	职退比（%）
1999	8 679.00	10.20	1 509.40	555.90	2.72
2000	8 821.00	9.90	2 862.80	924.20	3.10
2001	9 062.00	10.10	5 470.70	1 815.20	3.01
2002	9 377.00	10.40	6 925.80	2 475.40	2.80
2003	9 692.00	10.70	7 974.90	2 926.80	2.72
2004	9 857.00	10.70	9 044.40	3 359.20	2.69
2005	10 055.00	10.70	10 021.70	3 761.20	2.66
2006	10 419.00	11.00	11 580.30	4 151.50	2.79
2007	10 636.00	11.10	13 420.00	4 600.00	2.92
2008	10 956.00	11.30	14 987.70	5 007.90	2.99
2009	11 307.00	11.60	16 410.50	5 526.90	2.97
2010	11 894.00	11.90	17 791.20	5 943.50	2.99
2011	12 288.00	12.30	18 948.50	6 278.60	3.02
2012	12 714.00	12.70	19 861.30	6 624.20	3.00

表8.1(续)

年份	65岁及以上人口(万人)	老年抚养比(%)	在岗职工医保参保人数(万人)	退休人员医保参保人数(万人)	职退比(%)
2013	13 161.00	13.10	20 501.30	6 941.80	2.95
2014	13 755.00	13.70	21 041.30	7 254.80	2.90
2015	14 386.00	14.30	21 362.00	7 531.20	2.84
2016	15 003.00	15.00	21 720.00	7 811.60	2.78
2017	15 831.00	15.90	22 288.40	8 034.30	2.77

资料来源：国家统计局。

而随着老龄化的加深，医保基金支付压力将日益加大，此时对大量的退休职工仍采取不缴费政策或将威胁医保基金的财务稳定性，但此时实施退休人员缴费政策又会出现新人和老人待遇不均的代际不公平。因此，这些不同制度的差异化规定及缴费与待遇的不完全配比反映出我国基本医保权责关系尚待进一步理顺。

二、统筹层次较低，地区间发展不平衡

从我国职工医疗保险的发展来看，由于其基于各地经济发展水平实行属地化管理，职工基本医疗保险仍以县、市级统筹为主。较低的统筹层次除了使基金风险池较小外，也带来了地区之间医疗保险发展不平衡的问题①。职工医疗保险地区发展不平衡主要包含两方面的内容：一是筹资制度碎片化，二是医疗待遇不平衡。

（一）筹资制度碎片化

从城镇职工医疗保险筹资来看，全国不同统筹地区通常采取不同的筹资方案。如2018年北京职工基本医疗保险的企业缴费率高达10%，而广州市则

① 仇雨临，王昭茜．我国医疗保险制度发展四十年：进程、经验与展望［J］．华中师范大学学报（人文社会科学版），2019，58（1）：23-30.

仅为7%。虽然各地个人缴费标准较为统一，但不同的个人账户划拨规定也将造成医保个人账户积累差别极大，进而导致职工医疗风险应对能力的差异，医疗保障在个人积累维度公平性不足。如表8.2所示：

表8.2 2018年国内部分城市城镇职工基本医疗保险缴费比例 单位:%

城市	单位缴费	个人缴费
北京市	10	2
上海市	9.5	2
南京市	9	2
成都市	7.5	2
广州市	7	2

资料来源：根据各城市医疗保险管理中心的数据整理。

此外，各地筹资制度的差异也将造成多层次医疗保障架构能力的差异。在企业缴费负担较重的地区，企业应对基本医疗保障已苦不堪言，已没有能力去为职工建构补充医疗保障，从而导致多层次医保体系架构上的地区差异，医疗保障体系架构地区间平衡性不足。

而多层次医疗保障体系的架构离不开职工与企业的共同参与，在基本医疗保险费率较高的背景下，再增加第二、三层次补充医疗保险，必然大幅加重用人单位与个人的经济负担。因此，建立在职工医保基础上的多层次医保的参保主体往往存在较高的职业区分度，多层次医保在公务员和事业单位职工中较为普及，在一般企业职工群体中覆盖率较低，而各统筹地区的费率差异也将加剧医疗保障的行业不公平。

（二）医疗待遇不平衡

从城镇职工基本医疗保险的医疗待遇来看，各统筹地区的待遇设置也存在明显的地域差异：首先，在统筹账户与个人账户的支付范围上存在明显的地区差异，有的地区将部分门诊费用纳入统筹基金支付范围，有的地方的统筹基金则只用于住院开支；其次，各地在起付线、封顶线、报销范围、报销比例上也存在明显的区别，有的地区强调大病保障，有的地区则强调基础医疗保障。以 2019 年广州市和成都市城镇职工基本医疗保险待遇为例：广州市对同一等级医疗机构住院费用的起付线更高，报销比例更低；但广州市城镇职工可享受门诊统筹政策，而成都市城镇职工只能使用个人账户支付门诊费用。如表 8.3 和表 8.4 所示：

表 8.3　2019 年广州市城镇职工医疗保险住院费用起付线及报销比例

医院等级	在岗职工起付线（元）	在岗职工报销比例（%）	退休人员起付线（元）	退休人员报销比例（%）
一级	400	90	280	93
二级	800	85	560	89.5
三级	1 600	80	1 120	86

表 8.4　2019 年成都市城镇职工医疗保险住院费用起付线及报销比例

医院级别	起付标准（元）	报销比例（%）	住院床位费日限额（元）
社区卫生服务中心/乡镇卫生院	160	95	15
一级医院	200	92	15
二级医院	400	90	20
三级医院	800	85	30

资料来源：根据相关城市医疗保险管理中心的数据整理。

因此，差异化的医疗待遇必将导致参保职工医疗保障水平的差异，进而造成不同地区职工的医疗负担差异，从量的维度加深参保职工的医疗不公平。此外，卫生资源城乡、地区间的分布不均衡则造成不同地区可享受的医疗服务差异，进而从质的维度加剧了参保职工的医疗不公平。医疗待遇不平衡与医疗资源分布不均的问题，将导致我国职工的健康待遇不平等。

三、对流动人口的适应性差，异地就医报销难

（一）对流动人口的适应性差

为了提高政策运行效率，降低制度管理成本，城镇职工基本医疗保险采

取属地管理、地市级统筹的管理模式，而大部分城镇就业职工通常存在着跨统筹地区工作的情况，跨统筹地区就医也就在所难免。职工医疗保险仅可报销统筹地区内发生的医疗费用，就算设置了异地就医结算的系列规则，但异地就医报销仍存在诸多限制，无法充分保障参保职工的异地就医风险。

从我国人口流动情况来看，截至2017年年底，我国流动人口已高达2.44亿人，占城镇常住人口的30%、总人口的17.55%。其中外出农民工逐年增加，从2009年的1.45亿人增长至2017年的1.72亿人，在流动人口中占比高达70.43%。而农民工群体就业灵活，但往往没有就业地的职工医疗保险，其医疗保障只能以其户籍所在地的城乡居民医疗保险为主，但其工作性质通常以室外工作为主，区域流动性较强，健康风险较高，一旦发生医疗支出便会受制于异地就医报销而无法享受充分的医疗保障。如表8.5所示：

表8.5 2008—2017年我国人口流动情况 单位：亿人

年份	总人口	城镇常住人口	人户分离人口	流动人口	全国农民工	外出农民工
2008	13.28	6.24	—	2.01	2.25	—
2009	13.35	6.45	—	2.11	2.30	1.45
2010	13.41	6.70	2.61	2.21	2.42	1.53
2011	13.47	6.91	2.71	2.30	2.53	1.59
2012	13.54	7.12	2.79	2.36	2.63	1.63
2013	13.61	7.31	2.89	2.45	2.69	1.66
2014	13.68	7.49	2.98	2.53	2.74	1.68
2015	13.75	7.71	2.94	2.47	2.77	1.69
2016	13.83	7.93	2.92	2.45	2.82	1.69
2017	13.90	8.13	2.91	2.44	2.87	1.72

数据来源：国家卫生健康委员会流动人口数据平台。

（二）异地就医报销难

虽然早在2009年，人社部与财政部就提出要实现基于省内异地就医结算平台的异地就医直接结算，并推进“点对点”的跨省就医结算尝试，但我国异地就医结算手续仍然十分烦琐。从异地就医报销的流程来看：首先，需选择全国联网的定点医疗机构就医，否则就不支持医保异地报销。其次，异地就医在入院时须向参保地医保中心备案并通过参保地医保部门审批，且部分地区仍需要以纸质文件申请备案；若异地就医手续齐全，医保结算系统却无法报销的，需向社保经办机构申请报错处理；整个流程十分复杂，且需要参保地医保部门、就医医院等多方协调才能完成报销。

2016年，人社部开始建立医疗保险跨省异地结算平台，全国异地就医住院费用直接结算工作也一直在推进。然而，部分省份和地区仍存在结算系统卡顿、差错频繁，各种手续烦琐等问题，给医保患者的报销带来困难。此外，就医地和参保地在药物价格、医疗服务价格、报销比例、最高支付限额等方面存在明显的政策差异，同病不同医、同病不同药、同药不同价也会导致异地就医报销覆盖不足等问题。

经过多年的发展，2018年我国在异地就医结算网络方面已有15 411家定点医疗机构开展了跨省异地就医结算业务，其中跨省住院患者超过500人次的定点医疗机构已全部接入异地就医结算平台，覆盖二级及以下定点医疗机构12 803家，基本实现了县级行政区的全覆盖。而在异地就医业务办理方面，2018年我国职工医保参保人员异地就医3 656万人次，发生异地就医费用1 085亿元（住院费用971亿元）；居民医保参保人员异地就医2 876万人次，异地就医费用1 965亿元（住院费用1 906亿元）。虽然2018年全国范围已实现131.8万人次的跨省异地就医住院费用直接结算，并在发生的319.4亿元医疗费用中由医保基金支付188.5亿元，实现了近60%的异地就医报销比，异地就医结算的整体水平较2017年明显提升，但覆盖人口仍不足流动人口的1%，异地就医机制仍待进一步完善。

四、“三医联动”改革“联而不动”，医药费用高企

（一）三医“联而不动”，医疗卫生体制改革滞后

医疗、医药与医保是维护公民健康的“三驾马车”，但长期以来，我国并未形成有效的“三医联动”机制，进而导致医保改革效果被医疗卫生体制的发展滞后所稀释。

尽管自2009年“新医改”以来，我国社会医疗保险待遇快速提高，医疗费用的政策范围内报销比逐步升至75%~90%以上，但由于医院“以药养医”行为及药价虚高现象的存在，医保报销比例的提高并未降低患者个人的实际医疗支出，老百姓在医疗健康方面依然缺少获得感，“看病难”“看病贵”等问题仍然存在。

此外，医疗保险在三医联动中的作用仍不明显，对医疗服务和医药市场的约束力十分有限。医疗保险体系内的分级诊疗机制试图借助医保的价格杠杆引导患者向基层医疗机构流动，但在不同级别的医疗机构，医疗资源配置悬殊、“健康守门人”制度缺乏、民众就医观念不改变的背景下，医疗保险对医疗服务的撬动和引导作用仍然难以实现。

（二）三医“联而不动”，医保管理滞后①

在“三医”体系内，各行政部门存在明显的改革本位主义和功利主义思想，三个部门因各自为政而使政策分歧、错位对冲等现象时有发生。“三医”间既未实现有机联动也未形成有序协同，三部门既未形成改革合力也难独善其身。作为统筹方的医保管理部门没有有效制约医疗和药品费用高速膨胀对医保基金的“虹吸效应”的措施，已成为削减医保红利、降低公众获得感的主要原因。

医保管理和经办服务体系既是社会医疗保险的运行载体，也是连接制衡

① 孙淑云. 改革开放40年：中国医疗保障体系的创新与发展［J］. 甘肃社会科学，2018（5）：21-28.

医、患、药三方的基础平台。而医保行政管理简单粗放，与医保经办机构“政事不分”，同时医保经办机构的经办服务能力较为低下，其“第三方团购”医疗、医药的协商谈判机制尚未成熟，连接医、患、保三方的复杂医保支付制度被行政化、简单化执行，进而导致医保在“三医”中的联动地位受限。

（三）第三方支付制度加重道德风险，医药费用持续升高①

由于作为第三方支付的医保支付制度的存在，个人在医疗消费决策时的私人边际成本与社会边际成本存在明显的差异，其私人边际成本远低于社会边际成本。因此，面对较低甚至免费的医疗服务价格，患者会消费过量的医药服务。虽然分级诊疗制度在一定程度上可以弱化医疗服务需求膨胀，但在财政补贴不足的背景下，为获取更多的病人资源及医疗收入，医疗机构间的直接竞争会使医保间接控制的分级诊疗机制失效。

此外，作为第三方支付的医保制度会降低患者对医疗成本的监控动力，其与医疗服务供方的诱导需求相结合，提高医患合谋套取医保资金现象的发生率，进而加剧医疗浪费，造成医疗费用持续升高。

从1999—2017年我国医疗卫生费用支出情况来看：卫生总费用连年增加，人均卫生费用在20年间增长了近10倍。截至2017年年底，我国卫生总费用支出已高达52 598.28亿元，人均卫生费用高达3 783.83元。而卫生费用的分摊呈现出社会医疗保险支出占比逐年攀升的发展趋势，个人卫生支出占比虽有所下降，但其绝对额却增长迅速，从1999年的2 260.55亿元增长至2017年的15 133.6亿元。如表8.6所示：

① 彭宅文．改革开放以来的社会医疗保险制度改革：政策范式转移与制度约束［J］．社会保障评论，2018，2（4）：56-74.

表 8.6 1999—2017 年我国医疗卫生费用支出情况

年份	卫生总费用（亿元）	政府卫生支出（亿元）	社会卫生支出（亿元）	个人现金卫生支出（亿元）	人均卫生费用（元）
1999	4 047.50	640.96	1 145.99	2 260.55	321.78
2000	4 586.63	709.52	1 171.94	2 705.17	361.88
2001	5 025.93	800.61	1 211.43	3 013.88	393.80
2002	5 790.03	908.51	1 539.38	3 342.14	450.75
2003	6 584.10	1 116.94	1 788.50	3 678.67	509.50
2004	7 590.29	1 293.58	2 225.35	4 071.35	583.92
2005	8 659.91	1 552.53	2 586.40	4 520.98	662.30
2006	9 843.34	1 778.86	3 210.92	4 853.56	748.84
2007	11 573.97	2 581.58	3 893.72	5 098.66	875.96
2008	14 535.40	3 593.94	5 065.60	5 875.86	1 094.52
2009	17 541.92	4 816.26	6 154.49	6 571.16	1 314.26
2010	19 980.39	5 732.49	7 196.61	7 051.29	1 490.06
2011	24 345.91	7 464.18	8 416.45	8 465.28	1 806.95
2012	28 119.00	8 431.98	10 030.70	9 656.32	2 076.67
2013	31 668.95	9 545.81	11 393.79	10 729.34	2 327.37
2014	35 312.40	10 579.23	13 437.75	11 295.41	2 581.66
2015	40 974.64	12 475.28	16 506.71	11 992.65	2 980.80
2016	46 344.88	13 910.31	19 096.68	13 337.90	3 351.74
2017	52 598.28	15 205.87	22 258.81	15 133.60	3 783.83

数据来源：国家统计局。

第二节 《“健康中国 2030”规划纲要》对医保制度发展的影响

《中华人民共和国国民经济和社会发展第十三个五年规划纲要》明确提出“十三五”时期是我国全面建成小康社会的决胜阶段，而“健康体魄”是小康建设的先决条件和重要内容，没有全民健康，就不会有全面小康。在此时代背景下，党中央审时度势、高屋建瓴，将“健康中国”确定为国家战略。在2016年8月16日的全国卫生与健康大会上，习近平总书记指出要把人民健康放在优先发展的战略地位。2016年8月26日中央政治局审议通过《“健康中国2030”规划纲要》，2016年10月25日印发并实施。

一、“健康中国”的战略内涵与医保发展的关系

（一）“健康中国”的战略内涵

“健康中国”作为一种全新的治国理念，是中国特色社会主义道路的又一伟大实践。中央首次将全民健康提到国家战略层面，并从多个维度阐述国家健康战略的内涵，将对中国未来的劳动力发展、居民生活以及产业升级等诸多方面产生深远影响，进而推动经济可持续发展、实现全面小康建设目标。

“健康中国”战略以健康优先、改革创新、科学发展、公平公正为建设原则，基于科技创新和信息化支撑，将促进健康的理念融入公共政策制定实施的全过程，进而形成具有中国特色、促进全民健康的制度体系。具体到健康领域则以预防为主、防治结合、中西医并重为战略核心，在促进健康服务绿色集约式发展的同时通过各项机制推动基本公共医疗服务均等化，进而逐步实现基本健康服务和居民健康水平在城乡、地区、人群间的平衡发展。

从政策细节来看，《“健康中国2030”规划纲要》[1] 的具体内容包括普及健康生活、优化健康服务、完善健康保障、建设健康环境、发展健康产业五个方面的内容。其中，普及健康生活主要通过强化健康教育、引导健康行为、提升身体素质等方式提升全民健康素养，实现个体维度的健康目标；优化健康服务从服务供给视角出发，通过强化公共卫生服务、完善医疗服务体系、引导中医药技术发展、加强重点人群服务等方式落实健康发展目标；完善健康保障从医疗保障及药品供应保障维度提供保障支持；建设健康环境从环境治理、食品药品安全、公共安全等维度推动全民健康发展；发展健康产业从产业政策维度提供相应的战略支撑。

（二）“健康中国”战略与医保发展的关系

在“健康中国”战略中，完善健康保障处于特殊的地位；健康生活和健康环境是健康中国的目标；健康服务和健康产业是实现健康中国的动力系统；健康保障制度是政府驾驭健康领域发展，实现健康中国目标的控制系统；市场机制则是控制系统与动力系统之间的传导机制[2]。

完善健康保障具体包含健全医疗保障体系和完善药品供应保障体系两方面的内容。其中健全医疗保障体系与医保发展直接相关，而完善药品供应保障体系也与医保发展密切相连。健全医疗保障体系具体包含完善全民医保体系、健全医保管理服务、积极发展商业健康保险三个方面的内容，分别对应着医疗保险深化改革及多层次医保体系建设、支付方式改革、异地就医结算、社商合作等医保发展中的重点及难点。而完善药品供应保障体系则与医疗费用控制、基药制度建设等密切相关。

可见，“健康中国”战略一方面为医保发展指明了方向，另一方面医保健康发展也是实现“健康中国”战略的重要支撑，只有在医疗保障体系成熟运行的基础上，“健康中国”战略目标方能稳步实现。

---

① 新华社. 中共中央国务院印发《“健康中国2030”规划纲要》[J]. 中华人民共和国国务院公报，2016（32）：5-20.

② 董朝晖. 全民医保在健康中国战略中的功能与地位［J］. 中国医疗保险，2016（10）：22-23.

二、健全医疗保障体系的战略构成[①]

（一）完善全民医保体系

健全以基本医疗保障为主体、其他多种形式补充保险和商业健康保险为补充的多层次医疗保障体系。整合城乡居民基本医疗保障制度并统一其经办管理。

健全基本医疗保险稳定、可持续的筹资和待遇水平调整机制以实现医保基金的中长期精算平衡。从均衡单位和个人缴费负担、合理确定政府与个人分担比例的角度完善医保缴费参保政策。

改进职工医保个人账户，开展门诊统筹；进一步健全重特大疾病医疗保障机制；同时加强基本医疗保险、城乡居民大病保险、商业健康保险与医疗救助等制度的有效衔接。到2030年，实现全民医保体系成熟定型。

（二）健全医保管理服务体系

严格落实医疗保险基金预算管理；全面推进医保支付方式改革，积极推进按病种付费、按人头付费，积极探索按疾病诊断相关分组付费（DRGs）、按服务绩效付费，形成基于医保总额预算管理的复合式付费方式；健全医保经办机构与医疗机构的谈判协商与风险分担机制。

加快推进基本医保异地就医结算，实现跨省异地安置退休人员住院医疗费用直接结算和符合转诊规定的异地就医住院费用直接结算。

全面实现医保智能监控，将医保对医疗机构的监管延伸到医务人员；逐步引入社会力量参与医保经办；加强医疗保险基础标准建设和应用。到2030年，实现全民医保管理服务体系完善高效。

（三）积极发展商业健康保险

落实税收等优惠政策，鼓励企业、个人参加商业健康保险及多种形式的补充医疗保险。丰富商业健康保险产品，鼓励商业保险公司开发与健康管理

① 新华社. 中共中央国务院印发《“健康中国2030”规划纲要》[J]. 中华人民共和国国务院公报，2016（32）：5-20.

服务相关的健康保险。

推动保险公司与医疗、体检、护理等机构的合作，促进健康管理组织等新型组织形式的发展。到2030年，实现商业健康险的进一步发展，健康险赔付支出在医疗卫生总费用中的占比明显提高。

三、全民医保体系架构在“健康中国”建设中的作用

（一）全民医保体系架构的具体内涵

《“健康中国2030”规划纲要》明确了我国的全民医保体系是以基本医疗保障为主，以其他多种形式补充保险和商业健康险为补充的多层次医保体系。

我国的基本医疗保障制度是由城镇职工医疗保险制度和城乡居民基本医疗保险制度共同构成。早在2012年基本医疗保障制度就已经覆盖全国95%的人口①，基本实现了应保尽保，为城乡居民减轻乃至从根本上化解医疗疾病后顾之忧提供了稳定的基础保障。目前初步实现了全民医保，但尚未实现更高层次的全民医保目标。

在全民医保体系架构中，政府通过制定医疗保障范围和水平、医疗服务支付方式和标准及对特殊群体的适当倾斜的宏观政策，来维护医保体系下基本的健康公平。同时，医保集中购买可产生价格信号引导医疗服务资源配置，进而引导健康产业发展。

因此，政府决策的核心在于“公平”，且主要采用宏观的、间接的调控措施来实现政策目标，而不必直接干预微观主体运行。医疗服务机构及健康产业相关的经济主体则按市场原则相互竞争、促进创新、提高效率。

（二）全民医保体系在“健康中国”建设中的作用

在“健康中国”战略中，全民医保具有制度性功能和基础性作用。在政府定位清晰的背景下，其在健康中国建设中主要有以下作用：

① 中华人民共和国国务院新闻办公室. 2014年中国人权事业的进展［M］. 北京：人民出版社，2015.

1. 奠定全民健康的坚实基础

全民医保的核心在于保障人民基本医疗需求，消除绝大多数人对于疾病风险的后顾之忧，进而为国民健康打下坚实基础。为全民健康奠基是全民医保在“健康中国”建设中的基础性作用，也是其最主要的制度性功能。

2. 增进社会公平正义

全民医保体系所建构的科学合理的筹资、保障机制，可在一定程度上调节二次分配，进而增进社会公平。通过医疗保障体系覆盖范围的拓展，将全民纳入医疗保障体系，使其医疗风险得以保障，进而实现医疗保障维度的社会公平。

3. 充当社会“稳定器”和“安全阀”

全民医保有利于消除人民的后顾之忧，人民无所忧便会对未来产生良好的心理预期，人民对未来有了希望，社会也就自然会在和谐发展的道路上稳步前行。因此，从某种意义上来说，保健康本身就是保稳定、保安全；而社会稳定、国家安全则是实现国民健康的基本前提。

4. 协调、平衡、维护医患双方的合法权益

在医疗健康领域信息不对称的背景下，相对于医疗服务人员而言，任何单个患者在诊疗过程中都是信息弱势方。而作为参保群体代表的医保经办机构并不直接参与诊疗过程，因此其面临的信息弱势就要小得多。此外，医保经办方的团购医疗服务行为也给其带来了较强的医疗话语权。因此，独立却不脱离医疗体系的医保经办机构在平衡医患双方利益上就有了天然的优势，相对任何一方都更容易找到医疗供需双方的利益平衡点，进而为协调、维护医患双方合法权益提供有力支撑。

5. 平抑医疗服务及药品价格

医保支付为医疗服务竞争提供了发展空间，而在公平充分的竞争环境下，医疗服务价格只能在合理的区间内小幅浮动，避免了垄断医疗带来的医疗价格极端波动。因此，医保支付在一定程度上发挥了守卫医疗服务及药品价格的重要作用。

6. 引导分级诊疗、理性就医

“差别报销”的支付方式与人们普遍具有的“趋利避害”和尽可能减轻经济负担的心理需求相适应，对分级诊疗、理性就医、有效利用医疗资源具有一定的引导和调节作用。

7. 为医卫事业发展提供市场和财力支撑

全民医保体系通过医疗服务购买与医疗机构紧密相连。经过多年的发展，医保基金已成为医院收入的主要来源。医保体系为医疗机构快速发展提供了相应支撑，近年来，医疗机构快速发展，医药（器械、耗材）市场空前繁荣。

8. 倒逼医疗机构加强管理、提高效率

通过医保支付方式改革，调整医疗机构激励机制，进而促进医疗机构加强管理，提升效率。其中，又以在基金总额预算管理基础上的多种付费方式的“组合拳”效应其效果最为显著。

9. 调节医疗资源配置

在全民医保体系建成的基础上，医保基金使用效率也将日渐提升至最佳状态。而医保资金的使用本身就具有间接调配医疗资源的作用，因此，全民医保体系可促进医疗资源的市场化流动，通过医保的引流逐步优化医疗资源配置，进而实现医疗服务体系的良性循环。

10. 促进基本医疗服务制度建立健全

由于全民医保体系遵循以收定支、收支平衡的基金管理原则，因此要实现全民医保就需要以较少的医保基金撬动水平较高的医疗服务，进而在不增加国民医保负担的同时提高医疗保障水平。故全民医保也会促进分级诊疗、家庭医生、药品供应保障、反欺诈防风险等基本医疗服务制度的建立和健全。

四、基于“健康中国”战略的医保体系发展展望

（一）医保体系发展的政策定位

1. 医保体系发展中的政府定位

“健康中国”战略的推进离不开医疗、医药、医保三方的充分协调、联动

改革，且在具体实施上需借助“政府+市场”的混合型制度模式予以实现①。

由于基本医疗卫生服务以均等化、公平性为主要特征，政府便可以充分满足国民的基本医疗需求，因此政府是基本医疗最佳的制度供给主体。但对于不同群体、不同层次的多样化医疗需求，构建“政府+市场”的“混合型”制度则更为适宜。其中的“市场”具体包括企业公司、民间组织和社会力量等。而混合型制度的成功建设又以正确认识和处理好政府与市场的关系为前提。

在过去几十年的时间里，我国医药、医疗、医保等领域改革之所以举步维艰，与其对政府与市场关系的认识不足、界定不清不无关联。欧洲国家走过的弯路和存在的问题表明：我们要建设的不是“福利国家”，而是“福利社会”。二者最大的区别在于“福利社会”是以“多层次混合型”为实现路径且始终以“获取福利”为发展目标。因此，任何政府包办的做法和想法都有可能将“健康中国”引入歧途，并引发二次改革。

2. 医保制度改革的新目标

国家在健康中国战略中明确提出了以促进健康为核心的大健康观和大卫生观，在此背景下，医保制度改革也有了新的发展目标。

首先，医保制度改革应关注全民健康、更加注重以人为本。具体而言，医疗保险需从经济社会全局出发，关注疾病谱变化、健康 GDP 及控制健康危险因素降低发病率等问题对医保的影响，同时将人民健康充分融入全民医保的政策和举措中。

其次，医保制度改革应以健康福祉惠及全民为终极发展目标。在坚持“广覆盖、保基本、多层次、可持续”十二字方针的基础上，充分发挥医疗保险的“健康守门人”角色的作用，通过一系列举措促进医疗保险从后期的疾病救治转向前期的疾病预防和健康管理，进而降低我国慢性病（高血压、心脏病等）发生率。

---

① 郑秉文.“健康中国”的解读：从理念精髓到中国国情［J］中国医疗保险，2017（3）：18-19.

(二) 改进基本医疗保险个人账户，深化医保支付方式改革

1. 改进职工医保个人账户管理①

虽然从理论上来看，“统账结合”的医疗保险模式可兼顾“现收现付”的公平互济和“完全积累”的个人积累优势。但从我国职工医疗保险的具体实施来看，并未实现个人账户制度设计的初衷，且个人账户的引入反而造成了医疗保险费率畸高、个人疾病经济负担高低不一、个人账户资金保增值难等问题。

因此，“十三五”规划和《“健康中国2030”规划纲要》均明确提出要改进个人账户制度，开展门诊统筹；进而完善全民医疗保障体系，提高参保人员门诊医疗保障。具体来看，可从个人账户中划拨部分资金设立门诊统筹制度，用于支付参保职工发生的门诊医疗费用（具体包括门诊慢性病和门诊特定疾病等），进而增强医保制度公平性②。职工的个人账户结余除可用于医疗保险的共付费用支出，还可用于购买个人及家属的补充医疗保险、商业健康保险等；通过拓展职工医保个人账户功能的方式，提升个人账户资金运行效率。

2. 深化医保支付方式改革

在人口老龄化背景下，医保制度的财务稳定性备受关注。同时，全国医疗费用逐年攀升，医保控费形势越发严峻。而我国医疗费用主要由医保经办机构和医疗服务提供方直接结算，采用以项目付费为主的医疗费用后付制，对于医疗的组织、医疗的模式、医疗成本的合理性等内容无法介入，控费效果十分有限。因此，深化医保支付方式改革，逐步从后付制转变为预付制，进而强化医疗费用控制就显得尤为重要。

而作为医疗总费用的主要来源和组织化的集团购买机制，医疗保险基金应当发挥控制医疗费用的导向功能：实施按项目付费的后付制改革，积极推

① 王延中. 中国“十三五”时期社会保障制度建设展望［J］. 辽宁大学学报（哲学社会科学版），2016（1）：1-14.

② 徐宁. 关于我国职工医疗保险“统账结合”模式的再思考——基于基金财务模式的视角［J］. 社会保障研究，2010（2）：43-48.

进按人头、病种付费和总额预付等多元化、复合型医保付费方式；完善医保费用支付谈判机制，强化医疗服务行为的全流程监管和内在约束；深化以公立医院改革为重点的医疗服务体制改革，遏制公立医院的趋利性。

（三）全面发展多层次医疗保障体系

虽然我国职工基本医疗保险的政策补偿比例高达70%，但其实际补偿比例往往只有50%左右，绝大部分参保职工还需自行承担相当比例的就医成本。早在城镇职工基本医疗保险建制初期，相关部委就指出基本医疗保险覆盖范围以外的医疗费用可通过补充保险、商业健康保险等方式予以解决；“健康中国”战略则进一步明确全民医保体系是“以基本医疗保障为主、其他多种形式补充保险和商业健康险为补充的多层次医保体系”。

因此，在完善现行医疗保险制度的同时，需通过各种政策鼓励企业建立补充医疗保障，并给予适当政策优惠支持职工个人购买补充医疗保险和商业健康保险。同时为商业保险机构承保居民健康保险营造适宜有序的社会氛围和法制环境，利用市场化手段分散职工大病风险，有效应对因病致贫等问题。此外，商业医疗保险在有效补充基本医疗保障、满足职工差异化医疗需求的同时，还可降低政府经办成本、为全民医保提供风险管理技术支撑。

第三节　职工医疗保险制度的发展展望

与中国社会主要矛盾的转变同步，我国医保体系同样也存在发展不平衡、不充分的问题[①]，具体体现为“多层次”医疗保障体系的结构不平衡、国家与市场的关系不平衡及制度设计、运行管理和改革的取向不平衡。而医疗保险制度架构的核心在于资金筹集与管理，因此完善职工基本医疗保险制度的

① 郑秉文. 中国社会保障40年：经验总结与改革取向［J］. 中国人口科学，2018（4）：2-17，126.

重点就在于回应当下存在的不平衡不充分的矛盾，从筹资和基金管理的各个维度落实医疗保险制度内涵式发展，实现三医联动改革、多层次医保制度协同发展。

一、筹资机制不断优化

（一）基于国际筹资机制架构的职工医疗保险筹资机制选择[①]

医疗费用筹措机制通常由国家的社会保障模式所决定：采用福利保健型社保模式的国家主要通过税收筹资，实行现收现付制的国家则通过强制征收医疗保险费筹集资金，资本积累制医保模式则以雇主雇员共同积累的资金为医疗费用的主要来源。

采用合理适宜的筹资机制是建立社会医疗保险制度的基础，而我国筹资机制的变革也是医疗保险制度变迁中的一条重要线索，其本质上为基于政府、企业、个人三方责任分担的利益再分配。从我国职工基本医疗保险制度来看，企业和个人均承担了一定的缴费义务，但企业负担远高于个人。因此，从发展趋势来看，其缴费责任分摊应随收入不断提高而逐步过渡为双方负担均等，同时划入个人账户的比例应由个人缴费为主，以保证其专有性和实体性，降低个人账户积累的不公平。

而职工基本医疗保险筹资的基本原则在于费用共担、收支平衡和资本形成。由于医疗保险风险较高，必要的资金积累和投资运营也是减缓医疗保险制度风险的重要因素。

（二）基于我国筹资实践的筹资机制优化方向

在制度建设的早期，强调政府及企业责任有利于加快制度覆盖，而医疗保险的主要享受者是个人。虽然政府和企业均承担一定责任，但我国以现收现付为主体的医疗保险模式更需要强调个人的责任，否则就可能面临一系列筹资危机。因此，建立更加合理的医疗保险筹资机制，是实现医疗保险可持

① 郑功成，等．中国社会保障制度变迁与评估［M］．北京：中国人民大学出版社，2002：120-121.

续的重要保证。

首先，在老龄化加深的背景下，或可基于权利与义务相对等的原则，逐步探索退休人员医保缴费机制。同时适当降低单位缴费对医保个人账户的划拨比例，实现社会统筹基金的扩容，明确统筹账户与个人账户的责任分担，进而从源头上增强医保统筹基金的财务稳定性。

其次，随着医疗卫生费用与医保待遇持续提高，医保基金压力日益加大，或可探索基本医保的筹资与待遇相挂钩的动态平衡机制：筹资与待遇水平同GDP、居民收入、医疗费用增长率、住院率、门诊率、疾病模式、医药价格、人口结构等因素相挂钩，在精算平衡的基础上确定动态的缴费及待遇水平。

此外，在未来医保支出持续高速增长且医保基金濒临赤字的情况下，还应明确财政对医保基金的注资机制，研究确定在何种时机以何种方式、根据什么标准对医保基金进行补缺。

二、统筹层次提高，基金管理水平不断提升

（一）提高职工医保统筹层次

合理的医疗保险统筹层次可从异地就医、基金抗风险能力、道德风险三个方面加以确定。较高的统筹层次可降低异地就医难度、增强基金抗风险能力，但也会加大道德风险。而考虑到我国流动人口的增加、就业模式的灵活化，提高医保统筹层次势在必行。因此，在提高医保统筹层次的同时，也需同步加强异地就医监督管理，降低道德风险与医疗浪费。

此外，提高医保统筹层次还以各地信息化建设的成熟为基础，如果缺乏成熟的医疗保险管理系统，任意提高医保统筹层次只会加大医保部门管理负担，降低医保体系运行效率。因此，或可制定一定的标准，采取成熟一个纳入一个的模式，逐步实现医疗保险省级统筹；还需明确各级医保管理部门的责任分工，强化顶层设计的同时通过充分的激励落实各地医保部门的监督职能。为降低道德风险发生率，也需进一步完善医疗保险待遇规定，避免小病大治的同时充分满足参保职工的基本医疗需求。

（二）提升医保基金管理水平

1. 职工医保统筹基金管理定位

医疗保险基金管理的核心在于使前端筹集的资金与后端支出的医疗费用大致平衡，并略有结余。统账结合的城镇职工基本医疗保险制度对过去医疗支出增幅逐年上涨的势头有所遏制，但仍较难实现长期的可持续的收支平衡状态。在真正落实全民医保、“健康中国”战略的同时，重视预防工作，从基金管理的源头上减少医疗支出就显得尤为重要。

一方面，应当提高统筹基金管理效率。现行医疗保险制度以地市为统筹单位，但各地医保筹资能力千差万别，医保支出管理又因医疗开支范围较广而困难重重，因此医疗保险管理机构在收支两端的困难面前应落实管理细节、提升自身管理效率。另一方面，还需健全统筹基金监管机制。在完善医保经办相关财务制度的同时设立独立、公正的基金监督组织，引入各方代表及相关专家构成的第三方力量形成医保基金运行的外部监督机制，杜绝行政管理机构的基金挪用行为，进而实现医保统筹基金的公开、公正和高效管理。

2. 从供给侧提升医保统筹基金管理

统筹基金管理一直以来存在一定程度的不平衡，各地往往过于重视基金需求端的管理，而基金供给端管理往往被忽视。随着需求端管理政策的不断出台，基金供给端管理捉襟见肘，因此应逐渐克服重政策制定轻经办管理、重投入轻精算、重前台轻后台的倾向。

医保统筹基金后台供给的主要问题为医保管理系统（经办服务系统和后台技术系统）建设滞后和医保基金管理效率低下（基金保值增值难）。而医保统筹基金管理滞后的主要原因则在于“管办统一”，由于各地医保统筹基金的经办管理均由医保部门负责，缺乏合理的监督与相应的效率评估机制，进而导致经办管理的低效率。

因此，统筹基金“管办分离”是其供给侧改革的第一步，在此基础上，或可推行医保经办法人制。通过将医保经办分离的方式给医保管理减负，同时构建内外部双重监督及实时反馈机制，提升系统运行效率。此外，考虑到医保部分对基金保值增值管理或力不能及，或可将医保统筹基金的保值增值管理托付给具有丰富基金管理经验的投资运营部门，从而从供给端提升资金运行管理效率。

三、医疗费用控制机制逐步完善

（一）医疗费用控制的机制定位

医疗费用控制的核心在于通过一系列监督制约机制，减少医疗消费过程中的过度诊疗行为，同时避免医疗费用过速增长，引导医疗消费适度、适量、有效。而医疗消费过程中的不合理消费主要由医疗服务使用方的过度需求和医疗服务提供方的引导消费构成，鉴于医疗保险参与的医疗消费行为的复杂性，对医疗消费涉及的每一方面和每一环节都应建立相应的监督管理机制。

要控制医疗费用不合理增长，需从保险制度内外部共同着手：在保险制度内部，需根据医疗服务供需及基金管理要求，建构符合实际需要的精密的费用控制机制；在保险制度外部，则需从不同利益集团、社会群体间在医疗投入上的利益矛盾着手，建构符合发展需要的精密的费用约束和激励机制。

（二）医疗费用控制的具体完善路径

由于第三方医疗保险支付制度的引入，医疗消费的供需双方都存在明显的道德风险，从而加剧医疗费用增长。

为抑制保险及第三方支付所引致的职工医疗需求膨胀，需在医疗卫生体系引入就医流向管理及患者的医疗费用分担机制。通过费用分担降低参保职工的道德风险，避免过度的医疗资源浪费。通过基层就医分流实现需求与供给的一一对应，降低过度诊疗发生率。

控制供方诱导需求行为的关键在于通过医疗费用支付方式改革，调整医生与医疗机构的行为激励，鼓励适度诊疗及医疗控费。以医生收入较高为前提，构建医疗费用增长与医疗机构绩效评估的反向激励机制。具体而言，可通过限制供给量（如资金预算包干或控制医疗经费上涨率）和医疗人力资源（如控制医生数量、调整医务人员结构）的方式降低医疗机构的服务供给能力，减少因医疗机构供过于求产生的诱导消费。同时增加非住院保健项目满足职工的保健需求，实现保健与住院行为的分流，降低社会住院医疗支出；此外，还可通过支付方式改革、强化医疗服务监督等方式实现医疗费用的供方控制。

四、同步推进“三医联动”改革深化

（一）完善医药体系监督机制①

在影响医疗保险的因素中，医药卫生体制的影响最大，也最直接。健全的医药卫生体制是完善医保制度的先行条件。因此，要实现医保健康发展就必须同步建构成熟的医药卫生体系，在为医保提供支撑的同时实现医药体系内部的高度自律。而实现医药体系自律的核心在于切断医与药的关系，实现二者的独立运行，在医疗机构方面全面实现收支独立管理，进而从根源消除医院的以药创收动机。

同时，规范药品经营以控制因药品不当销售带来的药价畸高，并对基本医保用药实行专营充分保障国民的基本用药需求。此外，应充分发挥卫生行政部门的执法者角色，加强对卫生体系的监督。只有在完善药品经营的基础上彻底实现医疗与药品、卫生行政部门与医院的分离，医保制度的完善才具备充足的条件和保证。

（二）健全“第三方团购”机制，实现“三医联动”改革②

“第三方团购”机制是医保经办机构和医疗医药服务机构的重要连接，因此“三医联动”改革的实现也以“第三方团购”机制的完善为基础。

具体而言，首先需建构基于医保支付的多元利益平衡机制。以兼顾制衡与激励的医保支付机制为核心，构建医疗保险的基金预算管理、财务、支付谈判（医保和医疗、医药）、风险分担（医保与医疗）、支付范围及动态调整、医疗医药评价、报销结算、医疗服务智能监控等制度。

---

① 郑功成，等. 中国社会保障制度变迁与评估［M］. 北京：中国人民大学出版社，2002：157.

② 孙淑云. 改革开放 40 年：中国医疗保障体系的创新与发展［J］. 甘肃社会科学，2018（5）：21-28.

其次，要实现“三医联动”还需构建与医保支付相匹配的医疗、医药制度。在基本医保支付的背景下，以医保责任边界为切入点，基于特约医疗服务的可得性、医院和医生的专业审查代理和诊疗自主权建构与基本医保适配的医疗协议管理、功能型分级诊疗、医保医师、医疗服务考核评价、基本医保药品目录等制度。

五、多层次医保体系趋向健全

（一）我国多层次医疗保障体系发展现状

整体而言，我国“多层次”医疗保障体系在各层次间存在明显的发展不平衡。由国家主办的第一层次医疗保障发展迅速，且基本医疗保障在体系中占据了绝对的主导地位；由企业建构的第二层次补充保障的发展则很不充分，仅部分发达地区效益较好的企业为职工购买了补充医疗保险；由家庭和个人参与的第三层次则基本处于缺位状态。虽然各部门出台过多项与多层次社会保障体系建设相关的法律、法规与政策，但我国的多层次医疗保障体系仍然处于结构与功能定位模糊状态。基本医疗保险待遇持续提升，属于社会保险性质的大病保险却交由商业保险公司承办[①]。

而从政策覆盖情况来看，社会医疗保险覆盖范围稳定在人口总量的95%以上，约13亿人拥有基本医疗保险。参加补充医疗保险（包括职工大额医疗费用补助、公务员医疗补助和其他补充医疗保险）的仅有2.9亿人，且其中真正自主参保的只有205万人；对真正具有商业意义的健康保险更是参与者寥寥（2016年商业健康险赔付仅占卫生支出的2.16%）。虽然商业健康险与城镇职工基本医疗保险收入均逐年递增，但2017年商业健康保险保费收入仅占城镇职工医疗保险基金收入的35.75%，赔款支出仅为城镇职工基本医疗保险基金支出的13.68%，与其第三层次的定位严重不符。如表8.7所示：

---

① 郑功成. 多层次社会保障体系建设：现状评估与政策思路［J］. 社会保障评论，2019，3（1）：8.

表 8.7 1999—2017 年我国城镇职工基本医疗保险与商业健康险收支对比

单位：亿元

年份	城镇职工医疗保险基金收入	商业健康保险保费收入	城镇职工医疗保险基金支出	商业健康保险赔款支出
1999	89. 90	36. 54	69. 10	11. 00
2000	170. 00	65. 48	124. 50	12. 92
2001	383. 60	61. 55	244. 10	33. 52
2002	607. 80	122. 45	409. 40	49. 94
2003	890. 00	241. 92	653. 90	69. 90
2004	1 140. 50	259. 88	862. 20	89. 10
2005	1 405. 30	312. 30	1 078. 70	107. 92
2006	1 747. 10	376. 90	1 276. 70	125. 10
2007	2 214. 20	384. 17	1 551. 70	116. 86
2008	2 885. 50	585. 46	2 019. 70	175. 28
2009	3 420. 30	573. 98	2 630. 10	217. 03
2010	3 955. 40	677. 47	3 271. 60	264. 02
2011	4 945. 00	691. 72	4 018. 30	359. 67
2012	6 061. 90	862. 76	4 868. 50	298. 17
2013	7 061. 60	1 123. 50	5 829. 90	411. 13
2014	8 037. 90	1 587. 18	6 696. 60	571. 16
2015	9 083. 50	2 410. 47	7 531. 50	762. 97
2016	10 273. 70	4 042. 50	8 286. 70	1 000. 75
2017	12 278. 30	4 389. 46	9 466. 90	1 294. 77

数据来源：国家统计局、保监会。

（二）健全多层次医疗保障体系的具体路径

由于我国多层次医疗保障体系存在基本医疗保障一支独大的不平衡现象，因此多层次医疗保障体系的完善也应从理顺层次关系、明确层次定位、综合政策调整等方面加以落实。

首先从理顺层次关系出发，我国多层次医疗保障体系具体包括三个层次：第一层次为国家、企业、个人三方共担的职工基本医疗保险，第二层次为企业购买为主的补充医疗保险，第三层次则为个人购买的商业健康保险。各层次之间应秉持不交叉、不重叠的保障原则，按照从低到高的标准为职工提供医疗保障。因此，基本医疗保险应定位于基本的医疗保障，避免因病致贫的发生；补充医疗保险则应在基本医疗保险基础上展开其保险责任，通过保障范围、保障额度、报销比例等标准的提高实现医疗消费不降低生活质量的目标；商业健康保险则应在补充医疗保险的基础上拓展保障范围最终实现使职工避免大部分医疗风险的目标。

其次，在政策调整方面，明确并分解医疗保障体系内各保障类型的保障层次定位，进而基于各保障类型的层次定位通过政策调整、责任分解实现各层次保障内容的归位，并架构相应的约束机制，避免各层次保障内容的重叠越位。具体来看，应架构医疗救助、基本医疗保险与大病医保的互补框架，并逐步实现大病保险与基本医疗的分离；同时建立商业健康保险与社会医疗保险的合作机制，在共性与个性需求、基本与补充保障、政府与市场机制间实现分工合作，并采取适度的税收优惠、政策引导等推进商业健康保险发展。

在管理上，可将公民医保管理责任明确划归给国家医保局。统一多层次医保管理权，统筹规划多层次医保体系建设，统一信息平台、服务流程和运行规范，进而实现多层次医疗保障待遇的无缝衔接，为全体国民提供充足的医疗保障服务①。

---

① 孙淑云．改革开放40年：中国医疗保障体系的创新与发展［J］．甘肃社会科学，2018（5）：21-28．

第三篇
新中国农村社会保险制度之变迁与展望

第三部

[illegible]

第九章 新中国城乡二元社会保障体系及传统合作医疗制度的变迁

新中国成立后，政府主导下形成的城乡二元经济社会结构是产生城乡二元社会保障体系的重要制度动因。在城市地区，建立了针对城镇职工的公费医疗和劳保医疗制度。而在占全国人口绝大多数的农村地区，主要依靠家庭保障与集体共同分摊生活风险相结合的非正式保障制度，在20世纪60年代农村逐步建立了社区合作医疗制度。除了初级形式的社区合作医疗，农村地区在计划经济时代的30年和改革开放初期的20年中，基本没有设立作为现代社会保障核心内容的社会养老和社会医疗保险制度。

第一节　新中国城乡二元社会保障体系的形成

新中国成立后形成的城乡二元社会保障体系，具有特殊的经济社会背景和历史必然性，并发挥了积极的历史作用。但这种二元社会保障体系的长期固化也产生了一系列不利后果，进一步加剧了城乡间经济社会发展的不平衡，使改革开放后我国城乡整合的社会保障体系的建立更加困难。

一、城市地区以社会保险制度为核心的社会保障体系

（一）城市职工社会保险（劳动保险）制度的建立

1949 年 9 月，全国人民政治协商会议通过的《中国人民政治协商会议共同纲领》规定：在企业中“逐步实行劳动保险[①]制度”。1951 年 2 月 20 日，中央人民政府政务院颁布的《中华人民共和国劳动保险条例》（以下简称《条例》），明确了企业职工社会保险涉及伤残、疾病、生育、年老、死亡等项目及职工供养直系亲属的有关待遇，基本包含了当时发达工业化国家所包含的社会保险项目（失业保险除外）。此外，《条例》还对保险费的征集与管理、保险的项目和标准以及保险事业的执行和监督等都作了明确的规定。《条例》的实施，历史上第一次使我国城市职工在遭遇生、老、病、伤、残、死等事件而处于暂时或永久性生活困难时，能够享受基本保障。有些社会保险项目，如医疗，某些职工近乎免费享受，其所供养的直系亲属亦可享受半费医疗待遇，极大地调动了职工的劳动积极性。

（二）城市职工医疗社会保险制度的演变及特征

我国城镇职工医疗社会保险制度，经历了从传统的公费医疗和劳保医疗

---

① 新中国成立初期之所以采用“劳动保险”（而非“社会保险”）的称法，一是由于政治和意识形态，要与资本主义社会通行的“社会保险”相区别；二是因为主要以企事业单位职工（即劳动者）为保障对象，不包括老人和儿童等非劳动者。但实际上，当时的“劳动保险”就是社会保险。

制度向以个人账户与社会统筹相结合为特征的新型职工基本医疗保险制度演变的过程。

建立于计划经济时代的公费和劳保医疗制度，对保障广大职工身体健康、促进国民经济发展、维护社会稳定发挥了重要作用，但是随着社会经济的变革，特别是在建立社会主义市场经济体制的形势下，其制度缺陷日益突出：一是覆盖面窄；二是筹资、管理及服务的社会化程度低，职工待遇差异大；三是国家财政和企业包揽过多，缺乏对医疗机构和职工个人有效的费用制约机制。

20 世纪 90 年代，经“两江”试点并在全国推广的“统账结合”医疗保险模式，具有如下基本特点：一是坚持“低水平、广覆盖”，保障职工基本医疗需求；二是建立单位和个人共同负担基本医疗保险费的筹资机制；三是实行社会统筹和个人账户相结合的补偿机制；四是以地级市为基本统筹层次，加强基金管理；五是加强医疗机构改革，提高医疗服务的质量和水平。

城镇职工基本医疗保险制度有力地保障了城镇职工的基本医疗，解决了困难单位职工看病报销难的问题，也有助于打破所有制界限，转变国有企业职工的就业观念，促进劳动力的流动，从而为深化国有企业改革创造了有利条件。到 2010 年，城镇职工基本医疗保险制度覆盖人数超过了 2 亿，随后又逐步实现了城镇就业职工的基本全覆盖。

二、农村地区以家庭和土地等非正式保障为主体的社会保障形式

以自然经济为基础的传统农业社会，家庭既是基本的生产单位，又是基本的保障主体。紧密的家庭成员关系和作为农民基本生存条件的土地是家庭发挥保障作用的基础。基于血缘的家族和互助文化影响下的邻里在家庭自我保障难以为继时，也会发挥一定的保护作用。只是在极少的特殊情况下，政府才以赈济形式，提供一些基本的救济性保障。由此可见，在中国传统农业社会中，以家庭为核心的自我保障是个人应对各项风险的主要方式，离开了家庭和家族的扶持，个人在遇到生活困难时再难寻求来自其他社会渠道的有

力帮助。正因为如此，农民被世世代代束缚于土地之上，维系着超稳定的家庭文化结构。

新中国成立后，经过社会主义改造，农村家庭经济被集体经济取代，土地由家庭为单位的经营改变为集体（生产队和大队）经营。与城市企业劳动者不同，农业劳动者不享有达到一定年龄就可以退休领取养老金（退休金）的制度，而是在具备一定的劳动能力时，由生产集体为其安排力所能及的农活，并据此取得报酬。当其完全丧失劳动能力时，他们才退出农业生产劳动，回到家庭，由家庭具有生产能力的成员负责其基本的生活品供应。

人民公社制度的控制管理体系有力地推动了合作医疗在农村地区的建立和推广①。不同于城市企业职工的医疗保险，农村合作医疗事业的资金主要来源于生产集体提取的公益金，所能提供的保障水平极为有限。有关统计显示，1978 年我国农村人民公社的集体提留为 103 亿元，其中公积金 74. 84 亿元，公益金 18. 12 亿元，平均每个生产大队的集体提留为 14 927. 54 元，公益金 2 626. 09 元；人均集体提留 12. 82 元，公益金仅 2. 26 元②。由此可见，当时的农村合作医疗制度所能发挥的保障效应极为有限，以家庭保障为主要形式的自我保障依然是农村居民应对疾病风险冲击的主要手段。

1978 年年底，农村地区开始实行土地承包责任制和市场化改革，集体经营又再次转变为家庭经营，原有的农村集体经济组织纷纷解体。人民公社的瓦解使合作医疗制度丧失了存在的制度基础、依靠生产队共同分担风险的保障机制不复存在，农民又重新沦为传统农业社会时期的保障体系——完全依靠家庭（家族）保障及以家庭为单位所拥有的土地的保障。在新型农村合作医疗制度建立前，城市与农村存在的是两种截然不同的保障制度，广大农民只能继续依靠非正式的家庭和土地的保障。

---

① 沈寿文. 中国农村传统合作医疗制度存续背景研究［J］. 云南民族大学学报（哲学社会科学版），2007（5）：117-119.

② 卫兴华. 中国社会保障制度研究［M］. 北京：中国人民大学出版社，1994：152.

三、城乡二元社会保障体系分割的根源分析

城乡二元社会保障体系的形成与长期存在是与社会结构变迁的独特性相联系的。我国在从传统社会向现代社会转型的过程中，城乡二元经济、社会结构将长期并存，二元社会保障体系便是反映这种差异的一种制度安排。

与先进工业化国家的社会保障制度发展历程相比，我国工业化道路的独特实现路径及一系列城乡分割的制度及政策安排，不仅加剧了城乡二元社会保障体系的分化，也使得我国在工业化进程中城乡融合和社会保障制度的统一变得更加困难[①]。

（一）工业化道路的选择在客观上要求建立城乡二元社会保障体系

新中国成立后，我国开启了实现社会主义工业化的征程，二元社会保障体系是适应我国独特工业化道路的一项配套措施。从世界社会保险事业发展来看，工业化使得劳动者往往只能出卖劳动力生存，当面临年老、疾病、失业、工伤等风险时，若社会不采取相应的物质帮扶措施，他们便将处于生活无着落的境地。因此，社会保险制度是与现代社会化大生产形式相适应的一项保障制度安排，不仅维持了产业劳动力的再生产，同时也维护了社会稳定，既是工业化发展的必然结果，也反过来促进了工业化发展。

不同于西方国家社会保险制度的建立是工业化发展以后的必然结果，我国城市地区社会保险制度的建立，则在相当程度上可视为工业化的一个起点、前提或促进因素。社会主义国家政府适应客观要求而自觉主动地实施项目齐全、水平较高、个人不需缴费的社会保障项目，无疑对城市工人劳动积极性的提高和工业化的快速发展起到了巨大推动作用。

同时，农村地区不建立任何正式的社会保障制度，可以保证广大农村地区为工业化发展提供低成本的原料和农产品，满足工业化初期大量资金积累的需要。我国工业化的资金积累不能通过对外掠夺获得，当时的国际环境也决

---

① 李迎生. 社会保障与社会结构转型：二元社会保障体系研究［M］. 北京：中国人民大学出版社，2001：68-72.

定了不具备大规模利用外资的条件，而只能依靠国内其他行业和部门的支持，即通过工业剥夺农业、城市剥夺农村来实现。这种通过工农业产品价格“剪刀差”，征收高额农业税与实行粮食统购统销政策支撑工业发展的工业化道路，决定了不可能为农民建立与城市工人一样的社会保障制度。

（二）城乡分割的社会政策安排固化了二元社会保障体系

二元经济结构的存在，在工业化起步阶段是世界性的普遍现象。但随着工业化和城市化的推进，城市与农村将逐步走向融合，城乡经济分割的二元结构也会逐步分解，乃至最终消失。但是，因为我国长期实施了一系列与计划经济体制相适应的城乡分割的政策，而导致社会保障二元化长期存在。长期阻碍城乡融合、维持二元经济社会分割的主要社会政策包括：

1. 城乡分割的户籍管理制度

新中国成立后，我国的户籍管理逐渐由松到紧，最终形成了城乡分割的二元户籍制度。1951 年 11 月，第一次全国治安行政工作会议指出：“户口工作的任务是保证人民居住迁徙之自由。”但是 1953 年以后，随着农村“盲流”问题出现并逐步加剧，国家把严格的户口管理作为控制农村人口盲目外流的重要手段。1958 年 1 月 9 日，全国人大常委会第 91 次会议讨论通过《中华人民共和国户口登记条例》，其中规定：“公民由农村迁往城市，必须持有城市劳动部门的录用证明，学校的录取证明或者城市户口登记机关的准予迁入的证明，向常住地户口登记机关申请办理迁出手续”，这就将国家关于制止农村人口盲目流入城市的指示精神法律化，标志着我国以严格限制农村人口向城市流动为核心的户口迁移制度形成。建立在这种二元户籍制度上的社会保障制度，必然具有城乡身份差异的特征。

2. 限制农民的劳动就业制度

新中国成立后，我国实行了限制农民的劳动就业制度。1952 年 8 月 1 日，政务院发出《关于劳动就业问题的决定》，指出国家还不可能在短期内吸收整批的农村劳动力到城市就业，必须做好说服农民的工作。尽管农村存在剩余劳动力，并有进城谋生的意愿，但是城市较大的就业压力客观上要求限制农民进城就业。1957 年 12 月 13 日，国务院公布《关于各单位从农村中招用临时工的暂行规定》，明确规定“城市各单位一律不得私自从农村中招工和私自录用盲目流入城市的农民。农业社和农村中的机关、团体也不得私自介绍农民到城市和工矿区找工作”。甚至规定，“招用临时工必须尽量在当地城市中招用，不足的时候才可以从农村中招用”。这种城乡居民区别对待的就业政策，必然会导致社会保障的二元特征。

3. 政治化的人民公社制度

人民公社制度提供了城乡社会隔离的制度保障。人民公社制度的建立，一方面方便了实行“统购统销”政策，为工业化提供源源不断的积累；另一方面通过土地的集体所有制，集体的生产和分配，通过“三级所有，队为基础”，实现对农民的集中控制与管理，从而形成农民对集体的依附性，并防止了可能出现的土地兼并和两极分化，防止了“流民”的产生。这一政治化的人民公社制度，配合了城市部门对农民进城的排斥，将农民牢牢地禁锢在土地上。

由此可见，上述各项社会政策的相继实施，是二元社会保障体系形成及维持的前提与重要条件。由于这些政策（制度）的长期存在，导致了我国独特的城乡二元社会格局的凝固化，阻碍了城乡经济社会的统筹发展与二元社会保障体系的一体化进程。

第二节　工业化城镇化发展对农村传统家庭保障的冲击

改革开放以来，我国工业化、城市化的快速发展使得农村传统的家庭和土地保障的脆弱性加剧，迫切要求建立适应现代市场经济和社会变革的新的农村社会保障体系。

一、城市化打破了传统家庭内部扶助和对老年人的支持格局

农村城市化是社会经济发展的一个必经阶段，从聚集效应和扩大需求两个方面对工业化和经济发展起着巨大推动作用。同时，工业化和城市化也推动着大量农业剩余劳动力向非农产业和城镇的转移，改革开放前 20 年就有超过 1 亿的农村劳动力发生转移。这一方面提高了农民的经济收入，另一方面也引发了农村家庭结构、文化观念、社会意识等的巨大变化，对传统的以家庭为主体的保障制度产生巨大冲击，动摇着家庭保障的文化基础和经济基础。

（一）城市化使家庭内部的利益结构发生变化，老人在家庭中的权威地位逐步丧失

在传统农业社会里，子女在生产经验、家财用具、孩子照料等方面对父母有极强的依赖。伴随城市化的是技术和观念的日新月异，使传统经验的效用日益减小，老人对生产性资源的利用和控制能力不断下降，对孩子的照料也逐步趋向社会化的方式。虽然在当代农村家庭内部长辈与晚辈间的互惠与交换关系依然存在，但交换的结果所带来的利益回报难以等价，利益结构的变化必然导致家庭内部权力结构的改变，其结果是老年人在家庭中的地位下降，横向的夫妻关系代替亲子关系成为家庭关系的核心，从而子女减少了对老年人的关注。

（二）城市化冲击了传统尊老敬老的“孝”文化，动摇了家庭保障的传统文化基础

中国儒家文化以“人伦”为基础，十分强调“孝道”，赡养老人一直是每个中华儿女的内在责任和自主意识，甚至成为人格的一部分。而城市化使农村年轻人受到中西融合的多元城市文化的强烈影响，在现代市场竞争和追求时尚的社会中，“崇尚年轻”“追求自我”成为主流文化，传统的家庭至上、父母至上的观念被追求个人价值的观念所代替。崇老观念的淡化、“孝悌”文化的衰落，使家庭保障失去了文化依托，从内在的心理基础上弱化了子女对老年人的经济支持信念。

（三）城市化使农村老人从子女方能实际获得的经济支持不断减少

首先，农村家庭子女数量减少（多数为两个），子女抚养负担加重，老人从子女处获得的生活资源减少。其次，家庭消费的重点转移到了孙子辈，孩子成为当今家庭的中心，孩子的抚养、教育支出迅速增长，同时城市化使外出劳动力的自我享受、发展等方面支出增加，由此能提供给老人的收入就很少了。再次，城市化使更多的子女与父母分居异地，既使亲子关系淡化，又增加了扶养老人成本。最后，作为传统老年服务主要供给者，妇女经济及家庭地位的提高，意味着扶养老人的机会成本增大。

综上所述，不断发展的工业化、城镇化削弱了农村传统的家庭保障机制的功能，人口老龄化进一步加剧了家庭保障的脆弱性。这就客观上要求在农村地区建立正式的社会保障制度，及时补上传统保障方式弱化造成的保障空缺。

二、工业化城市化使以土地为基础的生活保障变得不可靠

传统农业社会，土地是农民赖以生存的基本资源，其所具有的保障功能往往被认为是农村不需要建立正式社会保障制度的理由之一。但是，随着工业化、城市化的发展，土地的保障作用正在迅速削弱。首先，工业化、城市化造就了大量的失地农民，其中的一部分可能成为事实上的“下岗”农民。其次，随着工业化、城市化的深入发展，农业作为一种弱势产业的特性将越来越突出，仅凭土地资源很难维持基本生计，其所具有的保障功能越来越弱。

一是在我国未能对农业实行较高保护的政策框架下，家庭承包土地收入难以持续增长，以土地作为生活保障手段不能分享社会经济发展的平均成果。实行农村土地家庭承包经营制度后，农民的生产潜能得到极大释放，然而由于受农产品需求弹性小的影响和国际农产品市场的竞争压力，家庭农业即使丰产也难以增收。农业收入增长所面临的困境充分表明，依然坚持把土地作为农民的生活保障手段，将会使农民、特别是农村老人的生活维持在低水平，并进一步拉大城乡生活水平差距。

二是老年农民依靠种植土地的收入实现自我保障变得越来越不稳定。不同于传统农业，现代农业发展的资本、技术、管理等生产要素投入要求较高，农民个体、特别是老年农民可能难以适应，进一步加剧了“弃农”现象。随着人口老龄化加剧，农村老人的预期带病期和丧失劳动能力期也会延长，这就意味着靠自己种植土地的收入养老极不稳定，土地保障可靠性逐渐下降。

综上所述，尽管土地的保障功能依然存在，但是，其随着工业化、城市化的发展受到严重削弱，脆弱性正在逐步显现。首先，它牵制了进城农民，使其不能专心从事非农产业，阻碍了城市化进程，进而延缓了我国社会转型的进程。其次，阻碍了农业土地的集中和规模经营，导致大片耕地的粗放经营甚至撂荒，严重降低了农业的生产效率。最后，它阻碍了城乡社会保障制度的一体化，拉大了城乡居民生活差距。

第三节　传统农村合作医疗制度的建立、演变与解体

我国的现代农村合作医疗发轫于20世纪40年代的陕甘宁边区，启动于20世纪50年代农业生产合作社成立后，并于20世纪60—70年代冒进发展，在20世纪80年代实施家庭联产承包责任制后迅速崩溃，20世纪90年代又进行了重建探索，其间又经历了一个迅速兴起、很快衰落、再次发动的反复过程。

一、传统农村合作医疗的背景：解放初期农村卫生状况

新中国成立前，我国长期处于战乱之中，经济发展滞后，科教文卫事业发展落后，传染病、寄生虫病和地方病广泛流行，严重威胁着国民生命安全，并成为阻碍经济社会发展的重要因素。当时，地方病分布在全国80%的地区，

4亿多人口深受威胁，全国人口死亡率超过20‰，50%以上死于传染病，婴儿死亡率更高达200‰。根据20世纪30年代的调查，出生婴儿能够活到1岁者只有84%左右，能活到15岁者男性为56.2%，女性为57%；我国人均寿命仅为35岁左右，是当时世界上平均寿命最低的国家之一，农村人口寿命略低于城市居民①。

新中国成立初期，我国卫生事业极度落后，特别是农村地区“缺医少药”现象极为严重，不仅危害农民生存健康，而且影响农村生产的恢复和发展。1949年我国卫生专业技术人员只有50.5万人，卫生技术人员在人口中的密度仅为0.29‰；拥有医院2 000所，病床80 000张，平均每千人仅0.15张。并且极为有限的医疗设施主要集中在城镇地区，占全国人口85%以上的农村地区，仅有病床20 133张，医疗设备严重缺乏，药品供应严重不足②。中国的传统农村合作医疗就是在这种“缺医少药”背景下启动和建立起来的，并经历了一个曲折的发展历程。

二、20世纪40-50年代：传统农村合作医疗的萌芽和产生

合作医疗萌芽于20世纪40年代共产党领导下的陕甘宁边区的医药合作社（或卫生合作社）③。1944年因伤寒、回归热等传染病流行，边区政府应群众要求委托当时的商业销售机构——大众合作社办理合作医疗。资金由大众合作社和保健社投资，并吸收团体和私人股金，政府也赠送一些药材。该机构属于民办公助的医疗机构。到1946年，此类卫生合作社达到43个。这种合作社尽管不同于后来的农村合作医疗，但可以认为是合作医疗的雏形。

20世纪50年代，在农业互助合作化运动的推动下，山西、河南、河北等省农村出现了一批由农业生产合作社举办的具有互助合作性质的保健站或医疗站。1955年年初，山西省高平县米山乡在农业合作社保健站中最早实行

① 陈佳贵. 中国社会保障发展报告1997—2001［M］. 北京：社会科学出版社，2002：268-269.
② 黄永昌. 中国卫生国情［M］. 上海：上海医科大学出版社，1994：21.
③ 陈佳贵. 中国社会保障发展报告1997—2001［M］. 北京：社会科学出版社，2002：278.

"医社结合"，采取社员群众出"保健费"和农业社公益金补助相结合的办法，建立起了具有保险性质的合作医疗制度。具体办法是：第一，在政府领导下，由农业生产合作社、农民群众和医生共同集资建保健站。第二，在自愿原则下，每个农民缴纳两角钱的"保健费"，免费享受预防保健服务，患者治疗免收挂号、出诊等费。保健站的经费来源除了农民缴纳的保健费，还有农业社提取的15%~20%公益金、药品收入等。第三，保健站的业务坚持以预防为主、巡回医疗、送医送药上门，医生分片负责所属村民的卫生预防和医疗工作。第四，医生报酬采取记工分和现金工资相结合的办法。这是农村合作医疗制度中最具代表性的"合医合防不合药"模式，曾被卫生部称为"无病早防、有病早治、省工省钱、方便可靠"的初级卫生保健，获得肯定和推广。1958年实现"人民公社化"后，合作医疗获得一定程度发展。但是受"大跃进运动"提出的"公社看病不要钱"主张及三年严重困难造成的经济困难等的影响，中央政府对农村卫生工作做了相应调整，合作医疗陷入发展困境，仅覆盖约10%的行政村①。

三、20世纪60~70年代：传统农村合作医疗的推广普及

1965年6月26日，毛泽东做出了"把医疗卫生工作的重点放到农村去"的重要指示，同年9月，中共中央下发了《关于把卫生工作重点放到农村的报告》，突出强调加强农村基层卫生保健工作，着力推进农村合作医疗②。受到过毛泽东四次接见、被称为"中国合作医疗之父"的覃祥官于1966年8月10日在湖北长阳土家族自治县以合作医疗形式创办了"乐园公社杜家村卫生室"③，规定农民每人每年交1元合作医疗费，村里再从集体公益金中人均提

---

① 杨善发．中国农村合作医疗制度渊源——流变与当代发展［J］．安徽大学学报（哲学社会科学版），2009（9）：147-150.

② 汪志强，梁玉红．论我国农村合作医疗制度的变迁轨迹［J］．中南民族大学学报（人文社会科学版），2012（4）：85-88.

③ 胡振栋．"中国合作医疗之父"——覃祥官的传奇人生［J］．西部人，2003（8）：24.

留0.5元作为合作医疗基金。除了个别老痼疾病需要常年吃药外，群众每次看病只交0.05元的挂号费，吃药不要钱。同时，以“三土”（土医、土药、土药房）、“四自”（自种、自采、自制、自用）为特点，村卫生室和村民小组土药房都开辟了药园，种植了大量的常用易植药物，全村共种植了面积达33.35公顷的几十种中草药。由于大量的廉价中草药和自制成药充实了卫生室、土药房，减少了开支，减轻了农民的负担，做到了“出钱不多，治疗便利；小病不出组，大病不出村”，深受广大农民群众的欢迎，并在公社全面推广。1968年下半年，毛泽东对乐园公社合作医疗的做法作了“合作医疗好”的重要批示。最高领袖的倡导和号召掀起了全国大办合作医疗的高潮，20世纪70年代中期，农村合作医疗的覆盖率达到全国行政村（生产大队）的90%以上。“合作医疗”（制度）与合作社的“保健站”（机构）及数量巨大的“赤脚医生”队伍（人员）一起，称为解决我国广大农村缺医少药的三大法宝，被世界银行和世界卫生组织誉为“发展中国家解决卫生经费的唯一范例”①。

四、20世纪80年代：传统农村合作医疗的迅速解体

尽管合作医疗被写入了1978年全国人民代表大会五届一次会议通过的《中华人民共和国宪法》，1979年卫生部、农业部、财政部、国家医药总局和全国供销合作总社联合下发通知，发布《农村合作医疗章程（试行草案）》，要求推进合作医疗，但是，“旧农合”依赖的农村集体经济的普遍瓦解，国家医疗卫生体制的市场化改革取向，以及本身运行机制的局限性等，使得其不可避免地走向解体。

农村社会经济结构的变化，即人民公社体制的瓦解是造成“旧农合”制度迅速崩溃的根本原因②。1982年中国政府宣布解散政社合一的“人民公

① 陈佳贵. 中国社会保障发展报告1997—2001［M］. 北京：社会科学出版社，2002：280.

② 王胜. 关于《山西省稷山县农村公共卫生事业》一文几个问题的商榷［J］. 当代中国史研究，2010（4）：69-74.

社”，全面实施家庭联产承包责任制，使家庭成为农业生产的基本经营单位，以农业合作社（生产大队）为依托的合作医疗制度迅速解体。同时，农村原有的卫生所（室）大都逐步实行了承包经营，农村医疗卫生体系开始逐步走向萎缩，城乡间卫生资源的配置差距由此不断拉大。根据 1985 年的调查，全国实行合作医疗的行政村由高峰时的 90%猛降至 5%，到 1989 年，又进一步降至 4.8%①。20 世纪 90 年代初期，全国“仅存的合作医疗主要分布在上海和苏南地区”②，从而全国 95%以上的农民再一次沦为疾病医疗的自费群体。

第四节　传统农村合作医疗陷入困境的制度根源

传统农村合作医疗陷入困境尽管有客观上的筹资困境和主观上的农民参加意愿降低等原因，但更有深层次的制度根源。

一是合作医疗的组织形式由公办民助变成民办公助，使合作医疗在经济和组织两方面失去了稳固的基础。在 20 世纪六七十年代，合作医疗是由人民公社、生产大队等组织承办的，社、队为合作医疗提供日常的组织、经济支持，并承担最终的经营责任。这种社、队组织负责的经办体制确保了合作医疗的权威性。20 世纪 80 年代我国实行家庭联产承包责任制后，形成了以家庭分散经营为基础的统分结合的农业经营模式，集体经济逐渐瓦解，绝大部分村成为“空壳村”。“空壳村”不仅不能在经济上对合作医疗给予有力支持，更重要的是使合作医疗缺乏了维系农民群众之间合作关系的有力组织者。社区组织资源的缺失是改革开放后农村合作医疗解体和难以恢复的关键因素。

二是不同部门政策之间的相互冲突和政策的多变性，使合作医疗重建的

① 王禄生，张里程．我国农村合作医疗制度发展历史及其经验教训［J］．中国卫生经济，1996（8）：14-15.

② 顾涛，等．农村医疗保险制度相关问题分析及政策建议［J］．中国卫生经济，1998（4）：42-43.

政治基础遭到破坏。一方面，中央及国务院、卫生部提出要“发展和完善农村合作医疗制度”；另一方面，迫于农民增收进程缓慢，农业部等提出要减轻农民负担。如1996年农业部等五部委联合颁发的《减轻农民负担条例》中，把“合作医疗”列为农民负担不允许征收合作医疗基金。结果导致一些恢复合作医疗试点的地区，再次放弃合作医疗制度。2003年1月国务院转发卫生部等三部门《关于建立新型农村合作医疗制度的意见》规定：“农民参加合作医疗所履行的缴费义务，不能视为增加农民负担。”合作医疗的失败、政策的多变，以及农村社会事务中的种种失误和反复折腾，使农民变得越来越多疑和谨慎，不愿意轻易失去自己的血汗钱，很多农民认为合作医疗保险是“政策不稳，越保越险”①。

三是传统合作医疗的保障水平低，农民不信任，导致投保率低，风险难以分散。一方面，在“缺医少药”的背景下建立起来的传统合作医疗，以预防为主、保障程度低，而在新形势下，医疗费用上涨过快，人们对医疗保障的预期提高。但是新建的合作医疗往往是“小病不能报，大病报不了”，农民个人仍然要负担绝大部分医疗费用，打击了农民的参保积极性。另一方面，农民对合作医疗的组织者缺乏信任。20世纪90年代以来，农村干部群众关系紧张，农民对基层干部的不信任感更加强烈，而且合作医疗又实行“群众自愿参加”的原则，农民拥有了是否参加合作医疗的自主权，不满意、不参加的农民增多，由此导致投保率很低，风险难以有效分散。

四是合作医疗基层组织与管理者对举办合作医疗的积极性不高。乡村基层政权是合作医疗的组织者与管理者，他们面对一家一户分散的农民，不仅要挨家挨户收集合作医疗基金，而且要将其组织成一个医疗风险相互分担的共同体。实行家庭联产承包责任制后，集体经济组织的瓦解使合作医疗失去了预先扣缴合作医疗费用的筹资手段，合作医疗面临筹资困境，这必然会打击基层组织及干部对举办合作医疗的持续积极性。

同时，医疗卫生领域事权与财权的不匹配削弱了政府推行合作医疗的积

① 李卫平，等. 关于农村医疗保障的调查［N］. 中国经济时报，2002-12-20.

极性。实行分税制后，在没有中央及省级财政支持的情况下，完全要求地方政府在财政上支持农村合作医疗，必然会加重地方政府财政负担，形成负向激励。1995 年国家财政管理体制实行分税制后，财政收入向上级政府集中，越到基层其财力越弱，相当数量的基层政权在教育支出、职工工资、退休金发放等问题上疲于奔命，根本就无暇顾及合作医疗，对合作医疗等集体福利事业的支持力度也就下降了。

第十章 新型农村合作医疗制度的变迁和展望

“当经济和社会条件发生变化时，现存的制度结构就会变得不相适宜。为对新的条件做出反应，社会成员就会尽力修正制度安排，以至于使它们与新的稀缺性、新的技术性机会、收入或财富的新的再分配和新的爱好与偏好保持一致。”[①] 新型农村合作医疗制度（以下简称“新农合”）正是在改革开放政策不断推进带来新的城乡社会结构变迁的背景下产生和发展的。

① 丹尼尔·W. 布罗姆利. 经济利益与经济制度——公共政策的理论基础［M］. 陈郁，郭宇峰，汪春，译. 上海：格致出版社/上海三联书店/上海人民出版社，2012：128.

第一节 新型农村合作医疗制度的建立和推广

“制度的建立与毁灭并非发生在真空之中，而是人们长期以来从机会和价值中认知的结果”①。随着我国经济社会体制的转型，医疗卫生行业亦实行了市场化改革，个人医疗费用负担日益加重。个人卫生支出占总卫生费用的比重由1978年的20.43%上升到2001年的高峰值59.97%，医疗费用不断上涨，广大农民不堪重负，看不上病、看不起病的现象相当普遍。1990—1999年，农民平均纯收入增长了2.2倍，但每人次平均门诊费用和住院费用，分别增长了6.2倍和5.1倍②。1998年到“新农合”试点的2003年，农村居民人均卫生支出年平均增长11.81%，而人均收入年平均增长仅为2.47%，农村家庭医药卫生支出占家庭消费支出的比重由1998年的9.0%上升到2003年的12.9%。同期，城市由7.1%上升到9.3%。顾杏元对广西东兰县、贵州施東县及陕西旬邑县3个贫困县的农户医疗负担进行的调查表明，人均医药费低收入农户为46元，中等收入农户为57元，较高收入农户为77元，分别占人均净收入的28%、16%及6%。这表明越是贫困的农民，医药费负担越重③。如图10.1所示。此外，农村公共卫生、农民健康状况等问题也日益突出，世界卫生组织发表的《2000年世界卫生报告》把中国卫生负担公平性排在第188位，在参与排名的国家和地区中处于倒数第4位，卫生部门总体绩效处于较低水平。因此，“旧农合”的解体迫切需要新的农村医疗保障制度进行替代。

---

① 道格拉斯·诺斯. 经济史的结构与变迁［M］. 刘瑞华，译. 台北：时报文化出版企业股份有限公司，1995：17.

② 丁晓波. 农村卫生改革和新型农村合作医疗工作手册［M］. 北京：中国财政经济出版社，2005：26.

③ 顾杏元. 保障农民基本医疗保健服务减轻农民医药费用负担——东兰、施秉、旬邑县农民医药费负担调查［J］. 中国初级卫生保健，1995（8）：3-5.

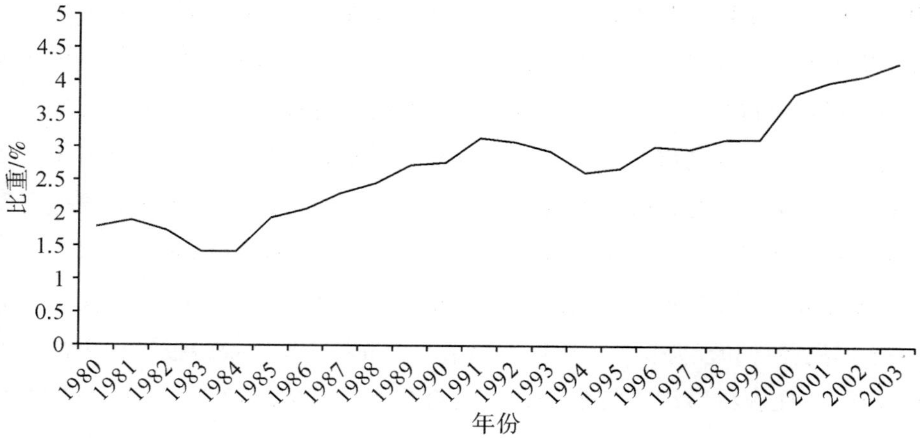

图 10.1　1980—2003 年农村居民医疗保健支出占可支配收入比重

注：根据相关年份《国家统计年鉴》绘制。

一、20 世纪 90 年代农村医疗保障制度探索

20 世纪 90 年代，面对农村医疗卫生的形势恶化及人民群众的呼声，党和政府进行了“重建”农村合作医疗的尝试。

（一）1990—1992 年的第一次“重建”尝试

党和政府对人民群众的呼声高度重视，对农村医疗服务和医疗保障需求进行了深入的调查研究。有关政府部门及科学研究机构和组织，对农村合作医疗进行了广泛的调查研究，结果表明农村广大人民群众客观上需要合作医疗，主观上赞成和呼吁合作医疗，合作医疗重建具有坚实的民意基础①。与此同时，一系列政策文件出台重提农村合作医疗制度建设。1990 年 3 月，卫生部、国家计委、农业部、国家环保局、全国爱卫会联合发布《我国农村实现“2000 年人人享有卫生保健”的规划目标》，提出到 2000 年我国贫困、温饱、宽裕、小康四类不同经济地区集资医疗保健的覆盖率分别是 50%、50%、

① 曹普. 20 世纪 90 年代两次“重建”农村合作医疗的尝试与效果［J］. 党史研究与教学，2009（4）：18-26.

60%、60%。同年6月26日，卫生部、农业部等部门向国务院提交的《关于改革加强农村医疗卫生工作的请示》中，把农村卫生事业面临的突出问题概括为国家对农村卫生事业投入严重不足、农村卫生技术人才流失、医疗费用负担沉重、缺医少药以及公共卫生问题重新泛滥等，并认为“五十年代在我国农村就已兴起的合作医疗保健制度，是农民群众在防治疾病方面发扬互助合作精神的体现，应当继续提倡，正确指导，改革完善，稳步推行”①。

1991年3月25日，国务院总理李鹏在七届全国人大第四次会议上作的《关于国民经济和社会发展十年规划和第八个五年计划纲要的报告》中再次明确提出：“在农村继续推行集资办医与合作医疗保险制度”②。1991年11月底，在党的十三届八中全会通过的《中共中央关于进一步加强农业和农村工作的决定》中进一步强调要“抓紧农村医疗卫生网建设，建立健全合作医疗制度”③。与此同时，在人民群众的呼吁和一系列决策的推动下，实践层面上，各级政府采取了一系列恢复和重建农村合作医疗制度的举措。中央政府拨出专款扶持农村合作医疗恢复和重建，有20多个省份在发布的关于加强农村卫生工作的通知中提出了恢复和重建合作医疗的一些政策举措，有力地促进了农村合作医疗的发展。1989—1992年，农村合作医疗覆盖率由4.8%上升到11.6%，农村合作医疗得到一定程度的恢复。

但是，1992年党的十四大确定了建立社会主义市场经济体制的改革目标，并由此引发究竟是重建“农村合作医疗制度”还是采行市场取向的“农村医疗保险制度”的争论。特别是，中央办公厅、国务院办公厅在1993年7月发出的《关于涉及农民负担项目审核处理意见的通知》中要求在农村取消包括“乡村医疗卫生机构建设集资”“乡村医生补助”“初级卫生保健达标”“合作医疗卫生建设达标”等37项收费和43项要求农民出钱、出物、出工的达标升级活动。基于此规定，不少地方把筹集合作医疗费当作“加重农民负担”

① 《国务院批转卫生部等部门关于改革和加强农村医疗卫生工作请示的通知》(1991年1月17日)，(国发〔1991〕4号)。

② 中共中央文献研究室．十三大以来重要文献选编（下）[M]．北京：人民出版社，1993：1523.

③ 中共中央文献研究室．十三大以来重要文献选编（下）[M]．北京：人民出版社，1993：1782.

的“乱收费”取消了，合作医疗筹资来源失去了合法渠道，恢复重建遭遇挫折。

（二）1996—1997年第二次“重建”尝试

农村医疗卫生状况的进一步恶化，以及中国政府兑现“2000年人人享有卫生保健”承诺的期限日益临近，重建农村合作医疗更加具有历史紧迫性。1994年7月2日，袁木、陈敏章在《人民日报》发表文章，再次呼吁“加快农村合作医疗保健制度的改革和建设”，提出了建立农村合作医疗保健制度的若干建议，以及“政府领导、集体扶持、预防为主、多方筹资、因地制宜、量力而行、科学管理、民主监督”的方针，并争取“九五”时期（1996—2000年）全国农村合作医疗保健覆盖率在50%以上。

1994年7月到1996年12月，在国务院研究室、卫生部计财司的支持下，卫生部医政司与北京医科大学、安徽省卫生干部进修学校、安徽医科大学合作，在7省14个县开展了《中国农村合作医疗改革研究》，重点抓了河南开封县和林州市的试点，研究结论强调了政府对合作医疗的资金投入责任、政策和经济支持的关键性、管理与监督机制的重要性以及关于筹资的一系列问题。在以上调查研究基础上，1996年7月彭珮云主持召开14个试点县领导和卫生局局长参加的合作医疗专题座谈会；卫生部于7月15-19日在河南林州市召开了全国农村合作医疗经验交流会；特别是12月9日中共中央、国务院召开的全国卫生工作会议，进一步肯定了农村合作医疗制度的必要性和重要性。

中共中央、国务院于1997年1月15日下发了《关于卫生改革与发展的决定》（中发〔1997〕3号），指出要“积极稳妥地发展和完善合作医疗制度，在政府的组织和领导下，坚持民办公助和自愿参加的原则，筹资以个人投入为主，集体扶持，政府适当支持……力争到2000年在农村多数地区建立起各种形式的合作医疗制度”[①]。为了贯彻中央、国务院的决定，同年5月28日，

---

① 中共中央文献研究室. 十四大以来重要文献选编（下）［M］. 北京：人民出版社，1999：2203-2204.

国务院批转了卫生部、国家计委、财政部、农业部、民政部提交的《关于发展和完善农村合作医疗若干意见》，11 月 7 日又发出了《关于进一步推动合作医疗工作的通知》，以推动合作医疗政策实施落实。

相比第一次“重建”尝试，党和政府把农村合作医疗制度建设提升到新的高度，制度设计更加具体，各地区各部门的迅速行动和大力支持，使得这次恢复重建合作医疗“充满希望”。但由于制度顶层设计本身的缺陷性，以及各方面因素的影响，结果并不理想。到 1997 年年底，全国农村合作医疗的覆盖率仅占全部行政村的 17%，参加合作医疗的农村居民比例仅为 9. 6%。1998 年的“第二次国家卫生服务调查”亦显示，约有 87. 44%的农村居民属于医疗自费群体，仅有 12. 56%的农村居民获得各种不同形式的医疗保障，其中合作医疗的比重仅为 6. 5%①，仅比 1989 年的最低点提高了 1. 7 个百分点。恢复和重建农村合作医疗制度的尝试遭遇挫折，农民医疗保障问题更为突出。

（三）两次“重建”尝试的特点及遭遇挫折的制度原因

1. 两次“重建”尝试的制度特点

两次“重建”尝试具有延续性，是在国家经济市场化改革取向，特别是农村集体经济日渐式微背景下，重构农村医疗保障制度的探索。首先，肯定了农村合作医疗制度是符合国情的农民医疗保障制度，对于保证农民获得基本医疗服务、落实预防保健任务、防止因病致贫等方面具有重要作用，有利于促进农村经济发展和社会稳定，要进一步发展和完善农村合作医疗制度。其次，突出农民个体的主要筹资责任，试图重构“以个人投入为主，集体扶持，政府适当支持”的筹资模式。当时普遍认为，我国农村人口多，经济发展水平有限，不能以国家或集体全包的形式解决农民的基本医疗保障问题，但也不能全靠农民个人自费医疗，必须走互助共济的合作医疗之路。但是，由于农村集体经济基本瓦解，集体筹资基本不可行，而关于政府支持的规定又比较笼统，所以筹资责任最终主要落在了农民个人身上。最后，合作医疗

① 陈秋霖. 农村合作医疗为何推行困难？——需求角度的一种解释［J］. 社会科学战线，2003（4）：35-46.

具体模式多样化实践，主要形成了初级合作医疗（保小不保大）、风险型合作医疗（保大不保小）、福利型合作医疗（保小又保大）、合作医疗保险等模式[①]，不同模式的实践，为进一步探索提供了宝贵的经验和教训。

2. 两次“重建”尝试遭受挫折的制度原因

制度供给不足是恢复和重建尝试遭遇挫折的重要制度原因。具体而言，一是农村医疗保障制度诱致性变迁的动力不足。从制度需求层面来看，农民的支付意愿和支付能力是影响非强制性合作医疗制度产生和发展的关键因素，而当时我国农村农民的整体收入水平偏低，支付能力极为有限，加之制度运行中存在的逆向选择和道德风险问题，以及制度信任缺失等因素，造成支付意愿水平较低，需求动力不足。从制度供给层面来看，制度提供的潜在利益不能满足农民的多样化需要，加之制度安排超过了制度环境的承载能力，以及新的制度规则的缺乏，使得制度供给动力不足。

二是农村医疗保障制度强制性变迁的动力不足。首先，经济发展和效率优先的发展战略取向，导致包括医疗保健在内的社会发展被置于公共政策的次要地位，合作医疗制度在政府收益评价中的权重大幅下降，农民医疗保障责任被推向家庭或个人，政府推动合作医疗制度的动力不足。其次，财政体制改革的负向影响。1980—1994 年实行的“划分收支，分级包干”财政体制，以及 1994 年以后实行的“分税制”财政管理体制，均对农村合作医疗的财政支持体系产生了不良影响[②]。农村医疗保障制度的长期僵滞以及农民医疗保障的迫切需求，使改革必须进行基于新制度环境的制度创新，才能打破这种制度需求与供给的困境僵局。

---

① 李华. 我国农村合作医疗变迁的制度环境分析 [J]. 学习与探索，2005 (6)：219-222.

② 朱俊生. 对我国农村合作医疗变迁的制度经济学解释——制度的均衡、非均衡、变革与制度供给 [J]. 人口与经济，2009 (5)：77-83.

二、新型农村合作医疗制度的初期试点（2003—2006 年）

（一）推进“新农合”试点的制度与政策支持

2002 年 10 月，中共中央、国务院在《关于进一步加强农村卫生工作的决定》中首次明确提出要“逐步建立新型农村合作医疗制度”，遵循试点—推广的方法原则，实现 2010 年基本覆盖农村居民的目标。特别是确立了“个人缴费、集体扶持和政府资助”相结合的筹资机制，政府在筹资中的角色由“支持”转为“资助”，突出强调了政府的筹资责任，并承诺“从 2003 年起，中央财政对中西部地区除市区以外的参加‘新农合’的农民每年按人均 10 元安排合作医疗补助资金，地方财政对参加‘新农合’的农民补助每年不低于人均 10 元”，对“农村贫困家庭实行医疗救助”。2003 年 1 月，国务院办公厅转发了卫生部、财政部、农业部的《关于建立新型农村合作医疗制度的意见》（以下简称《意见》）（国办发〔2003〕3 号），《意见》第一次从目标原则、组织管理、筹资标准、资金管理、医疗服务管理、组织实施等方面对“新农合”进行了较为详细和明确的规定和指导，具有制度构建意义。与此同时，《意见》还明确要求从 2003 年起，各省（自治区、直辖市）至少要选择 2～3 个县（市）进行“新农合”试点，以为进一步推广制度提供经验借鉴。2003 年 9 月，国务院新成立的部际联席会议决定把浙江、湖北、云南和吉林四省作为试点重点，在全国范围内展开试点工作。2003 年 12 月 4-5 日，国务院在湖北宜昌市召开了第一次全国“新农合”工作会议，此后连续三年召开全国“新农合”试点工作会议，部署推进试点工作。2004 年 1 月，国务院办公厅转发了卫生部等部门制定的《关于进一步做好新型农村合作医疗试点工作的指导意见》（国办发〔2003〕3 号），进一步从十六个方面对试点工作提出指导意见，有力地促进了“新农合”试点工作。

（二）“新农合”试点取得的成效与评价

2006 年“新农合”试点工作全面提速扩面。截至 2006 年年底，“新农合”已覆盖全国 51% 的县级行政区域，4.1 亿农民参加了“新农合”，受益面和补偿水平不断提高，4.2 亿人次农民获得补偿，补偿金额达 242 亿元，有效释放了农民的医疗需求，减轻了医疗负担，试点初步显示了“新农合”的制度生命力。2006年3-7月，受国务院“新农合”部际联席会议办公室委托，北京大学、中国社会科学院、农业部农村经济研究中心、卫生部统计信息中心，对“新农合”试点运行状况及效果进行了全面评估，结果表明试点成效明显。

1.“新农合”制度框架及运行机制基本形成

第一，建立了从中央到地方由政府领导，卫生部门主管，相关部门配合，经办机构运作，医疗机构服务，农民群众参与的管理运行机制；第二，建立了以家庭为单位自愿参加，以县（市、区）为单位统筹，个人缴费、集体扶持和政府资助相结合的筹资机制；第三，形成了符合各地实际的统筹补偿方案，建立了参合农民在本县（市、区）范围内自主选择定点医疗机构就医、现场结报医疗费用的结算报销办法；第四，建立了有关方面和农民参与的以基金运行、审核报付为核心的监管制度；第五，形成了医疗服务、药品供应等方面的规范，建立了与“新农合”制度相互衔接、互为补充的医疗救助制度①。

2.“新农合”具有了广泛的社会基础

“新农合”试点地区的农民医疗负担有所减轻，医疗服务利用有所提高，因病致贫、返贫状况有所缓解，加之健康意识不断增强，为“新农合”全面推广奠定了良好的群众基础。

3.“新农合”为政府卫生资金的有效投放提供了制度平台

与“老农合”相比，“新农合”的最大特点是政府从宏观政策支持转向微观资金资助，明确了政府的筹资责任。更重要的一点是创新了政府卫生资金投入的新路径，区别于原来的“供方”投向，“新农合”实行了政府卫生资金的“需方”投向，即直接投给参合农民。由此带来的积极影响有：一是参合农民的医疗服务需求有了一定保障，启动并释放了农民的医疗需求。二是“新农合”的补偿机制引导农民到乡村医疗机构就诊，由此带来的医疗服

① 白剑峰. 新型农村合作医疗缓解“看病贵”[N]. 人民日报，2007-03-13.

务工作量推动了医疗卫生资源向农村地区的配置，在一定程度上能够缓解医疗资源配置的城乡差距，并促进农村医疗机构良性发展。总之，试点取得的成效以及积累的宝贵经验，为“新农合”的全面推广奠定了良好的基础。

三、新型农村合作医疗制度的全面推广与不断完善（2007—2015 年）

（一）“新农合”制度的快速全面推广

按照党中央部署，从 2007 年起，“新农合”进入全面推广阶段。2007 年 1 月 22-23 日，国务院在陕西省西安市召开了第四次全国“新农合”工作会议，研究部署全面推进“新农合”发展的工作任务。在强大的政策引导和有力的财政支持下，“新农合”在较短时间内得以全面推广。到 2007 年年底，全国 2 448 个县（市、区）已经基本建立“新农合”制度，覆盖 7.3 亿农民，参合率为 85.5%，2008 年参合率上升到 89.7%，到 2010 年参合率上升到 96%，基本实现了全覆盖目标。截至 2013 年年底，农村无医保比例已经从 2003 年的 79%下降为 2.6%[①]。与此同时，“新农合”制度不断完善，运行机制和保障水平不断提高。

（二）“新农合”在全面推广中不断完善

1. 进一步完善了财政补助政策

财政补助是“新农合”有效运行的基本保障。基于此，财政部、卫生部发出《关于调整中央财政新农合制度补助资金拨付办法有关问题的通知》（财社〔2007〕5 号），重点规范了中央财政补助资金拨款申请规程，简化中央财政补助资金拨付方式，由原来按 75%的比例预拨调整为按 100%全额拨付，实行“当年全额拨付、次年据实结算、差额多退少补”的办法，从制度上确保“新农合”财政补助资金及时足额拨付。

---

① 数据来自《2016 中国卫生和计划生育统计年鉴》。

2. 进一步规范了统筹补偿政策

卫生部、财政部、国家中医药管理局联合出台了《关于完善新农合统筹补偿方案的指导意见》（卫农卫发〔2007〕253号），调整和完善了“新农合”统筹补偿方案，具体包括：明确了三种统筹模式及补偿方式，为制定和调整统筹模式提供了参照；明确了补偿方案的构成要素（主要包括起付线、封顶线、补偿比例和补偿范围），“以收定支、收支平衡、略有结余”的补偿方案制定原则，以及药品、诊疗目录的制定与调整方法；强调了三种统筹模式下，基金分配的各自要点和补偿重点；明确了基金补偿范围；规范了住院补偿基本原则；加强门诊补偿管理方法；提高基金使用率以及完善转诊和结算的办法。此后，卫生部及有关部门又出台了一系列政策性文件，以完善“新农合”的补偿政策，如《卫生部关于规范新农合健康体检工作的意见》（卫农卫发〔2008〕55号）、《卫生部关于在省级和设区市级新农合定点医疗机构开展实时结报工作的指导意见》（卫农卫发〔2009〕62号）、《卫生部、民政部关于开展提高农村儿童重大疾病医疗保障水平试点工作的意见》（卫农卫发〔2010〕53号），为“新农合”受益范围的扩展、收益水平的提高提供了重要的制度保障。

3. 进一步完善定点医疗机构监管机制

卫生部等国家有关部门先后下发了《关于加强新农合定点医疗机构医药管理的若干意见》（卫农卫发〔2005〕243号）等政策性文件，通过强化对定点医疗机构行为的监管，控制医疗费用不合理增长以及对“新农合”基金的套取。

4. 进一步健全基金管理制度

国务院原副总理吴仪指出“合作医疗资金是农民的保命钱”，“新农合”基金管理关系到“新农合”制度的可持续发展和农民受益水平提高。为此，财政部、卫生部等有关部门先后下发了《新农合基金会计制度》（财会〔2008〕1号）、《新农合基金财务制度》（财社〔2008〕8号）、《关于进一步加强新型农村合作医疗基金管理的意见》（卫农卫发〔2011〕52号）等有关政策性文件，逐渐完善了“新农合”基金财务管理制度。同时，各地区也创建了各具特色的基金管理制度，如江西省的“双印鉴”制度，以及各地相继建立的“新农合”基金专项审计、公示、举报投诉查处制度，有力地保障了“新农合”基金的安全有效运行。

5. 进一步推动支付方式变革

“新农合”从试点起，就开始了支付方式变革探索。2003 年，陕西省镇安县就开始试行按病种定额付费的支付方式；2006—2007 年，云南省禄丰县开始探索门诊总额预付、住院按床日付费支付方式改革；2010 年，山东省潍坊市在寿光市、青州市和安丘市开展了住院总额预付的探索。为指导新农合支付方式变革探索，完善“新农合”支付制度，2012 年 4 月 12 日，卫生部、国家发展和改革委员会、财政部发布了《关于推进新型农村合作医疗支付方式改革工作的指导意见》(卫农卫发〔2012〕28 号)，明确了“新农合”支付方式变革的基本方向，即由后付制转向预付制，实现医疗机构补偿机制和激励机制的转换，指出要将“新农合”支付方式由单一的按项目付费向混合支付方式转变，并对支付方式变革的主要内容，特别是对门诊总额预付、按病种付费、按床日付费等具体支付方式的实施提出了具体的要求。2017 年 6 月 20 日，国务院办公厅发布《关于进一步深化基本医疗保险支付方式改革的指导意见》(国办发〔2017〕55 号)，提出从 2017 年起，全面推行以按病种付费为主的多元复合式医保支付方式，并进一步明确了各支付方式的适用范围。具体而言，对住院医疗服务，主要按病种、按疾病诊断相关分组付费；对长期、慢性病住院医疗服务可按床日付费；对基层医疗服务，可按人头付费，积极探索将按人头付费与慢性病管理相结合；对不宜打包付费的复杂病例和门诊费用，可按项目付费，为支付方式变革实践指明了具体方向。2018 年 2 月 7 日，人力资源和社会保障部办公厅发布《关于发布医疗保险按病种付费病种推荐目录的通知》，推荐了 130 种可按病种付费的病种，有力地推动了按病种付费支付方式的实施。

第二节　新型农村合作医疗制度的实施成效和问题评析

“新农合”制度作为一项解决农村居民医疗保障需求的集体性制度安排，是党和政府坚持以人民为中心发展思想的重要体现，制度运行机制不断完善，基本实现了制度目标，取得了显著成效，同时也存在一些需要改进的问题。

一、新型农村合作医疗制度的实施成效

（一）构建和完善了农民医疗健康保障的制度框架和长效机制

“老农合”的解体以及医疗体制的市场化改革，特别是医疗费用的快速增长，使得农民医疗负担日益加重，产生了“看病难、看病贵”的社会问题，损害了社会公平正义，产生了对新制度安排的客观需求。“新农合”制度为提供社会基本公共服务创造了成功范例，其所采取的以政府筹资为主的筹资模式，强调筹资的政府责任，既体现了较好的筹资公平性，特别是政府财政对困难群体个人缴费的资助，保证了人人享有基本医疗保障权益的实现。2004—2017 年，“新农合”人均筹资水平从 30 元增长到 613. 46 元，财政补助占“新农合”筹资总额的比例从 59. 39%上升到 73. 68%，筹资能力和稳定性不断提高，筹资机制不断健全。与筹资水平的不断提高相适应，“新农合”偿付模式及机制不断优化，住院和门诊的偿付比例不断提高，偿付范围不断扩大。住院分娩定额补偿、重大疾病用药，如治疗白血病、非小细胞肺癌、肺纤维化等的靶向药物和一些罕见病用药等逐步纳入报销范围。“新农合”监督机制和监管体系不断完善，提高了制度运行的透明度，运行效率不断提高。见表 10. 1。

“新农合”是我国经济社会转型发展历史时期，回应广大农民群众对医疗保障需求的集体性制度供给，是一次重要的制度创新，为我国医疗保障制度从点到面的发展提供了制度模板，具有极为重要的制度开创意义。

表 10.1　2004—2017 年新型农村合作医疗发展基本情况

年份	参合率(%)	人均筹资(元)	财政补助(元)	补偿受益人次(亿人次)
2004	75. 2	30	20	0. 76
2005	75. 66	42. 1	30	1. 22
2006	80. 66	52. 1	45	2. 72
2007	86. 2	58. 9	20	4. 53
2008	91. 53	96. 3	80	5. 85
2009	94. 19	113. 36	80	7. 59
2010	96	156. 57	120	10. 87
2011	97. 48	246. 21	200	13. 15
2012	98. 26	308. 5	240	17. 45
2013	98. 7	370. 59	280	19. 42
2014	98. 9	410. 89	320	16. 52
2015	98. 8	490. 3	380	16. 53
2016	99. 36	559	420	6. 57
2017	100	613. 46	450	2. 52

注：数据来自《中国卫生统计年鉴》(2004—2017 年)、《中国卫生和计划生育统计年鉴》(2004—2017 年)、《中国卫生健康统计年鉴》(2004—2017 年)。

（二）缓解了农村居民医疗支付约束，提高了医疗服务利用率

1.“新农合”制度的实施推动了公共医疗保障制度对农村居民的全覆盖

与“旧农合”相比，“新农合”更加强调政府的责任，遵循市场规律，形成了符合医疗保障制度逻辑的稳定制度架构和运行机制，从而确保了“新农合”制度的覆盖目标。2003 年，约 79. 1%的农村居民没有任何医疗保险，仅有约 9. 5%的农村居民参加了合作医疗，而同期城市自费医疗的人口比例为 44. 8%。到 2013 年，农村地区居民基本医疗保险参保率达 97. 3%，其中“新农合”约占 74. 1%，无保险比例仅为 2. 6%，由此可见，“新农合”是农村居民医疗保障的绝对制度主体。

2.“新农合”制度减轻了农民的医疗费用负担

如表 10.2 所示，2003 年，“新农合”住院报销病人比例为 8.1%，实际报销费用比为 6.9%，住院次均自付费用占家庭年收入的 129.1%。到 2013 年，“新农合”住院病例中获得报销的病人比例为 91.1%，次均报销费用为 3 329 元，次均自付费用为 3 309 元，实际报销费用比为 50.1%，比 2008 年的 26.6%增加了 23.5 个百分点，次均自付费用占家庭人均年收入的 33.0%，比 2008 年的 56.0%下降了 23 个百分点。特别需要指出：2003 年农村低收入居民平均医疗卫生费用支出占人均年收入的比例为 26.7%，在当时约 80%的低收入居民中无任何医疗保障的情况下，其 2 080 元的住院费用几乎全部由居民个人负担，是该收入组人均年收入的 6 倍，医疗费用支付压力较大。到 2013 年，低收入农村居民次均住院自付费用占住院费用支出的比例为 53.07%，略高于全部农村居民 51.3%的平均水平。由此可见，“新农合”在减轻低收入农村居民的医疗费用负担中发挥了重要作用。

表 10.2　主要年份“新农合”参保人口住院费用报销情况

年份	获报销病人（%）	报销费用比（%）	次均报销费用（元）	次均自付费用（元）	家庭人均年收入（元）
2003	8.1	6.9	185	2 509	1 943
2008	80.2	26.6	909	2 503	4 473
2013	91.1	50.1	3 329	3 309	10 035

注：数据引自《2013 年第五次国家卫生服务调查分析报告》。

3.“新农合”制度改善了医疗服务利用率

“新农合”对自付医疗费用的减轻，以及由此产生的激励作用，改善了农村居民的医疗服务利用。2003 年，有 38.8%的农村居民患者因经济困难原因放弃治疗，特别是属于贫困地区的第四类农村地区，因经济原因应该住院而未住院的比例为 73.6%，比 1998 年增加了 26.9%。2013 年农村地区居民因经济困难应该住院而未住院的比例为 7.3%，低收入居民因经济困难原因需住院而未住院占比为 13%。由此可见，“新农合”极大地缓解了农村居民的医疗支付约束，进而改善了医疗服务利用率。

（三）推动了医疗卫生资源的城乡均衡，助推了城乡医疗公平

“新农合”制度激发了农村居民的医疗服务需求，带动了医疗资源向农村地区的配置，助推了农村医疗服务体系建设，增强了基层医疗机构服务能力，促进了农村医疗卫生事业的发展。首先，倒逼政府对农村卫生工作的重视，加大了对农村地区卫生经费和基础设施建设的投入力度，进一步提高了基层卫生机构的服务供给能力，促进了农村卫生事业的发展。其次，制度运行增强了医疗服务提供者的费用意识，强化了医疗服务的规范管理，特别是谈判机制的运用在一定程度上约束了不规范的医疗服务提供行为，对控制医疗费用不合理增长起到了一定的作用，改善了基层卫生机构的资源质量和补偿机制。最后，“新农合”制度的推行，有力地促进了城乡医疗公平。

“新农合”在一定程度上缓解了医疗公共品分配的城乡不平衡状况，促进了城乡医疗公平。以乡镇卫生院收入构成为例，财政补助收入占比不断提高，从 2004 年的 15%上升到 2015 年的 44%，财政在带动医疗资源向农村地区配置的作用日益突出，有力地改善了农村卫生事业的落后面貌。1983—2006 年中国乡镇卫生院年住院人数除三个年份外均低于 2 000 万人。2007—2015 年“新农合”制度全面实施，乡镇卫生院年住院人数获得大幅增长，年平均人数达到 3 568 万人，在一定程度上反映了“新农合”对农村基层医疗设施改善的倒逼效应。1993—2013 年，城乡居民年住院率差距不断缩小（城市住院率高于农村），从 1993 年相差 1. 9 个百分点，下降到 2003 年相差 0. 8 个百分点，到 2013 年时，仅相差 0. 1 个百分点。“城居保”与“新农合”的报销率从 2008 年相差 22. 7 个百分点下降到 2013 年的 3. 5 个百分点。同期，次均自付费用占家庭人均收入的比例（“新农合”高于“城居保”），亦从相差 17. 8 个百分点，下降到相差 3 个百分点[①]，这充分说明“新农合”在某种意义上促进了城乡医疗公平。如表 10. 3 所示：

---

① 根据相关年份《卫生统计年鉴》及《第五次国家医疗服务调查报告》数据计算获得。

表 10.3　主要年份不同医疗保险制度参保人口住院及费用报销比较

年份	因病住院率（%）			次均自付费用占家庭人均年收入的比例（%）		
	新农合	城镇居民医保	城镇职工医保	新农合	城镇居民医保	城镇职工医保
2003	2.6	—	5.3	129.1	—	69.4
2008	5.3	4.3	8.3	56	38.2	31.8
2013	7.7	6.1	10.2	33	30	16.7

注：数据引自《2013 年第五次国家卫生服务调查分析报告》。

（四）提升人力资本，具有短期与长期兼顾的经济效应

1.“新农合”制度促进了医疗消费资源的节约

“新农合”是在经济体制、特别是医疗卫生体制市场化改革的宏观制度环境下的一项医疗保障制度安排，其制度功能之一就是通过解决或缓解医疗市场价格对农村居民医疗服务利用的制约，进而提高农村居民健康水平。相比公费医疗及劳保医疗，“新农合”覆盖人群体量巨大，其所承担的保障水平远高于“旧农合”，因此控费任务更为艰巨。“新农合”的集体谈判和支付方式改革，有利于控制医疗费用快速增长，在一定程度上延缓或扭转了医疗体制市场化改革对农民医疗服务利用的消极影响。保障范围从“主要保大病”向门诊统筹扩展，激励了治疗行为的前移，有利于重大疾病的早发现、早治疗，可以实现增强治疗效果和节约医疗费用的双重效应。

2.“新农合”制度为经济发展提供了健康的人力资本

农民工为城市建设和经济发展提供了丰富的劳动力资源，“新农合”是保障其人力资源健康的主要制度。2017 年，我国农民工总量约 2.9 亿人，其中参加城镇基本医疗保险人数约为 6 225 万人，其余 2.3 亿人口由“新农合”提供医疗保障。“新农合”缓解了医疗支付压力，释放了农村居民的消费空间。2000—2015 年，农村居民人均医疗保健支出年均增长 16.35%，人均医疗保健支出占人均可支配收入比重年均增长 4.39%①，表明尽管受医疗费用支出高增

① 根据《2016 年卫生与计划生育统计年鉴》数据计算获得。

长的影响，农村居民医疗保健支出占可支配收入比重在持续增加，但医疗费用增长对其他消费并未产生过大的挤出效应，结合医疗消费水平的提高，“新农合”实际上改善农村居民的消费预期，推动农村内需的扩大。总之，“新农合”在改善了农村居民健康水平，提供了健康劳动力，对于我国农村以及国家经济社会发展方面具有长远作用和重要意义。

（五）助力健康扶贫，彰显了以人民为中心的执政理念

带领人民创造美好生活，是中国共产党始终不渝的奋斗目标。人民健康既是民族昌盛和国家富强的重要标志，也是保障和改善民生要抓住的人民最关心最直接最现实的利益问题。“新农合”作为保障农民健康权的重要制度安排，有力地改善了农村居民的医疗服务利用，减轻了医疗支出负担，对于保护农村居民健康起到了积极的作用。特别是“新农合”关注弱势群体（如表10.4所示），覆盖所有贫困人口并实行倾斜性政策，助力健康扶贫，有效地缓解了因病致贫、返贫问题，是打赢脱贫攻坚战，增强农民获得感，实现共建共享的重要保障。此外，“新农合”在中国的成功实施以及取得的良好效果，还得到了国内、国际社会的高度认同。世界银行将“新农合”试点誉为“大胆的历史性的开端”，世界卫生组织的《帮助中国建立公平可持续的卫生体系》独立评估报告，亦肯定了“新农合”的巨大成效。“新农合”还进一步密切了党群、干群关系。总之，“新农合”的实施彰显了以人民为中心的执政理念，取得了良好的政治效应[①]。

表10.4　主要年份低收入人口的卫生服务需求与利用情况

年份	两周就诊率（%）	因病住院率（%）	住院费用自付比例（%）	因经济困难需住院未住院比例（%）
1993	18	3.4	—	—
1998	16.6	2.8	—	—
2003	14.7	4.2	—	—

① 陈竺，张茅．中国新型农村合作医疗发展报告［J］．北京：人民卫生出版社，2013.

表10.4(续)

年份	两周就诊率（%）	因病住院率（%）	住院费用自付比例（%）	因经济困难需住院未住院比例（%）
2008	17	5.9	73.1	81.5
2013	15.6	9.2	53	13

注：数据来自第三、四、五次《国家卫生服务调查（研究）分析报告》，1993 年、1998 年、2003 年两周就诊率和因病住院率采用当年度标准确定的低收入组数据，三个年度低收入组无医疗保障占比分别为 65.4%、79.4、68.1%，因此住院费用基本自付。

二、新型农村合作医疗制度的问题评析

基于制度环境的深刻变化以及制度预期的不断提高，“新农合”在实际运行中必然会不断产生新的问题，面临新的挑战。

（一）社会经济环境对“新农合”的挑战

一是城乡、区域医疗资源分布不均对医疗保障公平的挑战。在城乡居民基本医疗保险整合前的 2015 年，城镇居民的人均可支配收入为 31 194.83 元，农村居民人均可支配收入为 11 421.71 元，农村居民人均可支配收入仅为城镇居民的 36.6%，但医疗保健支出则是城镇居民医疗保健支出的 58.6%。2000—2015 年，城镇居民和农村居民人均可支配收入均增长了 5 倍，但医疗保健支出分别增长了 5 倍和 10 倍，城镇居民的医疗保健支出占消费支出的比例较为稳定，2000 年和 2015 年分别为 6.4%和 6.7%，而农村居民的医疗保健支出占消费支出的比重则由 2000 年的 5.2%上升到 2015 年的 9.2%。医疗卫生服务可及性也存在明显的城乡、区域差距。第五次国家医疗服务调查显示，城市居民距离最近医疗机构不足 1 千米的比例为 71.0%，高于农村的 56.7%；西部地区农村和城市距离最近医疗点在 1 千米以内的比例均明显低于东部和中部地区；西部农村距离最近医疗点在 1 千米以内的比例仅为 47.0%，在 5 千米以上的比例达 9.0%。由此可见，缩小医疗保障的城乡、区域差距，是“新农合”面临的一个挑战。如图 10.2 所示：

图 10.2　2003—2017 年人均医疗保健支出占收入比的城乡差异

注：根据相关年份《国家统计年鉴》绘制。

二是城镇化对“新农合”可持续发展的制约性影响。城镇化的不断推进将带来农村人口居住地点向城镇的迁移和农村劳动力从事职业向城镇二、三产业的转移，由此导致对医疗等社会保障水平的需求不断增加，使新型农村合作医疗制度的可持续发展面临以下三个方面的制约：多元非均衡结构对居民医疗保障体系完善的制约、“新农合”制度设计对农民家庭成员身份分化的制约、“新农合”保障能力对农民医疗保健需求提升的制约①。

三是农民对“新农合”制度的主观预期以及保障效应的主观感知等也会对“新农合”发展产生深刻影响。如个人缴费的不断上涨以及保障水平提升困境等已经影响了农村居民对“新农合”的评价，进而导致一定程度上的主体参与缺失。

（二）制度预期提高对“新农合”保障能力的压力

制度预期是一项制度产生和发展的动因，制度预期的不断提高要求“新农合”不断增强保障水平和能力。随着人口老龄化程度的加剧、城镇化进程

① 程毅. 城镇化进程中的新型农村合作医疗制度可持续发展研究［J］. 福建论坛（人文社会科学版），2015（2）：178-183.

的加快，居民的医疗服务需求无论从内容还是数量上将会继续增加，对制度的目标预期将会进一步提高，由此会对“新农合”的保障能力造成更大压力。疾病谱系的变化要求“新农合”必须做出相应的制度调整，如保障范围与水平的扩展与提高。例如，慢性病越来越成为影响居民健康水平的重要疾病模式，这就要求“新农合”要应加快医学模式转换，把重大慢性疾病的防控纳入其干预与保障范围。人口老龄化将会进一步改变疾病谱系，催生新的医疗保障需求，“新农合”必须积极有效地对老年康复、护理服务等保障需求做出回应，探索与老年病医院、老年护理院、康复疗养机构等的介入与融合路径。总之，“新农合”面临提高制度保障能力和水平的压力。

（三）“新农合”制度面临医疗费用快速增长的冲击

医疗费用的不断上涨是“新农合”所面临的最严峻的挑战。有关统计数据显示，2003 年病例住院次均费用为 2 694 元，2008 年和 2013 年则分别上升到 3 412 元和 6 638 元，“新农合”报销比例由 2003 年的 6. 9%上升到 50. 1%，次均自付费用占家庭人均年收入的比重亦从 129. 1%下降到 33%，表明不断上涨的医疗费用主要由“新农合”制度承担，对其可持续发展构成严峻挑战。如何在逐步提高“新农合”保障水平的同时，通过完善新农合的管理监管体制，出台相应的控费配套政策，建立有序的就医模式，构建引导居民合理利用医疗卫生服务的支付机制，以减少不必要的医疗卫生支出，促使费用增长速度放缓，提高资源的使用效益，是“新农合”制度面对医疗费用不断增长冲击必须解决的难题。

第三节　城乡居民大病保险制度的建立和改革探索

我国对大病保险制度的探索可以追溯到国家对农民工大病医疗保障问题的高度重视。2006 年 1 月，国务院发布《关于解决农民工问题的若干意见》

（国发〔2006〕5号）提出通过建立大病医疗保险统筹基金、完善医疗保险结算等途径解决农民工医疗保障问题。2009年白血病患儿李瑞的医疗遭遇，推动了政府和社会对大病医疗保障制度的初步探索。2012—2014年城乡居民大病保险制度建立和试点，构建起我国的大病保险制度基本框架。2015年至今，大病保险制度在全面实施中不断完善，取得了良好的政策效果。

一、2010年农村儿童重大疾病医疗保障试点

2009年春节来临之际，河北张家口白血病患儿李瑞的医疗遭遇，受到国务院总理温家宝的关注，引发了全社会对重大疾病及高额医疗费用保障问题的讨论与思考，加速了重大疾病医疗保障制度的建立与试点。《2010年政府工作报告》提出要开展农村儿童白血病、先天性心脏病医疗保障试点，2010年6月，卫生部和民政部发布《关于提高农村儿童重大疾病医疗保障水平试点工作的意见》（卫农卫发〔2010〕53号），对农村儿童重大疾病保险医疗保障进行试点部署，实质上开启了重大疾病医疗保险制度的初步探索。经过试点，在总结儿童重大疾病保障试点经验基础上，开始扩大试点病种，并向普通人群覆盖，为城乡居民大病医疗保险制度的建立奠定了基础。

二、城乡居民大病保险制度的建立与试点（2012—2014年）

2012年3月14日，国务院印发《"十二五"期间深化医药卫生体制改革规划暨实施方案的通知》（国发〔2012〕11号），提出要充分发挥基本医保、医疗救助、商业健康保险、多种形式补充医疗保险和公益慈善的协同互补作用，切实解决重特大疾病患者的因病致贫问题，并初步设想了通过基本医保基金购买商业大病保险或建立补充保险等方式，以及加强对低收入者的医疗救助，来弥补基本医疗保险制度对重特大疾病保障不足的问题。2012年8月24日，国家发改委、卫生部等六部委发布了《关于开展城乡居民大病保险工作的指导意见》（发改社会〔2012〕2605号），建立了城乡居民大病医疗保险

制度的基本运行框架。

一是政府主导，政府负责基本政策制定、组织协调、筹资管理，监管指导等，不同于纯粹商业医疗保险的公司主导特征。二是筹资来源于城镇居民医保基金、“新农合”基金，即从城镇居民医保基金、“新农合”基金中划出一定比例或额度作为大病保险资金，不另外从居民个人筹资。三是商业保险机构具体承办业务，符合基本准入条件的商业保险机构自愿参加投标，中标后以保险合同形式承办大病保险，承担经营风险，自负盈亏。四是与基本医疗保障制度相衔接，大病保险是在参保（合）人患大病发生高额医疗费用的情况下，对城镇居民基本医疗保险或“新农合”补偿后需个人负担的合规医疗费用给予再次保障，属于二次补偿，主要目标是避免居民发生家庭灾难性医疗支出。同时，保险行业积极参与大病保险政策制定和方案设计，大力促进了大病保险试点工作有序开展，形成了“湛江模式”“新乡模式”“江阴模式”“番禺模式”等，取得了积极成果，显示了大病保险制度在减轻医疗负担，防范因病致贫、返贫方面的重要价值。

三、城乡居民大病保险在全面实施中不断完善（2015 年至今）

2015 年 7 月 28 日，国务院办公厅印发《关于全面实施城乡居民大病保险制度的意见》（国办发〔2015〕57 号），要求在 2015 年年底前，大病保险覆盖城乡居民基本医保参保人群，2017 年建立起比较完善的大病保险制度，与医疗救助等制度紧密衔接，共同发挥托底保障功能。此外，保监会亦发布了《保险公司城乡居民大病保险投标管理暂行办法》等 5 项制度，对保险公司参与大病保险的投标管理、服务标准、财务核算、风险调节、市场退出等方面提出了明确的规范和要求，有力地促进了大病保险制度发展。至今，大病保险覆盖了全部城乡居民基本医保参保人员，保障水平稳步提高，保障范围也明显扩大。2017 年全国有 1 700 万人享受大病保险，减负作用明显，以青海省为例，截至 2017 年 6 月，其城乡居民大病保险报付金额占患者总医疗费用的 16.78%。

在全覆盖基础上，大病保险制度主要从以下几个方面进行了完善：一是探索建立与经济发展水平和收入状况相适应的筹资机制，不断提高筹资水平。2018 年《政府工作报告》明确指出，财政补助居民基本医保人均增加的 40 元，一半用于大病保险，以提高大病保险制度的筹资水平。目前筹资水平已经由 2013 年 20 元左右增加到 50 元左右，财政对大病保险的补贴力度不断增强。二是进一步拓宽保障范围。如从 2018 年起，浙江省大病保险特殊药品范围从原来的 18 种（其中 3 种为罕见病特殊药品）调整为 28 种，并降低起付线标准等，以提高保障水平。三是不断提高大病保险统筹层次，提高制度运行能力。四是构建大病保险制度的扶贫机制。2016 年 4 月 29 日发布的《关于做好 2016 年新型农村合作医疗工作的通知》（国卫基层发〔2016〕16 号）提出要通过降低困难人员大病保险起付线、提高报销比例等措施，加大对贫困人口的倾斜力度。2017 年国卫基层发〔2017〕290 号文明确把贫困人口的大病保险起付线降低 50%，并对农村贫困人口实行大病专项救治。总之，大病医疗保险制度不断完善，保障水平不断提高，制度运行取得了良好效果。

四、城乡居民大病保险制度的实施成效评析

城乡居民大病保险制度不断巩固完善，取得了显著成效。一是大病保险制度实现了地区全面启动、城乡居民基本医疗保险参保者全面覆盖、待遇全面兑现“3 个 100%”，全国覆盖人群超 10 亿。二是政府投入不断加大。国家不断提高城乡居民基本医保人均财政补助标准，2018 年多增加 20 元用于增强大病保险的保障功能。三是减贫济困托底保障效应显著。大病保险以减轻大病患者高额医疗费用负担，避免家庭灾难性医疗支出为目标，对医疗费用支出实行基本医疗保险补偿上的二次补偿，特别是对贫困人口等困难群体实行的倾斜性政策，有效缓解了因病致贫、返贫问题。2012—2017 年，大病保险累计受益超过 1 300 万人，大病患者医疗费用实际报销比例普遍提高 10~15 个百分点，全国最高赔付金额达 111.6 万元，有效减轻了大病患者经济负担。四是创新了医保公共管理服务。大病保险以政府购买服务方式委托商业保险

机构承办，有效实行了资源整合，提高了医疗保险经办效率和服务水平。总之，城乡居民大病保险制度进一步强化了基本医疗保险兜底线的保障功能；探索了政府与市场协同发力改善民生的新模式；提升了对医疗服务行为的监管水平；撬动了基本医保管理服务的重大变革①。

五、城乡居民大病保险制度的未来改进方向

城乡居民大病保险制度取得了良好的实践成效，但也不断暴露出一些亟待解决的问题，需要在实践中不断完善。具体而言，需要从以下几个方面进一步改进。

（一）健全筹资机制，提高筹资水平

大病保险基金的筹集主要是从城乡居民基本医保基金中划出一部分作为资金来源。目前，大病保险相关文件没有明确规定筹资比例，缺乏稳定的资金来源，筹资水平随基金结余波动，由此导致筹资稳定性较差且地区差异很大，低的地方人均筹资额只有 5 元，高的超过 80 元，相差 15 倍以上。近年来，中央财政的基本医疗保险补助结构逐渐向居民大病医疗保险倾斜，但大病保险的总体筹资水平依然较低，与保大病的政策目标不相符合。因此，要进一步拓宽大病保险筹资来源，特别是要构建基于经济发展水平的大病保险差异化财政转移机制，以实现对经济发展水平、筹资压力较大，特别是贫困地区的倾向性政策照顾，推动大病保险筹资的区域公平。

（二）规范承办服务，提高经办服务效率

国办发〔2015〕57 号文件在对大病保险的承办服务所做的规定中指出：原则上通过政府招标选定商业保险机构承办大病保险业务，在正常招投标不能确定承办机构的情况下，由地方政府明确承办机构的产生办法。目前，全国 90%左右的统筹地区由商业保险机构承办大病保险，但也存在一系列问题。

① 侯万军，王汉章，王天龙. 完善我国大病保险制度的几点建议［J］. 社会治理，2018（3）：43-45.

首先，部门利益驱使下的委托——代理困境，造成政府部门与商业保险机构之间的利益冲突，破坏了商业保险机构承办大病保险的信任基础。这一问题集中表现为由利益导致的政府部门对商业保险机构经办大病保险的排斥，如政府部门在招投标中，制定苛刻的承办条件，让商业保险公司“知难而退”，形成事实上的“流标”，然后名正言顺地指定给所属单位经办①。其次，未构建起医保管理部门与商业健康保险机构之间的信息共享机制，削弱了大病保险经办服务效率。再次，商业保险公司的经营风险日益加大，打击了经办积极性。目前，承办大病保险的商业保险机构大都处于亏损状态，主要是由地方政府随意调整报销政策、提高报销水平，大病保险兜底的政策取向以及风险调节机制失效等原因导致。

（三）推进大病保险与其他保障制度的衔接机制

加强基本医保、大病保险、医疗救助、疾病应急救助、商业健康保险和慈善救助等制度的衔接，发挥协同互补作用，输出充沛的保障动能，形成保障合力。目前，要重点破解大病保险制度对贫困人口等困难群体的可及性难题。由于大病保险是基于基本医疗保险制度报销之后的再报销，并设有一定额度的起付线，可能会对支付能力极为有限的群体政策享受产生制约。因此，要进一步完善大病保险制度与基本医疗保险制度的衔接机制，理清“保基本”与“保大病”的功能区分，提高大病保险的保障公平性和效率性。要进一步加强医疗救助与城乡居民大病保险的有效衔接。完善落实大病保险倾斜性支付政策，提高对重特大疾病医疗救助水平。要积极开展大病保险“一站式”服务，落实“一单式”结算。可采取商业保险机构窗口服务或委托医疗机构窗口服务的形式，规范大病保险窗口设置，加强窗口服务建设。加快省级定点医疗机构大病保险“一站式”服务窗口的建立，积极开展省内异地就医城乡居民大病保险“一站式”即时结算服务，即通过构建不同医疗保障制度结算业务衔接机制，提高大病保险便捷性和运行效率。

---

① 侯万军，王汉章，王天龙．完善我国大病保险制度的几点建议［J］．社会治理，2018（3）：43-45.

第四节 城乡居民基本医疗保险制度的整合与展望

一、城乡居民基本医疗保险制度整合的动因

我国于2003年和2007年，分别建立了针对农村居民和城镇居民（非职工）的“新农合”和“城镇居民医保”制度，这对建立、健全全民医保体系，改善人民群众医疗服务获得能力，提高人民健康水平发挥了重要的作用。但是，随着城乡经济社会结构的变迁，基于人群特征分类设置的基本医疗保障制度安排的城乡分割弊端日益凸显，重复参保与投入，管理体制的条块分割弊端，待遇上的城乡差距等，既与统筹城乡的全面小康社会发展取向不相契合，又损害了医疗保障的公平和可持续发展。与其他基本医疗保险制度相比，“新农合”保障水平较低，人均住院报销费用水平仅为“城居保”的62%、“城职保”的39%。特别是“新农合”与“城居保”具有相同的运行机理，但采取了分割的管理体系，在一定程度上造成了管理和医疗资源的浪费，增加了制度运行成本。因此，推进“新农合”和“城居保”制度整合，符合公平和效率原则，具有必要性和可行性。

另外，我国城乡发展战略的调整要求逐步消除医保制度的城乡分割。2002年11月，党的十六大明确提出统筹城乡经济社会发展的方略。2006年10月，党的十六届六中全会提出到2020年基本建立覆盖城乡居民的社会保障体系。2007年11月，党的十七大进一步提出要促进城乡经济社会发展一体化。统筹城乡发展，促进城乡协调、一体化发展的国家发展战略构成了城乡居民基本医疗保险制度整合的宏观背景和制度动力。如表10.5所示。

表 10.5　三种基本医疗保险制度覆盖人口住院费用及报销情况的比较

医保类型	获报销病人（%）	报销费用比（%）	次均报销费用（元）	次均自付费用占家庭人均收入的比例（%）
职工医保	95.3	68.8	8 579	16.7
居民医保	88.3	53.6	5 369	30
新农合	91.1	50.1	3 329	33

注：数据引自《2013 年第五次国家卫生服务调查分析报告》。

二、城乡居民基本医疗保险制度整合的历史进程（2007 年至今）

（一）地方自主探索阶段（2007—2012 年）

城乡居民基本医疗保险制度整合肇始于地方实践，中央政府从鼓励支持到出台正式制度政策推进整合。早在 2007 年，青海省就开始实施居民医保，2008 年青海省卫生厅发布了《青海省新农合和城镇居民医保相衔接试点指导方案》，采取了两个基金、统一管理的整合模式。此外，浙江嘉兴市、江苏常熟、重庆合川区和九龙坡区，采取了一个基金账户、一个部门统管、一个经办机构管理的整合模式，管理部门尚未统一。江苏镇江市采取了一个基金账户、两个部门（社保和卫生部门）合作管理的整合模式。以上地区的实践表明，医保城乡统筹不仅是必要的，而且具有普遍可行性，地区之间的经济差距不是城乡统筹的制约因素，西部能做到的，东部、中部也能够做到，关键在于有没有城乡统筹的理念和决策①。2009 年，中央决定实施新医改，下发了《中共中央国务院关于深化医药卫生体制改革的意见》（中发〔2009〕6 号），提出“探索建立城乡一体化的基本医疗保障管理制度”。〔2012〕11 号文件就明确提出，有条件的地区探索建立城乡统筹的居民基本医疗保险制度，以完善基本医保管理体制。2012 年党的十八大进一步提出统筹推进城乡社会保障体系建设，并做出了整合城乡居民医保的决策；十八届三中全会又

① 郑功成. 城乡统筹是医保制度定型稳定的首要任务［J］. 中国医疗保险，2012（3）：10-11.

进一步重申了整合城乡居民医保的政策取向，形成了高度共识。

（二）徘徊渐进阶段（2013—2015 年）

2013 年 3 月，第十二届全国人民代表大会第一次会议上审议通过的《国务院机构改革和职能转变方案》中，明确提出整合城镇职工基本医疗保险、城镇居民基本医疗保险、新型农村合作医疗的职责等，由一个部门承担。在随后发布的《国务院办公厅关于实施〈国务院机构改革和职能转变方案〉任务分工的通知》（国办发〔2013〕22 号）明确指出上述整合任务由中央编办负责，并在 2013 年 6 月底前完成。但是，由于相关部门之间存在不同的意见分歧，有关城乡居民基本医疗保险制度和相关管理机构以及职能整合的方案一直未能确定下来。

部分地方继续积极推动城乡居民医保制度整合，实现制度覆盖参保人口约 3.17 亿人。绝大部分地方把整合后的城乡居民医保划归人社部门统一管理，这符合《中华人民共和国社会保险法》的有关规定、国务院关于整合城乡医保的精神以及当地的实际情况。这也充分反映了绝大多数地方党委和政府在整合城乡医保并且划归人社部门统一管理方面已经形成广泛的共识。但是，有些地方在城乡医保整合方面采取了不同的做法。除少数地方将城居医保与“新农合”进行整合并划归卫生部门管理之外，还有个别地区采取了比较特殊的办法，其中比较典型的是福建省三明市。2014 年，三明市政府在整合城乡居民医保的过程中，决定组建直接隶属于市政府的医保管理中心，暂时划归财政部门管理①。

（三）全面实施阶段（2016 年至今）

在总结各地先期探索实践经验基础上，国务院下发了《关于整合城乡居民基本医疗保险制度的意见》（国发〔2016〕3 号）明确提出将城镇居民基本医疗保险和新型农村合作医疗制度合并为统一的城乡居民基本医疗保险，覆盖除职工基本医疗保险应参保人员以外的其他所有城乡居民，确立了城乡一体化的基本医疗保险制度改革方向，以进一步深化医疗卫生体制改革，保障

① 金维刚. 城乡居民医保整合及其发展趋势［J］. 中国医疗保险，2016（3）：35-38.

基本医疗保险权益的公平性，促进社会公平正义和城乡经济社会协调发展。该文件要求各地在2016年6月底前对整合城乡居民医保工作作出规划和部署，明确时间表、路线图，并在当年12月底前出台具体实施方案。

2018年3月，我国新成立了国家医疗保障局，明确将基本医疗保险、医疗救助、生育保险和长期护理保险等纳入管理范围。同年7月，国家医疗保障局会同财政部、人力资源和社会保障部、国家卫生健康委员会联合印发了《关于做好2018年城乡居民基本医疗保险工作的通知》，明确2019年全国范围内统一的城乡居民医保制度将全面启动实施，要求未出台整合方案和尚未启动运行的地区要抓紧出台方案并尽快启动实施，已启动运行的要实现制度深度融合，提高运行质量，增强保障功能。截至2018年年底，安徽、辽宁、吉林、贵州、陕西、西藏、海南7个省份的城乡居民医保整合工作尚未进行，涉及的“新农合”参保人口有1.3亿人。

三、城乡居民基本医疗保险制度的整合及效果

（一）城乡居民基本医疗保险的整合路径

在党中央、国务院统一部署下，2016年起各地先后开展了新农合与城镇居民基本医疗保险制度的整合工作。根据国发〔2016〕3号文件提出的“六统一”整合政策要求，即统一覆盖范围、筹资政策、保障待遇、医保目录、定点管理、基金管理，全国各地形成了基本统一、略有差异的整合模式。具体整合路径是：

一是理顺管理体制。整合经办机构，统一基本医保行政管理职能，提供一体化的经办服务，创新经办管理。有条件的地方，可探索以政府购买服务的方式委托具有资质的商业保险机构等社会力量参与基本医保的经办服务。截至2017年年底，全国形成了五种管理经办模式。各经办模式所占比例，分别是整合归人社统一管理（69%）、整合归卫生（3%）、整合归财政部门（10%）、制度整合但仍然保持人社和卫生部门分别管理（6%）、整合但管理方式由地方自己选择（6%），另有未整合地区（6%）。

各省（自治区、直辖市）城乡居民医疗保险制度整合后主管部门如表 10.6 所示：

表 10.6　各省（自治区、直辖市）城乡居民医疗保险制度整合后主管部门

主管部门	省（自治区、直辖市）
人社部门	重庆、天津、宁夏、山东、上海、青海、河北、湖北、内蒙古、江西、新疆、湖南、广西、云南、河南、广东、浙江、山西、黑龙江、江苏、北京（根据相关新闻报道确定）、甘肃（省医改办牵头政策制定，城乡居民医保基金管理和业务经办由省人社厅负责）
卫生部门	陕西：职工医疗保险不变。设立市、县两级医保中心，城镇职工和城乡居民基本医保、大病商业保险、大病医疗救助均在市、县医保中心实现“一站式”服务
财政部门	福建：省医保委设医保办，医保办设在省财政厅，相对独立运作。设区市财政局加挂市医疗保障管理局牌子，统管人社、卫生、物价和民政部门相关职责。医保经办体制“三保合一”，成立市级医疗保障基金管理中心
未定，省医改办牵头推动整合	吉林、贵州、海南
未定，无牵头单位	四川、安徽（整合文件发布之前已整合地区由商业保险公司经办）

注：转引自王超群，《城乡居民基本医疗保险制度整合：基于 28 个省的政策比较》，《东岳论丛》，2018 年第 11 期。

二是提高统筹层次。原则上实行市（地）级统筹，围绕统一待遇政策、基金管理、信息系统和就医结算等重点，稳步推进市（地）级统筹。从实践来看，市级统筹是主流模式，约占全部地区的 78%，其中 53%实行调剂金制度，25%实行统收统支；县区级统筹约占 10%；“城居保”和“新农合”分别实现市级统筹约占 3%；“城居保”市级统筹、“新农合”县区级统筹约占 3%；师级统筹，兵团级风险调剂约占 3%；省级统筹约占 3%①。如表 10.7 所示：

① 朱恒鹏. 城乡居民基本医疗保险制度整合状况初步评估［J］. 中国医疗保险，2018（2）：8-12.

表 10.7 各省（自治区、直辖市）城乡居民医疗保险制度统筹层次

统筹层次	省份
市级统筹，统收统支	河北、广东
市级统筹，分级管理	山东、湖北、内蒙古、江西、云南、山西、黑龙江、四川
市级统筹	陕西、吉林、贵州
市级统筹，分级管理；逐步实行省级统筹	安徽、甘肃
市级统筹，统收统支，条件成熟时实现省级统筹	广西
全省统一政策、基金市级统筹，分级管理，不具备市级统筹条件的建立调剂金模式	新疆、湖南
市级统筹，分级管理；不具备市级统筹条件的实行调剂金模式	江苏
市级统筹，分级管理，建立风险调剂金	河南
市级统筹/市级调剂金，可探索统收统支市级统筹	浙江
县级统筹，省级调剂金	海南

注：转引自王超群论文：《城乡居民基本医疗保险制度整合：基于 28 个省的政策比较》，《东岳论丛》，2018 年第 11 期。

三是统一筹资与待遇标准。国发〔2016〕3 号文件出台后，大部分地区采用了中央方案的一档化设计。截至 2017 年，60%的统筹地区按“一制一档”实现统一，40%的统筹地区按“一制多档”平稳过渡①。制度整合中普遍采取“待遇就高不就低、目录就宽不就窄”的原则，整体上“新农合”目录种类为 700~1 300 种，而城镇居民基本医疗保险目录为 2 500 余种，加上各地在此基础上上调的 15%，其目录更宽。制度整合以后，城乡居民，尤其是农民的报销范围比以往扩大了，如河北、山东、广东整合后药品目录品种分别达 2 600 个、2 400 个和 2 500 个，提高了农民的医疗保障水平。

四是实施医保与其他医改措施的协同推进。如整合现有信息系统，支撑城乡居民医保制度运行和功能拓展等。目前各省信息系统整合可划分为四种

① 方木. 推进统一的城乡居民基本医疗保险制度全面建立［J］. 中国医疗保险，2018（2）：4-7.

模式：全省统一的城乡居民医保信息系统、全省统一的基本医疗保险信息系统（含职工）、地市统一的城乡居民医保信息系统、地市级统一信息系统（含职工）[①]。

（二）城乡居民基本医疗保险制度整合的成效与挑战

一是基本医疗保险制度公平性增强，为城乡居民平等地利用医疗服务提供了制度途径，但分档的筹资和待遇使经济困难群体医疗负担沉重的问题依旧无法解决。二是经办管理服务能力不断提高，管理体制和经办机构合二为一，避免了信息系统的重复建设和人员的重复参保，能够提升经办服务效率，节约管理资源。管理平台的扩展也扩充了城乡医保制度的信息基础，有助于健康大数据的实现，为异地就医直接结算、多元支付方式、医保支付标准等改革提供了技术支撑。但在制度归并与管理体制转变过程中出现了相关服务的断接，基本医疗保险的信息系统与统计口径有待进一步完善[②]。三是制度保障能力不断提高，制度整合扩大了“基金池”，扩大了保障范围（实行城乡统一的医保目录），有利于提高城乡医保待遇水平和公平性，激励了城乡居民的参保积极性。但统筹层次提高、定点医疗机构范围合并与异地就医结算的同步推进相对滞后，制约了制度整合的效果释放。

四、城乡居民基本医疗保险制度整合提升的展望

党的十九大指出要按照兜底线、织密网、建机制的要求，全面建成覆盖全民、城乡统筹、权责清晰、保障适度、可持续的多层次社会保障体系，完善统一的城乡居民基本医疗保险制度和大病保险制度。城乡居民基本医疗保险制度整合的目标是通过在全国范围内建立统一的城乡居民医保制度，增强医疗保障的群体公平性，提升管理服务效能，提高医疗资源的利用效率，促

① 王超群. 城乡居民基本医疗保险制度整合：基于 28 个省的政策比较［J］. 东岳论丛，2018（11）：83-92.

② 仇雨临，王昭茜. 城乡居民基本医疗保险制度整合发展评析［J］. 中国医疗保险，2018（2）：16-20.

进全民医疗保障体系的持续健康发展。《“十三五”深化医药卫生体制改革规划》提出要在城乡居民基本医保实现“六统一”的基础上，加快整合基本医保管理机构，统一基本医保行政管理职能和基本医保经办管理，创新经办服务模式，推动形成多元化竞争格局等。

（一）加快整合基本医保管理与经办体系，提高管理服务效能

“权责清晰”依赖于强化管理机构整合。原则上城乡居民基本医保由一个机构履行管理和服务职能，要遵从目前城乡居民基本医保以社会保障机构为主流的现实，明确国家医疗保障局为基本医保管理机构的地位，与国家机构改革相一致，不断完善医疗保障部门的职能定位与具体经办流程及技术。可开展设立医保基金管理中心的试点，承担基金支付和管理，药品采购和费用结算，医保支付标准谈判，定点机构的协议管理和结算等职能。在此基础上，建设全国统一的基本医疗保险技术服务平台，加快推进医保管办分开，提升医保经办机构法人化和专业化水平，助力管理服务效能提升。

（二）增强居民基本医疗保险制度的公平性

“城乡统筹”的最终目标是实现基本医保待遇的城乡公平。当前城乡基本医疗保险制度整合能够提高农村居民的待遇水平，改善医疗服务利用，一定程度上缩小了医疗保障的城乡差距，增强了公平性。但是筹资机制缺乏累进性，即实行统一的定额缴费，削弱了筹资的再分配功能，加之农村居民支付能力的弱势地位，制约了其对医疗保障制度的实际利用能力，造成了一定程度的逆向补偿，即农村居民对城镇居民的逆向照顾。在依然存在城乡差距的情况下，要探索与收入能力相挂钩的差别化筹资机制，构建基于风险因子调整的倾向性偿付机制，以增强筹资和偿付公平性。

（三）推进建立全国统一的城乡居民基本医疗保险制度

党的十九大提出完善统一的城乡居民基本医疗保险制度。目前，城乡居民基本医疗保险制度整合处于基本原则下的区域整合阶段，由此形成了制度的点状特征，成为制约基本医疗保险普惠性、运行效率以及可持续性的重要制度根源。因此，要建立全国统一的城乡居民基本医疗保险制度，这一制度

包括筹资规则、待遇计算规则（含基本医疗保险目录规则，医药服务机构定点规则，起付线、封顶线和报销比率确定规则等）、信息系统建设规则等，为党的十九大提出的“建立全国统一的社会保险公共服务平台”奠定了制度基础。

（四）要为建立全民基本医疗保险制度创造条件

《“健康中国 2030”规划纲要》提出要“逐步缩小城乡、地区、人群间基本健康服务和健康水平的差异，实现全民健康覆盖，促进社会公平”。在城乡居民基本医疗保险制度已建立成型的基础上，从全民医保体系要实现覆盖范围普惠性、筹资和医疗费用负担公平性、保障水平和服务利用均等化的需求出发，需要进一步推进城乡居民基本医疗保险制度与城镇职工基本医疗保险制度的整合，建成统一的全民基本医疗保险制度，以消除当前制度分割带来的一系列弊端①。因此，城乡居民基本医疗保险制度整合应充分考虑与城镇职工基本医疗保险制度的衔接性问题，为未来的全面整合奠定良好的基础。

城乡居民医疗保险制度整合是完善医疗保障制度的一项重要内容，也是必不可少的发展阶段。需要以公平为核心理念，以居民医疗费用支出风险分担能力和经办服务效率为评价标准，在尊重既定法律、尊重变迁规律、尊重客观实践的基础上实现城乡居民医疗保险的有效整合和持续发展。

第五节 全民医保制度的最终整合与展望

《“健康中国 2030”规划纲要》提出了完善全民医保体系的具体内容：健全以基本医疗保障为主体、其他多种形式补充保险和商业健康保险为补充的多层次医疗保障体系；整合城乡居民基本医保制度和经办管理；健全基本医

① 申曙光，彭浩然．全民医保的实现路径——基于公平视角的思考［J］．中国人民大学学报，2009（2）：18-23.

疗保险稳定可持续筹资和待遇水平调整机制，实现基金中长期精算平衡；完善医保缴费参保政策，均衡单位和个人缴费负担，合理确定政府与个人分担比例；改进职工医保个人账户，开展门诊统筹；进一步健全重特大疾病医疗保障机制，加强基本医保、城乡居民大病保险、商业健康保险与医疗救助等的有效衔接；到2030年，全民医保体系成熟定型。

一、全民基本医保制度整合的三个阶段

第一阶段，建立基于城乡身份差异的基本医疗保险制度，以实现对不同人群的差异化制度全覆盖。这一阶段的突出特点是立足城乡经济社会差异，通过建立适应不同人群特征的基本医疗保险制度，不断拓宽医疗保障的覆盖人群。新中国成立初期建立的公费医疗及劳保医疗制度，仅覆盖机关事业单位、全民所有制企业，以及部分集体所有制企业的就业者或部分家属。城镇职工基本医疗保险制度进一步扩展了覆盖人群，非公有制企业职工及灵活就业人员被添加到基本医疗保险制度菜单中。“新农合”及城镇居民基本医疗保险制度的建立，实现了对全体国民的基本医疗保险制度全覆盖。城乡二元经济社会结构与筹资来源及结构的不同，决定了“城职保”“城居保”及“新农合”管理体系的条块化特征及保障水平的差异性特征，虽然降低了制度建立风险，但制度分割增加了管理运行成本，制约了管理服务效能提升，也是公共医疗保障不公平的制度根源。

第二阶段，基于筹资来源属性整合“城居保”和“新农合”制度，建立统一的城乡居民基本医疗保险制度。“城居保”和“新农合”筹资来源相同，均来自个人缴费和财政补助，具有相同的管理运行机制，具有整合的制度基础。城乡居民基本医疗保险制度整合，符合风险汇聚原理，扩大了医疗保险基金池，增强了制度的再分配能力及制度运行的可持续性，提供了缩小城乡居民医疗保障待遇差距的制度平台，并能够降低制度实施成本和提高管理服务效能。目前，我国城乡居民基本医疗保险制度整合正处于向建立统一的城

乡基本医疗保险制度过渡的深入推进阶段，着力构建统一的管理经办体制、制度运行机制以及技术服务平台。

第三阶段，推进“城职保”与“城居保”制度的整合，建立全民基本医疗保险制度。该阶段制度建设的目标是实现农村户籍居民和城市户籍居民在医疗保障上的无差异，最终实现统一制度、统一缴费和待遇标准、统一基金调剂使用、统一管理服务，从而构建全国统一的国民健康保险制度，实现公平、普惠的医疗保障目标①。目前，我国全民医保制度整合正处于第二阶段的后半部分，即向统一的城乡居民基本医疗保险制度推进阶段，制度整合任重而道远。

二、全民基本医保制度整合的路径展望

“城居保”制度和“城职保”制度整合应走一条统筹安排、因地制宜、分步推进的改革与发展之路。统筹安排是指国家层面要加强顶层设计，提供基本制度框架及技术平台；因地制宜指各地在基本制度框架内根据人口结构、就业状况、城乡经济发展等实际情况，创设具体制度实施办法；分步推进指制度整合要根据先易后难的原则分阶段、分步骤稳步推进。“城职保”与“城居保”的制度差异主要体现在资金来源、基金模式和统筹待遇三个方面，成为制约制度整合的关键因素，也是贯穿制度整合过程中的难点。具体而言，全民医保制度整合要按照整合前的制度条件准备、实现制度体系和管理运行机制的统一、实现缴费和待遇水平的统一，形成公平、普惠的国民健康保险制度，依次推进②。

（一）整合前的制度条件准备

鉴于当前大部分统筹地区还不具备立即进行“城居保”和“城职保”整合的制度环境，该阶段的着力点是进行制度条件准备。首要解决目前两种制

① 申曙光. 全民基本医疗保险制度整合的理论思考与路径构想［J］. 学海，2014（1）：52-58.

② 申曙光. 全民基本医疗保险制度整合的理论思考与路径构想［J］. 学海，2014（1）：52-58.

度分割导致的社会医疗保险关系的转移接续问题，以流动就业人口医保关系的转移接续为突破口。流动就业人员是一个规模庞大的常态就业群体，呈现出跨身份、跨单位、跨区域的就业特征，导致一系列问题。

一是农村户籍与城镇职工可能导致重复参保与报销问题。2017 年的医疗保险审计显示，由于制度间衔接不到位，305 万人重复参加基本医疗保险造成财政多补助 14.57 亿元，305 万人中有 5 124 人重复报销医疗费用 1 346.91 万元。2015 年至 2016 年 6 月，阜阳市临泉县有 13 889 人在职工医保和城乡居保间重复参保，造成财政多补助 1 096.17 万元①。导致这一问题产生的原因之一是制度间的转移接续障碍，根源于制度分割导致的管理碎片化。二是流动就业人员的医保断保问题，特别是参加“城职保”的就业人员，可能因辞职、换工作等原因，导致医保断保，使其无法享受医疗保障待遇。三是跨统筹区域就业流动产生的医保接续问题，以及不同医保制度之间的接续问题。因此，通过建立和完善“城职保”和“城居保”之间的转移接续制度，既是破解当前制度衔接困境的重要举措，也是两项制度整合的必要准备。

因此，当前要积极妥善解决城乡居民在城镇正式就业成为城镇职工之后的实际缴费年限认定和折算问题以及“城职保”参保人转向“城居保”时所积累权益的计算问题；探索、制定参保人在不同制度、不同统筹区域流动时的统筹基金转移结算办法；加快建设全国统一的管理和经办技术平台，为制度整合创造技术支撑条件。

（二）形成统一的制度体系和管理运行机制

该阶段的主要任务是通过“城居保”和“城职保”整合，形成一个覆盖全体国民的基本医疗保险制度，构建起全民性基本医疗保险制度框架。其主要包括：一是进一步完善筹资机制，补齐筹资差距。依然保持“城职保”个人缴费与单位缴费的筹资方式、“城居保”个人缴费与财政补贴的筹资方式不变，逐步加大财政对城乡居民医保筹资的补助力度，缩小筹资水平上的差距，

① 中华人民共和国审计署.《中华人民共和国审计署审计结果公告》2017 年第 1 号（总第 263 号）.

为最终实现“城居保”与“城职保”在筹资水平上的统一奠定基础。二是实行统一的基金统筹模式。目前，“城职保”的基金模式是统筹基金加个人账户，“城居保”不设个人账户，两者的差异不利于制度的进一步整合。研究表明，个人账户功能对医疗服务利用公平性影响不大，弱化个人账户功能有利于统筹基金的平衡运行，且在填补统筹基金缺口方面，取消个人账户是更优的政策调整方案①。要通过扩大个人账户使用范围、完善普通门诊统筹制度、加强社区医疗卫生服务建设等方式来实现从弱化到取消个人账户的过渡，实行统一的统筹账户模式，为整合奠定基础。三是要逐步提高统筹层次，积极推进并实行地市级或省级统筹，提高制度的可持续发展能力。四是要整合经办资源，构建“城居保”与“城职保”一体化的信息管理系统，将管理资源进行有效的整合，使两种医保制度归并到一个信息系统进行管理。

（三）构建国民健康保险制度

该阶段的目标是在实现制度与管理统一的基础上，进一步推进缴费和待遇水平的统一，形成公平、普惠的国民健康保险制度，以实现农村户籍居民和城市户籍居民在医疗保障上的无差异，最终实现统一制度、统一缴费和待遇标准、统一基金调剂使用、统一管理服务，从而构建全国统一的国民健康保险制度，实现公平、普惠的医疗保障目标。因此，此阶段一是要通过适当加大财政支持力度，合理使用医保基金，完善监管等办法逐步实现缴费和待遇水平在全体参保人中的统一。二是要不断提高保障程度，增加保障项目的多样性，切实提高国民的健康水平。三是要强化公共卫生服务的均等化，重视预防与保健服务的提供，通过完善医疗服务购买和费用支付的激励机制等措施，构建起公平、高效的全民医疗保险制度，并引导医疗保险制度向健康保障制度转变。

全民基本医疗保险制度或国民健康保险制度是多层次医疗保障体系的基础和核心，强调的是普惠性，体现的是政府在维护公民基本医疗保障权益，

① 申曙光，侯小娟．医疗保险个人账户的公平与效率研究——基于广东省数据的分析［J］．中国人口科学，2011（5）：75-84.

实现公共医疗资源的公平分配，促进公民健康的底线责任，并非对医疗保障个人责任的替代。因此，要不断推进多层次医疗保障体系建设，激发个人对其医疗保障的责任意识，构建全民基本医疗保险制度与其他医疗保障制度的衔接机制，形成效率与公平兼具的多层次医疗保障制度体系。

第十一章 新中国农村社会养老保险制度的变迁与展望

长期以来，我国农村地区一直尊崇“养儿防老”的传统理念，与土地保障相结合的家庭养老这一非正式的养老制度发挥着重要作用。改革开放后，在快速的工业化、城镇化冲击下，加上严格的计划生育政策实施对家庭人口结构的影响，传统的农村家庭养老的制度基础和文化根基遭受严重冲击。在此背景下，探索建立适合我国国情的农村社会养老保险制度日益迫切。经过改革开放初期民政部及地方政府开展的县级农村社会养老保险试点和经验积累，党中央、国务院于2009年决定在全国试点建立国家财政扶持的新型农村社会养老保险制度（以下简称“新农保”）。从此，没有工资可领的数亿退休农民也能像城镇职工一样，开始有了自己的退休金，这是中国人民的伟大创举。当前，这一面向非工薪阶层的数量庞大的居民养老保险制度正在快速推进和不断完善之中。

第一节　中国农村传统养老方式及面临的困境

一、中国农村传统养老方式及其维系要素

基于养老经济资源来源分类，养老方式可划分为家庭养老、自我养老和社会养老三种基本模式①。中国农村传统养老方式主要以家庭养老和自我养老为主，社会养老为辅。长期以来较为封闭的农业经济使得中国传统家庭具有相对的空间稳定性，为家庭养老创造了客观的经济基础，加之孝道文化对行为自觉性的影响②，家庭养老成为中国最主要的传统养老方式。自我养老，即养老资源既不依靠子女和亲属，也没有养老金或退休金，而主要依靠自己，如自己劳动或工作、自我储蓄等，亦是中国农村养老的重要方式。社会养老在较小范围内一直存在。如基于宗族血缘关系的救济和帮扶，在中国农村社会一直存在，新中国成立后，建立在集体经济基础上的“五保户”政策，就是一种较为正式的社会养老方式。2015 年全国 1%人口抽样调查数据显示，约 46.4%的农村老年人口主要生活来源来自家庭其他成员资助，34.4%靠自己劳动或工作，7.5%靠离退休养老金，而以财产性收入为主要生活来源的只占 0.4%，家庭资助和劳动是农村老年人口最主要的养老资源，约占到养老资源的 80.8%。由此可见，当前家庭养老和自我养老依然是中国农村养老的主要模式（如表 11.1 所示）。

① 孟艳春．中国养老模式与优化路径探析［J］．河北学刊，2011，（1）：129-132.

② 潘剑锋，刘峰．论传统孝道中的养老思想及其对当前中国农村养老的启示［J］．江淮论坛，2015（3）：20-24.

表 11.1　我国老年人口（60 周岁及以上）生活来源构成情况　　单位：%

生活来源	所占比重	户口性质	
		城市	农村
离/退休金、养老金	46.3	82.1	14.6
子女资助	24.4	7.4	39.4
自己劳动或工作所得	15.4	3.1	26.2
政府、社团补助/资助	6.1	3.0	8.8
配偶收入	3.9	2.9	4.8
房屋、土地等租赁收入	1.6	0.2	2.8
以前的积蓄	1.4	0.6	2.1
其他	0.7	0.7	0.7
其他亲属的资助	0.3	0.1	0.5

注：数据来自《2014 年中国老年社会追踪调查（CLASS）报告》。

家庭养老方式的主要维系因素包括社会生产力发展水平、家庭结构、家庭孝道文化以及法律制度，等等。一是社会生产力发展水平是家庭养老方式的主要决定因素。一方面，农业经济的相对封闭性以及我国长期的二元经济结构限制了农村人口的大规模流动，使得家庭具有相对的空间稳定性，这就便于对老人进行照顾。另一方面，相比建立在较高经济发展水平上的社会分工，较低的经济发展水平使得农村劳动力就业呈现混合交叉特征：农闲时外出打工，农忙时从事农业生产。加之大量留守儿童的存在，需要老人从事一定的农业劳动以及照顾孙辈，这在一定程度上也激励了对老人的经济转移。二是家庭结构也是影响家庭养老的重要因素。中国农村长期以来的多子女家庭结构有利于家庭养老，这是因为尽管多子女会增加子女抚养负担，但较低的子女成长期望，不仅会降低教育投入等抚养成本，而且还可以较早地获得劳力，增强家庭扶养老人的能力，总体呈现较低的抚养负担。三是家庭孝道文化以及法律制度也是影响家庭养老的重要因素。而自我养老作为农村养老的重要方式，则受到老年人口劳动能力以及储蓄等养老资源储备的影响，特别是在封闭或半封闭的农业经济社会，土地的养老保障功能具有极为重要的地位，成为农村自我养老的重要资源。

中国农村传统养老方式有其产生和存在的维系因素，经济社会发展、人口老龄化、家庭结构变化、农村人口流动、养老期望与成本、养老观念等的历史性变迁，不断重塑农村养老方式的制度环境，使得传统养老方式开始呈现出不适应性，面临新的挑战和困境，需要通过新的制度创新以克服这种不适应。

二、改革开放时代传统养老方式面临的挑战与困境

（一）农村人口老龄化对农村传统养老方式的冲击

农村人口老龄化、高龄化是使农村家庭养老和自我养老功能不断弱化的重要因素。1982—2005 年，农村地区 60 岁及以上人口的比例由 7.8%上升到 13.7%，城镇地区由 7.1%上升到 12.1%。2008 年，农村和城镇地区的老年人口抚养比分别为 13.5%和 9.0%。预测显示，2021 年农村 60 岁及以上老年人口比例将突破 20%，2033 年左右将突破 30%，2050 年则达到 38%左右[①]。人口老龄化，特别是高龄化，加之医疗费用等养老成本的上升，加重了家庭养老抚养负担。我国农村居民收入普遍不高，存在大量的贫困及贫困边缘性家庭，使得农村家庭养老的脆弱性增加，特别是老年贫困风险增大（如图 11.1 所示）。

人口高龄化，一方面意味着农村老年人口的无劳动能力生命时间延长，即失去劳动能力后存活时间可能进一步延长，依靠自我劳动实现养老面临困境；另一方面还会加速养老资源储备的消耗速度，导致养老资源储备不足问题更加严重。储蓄为个人及农村家庭提供了一个非正式的应对不确定性和风险因素的机制，作为自我养老的重要手段——储蓄，随着年龄的增加呈现下

① 林宝. 中国农村人口老龄化的趋势、影响与应对［J］. 西部论坛，2015（2）：73-81.

降趋势。研究表明，老年抚养比对农村居民储蓄率产生显著的负向影响，能够解释储蓄率下降的80%①，而农村房产受制于各方面制约，置换其他养老资源的可行性极为有限。土地的保障价值也是影响农村自我养老的重要因素，这也是实行城乡不同的社会保障制度的立论依据，但是传统农业经济生产方式的微利属性已经式微。自20世纪90年代以来，土地的保障能力开始呈现边际递减趋势，寄希望于仅仅用土地来养老，具有相当大的风险②。

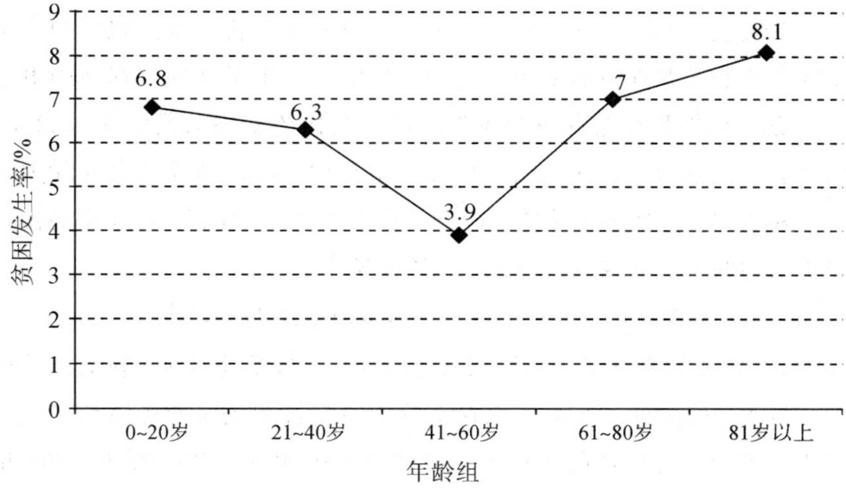

图 11.1　2015 年我国农村不同年龄组贫困发生率

注：根据《2016年中国农村监测报告》相关数据绘制。

（二）农村家庭结构变化对农村传统养老方式的冲击

我国农村家庭结构呈现出家庭规模小型化、家庭结构核心化、小规模家庭类型多样化、家庭老年成员高龄化、代际关系平等化等特征，使传统农村

---

① 徐延明. 城乡二元结构体制下人口年龄结构的储蓄效应研究［J］. 中央财经大学报，2016（10）：48-59.

② 刘苓玲. 中国农村养老保障制度变迁、路径依赖与趋势［J］. 科学·经济·社会，2009（4）：52-56.

家庭养老保障功能弱化[①②]。农村家庭平均规模从1980年的5.54人一直降到2009年的3.98人，根据预测，农村平均家庭规模将不断缩小，到2030年将缩小到3.05人，到2050年将进一步缩小到2.67人。在家庭规模不断缩小的同时，家庭老年人口数却在逐年增加，2005年的农村平均家庭老人为0.31人，即约每4个家庭就有1个老人，而到2050年农村平均家庭老人上升至0.51人，即约每2个家庭就有1个老人[③]。家庭结构的核心化使得老人（祖父母、外祖父母）被隔离于家庭主流关系之外，削弱了老人在家庭中的地位和权威，并使老人与后辈（子女、孙辈）情感联系弱化。家庭规模的小型化减少了老人获取养老资源的来源及总量，特别是独生子女的家庭结构更增加了通过家庭内部获取养老资源的风险。家庭结构还表现为代际关系的变化，和传统社会以长辈为中心和方向的代际关系类型不同，现代社会代际关系的重心有下移的倾向，代际关系转向以下一代为中心[④]，对下一代期望的提高以及抚养投入的偏向，导致对家庭养老资源的挤占。

（三）农村年轻人口向城市迁移对农村传统家庭养老的冲击

20世纪90年代初开始的农村到城市的人口大规模迁移对农村老人获得来自家庭成员的支持产生了影响。农村地区生活安排的快速变化体现了这一影响，与成年子女一起居住的老年人的比例从1991年的70%下降到2006年的40%。经济发展推动下的农村劳动人口向城市的迁移以及因年老丧失劳动能力向农村回迁的不平衡人口流动，造成了农村空巢老人的大量存在。理论上外出打工子女可以通过私人收入转移赡养老人，但研究亦表明，虽然外出务工有利于提高子女对留守老人的经济支持能力，但外出子女的经济供养水平普

① 李泉，杨同卫，陈晓阳．论家庭结构变化对农村传统养老模式的影响［J］．东岳论丛，2014（5）：177-180.

② 张倩．农村家庭结构变迁与家庭养老保障的再定位［J］．哈尔滨商业大学学报（社会科学版），2012（6）：112-117.

③ 何芸．农村家庭结构变迁及其对养老保障的影响分析［J］．社会保障研究，2011（1）：74-80.

④ 张再云，魏刚．代际关系、价值观和家庭养老——关于家庭养老的文化解释［J］．西北人口，2003（1）：53-55.

遍非常低，留守老人的生活条件并没有得到显著改善①。即使能够提高留守老人的物质生活水平，但也会导致对老人生活照顾和精神慰藉的缺失，留守老人的医疗、生活照料和精神生活存在严重问题，家庭养老功能严重受损②。

传统养老方式本质上属于家庭内部自我保障机制，人口老龄化、家庭结构变化及根源于经济的人口流动，特别是农村养老对家庭其他成员供养的高依赖（如图 11.2 所示），使得这种自我保障的风险日益增大。应对这一问题的有效途径之一就是建立或发展一种社会养老的外部保障机制，进行替代或部分替代。养老金制度作为一种外部保障机制被国际社会所普遍采用，丹麦早在 1891 年就建立了农村养老金制度。英国在 1946 年开始为农村居民提供养老金，而美国则是在 1936 年。在亚洲，日本和韩国分别在 1971 年和 1990 年建立了本国的农村养老金制度。发达国家的经验表明，应对老龄化社会所需的准备措施之一就是在社会经济转型的过程中为农村老人提供养老保障。

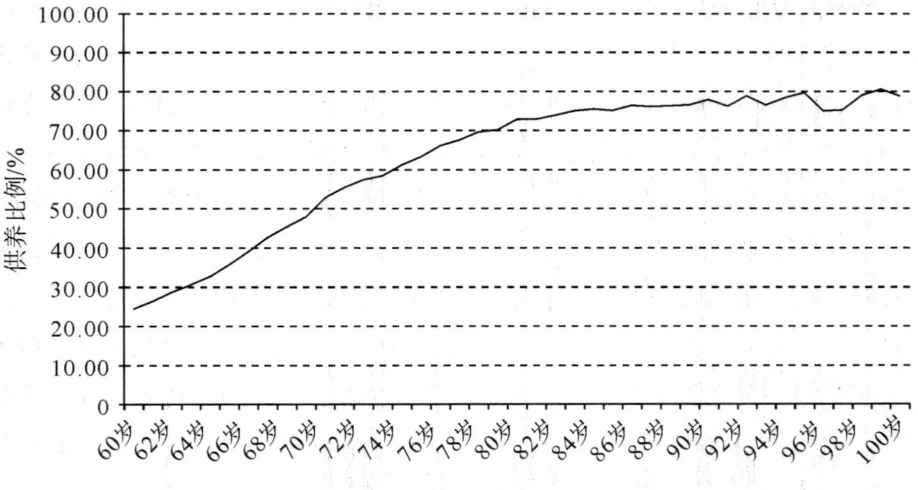

图 11.2　农村老人不同年龄段依靠家庭其他成员供养比例

注：根据《2015 年全国 1%人口抽样调查资料》相关数据绘制。

---

① 叶敬忠，贺聪志. 农村劳动力外出务工对留守老人经济供养的影响研究［J］. 人口研究，2009（4）：44-53.

② 卢海阳，钱文荣. 子女外出务工对农村留守老人生活的影响研究［J］. 农业经济问题，2014（6）：24-32.

第二节　新型农村社会养老保险制度的建立和推广

我国的农村社会养老保险制度探索可划分为五个主要阶段：1986—1998年，农村养老保险的探索起步阶段；1999—2002年，收缩和停滞阶段；2003—2009年，重新发展阶段；2010—2014，新型农村养老保险试点与推广阶段；2015年至今，建立全国统一的城乡居民基本养老保险制度阶段。

一、新型农村社会养老保险制度的曲折发展（1986—2009年）

（一）农村社会养老保险制度的初步探索与试点阶段（1986—1998年）

1986年，民政部开始探索农村养老保险制度的改革，建立农村养老保险制度的建议被写进了第七个五年计划。1991年，国家选择了山东省五个县进行试点，在试点基础上，1992年颁布了《县级农村社会养老保险基本方案（试行）》。该方案从指导思想和基本原则；保险对象及交纳、领取保险费的年龄；保险资金的筹集；交费标准、支付及变动；基金的管理与保值增值；立法、机构、管理和经费；与部分现行养老办法的衔接七个方面，对农村养老保险进行了初步的框架性制度设计和探索。1995年10月，国务院转发了民政部《关于进一步做好农村社会养老保险工作意见的通知》，对相关事宜做了进一步说明。在政策的推动下，20世纪90年代农村养老保险的覆盖面迅速扩大，分别在31个省2 123个县推行，到1998年年底覆盖了四分之三的农村劳动者，8 025万农村劳动者参保，超过60万人领取养老金。

该阶段的农村养老保险制度的基本原则和制度框架包括：一是实行自愿参加原则，以个人缴费为主，乡村级集体给予适当补助，个人缴费从每月2元到20元不等，集体配套2元，国家给予政策扶持（如集体缴费享受税收减免）。二是效仿城市养老保险改革，农村养老保险同样以积累制的个人账户为基础。三是养老金的领取，将男女的退休年龄都设定为60岁，但实际运作中大都将女性的退休年龄定为55岁。领取养老金不足十年身亡者，保证期内的养老金余额可以继承。领取养老金超过10年的长寿者，支付养老金直至身亡为止。四是基金管理，基金管理由地方民政局负责，管理费从缴费中列支（随后规定不得超过缴费的3%），只能投资国家财政发行的债券和及银行存款，不允许进行其他任何形式的直接投资。虽然投资规定仅仅限于低收益产品，但实际上制度致力于保证一个特定水平的收益率。五是制度监管，主要由管理委员会（即县级民政部门）负责，接受财政部内部控制以及自身的内部审计。

（二）农村社会养老保险制度的收缩与停滞阶段（1999—2003年）

受一系列主客观因素的影响，1999—2002年，农村养老保险制度建设呈现出收缩和停滞的局面。1997年亚洲金融危机的爆发，以及对农村养老保险制度的效率和可持续性的担忧，20世纪90年代末政府的农村养老保险政策发生了明显转向。1999年，国务院指出：目前中国农村尚不具备普遍实行社会养老保险的条件，并指示各县应该停止养老保险的推广，对已有业务进行整顿，鼓励有条件地区应逐步向商业保险过渡。政策的转向导致了农村养老保险覆盖面急剧下滑，到2001年参保人数已低于6 000万人，到2007年一直保持在5 000万~5 500万人左右，覆盖1 900个县。

（三）农村社会养老保险制度建设的重新发展阶段（2004—2009年）

2002年11月，党的十六大提出有条件的地方，探索建立农村养老、医疗保险和最低生活保障制度。2003年劳动和社会保障部发布了《关于当前做好农村社会养老保险工作的通知》。2006年伊始，中共中央、国务院发布《关于推进社会主义新农村建设的若干意见》（中发〔2006〕1号）、《国务院关于解决农民工问题的若干意见》（国发〔2006〕5号）等重要文件，提出了探索建立与农村经济发展水平相适应、与其他保障措施相配套的农村社会养老保险制度及适合农民工特点的养老保险办法等若干发展农村养老保险制度的原则性指导意见。

2006年年末举行的十六届六中全会提出了到2020年实现社会保险的全覆盖。该阶段，统筹城乡经济社会发展，建设社会主义新农村成为我国现代化进程中的重大历史任务，加快发展涵盖养老保险制度的农村社会事业日益凸显，特别是农民工养老保险成为制度建设的关注点。在一系列政策推动下，农村养老保险有所扩大，截至2008年年底，25个省份的300多个县实施了新的养老保险制度，参加农村养老保险人数达到5 595万人，比上年增加了129万人，累计基金达到499亿元，领取养老金人数增加到512万人，27个省份的1 201个县市开展了被征地农民社会保障工作，1 324万被征地农民被纳入基本生活或养老保障制度①。

二、"新农保"试点前的农村社会养老保险制度探索评析

2009年"新农保"试点以前的农村社会养老保险模式主要可分三种类型，分别是社会统筹加上个人账户；所有人都享受的水平统一的基础养老金加上个人账户；仅有个人账户。根据政府在积累和领取阶段的筹资作用不同，实际上有五种类型的新型农村养老保险制度在运行，分别是同一水平的基础养老金加上个人账户，政府仅仅补"出口"（北京市）；统一的基础养老金加上个人账户（陕西省宝鸡市）；个人账户加上社会统筹，政府补"入口"（江苏苏州市、山东青岛市）；个人账户加上社会统筹，政府提供补贴（广东中山市）；个人账户，政府只为个人账户的缴费提供配套补贴（山东烟台市、浙江杭州市）。另外，还有其他为农民提供养老保险的政策尝试，如"土地换养老"，如成都市温江区通过使农民放弃土地经营权和居住土地的使用权，获得进入城市养老保险体系的机会。就农民工养老保险制度而言，各地进行了多种实验，主要表现为三种探索：一是将农民工纳入城镇职工养老保险体系；二是沿用城镇职工养老保险制度的基本框架，降低企业和个人缴费比例的低门槛养老保险制度；三是另起炉灶建立一种外来从业人员的综合性保险制度②。

---

① 数据来自《2008年度人力资源与社会保障事业发展统计公报》。

② 周弘，张浚．走向人人享有保障的社会——当代中国社会保障的制度变迁［M］．北京：中国社会科学出版社，2015：232-234.

从运行效果来看，由于制度建立的客观经济基础、理论准备、技术支撑、思想观念等尚不具备，农村社会养老保险制度运行遇到实践困境，制度覆盖人群及保障水平十分有限，并未实现保障全体农民老人基本生活的制度目标定位。截至2005年年末，全国参加农村养老保险人数为5 595万人，覆盖人群仅占农业劳动人口的7%，512万农民领取了养老金，仅占农村60岁及以上人口的约5.3%①，人均年支付水平约70元②，农村养老保险制度建设依然任重道远。但这些实践探索，为新型农村社会养老保险制度建设和实施提供了重要的参考依据和丰富的经验借鉴。

三、新型农村社会养老保险制度模式的确立与推广（2009—2013年）

2006年的中共十六大承诺到2020年，建立一个覆盖城乡居民的综合社会保障制度。2009年的《社会保险法》草案承诺为农村居民建立养老保险制度。经过长期的实验探索，2009年9月1日我国发布《关于开展新型农村社会养老保险试点的指导意见》（国发〔2009〕32号）的重要文件，确定了新型农村社会养老保险的基本制度框架，与传统农村社会养老保险制度（以下简称“老农保”）相比，其特征主要体现在以下几个方面。

一是建立了个人缴费、集体补助和政府补贴的三方筹资结构，确保了筹资的可持续性，突出了筹资的再分配功能。“老农保”主要是自我筹资，实际上是自我储蓄的保障模式，受主客观因素制约，缺乏缴费激励机制，存在筹资可持续问题，这也是其覆盖面一直无法扩大的重要原因之一，且因缺失政府补贴机制，再分配功能极弱，本质上属于自我保障机制，制度运行的风险性较大。

---

① 2008年中国农村60岁及以上人口数，根据《中国统计年鉴—2006》显示的乡村人口数70 399万人，以及《中国农村老年人口的养老保障：挑战与前景》显示的农村地区60岁及以上人口的比例为13.7%估算获得。

② 数据依据《2005年度劳动和社会保障事业发展统计公报》相关数据计算获得。

二是采取了基础养老金和个人账户相结合的待遇给付模式。基础养老金标准由中央确定，地方政府可以根据实际情况提高基础养老金标准，并由国家财政保证支付。其中，中西部地区由中央财政负担，东部地区中央财政负担一半，提高部分由地方政府负担。基础养老金具有普惠性质，体现了政府在农村居民养老保障中的保底责任，财政支付确保了制度可持续性。个人账户养老金月计发标准为个人账户全部储存额除以 139（与现行城镇职工基本养老保险个人账户养老金计发系数相同），体现了多缴多得的激励原则。

三是就统筹及管理体系层次而言，尽管暂时实行基金县级统筹，但亦强调了地方各级政府的基本责任，克服了“老农保”自成体系，分割管理的弊端，提高了制度运行整体效率和水平。

“新农保”于 2009 年年末开始试点实施，并于 2013 年实现了全国的全覆盖。试点的指导原则是“保基本、广覆盖、有弹性、可持续”，2009 年年末试点项目在全国 10%的县启动，初步目标是在 2020 年实现农村地区的全面覆盖。“新农保”采取的基础养老金以及财政支持模式，一定程度上确保了制度的有效性和可持续性，待遇与缴费相挂钩，又形成了一定程度的激励机制。特别是中央财政对中西部地区基础养老金的全额支持，使该制度具有了稳定的资金来源，奠定了良好的制度信任基础，推动了该制度快速发展。2011 年年末，全国有 27 个省（自治区、直辖市）的 1 914 个县（市、区、旗）和 4 个直辖市部分区县开展“新农保”试点，参保人数 32 643 万人，比上年年末增加 22 367 万人，实际领取待遇人数 8 525 万人，基金收入 1 070 亿元，比上年增长 135. 9%。其中个人缴费 425 亿元，比上年增长 84. 0%，基金支出 588 亿元，比上年增长 193. 3%，基金累计结存 1 199 亿元[①]。“新农保”和“城居保”整合后，城乡居民基本养老保险制度得到进一步发展（如表 11. 2 所示）。

---

① 数据来自《2011 年度人力资源和社会保障事业发展统计公报》。

表 11.2　2009—2018 年城乡居民基本养老保险制度基本情况

年份	参保人数（万人）	领取待遇人数（万人）	基金收入（亿元）	个人缴费（亿元）	基金支出（亿元）	基金累计结存（亿元）
2009	6 891	1 556	—	—	76	681
2010	10 277	2 865	453	225	200	423
2011	32 643	8 525	1 070	425	588	1 199
2012	48 370	13 075	1 829	594	1 150	2 302
2013	49 750	13 768	2 052	636	1 348	3 006
2014	50 107	14 313	2 310	666	1 571	3 845
2015	50 472	14 800	2 855	700	2 117	4 592
2016	50 847	15 270	2 933	732	2 150	5 385
2017	51 255	15 598	3 304	810	2 372	6 318
2018	52 392	15 898	3 838	—	2 906	7 250

注：数据来自历年《人力资源和社会保障事业发展统计公报》，2009—2011 年为“新农保”数据，2012—2018 年为城乡居民医保养老保险数据。

第三节　新型农村社会养老保险制度的实施成效与问题评析

一、新型农村社会养老保险制度实施的重要成效

“新农保”的建立和全面实施对于缩小城乡差距、推进基本公共服务均等化；稳定农村养老资源、扩大国内消费需求；实现广大农村居民老有所养、促进家户和谐、增加农民收入、防范和治理老年贫困等具有重要的意义，实施成效具体体现在以下几个方面。

（一）确立了农村社会养老保险的制度框架，缓解了农村传统养老方式弱化带来的养老困境

“新农保”提供了一条不断走向农村社会化养老的制度路径，不仅对建立覆盖城乡全体居民的社会养老保障体系做出了重要的贡献，更为重要的是有效地回应和缓解了人口老龄化背景下农村传统养老方式面临的困境。在家庭和自我养老脆弱化趋势下，“新农保”建立的财政补助机制确保了制度的稳定性，推动了这一社会养老方式对农村居民的迅速覆盖，增强了制度的普惠性，实现了对传统农村养老方式一定程度的有效替代[①]。相比于家庭养老和自我养老的不稳定性，“新农保”能够为农村老人提供稳定的养老资源，确保其获得基本的养老保障，强化“老有所养”的制度保障。2009—2011 年，参加“新农保”人数由 8 691 万人上升到 32 643 万人，领取养老金的农民人数从 1 556 万增加到 8 525 万人，两年时间“新农保”人群覆盖大幅增加，受益农村老年人口增加了 5.5 倍，促进了农村养老事业的发展。城乡居民养老保险制度整合后，2012—2018 年，城乡居民基本养老保险参保人数由 48 370 万人上升到 52 392 万人，实际领取养老待遇人数由 13 075 万人上升到 15 898 万人，全年基金收入由 1 829 亿元增加到 3 838 亿元。2017 年个人缴费由 594 亿元增加到 810 亿元，个人缴费占基金收入比重由 32.5%下降到 24.5%，个人缴费负担相对下降。基金支出由 2012 年的 1 150 亿元增加到 2018 年 2 906 亿元，基金累计结存由 2 302 增加到 7 250 亿元。由此可见，“新农保”为农村养老提供了稳定的制度保障，在一定程度上缓解了农村传统养老的弱化困境。

（二）提高了农村老年人的收入水平，减少了农村老年贫困的发生，对打赢脱贫攻坚战具有重要的意义

与城镇地区老年人相比，农村地区老年人面临的贫困风险更大，更容易陷入长期或持续贫困。2006 年开展的“中国城乡老年人调查”数据显示，按“基本需要线”来衡量，29%的农村老年人的消费水平低于这一标准，远高于

① 张川川，陈斌开.“社会养老”能否替代“家庭养老”？——来自中国新型农村社会养老保险的证据［J］. 经济研究，2014（11）：102-115.

城镇老年人6%的比例。老龄化、特别是高龄化所导致的劳动力丧失，使其养老保障主要依赖于家庭其他成员的支持，并使农村老年人更易陷入长期贫困。

“新农保”的实施显著提高了农村老年人的收入水平、减少了贫困的发生、提高了其主观福利，并且在一定程度上促进了家庭消费和减少了老年人劳动供给。而且，作为首要政策目标人群的健康状况较差的老年人受到的政策影响更大、更显著[①]。2000—2015年，农村老年人保障性收入占总收入的比重由14.3%上升到36.0%，其中“新农保”提高的保障性收入做出了重要贡献。特别是对于农村低收入家庭，“新农保”提供的保障性收入占其人均可支配收入的30%。以2016年为例，农村低收入户人均可支配收入为3 006.5元，按最低每月70元计算，占其可支配收入的28%，加上省级财政补助，绝大部分地方基础养老金高于70元/月。如山西省基础养老金按85元/月、广西壮族自治区按90元/月、青海省按140元/月执行。由此可见，“新农保”提供的养老金对低收入农村老年人的收入贡献达到30%以上。2018年，全国60岁以上享受城乡居民基本养老保险待遇的贫困老人2 195万人，实际享受代缴保费的贫困人员2 741万人，城乡居民基本养老保险使4 936万贫困人员直接受益[②]，这对于提高农村老年人收入，防范和治理老年贫困，打赢脱贫攻坚战，具有重要的作用。

（三）“新农保”为建立更加公平更可持续的社会保障制度做出了重要贡献，取得了良好的经济社会效应

党和政府始终坚持把增进民生福祉作为发展的根本目的，在发展中保障和改善民生。随着2007年城镇居民医疗保险制度的建立和实施，实现了基本医疗保险制度对全体国民的制度覆盖，建立起了世界上覆盖人口最多的全民基本医疗保险制度，产生了良好的经济、政治及社会效应。按照国际社会保障制度发展的一般规律，建立覆盖全体老年人口的养老保险制度被提上日程，难点和重点是建立农村居民的养老保险制度。改革开放后，特别是1986年以

① 张川川，JOHN GILES，赵耀辉．新型农村社会养老保险政策效果评估——收入、贫困、消费、主观福利和劳动供给［J］．经济学（季刊），2014（1）：203-230.

② 中华人民共和国人力资源和社会保障部：《2018年度人力资源和社会保障事业发展统计公报》。

来的农村养老保险制度建设探索，为“新农保”制度的建立提供了丰富的经验借鉴，经济社会的发展创造了客观的条件，党和政府的坚定意志有力地推动了这一进程。2009 年 9 月，“新农保”制度开始试点实施，到 2015 年年底，参保人数由 2010 年的 1 亿上升到 4.81 亿，净增 3.81 亿，为实现覆盖全体国民的基本养老保险制度奠定了良好的基础。总之，“新农保”制度的建立和不断完善，体现了共享发展理念，增强了人民获得感，取得了良好的经济政治社会效应。

二、新型农村社会养老保险制度的问题评析

“新农保”制度取得了良好的成效，但也在筹资激励、待遇水平、基金监管、养老保险关系的转移接续及制度衔接等方面存在问题和困境，简要分析如下。

（一）新型农村社会养老保险制度的筹资激励困境

筹资是任何一项社会保险制度的核心问题，关系到制度的保障水平和可持续发展。“新农保”采取了“个人缴费、集体补助、政府补贴”相结合的筹资方式。个人缴费区分为年缴 100～2 000 元若干等级，目的是通过个人账户积累提高养老金待遇，进而激励居民按较高档次缴费；部分地区采取对较高缴费进行统一补助基础上的再补助，以激励高档次缴费。但是从实践来看，选择较低档次的缴费依然是主流，主要的原因是制度设计中财政配套补贴的激励机制效果不明显，构建配套补贴的缴费激励机制是制度建设的难点和重点。集体补贴形同虚设，制度对“集体补助”所做的规定是“软”的，没有给出明确的“硬性”规定，像“有条件的”“鼓励”等用词都表明了这一点，如何落实集体补助，新农保在试点过程中需要继续探索①。财政补贴的事前补贴（为个人缴费提供配套补贴）和事后补贴（基础养老金）的适度平衡问

① 崔凤，李红英. 新型农村社会养老保险可能面临的主要问题与政策建议［J］. 西北人口，2011（2）：28-33.

题，偏向事前补贴可能会影响基础养老金，偏向事后补贴又可能影响缴费激励。是否可以采取对在一定收入水平之上的富裕人群降低基础养老金标准，以保护贫困老人的基础养老金待遇，地方政府可以补贴基础养老金，保证基础养老金高于当地低保标准，中央政府主要进行缴费补贴激励，这些问题需要进一步探索。

（二）新型农村社会养老保险制度的待遇提高困境

"新农保"制度实施以来，最低基础养老金分别进行了三次调整，分别是2009 年的 55 元、2015 年的 70 元、2018 年的 88 元，年均增长 5.4%，远低于城镇职工基本养老金 7%的增长水平，增长基数的巨大差距，导致了"新农保"与"城职保"待遇水平差距在扩大，有损于社会公平正义。目前实行的待遇享受与家庭成员缴费捆绑的政策，在一定程度上削弱了制度的政策效应，因为有些家庭成员可能因个人原因把其缴费负担转移到养老金领取者身上。如一些子女不缴纳其养老金，而父母为了获得养老金待遇，会代替子女缴费，子女成了主要受益者，背离了制度初衷。因此，如何实现养老金待遇领取资格与家庭捆绑是应着力解决的问题。另外，"新农保"的实施可能会挤出成年子女的经济供养①，由此导致部分失去代际支持的老年人口对"新农保"资源的过度依赖，增加了制度的待遇提升压力。

（三）新型农村社会养老保险制度的基金管理困境

首先，基金保值增值是所有社会保险制度面临的一大难题，"新农保"与"城居保"整合后的城乡居民社会养老保险累积结余已经由 2012 年的 2 302.2 亿元上升到 2018 年的 7 250 亿元，能否实现有效的保值增值不仅关系到养老金待遇水平，而且影响着制度的吸引力。目前，基金实行县级管理，不仅制约基金投资管理，而且阻碍了养老保险个人账户积累的转移接续，提高基金统筹层次不仅对于基金投资管理、保值增值具有重要的意义，而且对未来可能需要安排的农村养老保险储备金管理十分必要，因此，基金的省级统筹与管理是应该探索的重要方向。其次，基金监管也是一个很棘手的问题。基金

---

① 宁满秀，王小莲. 中国农村家庭代际经济支持行为动机分析［J］. 农业技术经济 2015（5）：21-33.

监管的目的是保证基金的安全运行，并提高运行效率，如何提高基金的运行透明度，确保基金的规范、安全、高效运行，是基金监管的主要任务之一①。

（四）新型农村社会养老保险制度的制度衔接困境

人口大规模流动以及制度整合的发展趋势，使“新农保”面临制度衔接困境。首先是主要由人口就业流动导致的不同养老保险制度之间的转移接续问题，特别是“新农保”与“城居保”制度整合后形成的城乡居民社会养老保险制度与城镇职工基本养老保险制度之间的转移接续，将是一个十分棘手的问题。农村劳动力的城镇化迁移，以及劳动人口的大规模流动，有必要让劳动者所积累的养老金储蓄及权益能够随着他们的流动而转移。换言之，能将在不同地点积累的储蓄额和权益“合并计算”，这尤其对庞大的农民工群体具有重要的影响。其次，“城乡居保”与城镇职工基本养老保险制度整合也是未来构建全民统一的养老保险制度所必然面临的难题。最后，“新农保”如何与农村居民最低生活保障制度、农村五保供养制度等相衔接，这将涉及一些农村特殊人群的基本生活保障问题。

第四节　城乡居民基本养老保险制度的整合与改革发展

一、城乡居民基本养老保险制度整合历程（2014 年至今）

“新农保”和“城居保”的制度分设，以及由此导致的养老保险体制城乡分割和制度“碎片化”，产生了一系列弊端。建设一个覆盖城乡居民的统一框架下的养老保险制度是统筹城乡改革与发展的重要内容，对于推动城乡一

① 张开云. 新型农村社会养老保险：制度逻辑、制度困境与政策前瞻［J］. 中国社会科学院研究生院学报，2011（1）：96-101.

体化，缩小城乡差距具有重要的意义①。2008 年开始，在统筹城乡发展的大背景下，部分地区开始探索覆盖城乡居民的统一养老保险制度。2012 年前，先后有北京市、天津市、重庆市及浙江省出台了省（市）级层面的统一城乡居民养老保险政策。此外，成都市、青岛市、泰州市、郑州市、任丘市、榆林市等城市也在积极探索城乡统一框架下的养老保险制度。由此可见，推动“农居保”和“城居保”制度整合，既具有必要性，也具有可行性，势在必行。

2011 年 6 月 7 日，国务院印发的《关于开展城镇居民社会养老保险试点的指导意见》（国发〔2011〕18 号）提出，有条件的地方，城镇居民养老保险应与“新农保”合并实施。2012 年中共十八大提出，要整合城乡居民养老保险，逐步做实养老保险个人账户，实现基础养老金全国统筹。2014 年国务院下发了《关于建立统一的城乡居民基本养老保险制度的意见》（国发〔2014〕8 号），把城镇居民和农村居民纳入统一的城乡居民养老保险制度中，实现了养老保障制度的全覆盖和城乡居民的平等待遇。此后，各地开始快速全面推进制度整合，2015 年，我国基本完成城乡居民养老保险制度整合，各省级政府和新疆生产建设兵团都出台了相关政策文件，全国所有县级行政区基本建成制度名称、政策标准、管理服务、信息系统“四统一”的城乡居保制度。为进一步推动整合后的城乡居民基本医疗保险制度发展，2018 年 3 月，人力资源和社会保障部、财政部印发《关于建立城乡居民基本养老保险待遇确定和基础养老金正常调整机制的指导意见》，以解决城乡居民基本养老保险制度目前存在的保障水平较低、待遇确定和正常调整机制不健全、缴费激励约束机制不强等问题。

城乡居民基本养老保险作为我国基本养老保险制度的重要组成部分，通过不断加强扩面征缴工作，使参保人数一直保持在 5 亿人以上，成为覆盖人数最多的基本养老保险制度。截至 2018 年 12 月底，参保人数到 52 392 万人，其中领取养老金人数达到 15 898 万人，月人均养老金 125 元，其中基础养老

① 程杰. 城乡居民养老保险制度：改革与方向［J］. 云南财经大学学报，2011（5）：45-51.

金113元。另外，城乡居民医疗保险制度在发展中也存在着一系列亟待解决的问题，需要进一步提高整合水平。主要表现在待遇确定机制不够明确、尚未建立基础养老金的常态化调整机制、绝大多数参保人选择低档缴费标准、缴费补贴调整机制不够规范、个人账户基金未开展投资运营，无法保值增值等问题①。

二、城乡居民基本养老保险制度的整合路径与发展方向

（一）进一步推动经办机构与信息系统整合

目前，城乡居民基本养老保险制度还处于县级统筹层面，基于未来提高统筹层次的要求，要不断推动经办机构和信息系统整合，不断扩大信息共享容量，实现信息系统在省级层面的整合。同时，整合经办机构，形成高效的社会保障业务运行机制，为未来构建全国统一的养老金信息系统，实现社会保障一卡通管理服务，提高基本养老保险制度统筹层次，中央统筹企业职工基础养老金奠定基础；为机关事业单位加入社会养老保险提供方便。伴随待遇调整机制的运行，差距缩小，城乡居民养老保险也顺势纳入，进而走向国民基础养老金②。

（二）进一步构建和完善筹资稳定增长机制

城乡居民基本医疗保险制度筹资主要由各级财政支持和个人缴费构成，其中财政补助部分约占整个筹资的90%。但是，财政支持面临着一系列显性和隐性风险：财政收入增速下滑带来的风险；地方政府债务规模庞大且存在违规举债的状况带来的风险；分税制财政体制不规范带来的风险；人口老龄化进程加快带来的财政风险；人均预期寿命的提高可能导致的财政风险；地方政府在城乡居民养老保险制度推行中承担的各种杂项支出的增加带来的财政风险；地方财政承担过多的社会保障事务带来的财政风险；城乡居民养老

① 金维刚. 城乡居民养老保险跨入新时代［J］. 劳动保障世界，2018（13）：16.
② 杨燕绥. 统一的城乡养老保险并非简单整合［J］. 中国社会保障，2014（4）：35.

保险基金管理层次低带来的财政风险等①。如何化解城乡居民基本养老保险制度的财政支持风险，进一步优化财政支持机制，提高财政支持稳定性和效率水平，是制度面临的重要压力。同时，进一步完善缴费激励机制也是重要的改革方向，要建立和完善个人缴费档次标准调整机制，各地根据城乡居民收入增长情况，合理确定和调整城乡居民保缴费档次标准，以增强个人的养老责任。

（三）进一步完善保障待遇确定与调整机制

一是完善保障待遇确定机制。中央政府要根据全国城乡居民人均可支配收入和财力状况等因素，合理确定全国基础养老金最低标准。地方根据当地实际提高基础养老金标准，对65岁及以上城乡老年居民予以适当倾斜。对长期缴费、超过最低缴费年限的，应适当加发年限基础养老金，进一步强化长缴多得、多缴多得的激励机制。二是建立基础养老金正常调整机制，要根据城乡居民收入增长、物价变动和职工基本养老保险等其他社会保障标准调整情况等相关因素，构建城乡居民全国基础养老金最低标准的动态调整机制。三是建立缴费补贴调整机制，各地方政府要根据经济社会发展、个人缴费标准提高和财力状况，调整缴费补贴水平，建立缴费补贴动态调整机制。四是鼓励集体经济组织提高缴费补助，鼓励其他社会组织、公益慈善组织、个人为参保人缴费加大资助。

（四）进一步提高养老基金保值增值能力

随着城乡居民养老保险制度的发展，基金积累能力不断提高，积累不断增加，对保值增值提出了更高的要求。各地要按照国务院已经出台的有关基本养老保险基金投资管理办法的规定，积极开展基金委托投资，努力实现基金保值增值的目标，进一步提高个人账户养老金水平和基金支付能力。通过制度整合扩大统一管理基金规模，实现职业养老金、企业年金和个人养老金账户并轨，完善养老基金投资管理体制和投资市场，实现养老基金保值增值目标。

---

① 宫晓霞. 财政支持城乡居民养老保险制度：面临的风险及应对策略［J］. 经济社会体制比较，2018（1）：45-53.

第五节　全民统一的养老保险制度框架展望

我国基本养老保险公平缺失的根本成因在于人为地以职业、户籍、身份等为条件分设不同制度类别，再分别适用不同缴费、养老待遇和参保补助规则①。从公民基本权利及公平的角度而言，应该构建基于全体国民统一的养老保障制度，即以统一制度覆盖全体国民。目前，我国的基本养老保险制度还存在基于身份或就业性质的“碎片化”特征，城乡居民基本养老保险和城镇职工基本养老保险的制度分割，导致参保和待遇的不公平，人群之间收入分配的不公平，代际养老保险权益交换的不公平，生命周期不同消费阶段消费需求的不公平，并影响到现存养老保险的制度、经济（财务）、管理与服务可持续发展。这种由制度差异导致的不公平，突出表现在基本养老金的待遇差距悬殊。2017 年，城乡居民基本养老金待遇水平平均为 125 元/月，远低于城镇职工基本养老金平均 2 500 元/月左右的水平，这既是养老保险制度分割的结果之一，也是构建全民统一的养老保险制度的内在动因。

一、全民统一的养老保险制度的框架内容

1. 制度结构的统一

改革开放以来的一段时间里，我国的养老金制度呈现机关事业单位基本养老金制度、企业职工基本养老金制度及居民基本养老金制度的“三足并存”局面。首先是对机关事业单位与企业职工基本养老保险制度进行并轨，虽然依然存在结果上的待遇差异，但实质上已经实现了制度同构，建立起了统一的制度运行机制。当前，“城职保”和“城乡居保”并存，使我国的养老金

① 唐未兵，吴开明. 论全民统一养老保险制度的筹资模式与公平规则［J］. 湖南师范大学社会科学学报，2015（1）：106-113.

制度呈现“二元”和“双规”局面，当务之急是寻求两种不同制度养老保险的同构性，以把全体国民纳入统一的制度框架中。

2. 项目类别的统一

制度结构统一的直接表现是项目类别的统一，目前，“城职保”和“城乡居保”的项目存在差异化特征，这也是阻碍未来两者整合的重要因素。机关事业单位以财政作保障，建立了较为全面稳定的职业年金制度，且实行效果较为明显。企业职工的企业年金制度亦已经建立，尽管在部分企业，特别是民营企业，开展效果比较滞后，但基本制度框架已经建立。但对于城乡居民而言，其养老保险制度项目极为有限，缺少可供选择的养老项目，只能进行私人储蓄。因此，为构建更加公平可持续的养老保险制度，要在细分养老保险项目的基础上，统一养老保险项目类别，寻求项目结构的一致性。

3. 费基和费率的统一与科学化

科学、统一的费基和费率设计应该有利于同一代人在不同生命周期的养老保险负担公平与可持续，有利于不同收入人群的筹资公平性，有利于不同地区养老保险参保者的养老保险负担公平与可持续。由于我国“碎片化”养老保险统筹层次，不同经济发展区域对国家养老保险费基、费率的执行往往有较大的差距，越是经济发达地区，由于统筹基金结余较多，因而会自行调整养老保险的费基与费率，进而有利于经济发展；而越是经济欠发达地区，由于统筹基金有限，因而会比较严格地执行国家养老保险的费基与费率政策，进而导致企业和个人养老保险负担过重。因此，为建立更加公平可持续的养老保险制度，要科学、合理设计养老保险的费基与费率政策，并在此基础上实现全国费基与费率的统一。

4. 养老保险待遇的趋同与公平

养老保险待遇的趋同和公平并非指待遇的同等化，而是指通过制度统一强化社会养老保险的再分配功能，特别是公共资源要更多地倾向低收入等弱势群体。养老保险待遇的趋同与公平可依参保者的国民身份、区域身份和职业身份相对、渐进的实现。国民身份养老保险待遇的趋同与公平表现为基础养老保险（中央政策提供）待遇的趋同与一致；区域身份养老保险待遇的趋同与公平表现为一定区域内劳动者补差性基本养老保险待遇的趋同与一致；职业身份养老保险待遇的趋同与公平表现为相同职业劳动者补充性养老保险待遇的趋同与一致①。

二、全民统一的养老保险制度框架的整合实施路径

1. 进一步完善“城职保”与“城乡居保”制度衔接机制

2014 年 2 月，人力资源和社会保障部、财政部关于印发《城乡养老保险制度衔接暂行办法》的通知，对城镇职工基本养老保险和城乡居民基养老保险两种制度之间的转移接续做了一定的规范。具体而言，城镇职工养老保险缴费年限满 15 年（含延长缴费至 15 年）的，可以申请从城乡居民养老保险转入城镇职工养老保险，按照城镇职工养老保险办法计发相应待遇，城乡居民养老保险个人账户全部储存额并入城镇职工养老保险个人账户，城乡居民养老保险缴费年限不合并计算或折算为城镇职工养老保险缴费年限。城镇职工养老保险缴费年限不足 15 年的，可以申请从城镇职工养老保险转入城乡居民养老保险，待达到城乡居民养老保险规定的领取条件时，按照城乡居民养老保险办法计发相应待遇，城镇职工养老保险个人账户全部储存额并入城乡居民养老保险个人账户，参加城镇职工养老保险的缴费年限合并计算为城乡居民养老保险的缴费年限。

由于制度待遇差距较大，特别是从城镇职工医疗保险转入城乡居民医疗保险时，单位缴纳部分并未同步进行转移，并且该部分筹资本质上是个人工资收入部分，理应作为个人积累转移到城乡居民养老保险，所以不转移单位缴费既不公平，也是导致这一衔接办法缺乏激励的原因之一。因此，需要进一步完善两种养老保险制度的衔接机制，降低制度转换成本，形成向“城职

① 席恒，翟绍果. 更加公平可持续的养老保险制度的实现路径探析［J］. 中国行政管理，2014（3）：11-14.

保”倾斜的激励导向，特别是要构建一种由公共担保的个人养老责任实现机制。

2. 探索建立以统一的国民年金制度为基础的多层次养老保障制度

目前的城乡居民养老保险制度实际上是国家财政补贴为主的社会福利制度和个人自愿缴费为辅的个人储蓄制度的组合，属于完全福利化的福利制度模式，完全缺乏互济功能[①]。通过建立全国统筹层次的国民养老金制度可以在一定程度上增强养老保险制度的再分配互济功能。统一养老保险通过功能互补的三个层次制度架构来实现同构性制度和更可靠保障。基于税收、社会保障与转移支付等再分配手段，构建“基础统一、补充差别与弹性、私人激励”的养老保险制度顶层设计方案[②]，即基于国民身份权益的统一的国民养老金[③]、基于职业特征要求的弹性补充职业养老金和激励性的私人养老金计划等。国民养老金由三部分组成，分别是中央政府财政保障的非缴费基础养老金、强制个人缴费的个人账户养老金、地方政府财政支持的附加养老金，并根据经济发展水平，对基础养老金实行差异化调整，实现全国层面的统筹。职业养老金应打破目前的运行模式，构建一种基于全体国民的职业年金制度，能够向所有国民开放，并实行由政府主导的投资运营管理，以实现保值增值。这既可以有效化解当前职业年金投资运营困境问题，也可扩大职业年金覆盖人群和总体规模。私人养老金强调的是全个人责任、市场化的运作方式，包括私人养老储蓄、养老型基金和商业养老保险等，政府通过给予利率、税收优惠及政策激励等方式加以引导。

---

① 乌日图. 社会保障顶层设计亟待明确的三大问题［J］. 社会保障研究，2018（3）：3-14.

② 席恒，翟绍果. 从理想模式到顶层设计：中国养老保险制度改革的思考［J］. 武汉科技大学学报（社科版），2010（6）：581-584，603，576.

③ 张思锋，曹信邦. 中国国民年金制度设计的基本思路［J］. 理论探讨，2014（1）：81-84.

第四篇
新中国其他社会保险制度之变迁与展望

第四章

[illegible]

第十二章 新中国失业保险制度的变迁与展望

失业保险作为一项制度安排，是政府为失业者在失业期间提供的一种基本生活保障和再就业的行为规则。失业保险制度是市场经济下应对失业风险的重要保障手段。新中国在计划经济向市场经济体制转变的过程中，逐步探索建立起具有中国特色的失业保险制度，先后经历了由失业救济、待业保险到失业保险的演变过程。在演变过程中，也进一步证实了失业保险制度在中国各历史阶段的经济体制改革和经济发展过程中的重要性和必要性。

第一节　计划经济时代（1949—1978年）的失业救济制度

失业保险的制度模式选择是与一国的就业政策密切相关的。计划经济时期，由于我国实行统分统配的劳动就业制度，普遍就业、固定工制使劳动者免去了失业之忧，因此，在当时的环境下，失业保险没有建立的必要，在新中国成立初期建立的仅是失业救济制度。

一、失业救济制度的建立

新中国成立初期，国民经济处在缓慢恢复的极度困难时期，中国社会同时面临着严重的通货膨胀和失业两大问题。除了旧中国遗留下来的失业人口，政府为治理战后通货膨胀采取紧缩银根的货币政策，引发了经济萧条，大量工商企业倒闭，进而导致了更大量的失业人口出现，造成当时的失业人口比重畸高。数据显示，20世纪50年代初，我国城镇失业人数多达400万人，约占当时总就业人数1 533万人（其中职工809万人，城镇个体劳动者724万人）的26%。同时，新增城市失业人数也超过100万人。

面对这一严峻形势，为了保证社会安定，恢复发展生产，党和国家对此非常重视，确定了低工资、广就业的就业指导方针。在解决就业问题上，各级政府成立了劳动就业委员会，具体采取“单位化”办法，即由政府负责将城镇失业人员安排进政府拥有所有权并直接管理的各种类型的“工作单位”，进而保证了他们的工作和生活。

为了解决失业问题，消减当时失业比重畸高不下带来的社会消极影响，1950年6月17日，中央人民政府专门发布了《关于救济失业工人的指示》。根据指示精神，政务院及时发布了《救济失业工人暂行办法》，明确要求各地设立失业工人救济委员会，并对失业救济对象、救济基金来源以及具体救济方法等进行了详细规定，在解决失业人口的基本生活问题上，明确了以工代赈为主，以生产自救、转业训练、帮助回乡生产及发放救济金为辅等办法补充完善。虽然《救济失业工人暂行办法》的颁布目的和主要内容在于解决失业人口的生活困难，属于社会救助范畴，但作为新中国成立以来第一部关于失业救济的完整法规，其颁布标志着新中国失业救济制度的正式建立，对解决当时规模庞大的失业群体的基本生活问题起到了积极作用。这一阶段，失业救济制度对妥善安置失业人员工作、保持社会稳定、恢复和发展国民经济起到了重要作用。

1952 年 8 月 27 日，政务院又发布了《关于处理失业工人的办法》，对《救济失业工人暂行办法》进行了修改和补充。其中确立了对城市失业工人的救济原则及具体措施，对失业主要实行失业救济与就业安置相结合的措施，确定了新中国成立初期的失业救济制度。到 1956 年，新中国严重的失业现象基本被消灭，城镇新增劳动力和一部分农村劳动力的就业问题得到解决。作为新中国成立初期保持社会稳定的应急措施，后来逐步转变为一种同整个计划经济体制相协调的、以固定工为主体的劳动就业制度，并一直延续至改革开放以后。

二、计划经济时代未建立失业保险的原因分析

（一）计划经济时期实行“统包统配、安置就业”的固定工劳动就业制度

在实施计划经济体制时期，我国实行的是“统包统配、安置就业”以固定工为主体的劳动就业制度。在这一制度下，国家对城镇劳动者实行统一安排，由劳动部门和人事部门制订计划，将劳动者按计划分配到各个“工作单位”。“单位”缺少用人的自主权，无权自行增减人员，只能被动地按照上级计划接收和调配人员。同时，劳动者也不能自由选择职业，更不能个人流动，一旦被分配进入“工作单位”后，便“一次分配定终身”。虽然这一制度实现了表面上所谓的“零失业”状态，但“铁工资、铁饭碗、铁交椅”的“三铁制度”却引起了劳动效率低下的事实。由于计划经济下没有劳动力市场，不会产生市场经济条件下的失业矛盾，所以看起来，好像没有提供失业保险

的必要。

（二）对失业保险认知的缺失，导致没有产生失业保险

受意识形态的影响，当时的政治经济制度不承认社会主义存在失业，在理论上认定社会主义制度下没有失业，拒绝承认客观存在的失业问题。因此，在计划经济体制下的统包统配和意识形态方面的影响下，当时没有失业保险制度。

三、对计划经济时代失业救济制度成效的评析

失业救济从领导者的个人信念发展到集体的共享信念，以致形成制度，但是因为当时“左”倾思想的影响，在1956年中国就宣布旧中国遗留下来的失业问题基本得到解决，所以造成1956—1986年大众对失业保险认知的一种缺失。

在相当长的一段时期内，由于计划经济体制下统包统配劳动就业制度的存在，并且受到当时意识形态的影响，像市场经济型国家那样通过建立失业保险制度来应对失业问题的措施几乎不可能出现。在面对实际产生的几次大规模结构性失业现象时，国家采取的解决方式主要还是早期提出的由国家包办安排的“单位化”途径；或者政府通过城乡分离的户籍制度，有组织地向农村大规模移民，从而达到减少城镇职工和城镇人口、减轻城镇失业程度的目的，即“逆工业化”措施。

通过失业救济与就业安置相结合的措施，在1957—1966年，我国连续10年没有出现失业现象。新中国成立初期初步形成的失业保障措施实质上被一种特殊的就业制度所代替，淡出了社会经济生活领域，而没有演变成一种正式的失业保险制度。但是在1966—1976年“十年动乱”期间，国民经济遭到空前破坏，城市的就业容量没有扩大。在缩小城乡差别和工农差别的旗帜下，全国城市动员了1 500万知识青年上山下乡；同时，通过各种渠道进城做工的农民有1 300万人。粉碎“四人帮”后，下乡的知识青年大批返城，但进城的农民却已安家落户，不再返乡。从1977年开始，大量新增城镇劳动力与政

府安置能力相差悬殊，形成了空前的就业压力。

1979—1984 年，全国共安置了 4 608 万失业青年就业，失业率从 1978 年的 5.3%下降到 1985 年的 1.8%。这对于调动各方面的积极性，迅速完成“拨乱反正”的任务无疑起到了巨大的作用，功不可没。但这段时期的失业人员安置与新中国成立初期的失业人员大规模安置有明显的不同。新中国成立初期的安置是在国民经济迅速恢复，基本建设规模迅速扩大，就业岗位数迅速增多的历史条件下进行的，而这次安置，政治的需要远远大于社会生产对人力资源配置的需要，全社会新增加的就业岗位数远远小于安置的就业人数。这样一来就形成了“两个人的活三人干”的局面，导致全社会的劳动生产率迅速下降，不断积累了大量的隐性失业，也为日后的第三次失业高峰埋下了隐患。

第二节　改革开放初期（1979—1998 年）待业保险制度的探索

改革开放初期的失业保险制度，严格意义上说只是待业保险。同时，由于劳动合同制和企业破产政策在推行中遇到了许多实际困难，实行失业保险制度也缺乏足够的经验，影响了失业保险的实际成效。尽管如此，这一阶段仍为中国失业保险制度的完善奠定了坚实的基础。

一、制度的建立：1986 年《国营企业职工待业保险暂行规定》

（一）制度建立的背景：经济体制改革

1978 年 12 月 18 日，党的十一届三中全会在北京召开，会议实现了思想路线的全面拨乱反正，确立了实行改革开放、启动农村改革的重大决策，这标志着我国进入了社会主义现代化建设新时期。本次会议首次提出了“社会主义可以实行市场经济”“建设有中国特色的社会主义”“实行有计划的商品经济”等全新的执政理念，并且这些理念逐渐被公众所接受。在此背景下，国有企业改革开始逐步推行，主要以扩大企业自主权，增强企业活力，尤其是增强全民所有制大、中型企业的活力为目的。

1979 年 7 月以来，国务院先后颁布了《关于扩大国营企业经营管理自主权的若干规定》《关于开征国营工业企业固定资产税的暂行规定》等一系列文件，新时期国有企业改革的序幕由此拉开。1979 年 11 月 26 日，邓小平首次提出了社会主义可以实行市场经济。1982 年 9 月 1 日至 11 日，在中国共产党第十二次全国代表大会上，邓小平首次提出建设有中国特色的社会主义。随后，在 1984 年 10 月 20 日，中共十二届三中全会通过了《中共中央关于经济体制改革的决定》，将中国改革的重心由农村转移到城市，开始了对我国城市经济体制的改革，使计划经济体制转变成有计划的商品经济。并且将进一步增强企业特别是全民所有制大中型企业的活力作为经济体制改革的中心环节，增强其作为经济实体的相对独立性。1985 年 9 月 11 日，国务院批准了原国家经委、国家体改委起草的《关于增强大中型国营工业企业活力若干问题的暂行规定》，进一步强调搞活企业、发挥企业自身的内在优势与潜力。

1986 年 7 月 12 日，国务院颁布《国营企业实行劳动合同制暂行规定》《国营企业招用工人暂行规定》《国营企业辞退违纪职工暂行规定》《国营企业职工待业保险暂行规定》四项法规，以期改革国营企业劳动人事制度，增强企业活力。这四项法规一起成为中国计划经济向市场经济转轨中劳动用工制度改革的重要指南。实施了前三项规定后，企业用人能进能出，劳动力有了一定程度的流动性；同时，对解除和终止劳动合同的职工、违纪被辞退职工、破产及整顿企业职工，不再实行国家无条件包下来的政策。这一系列法规的颁布标志着由改革劳动用工制度催生的待业保险制度正式确立，“社会主义国家没有失业”的神话从此被打破，失业保险制度也就应运而生。

（二）《国营企业职工待业保险暂行规定》的主要内容

1986 年，国务院颁布了我国第一个失业保险法规——《国营企业职工待业保险的暂行规定》（以下简称《暂行规定》）。该《暂行规定》确立了失业保险制度的完整框架，并对失业保险的主要目的、覆盖范围、资金来源、管理模式等一些失业保险最基本的内容作了原则规定。

1. 待业保险的主要目的

《暂行规定》指出，建立待业保险的主要目的包括：一是适应劳动制度改革的需要；二是为了促进劳动力的合理流动；三是保障国营企业职工失业期间的基本生活。

2. 待业保险的覆盖范围

《暂行规定》规定的待业保险覆盖范围是：濒临破产的企业法定整顿期间被精简的职工、宣告破产的企业职工、企业终止、解除劳动合同关系的工人和企业辞退的职工四类人。

3. 待业保险的基金来源

关于基金来源，主要包括：企业按全部职工标准工资总额1%缴纳的待业保险基金、待业保险基金存入银行后的利息以及地方财政补贴①。关于待业保险基金的统筹层次，按照《暂行规定》，由省（自治区、直辖市）统筹使用。当基金出现不足时，由财政进行补贴。关于基金的支出项目，《暂行规定》规定为濒临破产的企业法定整顿期间与宣告破产的企业职员的待业救济金、医疗费死亡丧葬补助金及其直系亲属的抚恤金和救济费；企业辞退的职员与终止和解除劳动关系的职员的待业救济金与医疗补助费；待业职员的专业训练费和生产自救费；基金管理费②。

4. 待业保险的待遇

《暂行规定》将保险待遇定义为“待业救济金”，规定了领取救济金的资格条件限制，并明确规定了职工待业保险基金由企业按照全部职工标准工资总额的1%缴纳，救济金标准是按职员标准工资的50%~75%发放③。

---

① 齐艳华. 中国失业保险制度变迁研究（1950—2012年）[D]. 沈阳：辽宁大学，2013.

② 同①.

③ 注：工龄在5年或者5年以上的，最多发给24个月的待业救济金。其中第1至12个月为本人标准工资的60%~75%；第13至24个月，每月为本人标准工资的50%；工龄不到5年的，最多发给12个月的待业救济金，每月为本人标准工资的60%~75%。

5. 待业保险的管理

《暂行规定》对待业保险制度、待业保险基金的组织管理模式进行了规定，并规范了管理机构及其职责。指定由当地劳动行政主管部门所属的劳动服务公司负责管理待业职工和待业保险基金，采取了政策集中制定、具体业务分散管理的方式。

（三）对《暂行规定》的评析

整体来看，《暂行规定》是新中国成立以来，第一次正面应对国民经济运行中存在的待业、失业问题，为初创期的失业保险搭建了制度框架，顺应了这一时期国有企业改革和劳动用工制度改革的迫切需求，是中国由计划经济向社会主义市场经济转轨过程中带有明显过渡性质的“辅助”制度，具有重要的历史意义①。

但是从现代失业保险制度的功能与结构来看，《暂行规定》也存在很多缺陷。

首先，基于意识形态的考虑，当时政府仍然认为不存在失业，所以《暂行规定》通篇没有使用“失业”的概念，而是用了“待业”（特指没有正式职业、等待政府安排就业的青年）这一特定概念。结合当时我国的实际情况，所谓的“待业”人群主要是指 20 世纪 70 年代末大批返城知识青年和城镇新增劳动力，当时由于政府无力对这一庞大的人群进行有效安置，在没有其他就业渠道的情况下，他们只能在家被动等待政府分配工作。相应的，《暂行规定》对待业保险基金的使用途径的规定仍然是发放“待业救济金”，而不是“待业保险金”，由此也能反映出当时国家还没有能正确认识到待业、失业现象其实是社会主义市场经济运行中，受市场经济规律的影响而必然存在的自然现象。

其次，《暂行规定》只是一种适应范围很小、统筹层次很低的失业保障制度。其更像是一种失业救济制度，而非失业保险，主要原因是：从筹资方式来看，待业人员不用自己缴纳相关费用；从待遇标准上看，“待业救济金”只

① 张旭升，刘桂梅，米双红. 社会保险［M］. 上海：复旦大学出版社，2007：175-176.

是为了满足待业人群最基本的生活需要。保险与风险不对称，出现了“有险无保”和“有保无险”并存的奇怪现象。整体来看，虽然《暂行规定》实质上更偏向是一种失业救济制度，在覆盖范围、支付方式等方面也存在一些问题，但作为我国建立失业保险制度的重要一步，为以后失业保险制度的发展与完善打下了基础。

二、制度的调整：1993 年《国营企业职工待业保险规定》

（一）制度调整的背景：企业经营机制转换

1987 年的《政府工作报告》提出，要把改革的重点放到完善企业的经营机制上，根据所有权与经营权分开的原则，实行多种形式的承包经营责任制。1988 年 2 月 27 日，国务院颁布《全民所有制工业企业承包责任制暂行条例》，规范了企业的承包责任制，在法律层面上确定了我国国营企业制度的基本原则与内涵。但是承包制由于不适应市场经济和企业的长远发展，所以只是一种过渡体制。1990 年，中共十三届七中全会上通过《中共中央关于制定国民经济和社会发展十年规划和“八五”计划的建议》，其中提出要继续坚持和完善企业承包经营责任制。1991 年 4 月，《国民经济和社会发展十年规划和第八个五年计划纲要》中提出，国民经济和社会发展的主要任务之一即“继续推进经济体制改革，不断完善和发展社会主义制度”。1992 年的《政府工作报告》中强调：1992 年，我国经济体制改革的重点是企业改革，所有国营大中型企业都要在转换和完善经营机制上下硬功夫。同年还通过并实施了《全民所有制工业企业转换经营机制条例》，其中，最突出的改革就是打破了“铁工资”“铁饭碗”“铁交椅”。打破“铁工资”，使企业具备了对工资、资金的支配权，打破“铁饭碗”，使企业具备了用工自主权；打破“铁交椅”，使企业具有了人事管理权。自此，企业可以自主行使人事管理权，劳动力也具有了一定流动性[①]。这一阶段，随着对国营企业改革的深化，我国已经进入就业结

① 齐艳华. 中国失业保险制度变迁研究（1950—2012 年）[D]. 沈阳：辽宁大学，2013.

构调整期。这些变化一方面促进了企业效率的提高，另一方面也致使企业的隐性失业问题逐步显性化。随着企业具备的用工自主权增大，劳动力也出现了一定的流动性。从而，已有的失业保险制度已不能适应当时的实际需求，需要对失业保险制度进行适时的调整。

（二）《国有企业职工待业保险规定》与《暂行规定》的比较

随着我国建立社会主义市场经济体制的目标正式确立，经济体制改革进程不断推进，国有企业加快了经营机制的转换，新的形势呼唤新的制度出台。1993 年 4 月 12 日，国务院颁布了《国有企业职工待业保险规定》（以下简称《规定》），同时废止了 1986 年颁布的《暂行条例》。与《暂行规定》相比，《规定》在覆盖范围、保险水平、组织管理模式、资金筹集等几方面对失业保险作了补充和完善，具体如下：

1. 进一步扩大了待业保障的实施范围

《规定》将原来的“四种人”扩大到七类、九种人员，扩大了失业保险的实施范围，同时规定了相应的保障措施，新制度实施后，享受失业保险的人数明显增加，仅 1994 年就有 194 万人。这七类、九种人员详细来讲是指：

第一类是指依法宣告破产的企业的职工。具体而言，就是按照《中华人民共和国企业破产法（试行）》的规定，按照法律程序破产的企业的职工①。

第二类是指按照《中华人民共和国企业破产法（试行）》的规定，对于那些濒临破产的企业，在其法定整顿期间，经批准被精简的职工②。

第三类是根据国务院颁布的《全民所有制工业企业转换经营机制条例》规定，依法被撤销、解散企业的职工。

第四类是按照国家产业结构调整的规定，那些依法停产整顿期间的企业，其精减的职工。

第五类是终止或者解除劳动合同的职工。具体而言，是按照《国营企业实行劳动合同制暂行规定》中的相关规定，终止、解除劳动合同的合同制职工。

---

① 徐莉. 论我国失业保险的制度创新［D］. 武汉：华中师范大学，2003.

② 周毕芬. 我国失业保险制度的历史回顾与现实思考［D］. 福州：福建师范大学，2003.

第六类是按照《暂行规定》和《企业职工奖惩条例》的规定，被企业辞退、除名或者开除的职工。

第七类则是依照法律、法规规定或者按照省（自治区、直辖市）人民政府规定，享受待业保险的其他职工。

2. 提高了待业保障待遇的水平

《规定》中，将待业救济金的发放标准改成了当地社会救济金的 120%~150%，并且增加了对一部分失业人员的救济内容。救济内容主要包括：按 1986 年《暂行规定》，对于宣告破产企业的职工、濒临破产企业在法定整顿期间被精简的职工，这两类人能够享受到的待遇要高于另两类人；企业终止、解除劳动合同的工人和企业辞退的职工在失业期间只能领取待业救济金和医疗补助费，在失业期间的医疗费、死亡丧葬补助费、供养直系亲属抚恤费、救济金等项待遇则无权享受。1993 年的《规定》一改这种差别对待的做法，规定对法定覆盖范围内的所有失业者给予相同的待遇。

3. 注意到了待业保险促进就业的功能

1993 年的《规定》注意到了待业保险的保障生活以及促进就业的双重功能。同时，失业者遇到的生活困难或者是为了促进其再就业而需要支出的费用，可以从待业保险基金中支出。

以上这些规定是待业保险制度的一大进步。但是在具体的实践过程中，我国待业保险仍存在很多问题，比如适用范围仍然较窄，保险费征缴率低，相应的保险水平也不高。此外，由于缺乏有效的基金管理监督机制，基金的承受能力也比较弱，总体而言，我国待业保险的实施效力十分有限。

（三）对 1993 年《国营企业职工待业保险规定》的评析

整体来看，1993 年的《规定》无论是在待业保险的覆盖范围，还是待业保险的保险水平，以及保险资金的筹集等方面都进行了一定程度上的调整①。但是，诸如覆盖范围窄、保险水平不高、基金承受能力较弱、缺乏有效监督

① 杨方方. 中国失业保险制度的回顾与展望［J］. 北京行政学院学报，2003（3）：65-70.

机制等问题依然存在①。在当时已经明确建立市场经济体制的背景下，《规定》中仍然使用了“待业”一词，而没有使用“失业”一词，这也从一个侧面显示出了此次改革的不彻底，从而该《规定》也只能作为过渡政策。此外，还产生了一些“后退”的规定。比如：在失业保险基金的统筹层次上，1993年将失业保险基金由省级统筹调整为市、县统筹。

自1993年的《规定》颁布以后，1994年全国共有194万人享受到了失业保险待遇，比之前七年的总和还多。失业保险的作用开始变得愈发重要。与此同时，覆盖范围的扩大、就业结构的变化等环境变化，也增加了失业保险的压力。

随后，国有企业进行了一系列重组和调整。例如：1994年11月，主要围绕“增资、改造、分流、破产”四个方面，开始试点实施城市优化资本结构，并以调整产业结构、行业结构和企业组织结构为目标。1997年中共十五届一中全会提出：用三年左右的时间，通过改革、改制等方式，使大多数的国有大中型亏损企业摆脱困境，并初步建成现代企业制度。1998年3月19日，在九届全国人大一次会议上，朱镕基总理提出“一个确保”“三个到位”“五项改革”的政府任务。而其中的第一个“到位”，就是确定用三年左右的时间使大多数国有大中型亏损企业摆脱困境进而建立现代企业制度②。如表12.1所示：

表12.1 我国失业保险制度的变迁③

年份	法律法规	立法宗旨	备注
1950	《劳动部颁发救济失业工人暂行规定》	减轻失业工人生活困难并帮助其逐渐完成就业、转业	已失效
1986	《国营企业职工待业保险暂行规定》	适应劳动制度改革需要，促进劳动力的合理流动，从而保障国营企业职工在待业期间的基本生活需要	已失效

① 张彦丽. 我国失业保险制度变迁历程研究［J］. 商业研究，2012（11）：151-155.

② 引自：中国网. 朱镕基提出“一个确保、三个到位、五项改革”［EB/OL］.（1998-03-19）.［2009-03-18］. http://www.china.com.cn/aboutchina/txt/2009-03/18/content_17460000.htm.

③ 田大洲，梁敏. 积极的失业保险政策研究：理念与实践探索［J］. 中国劳动，2018（7）：4-15.

表12.1(续)

年份	法律法规	立法宗旨	备注
1993	《国有企业职工待业保险暂行规定》	完善国有企业的劳动制度，以保障待业职工基本生活，进而维护社会安全	已失效
1999	《失业保险条例》	保障失业人员在失业期间的基本生活，并促进失业人员再就业	现行
2018	《失业保险条例（修订稿）》	保障失业人员的基本生活，并预防失业，促进就业	—

资料来源：田大洲，梁敏. 积极的失业保险政策研究：理念与实践探索［J］. 中国劳动，2018（7）：4-15.

第三节　1999年以来失业保险制度的改革与发展

经历了改革开放初期待业保险制度的探索，我国失业保险制度已经具备了一定基础，1999年以来，随着社会经济的发展，我国失业保险制度也取得了进一步的改革与完善。1999年颁布实施的《失业保险条例》标志着我国现代失业保险制度的建立。在当时深化国企改革和搞活用工制度的背景下，该条例作为劳动力市场的“安全阀”和“减震器”，对建立和发展市场就业机制发挥了有效的促进作用。

一、失业保险制度的基本内容①

为了进一步改革和完善我国的失业保险制度，国务院于1999年颁布《失

① 本小节内容主要根据以下专著整理所得：蔡昉. 中国劳动与社会保障体制改革30年研究［M］. 北京：经济管理出版社，2008：305-306；聂爱霞. 中国失业保险制度与再就业问题研究［M］. 北京：中国社会科学出版社，2014：75-77.

业保险条例》。这也是我国失业保险发展史上的一个里程碑，标志着我国开始建立起了与市场经济相适应的失业保险制度。《失业保险条例》对失业保险制度进行了较大的修改，形成了较为完善的失业保险制度（如表 12.2 所示）。

表 12.2　我国失业保险制度的主要内容

时间	20 世纪 50 年代	1986 年	1993 年	1999 年	2010 年
政策法规	《关于救济失业工人的暂行办法》	《国营企业职工待业保险暂行规定》	《国有企业职工待业保险规定》	《失业保险条例》	《中华人民共和国社会保险法》
覆盖范围	从 1950 年以后的公私企业及事业单位失业人员扩大到所有被登记的失业者	国有企业四类失业人员	国有企业七类九种人员	城镇企业事业单位及其职工	用人单位和职工
基金名称	失业救济金	待业保险基金	待业保险基金	失业保险基金	—
缴费标准	各类国营、私营企业实际工资的 1%；各类企业工薪劳动者实际工资的 1%	国有企业全部职工标准工资总额的 1%	国有企业全部职工工资总额的 0.6%～1%	城镇企业事业单位全部职工工资总额的 2%，职工个人工资的 1%	—
发放标准	失业工人每月 45～90 斤（1 斤 = 500 克，后同）粮食；失业学徒每月 30 斤粮食；半失业工人酌情予以临时救济；大城市，每人每月 6 元，有家属者最高不得超过 15 元；中等城市，每人每月 5 元，有家属者最高不得超过 12 元	工龄为 5 年及以上者，第一年内每月为其标准工资的 60%～75%，第二年每月为其标准工资的 50%；工龄不足 5 年者，每月为其标准工资的 60%～75%	政府民政部门社会救济标准的 120%～150%	低于当地最低工资标准、高于城市最低生活保障标准	由省（自治区、直辖市）人民政府确定，不得低于城市居民的最低生活保障标准

表12.2(续)

时间	20世纪50年代	1986年	1993年	1999年	2010年
基金支出	失业救济金、以工代赈、生产自救、转业训练、回农村生产、移民垦荒	失业救济金、失业期间的医疗费、丧葬抚恤费、生产自救、转业训练、管理费	失业救济金、失业期间的医疗费、丧葬抚恤费、生产自救、转业训练、管理费	失业救济金、失业期间的医疗费、丧葬抚恤费、转业训练、职业介绍的补贴、管理费	失业救济金、失业人员参加职工基本医疗保险应当缴纳的基本医疗保险费、失业人员领取失业保险金期间死亡后其遗属享受的一次性丧葬补助金和抚恤金
基金管理部门	1950年，由失业工人救济委员会及其下属的失业工人救济处管理	劳动服务公司	劳动行政管理部门	劳动保障行政部	中华人民共和国人力资源和社会保障部

与待业保险制度相比，《失业保险条例》的修改和主要特点体现在：

（一）《失业保险条例》中正式把“待业保险”改为“失业保险”

我国关于“失业”和“待业”之间的模糊认识由来已久，虽然在1994年就已经明确，但是正式通过国家法规的形式来表述的则体现在《失业保险条例》中。这也反映出，我国开始正视社会主义市场经济发展中出现的失业现象，摆脱了旧观念的思想束缚，从而有利于促进失业保险保障功能的具体发挥。相应的，关于失业保险待遇，《失业保险条例》正式把“待业救济金”改成“失业保险金”。

（二）失业保险覆盖范围得到了实质性的扩大

1993年颁布的《规定》将待业保险的适用范围限定为国有企业及职工，而在1999年的《失业保险条例》中，失业保险的覆盖范围扩展至城镇各类企业、事业单位，包括国有企业、城镇集体企业、外商投资企业、城镇私营企业、城镇其他企业、非企业化管理的事业单位。此外，中央政府还授权省（自治区、直辖市）人民政府，可以根据当地实际情况，决定是否依照《失业保险条例》，对本行政区内的社会团体中的专职人员、民办非企业单位职工、受雇于城镇个体工商户的雇工参加失业保险。失业保险制度扩大覆盖范围，有利于广大劳动者真正享受到平等的参加失业保险的权利，有利于体现失业保险制度的真实意义，也有利于促进劳动力要素的合理流动和劳动力市场的形成，进而促进社会主义市场经济体制的不断完善。在此基础上，2010 年颁布的《社会保险法》又进一步打破了城乡界限和主体界限，把所有用人单位和职工都纳入失业保险的适用范围。1999—2017 年，全国失业保险参保人数从 9 852 万人增长到 18 784 万人。

（三）调整失业保险的缴费率，确立了单位和个人分担保费的机制

《失业保险条例》进一步调整了缴费比例，并确立了单位和个人分担保费的机制①。一方面，提高了单位对失业保险基金的缴费率，城镇企事业单位缴纳失业保险费的比率由原来的按本单位工资总额的 1%提高到 2%；另一方面，城镇企事业单位的职工个人从原来不缴费改为按本人工资的 1%缴纳失业保险费。城镇企事业单位招用的农民合同制工人本人不缴纳失业保险费。在失业保险中，个人缴纳保险费的规定，体现了权利和义务对等的原则。参加失业保险的职工必须履行缴纳保险费的义务，只有履行了这一义务，才能在其失业期间，享受到相应的失业保险待遇。义务与权利的对应，使原有制度的失业救济性质得以改变②。改革失业保险缴费比例这一举措，有利于更好地保障广大失业人员在失业期间的基本生活，对稳定社会秩序，维护社会治安，以及帮助失业人员尽快重新寻得就业机会等具有重要的积极作用，也更加适应社会主义市场经济竞争机制的要求，有利于促进生产要素的合理流动和重新组合，从而提高整个资源配置和经济运行的效率。

（四）关于失业保险基金的规定

1. 拓宽了失业保险基金的来源

失业保险基金的构成拓展至：城镇企事业单位及职工缴纳的失业保险费、

---

① 《中国失业问题与财政政策研究》课题组. 中国失业问题与财政政策研究 [J]. 管理世界，2005 (6)：4-15，26，171.

② 邓金菊，韩林. 中国失业保险法存在的问题及立法完善 [J]. 江西社会科学，2005 (6)：175-178.

失业保险基金的利息、政府财政补贴以及依法纳入失业保险基金的其他基金[①]。

2. 提高了失业保险基金的统筹层次

《失业保险条例》将原来大部分地区实行的失业保险县级统筹提高到地市级层次统筹，统筹层次的提高，对于在更大范围内灵活调剂使用失业保险基金有明显的促进作用，从而促使失业保险发挥更大的作用。此外，还规定省、自治区可以建立失业保险调剂金。失业保险调剂金以统筹地区依法应当征收的失业保险费作为基数，按照省、自治区人民政府规定的比例筹集。统筹地区的失业保险基金不够使用时，由失业保险调剂金调剂、地方财政补贴[②]。

3. 扩大了失业保险基金的支出范围

《失业保险条例》规定失业保险基金开支范围为：①失业保险金；②领取失业保险金期间的医疗补助金；③领取失业保险金期间死亡的失业人员的丧葬补助金和其他供养的配偶、直系亲属的抚恤金；④领取失业保险金期间接受职业培训、职业介绍的补贴，补贴的办法和标准由省（自治区、直辖市）人民政府规定；⑤国务院规定或者批准的与失业保险有关的其他费用[③]。同时，将失业保险金的给付标准与最低工资和城镇居民最低生活保障线挂钩。《条例》规定失业保险金水平低于当地最低工资、高于当地城镇居民最低生活保障线。

4. 完善了失业保险基金的监督管理机制

《失业保险条例》明确规定，失业保险基金必须存入财政部门在国有商业银行开设的社会保障基金财政专户，实行收支两条线的管理方式，由财政部门依法进行监督[④]。通过劳动和社会保障部、财政部、银行三家之间相互监督制约，共同对失业保险基金进行监管的机制，可以增强对失业保险基金监管的有效性，并且有利于防止失业保险基金流失，有助于保证基金安全等。

---

① 国务院. 失业保险条例［Z］.（1999-01-22）. http://www.gov.cn/banshi/2005-08/04/content_20258.htm.

② 同①.

③ 同①.

④ 同①.

此外，1999年1月，国务院颁布的《社会保险费征缴暂行条例》以法规的形式明确规定了失业保险的覆盖范围和缴费义务人，并且建立了失业保险登记制度和缴费申报制度，规范了失业保险费的征收程序，对强化失业保险费的征收工作，解决社会保险费收缴率低等问题有重要促进意义，而且有助于提高失业保险基金的承受能力①。

二、1999年后失业保险制度的进一步完善

2000年10月，劳动和社会保障部颁布的《失业保险金申领发放办法》（以下简称《办法》），对于完善我国失业保险制度发挥了重要作用。《办法》对诸如失业保险金的申领条件、发放标准等一系列问题做出了明确规范。

2005年，《国务院关于进一步加强就业再就业工作的通知》对积极进行失业保险促进再就业探索的地区给予了充分肯定，并决定在东部7省市开展扩大失业保险基金支出范围试点。

2008年12月20日，三部门联合下发的《关于采取积极措施减轻企业负担稳定就业局势有关问题的通知》中，关于失业保险的内容主要是“一缓一减两补贴”。其中，“一缓”即缓缴失业保险费，“一减”即降低失业保险费的费率，“两补贴”则是指用失业保险基金向困难的企业支付失业保险补贴和岗位补贴。

2010年1月，人社部下发了《关于做好当前失业保险工作稳定就业岗位有关问题的通知》。同年的《政府工作报告》也进一步对稳定就业问题做出了规定。同年10月，十一届全国人大常委会第十七次会议表决通过了《中华人民共和国社会保险法》（以下简称《社会保险法》）。关于失业保险制度，与1999年《失业保险条例》相比，《社会保险法》在覆盖范围、保障待遇等方面做出了一些微调（具体对比可参见表12.2）。截至2010年，全国经由失业保险基金为企业减轻负担共计249亿元。全国31个省（区、市）和新疆生产

① 杨思斌. 我国失业保险制度的重大发展与实施挑战［J］. 前沿，2011（11）：136-141.

建设兵团，全年累计支付各类补贴共计105亿元，比2009年增加26亿元，增长32%①。

《社会保险法》生效实施以后，《失业保险条例》的很多规定面临着合法性的诘问。为了落实《社会保险法》的规定，进一步完善我国失业保险制度，对《失业保险条例》进行修改是必然选择。因此，从2012年起，对《失业保险条例》的修订就被列入国务院立法工作计划中。

2015—2017年，人力资源和社会保障部和财政部连续三次颁布失业保险降费率的有关通知，规定阶段性由3%降至2%，再降至1%。

这些政策对中国社会保障制度的改革起到了巨大的推动作用，且有利于完善就业保障制度。首先，在企业裁员之前，灵活运用失业保险政策，发挥失业保障基金的调剂功能，并把事后调控改为事前调控，发挥失业保险在保障劳动者权益、促进就业以及预防失业等方面的作用。其次，这一系列政策文件还为在劳资双方之间建立自主协调的劳动关系机制奠定了基础②。最后，这些政策推动了失业保险与就业联动新机制的形成。

第四节　新中国失业保险制度建设取得的重要成效

综合分析新中国失业保险制度在各历史阶段的发展历程，总结其取得的重要成效如下：

一、失业保险的保障对象和实际覆盖范围不断扩大

我国失业保险的覆盖范围是随着经济的发展和社会的变革而一步一步扩

① 聂爱霞. 中国失业保险制度与再就业问题研究［M］. 北京：中国社会科学出版社，2014：75.

② 吕学静. 中国失业保险的稳定就业促进就业政策——从临时措施到长效机制的思考［J］. 社会保障研究，2010（6）：55-63.

大的。在失业保险制度的建立初期，其主要适用于国有企业职工。随后为了适应我国经济环境和政策环境的变化，1999 年颁布《失业保险条例》把失业保险的适用范围扩大到所有城镇企事业单位及职工，这是失业保险制度发展史上的一次重大飞跃。而 2010 年《社会保险法》则在《失业保险条例》的基础上做出了更大突破，打破了城乡界限和主体界限，把所有的用人单位和职工都纳入失业保险的覆盖范围。覆盖范围的扩大，有利于广大劳动者真正享受到平等参加失业保险的权利，也有利于体现失业保险制度的真实意义，对于促进劳动力要素的合理流动和劳动力市场的形成，以及社会主义市场经济体制的不断完善具有重要意义。

结合图 12. 1、图 12. 2 分析我国失业保险制度实际覆盖范围的发展情况，发现从 1999 年《失业保险条例》颁布以来，近二十年间，失业保险参保人数不断增加，从 1999 年的 9 852 万人增加到 2018 年的 19 643 万人，增加了 9 791 万人，而且在全国就业总人数中的比重不断上升，从 1999 年的 13. 8%增加到 2018 年的 25. 3%。这表明我国失业保险制度的覆盖范围确实有了显著的扩展。同时，我国就业总人数非常稳定，增长率接近于零，明显低于失业保险参保人数的增长率，表明失业保险“减震器”的作用得到了有效发挥。

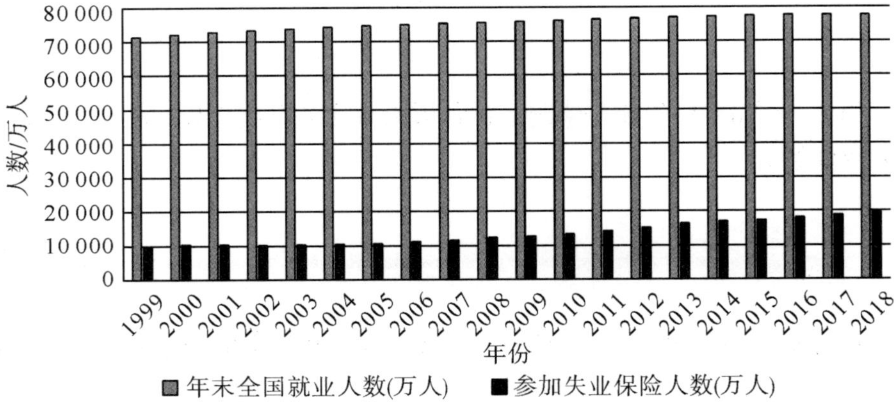

图 12. 1　1999—2018 年全国就业人数及失业保险参保人数

数据来源：国家统计局资料。

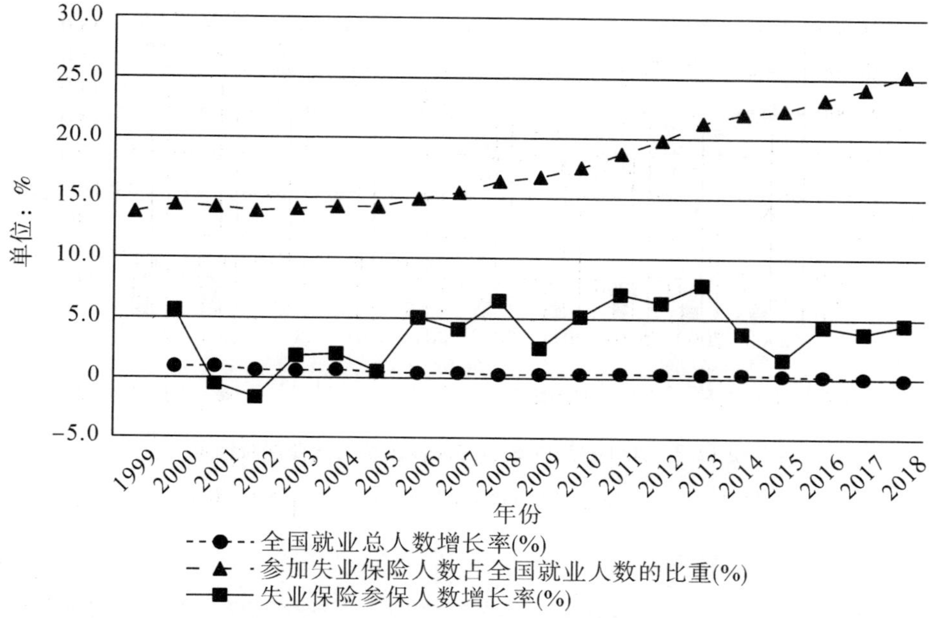

图 12.2 1999—2018 年全国就业人数及失业保险参保人数增长率

数据来源：国家统计局资料。

同时，分析我国农民工群体参与失业保险的情况后发现，近十年我国农民工总人数逐渐趋于稳定，而且参加失业保险的人数不断增加，从 2008 年的 1 549 万人增加到 2017 年的 4 897 万人，占农民工总人数的比重也从 6.9%提高至 17.1%（见图 12.3）。显然，这也是我国失业保险制度演变的重要成果之一。

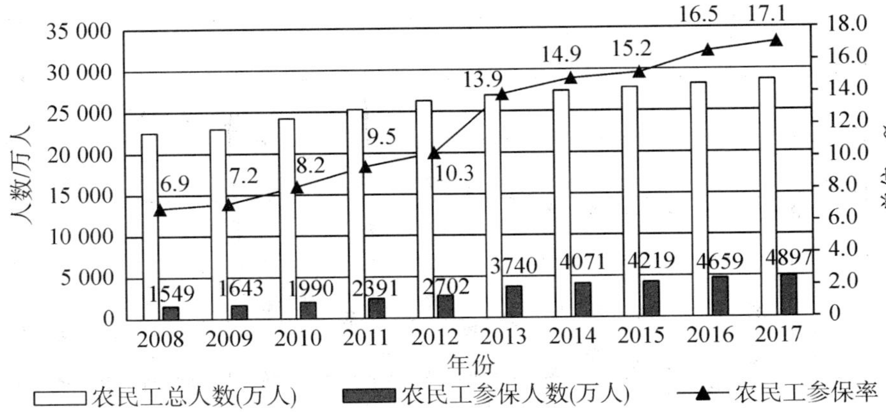

图 12. 3　2008—2017 年我国农民工参与失业保险情况

数据来源：《人力资源和社会保障事业发展统计公报（2008—2017）》。

二、有效保障了失业人员的生活水平，促进了用工制度的改革

失业问题是社会治理的重大社会风险之一。失业保险制度的改革与完善，不仅能提高失业人员的生活水平，通过让失业人员共享经济社会的发展成果来维护社会稳定，还能通过促进用工制度的改革，促进市场就业机制的发展，进而提高生产效率，促进经济发展。

关于失业保险对失业人员生活水平的保障效果，在 1999 年正式建立失业保险制度以后，失业人员的生活水平有了明显提高。据相关数据显示，截至 2010 年，全国经由失业保险基金为企业减轻负担共计 249 亿元，全国 31 个省（区、市）和新疆生产建设兵团，全年累计支付各类补贴共计 105 亿元，比 2009 年增加 26 亿元，增长 32%①。此后，随着失业保险制度的不断完善，其保障水平进一步有所提高。失业保险制度最初主要强调保障失业人员在失业期间的基本生活需要，随着制度的改革与完善，失业保险金给付标准在低于

① 聂爱霞. 中国失业保险制度与再就业问题研究［M］. 北京：中国社会科学出版社，2014：75.

当地最低工资标准、高于城市居民最低生活保障标准的基础上，逐步由按照当地最低工资标准的60%~80%发放，提高到按照最低工资标准的90%发放[①]。例如：2018年，失业保险金的月人均水平为1 266元[②]，比2017年增长13.9%。此外，失业保险待遇中的其他支出也有所增加。例如，2018年全年共为领取失业保险金人员代缴基本医疗保险费92亿元，比上年增长8.2%[③]。而且企业稳岗补贴的标准也从50%提高到60%[④]，2018年全年发放的稳岗补贴共惠及职工6 445万人，发放技能提升补贴惠及职工60万人[⑤]。同时，由单位和个人共同缴纳失业保险费的规定，为在劳资双方之间建立自主协调的劳动关系机制奠定了基础[⑥]，也更适应社会主义市场经济竞争机制的要求，有利于促进生产要素的合理流动和重新组合，从而提高整个资源配置和经济运行的效率。失业保险费率调整的一系列举措，对于更好地保障广大失业人员在失业期间的基本生活、稳定社会秩序、维护社会治安，以及帮助失业人员尽快重新寻得就业机会等方面发挥了重要的积极作用。

关于失业保险对用工制度改革的促进作用，我们结合城镇登记失业率的情况来分析。如图12.4所示，2000—2003年，我国城镇登记失业率迅速上升到4.3%，这是因为随着国企改革的深化，就业结构发生改变，企业用工具有自主权，企业提高了生产效率，同时也就产生了大量失业人员。因此，城镇登记失业率迅速上升。此后一直到2016年，我国的城镇登记失业率稳定在4%~4.3%，这期间我国失业保险制度不断完善，对促进经济体制的改革，以

---

① 中华人民共和国人力资源和社会保障部网站．人力资源和社会保障部财政部关于调整失业保险金标准的指导意见．http://www.mohrss.gov.cn/SYrlzyhshbzb/shehuibaozhang/zcwj/201709/t20170925_278080.html

② 数据来源：《2018年人力资源和社会保障事业发展统计公报》。

③ 数据来源：《2018年人力资源和社会保障事业发展统计公报》。

④ 编辑部．深度贫困地区上调失业保险金标准［J］．中国人力资源社会保障，2018（8）：7.

⑤ 数据来源：《2018年人力资源和社会保障事业发展统计公报》。

⑥ 吕学静．中国失业保险的稳定就业促进就业政策——从临时措施到长效机制的思考［J］．社会保障研究，2010（6）：55-63.

及用工制度由统包统配的固定工制度逐步改革成多种形式并存的劳动合同制度提供了重要保障。

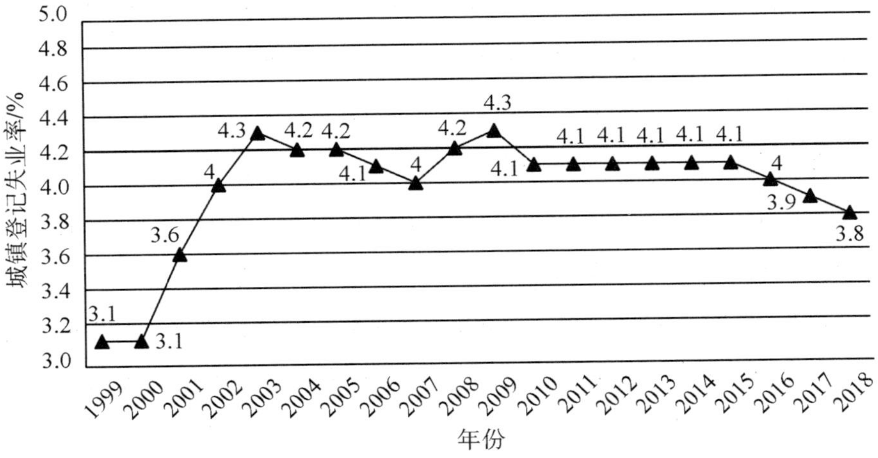

图 12.4　1999—2018 年城镇登记失业率

数据来源：国家统计局资料。

三、实现基金收支稳定运行，累积结余不断增长，为进一步深化改革提供了良好基础

基金收入方面，1999—2018 年来，我国失业保险基金收入规模整体上大幅增长。从 1999 年到 2018 年，基金收入从 125.2 亿元增加到 1 171 亿元，增幅约 9.4 倍，这与我国失业保险覆盖范围不断扩大相一致。但是，2015—2017 年基金收入出现负增长，且 2016 年的增长率一度跌至-10.2%，这与近几年失业保险参保人数增长速度放缓相呼应，同时也与国家多次降低费率相关。如图 12.5 所示：

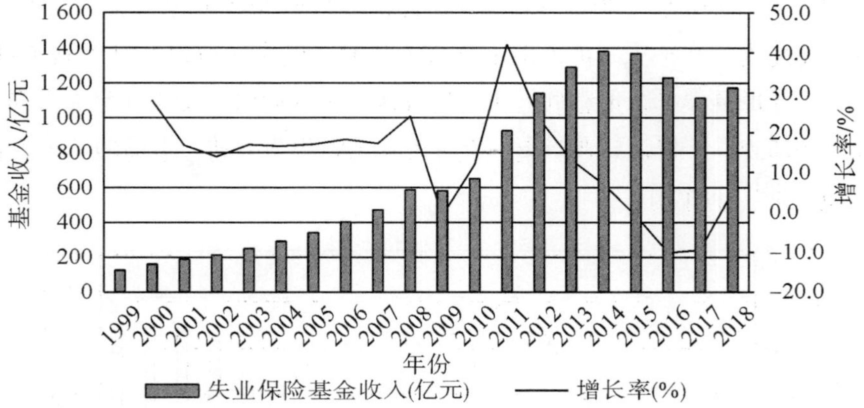

图 12.5　1999—2018 年失业保险基金收入变化情况

数据来源：国家统计局资料。

基金支出方面，1999—2018 年失业保险基金支出规模整体上逐年增加。从 1999 年的 91.6 亿元逐渐增加到 2018 年 915 亿元，这与我国失业保险制度不断发展和完善，覆盖范围和支出范围逐步扩大相呼应。如图 12.6 所示：

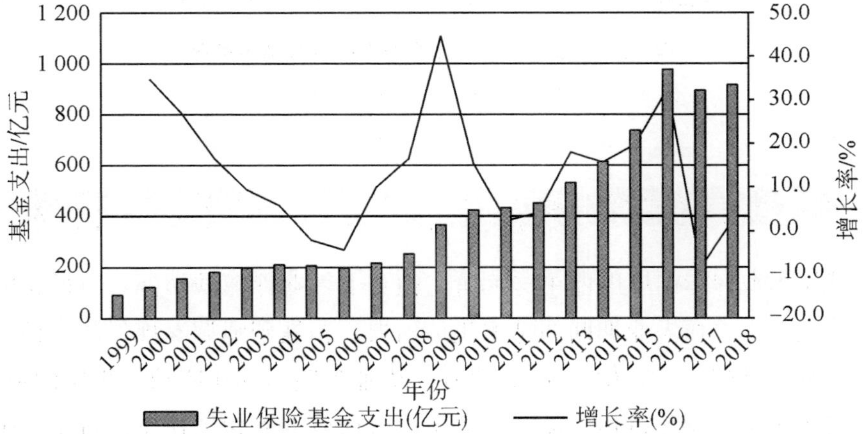

图 12.6　1999—2018 年失业保险基金支出变化情况

数据来源：国家统计局资料。

基金结余方面，我国失业保险制度经过不断探索与改革，参保人数和基金积累都不断增加。1999—2018 年失业保险基金结余总量连攀新高，从 1999

年的159.9亿元增加到2018年的5 817亿元，按照2018年基金支出915亿元来算，还能支付6.4年。正是由于具备大量基金结余，所以在开展费率降低调整时，才能够保证在不影响失业人员待遇水平的同时，实现减轻企业负担、增强企业活力，并促进就业稳定，发挥失业保险作为劳动力市场的“安全阀”和“减震器”的作用。

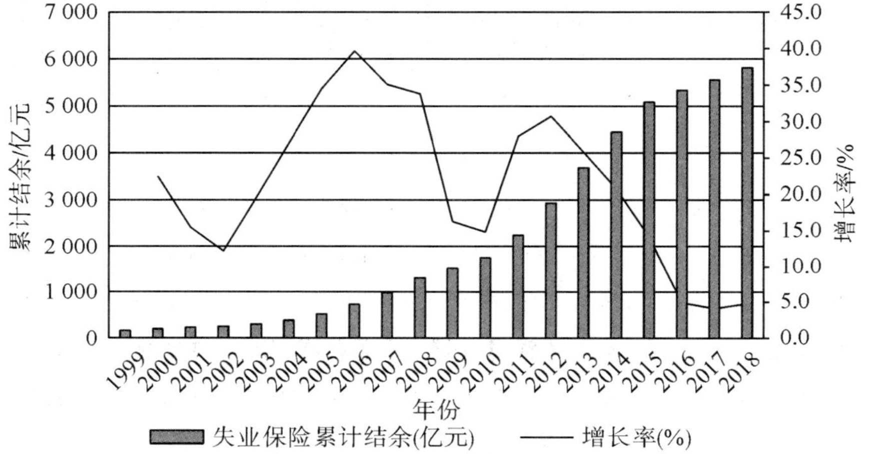

图12.7　1999—2018年失业保险基金结余情况

数据来源：国家统计局资料。

四、失业保险的功能由单纯的生活保障拓宽到促进就业功能

我国失业保险制度的改革与完善，拓宽了失业保险的功能，由最初的强调保障失业人员在失业期间的基本生活需要，拓展到强调发挥保障生活、预防失业和促进就业“三位一体”，推动了失业保险与就业联动新机制的形成，在帮助困难企业减轻负担、稳定就业岗位方面发挥着积极作用，对于完善我国的就业保障制度产生了积极影响。

关于失业保险拓展保障功能的实践，例如：自2006年实行扩大失业保险基金使用范围的试点以来，东部7省（市）通过扩大失业保险基金的使用范围，其失业保险制度在促进就业、预防失业方面的功能明显得到了提高，并且稳定了大量就业岗位，帮助大批劳动者，尤其是就业困难的劳动者有效抵御了失业风险[①]。以试点地区之一的苏州市为例，其失业保险基金用于促进就业支出的比例取得明显提高。2008 年，苏州市用于职业介绍和岗位培训的补贴占失业保险基金的比重为 63.9%，明显高于全国 15%的比例，试点成效显著[②]。再如，2019 年 4 月 30 日，国务院总理李克强主持召开国务院常务会议，确定使用 1 000 亿元失业保险基金结余实施职业技能提升行动的措施，提高劳动者素质和就业创业能力[③]。

第五节　新中国失业保险制度存在的主要问题

一、就业人群多样化，失业保险覆盖面依然较窄

随着我国用工制度的改革，就业形式变得多样化，因此就业人群既有企事业单位职工、农民工群体，又有灵活就业群体等，具有复杂性[④]。据公开数据显示，截至 2018 年年底，全国就业人数为 77 586 万人，其中城镇就业人数是 43 419 万人，而参加失业保险的人数仅为 19 643 万人，占城镇就业人数的 45.2%，占全国就业人数的比例仅为 25.3%（见表 12.3），参保人数低于同期城镇职工养老保险、医疗保险，甚至是工伤保险[⑤]，这也表明进一步提升我国

① 陈谦. 我国失业保险制度评估及改革研究［D］. 西安：西北大学，2014.

② 注：根据苏州市人力资源和社会保障局、财政局统计数据整理所得。

③ 中华人民共和国中央人民政府网. 李克强主持召开国务院常务会议确定使用 1 000 亿元失业保险基金结余实施职业技能提升行动的措施等. http://www.gov.cn/premier/2019-04/30/content_5387938.htm

④ 韩艳林. 我国失业保险基金结余问题及缓解对策［J］. 金融理论探索，2019（4）：63-72.

⑤ 数据来源：《2018 年度人力资源和社会保障事业发展统计公报》。

失业保险覆盖面很有必要。笔者通过分析农民工群体的参保情况发现，2008—2017年，虽然我国农民工群体参与失业保险的人数逐年增加，但是即使是比例最高的2017年也才仅有17.1%，参保比例还很低。而灵活就业人员由于没有稳定的雇佣关系，其参加失业保险成为一个难题①。因此，如何将更多群体纳入失业保险保障范围，为更多群体提供失业保障，对于失业保险制度的进一步发展具有重要意义。

表12.3　2014—2018年我国失业保险参保覆盖情况②

年份	失业保险参保人数（万人）	占城镇就业人数比重（%）	占全国就业人数比重（%）
2014	17 043	43.4	22.1
2015	17 362	43.0	22.4
2016	18 089	43.7	23.3
2017	18 784	44.3	24.2
2018	19 643	45.2	25.3

二、失业保险费率调整机制固定化，灵活性不高

我国失业保险制度自建立之初，就一直实行固定费率制。虽然后来进行过多次降低费率的调整，对于减轻企业和个人负担发挥了重要作用，但却未改变失业保险费率的固定性和统一性特征，要求“在省（自治区、直辖市）行政区域内，单位及个人的费率应当统一，个人费率不得超过单位费率。”各个行业均实行统一的失业保险费率，并不能真正体现出各行业中的现实差别，从而有失公平性。

这是因为：首先，不同行业面临着不同程度的失业风险；其次，同一行

① 郑秉文．为农民工建立失业保险特殊制度［J］．工会博览，2017（6）：26．

② 数据来源：根据2017年《统计年鉴》、2013—2018年《人力资源和社会保障事业发展统计公报》及公开资料整理所得。

业内的不同用人单位在雇工水平和企业效益上也各有不同。所以，采用无差别的失业保险费率体制看似公平，实际上则忽视了不同行业之间，以及不同用人单位之间的差异性。在统一费率体制之下，效益越好、工资水平越高的行业或用人单位要缴纳的失业保险费越多，但一般此类行业或用人单位的职工面临的失业风险相对要小得多，从而造成“多支出少失业”的矛盾局面。在此情况下，失业风险低的经营主体的缴费积极性则会随之大打折扣，不利于失业保险的开展。

三、失业保险金替代率偏低，基金结余较多

分析我国2013—2018年失业保险金相对于最低工资标准和在岗职工平均工资的替代率情况，如表12.4所示。其中，由于我国各地区之间的最低工资标准并不统一，因此本文根据人社部及32个省（自治区、直辖市）[①] 人社厅公布的当地最低工资标准，计算得出全国最低工资标准的平均数（1），并通过对全国各地最低工资标准排序，从而得到全国最低工资标准的中位数（2），以这两个指标来代表我国的最低工资标准。关于失业保险金替代率，国际上通常用月失业保险金占失业前本人月平均工资的比重来表示[②]，而由于缺乏我国领取失业保险金人员在失业前具体工资水平的数据，因此本书使用城镇非私营单位在岗职工月平均工资作为替代变量（3），并根据历年公布的《人力资源和社会保障事业发展统计公报》整理得到月人均失业保险金（4）。

分析发现，从失业保险金占最低工资标准的比重来看，随着国家政策对失业保险金给付标准的不断调整，近几年失业保险金占最低工资标准的比例逐年提高［（4）/（1）和（4）/（2）］，2018年，人均失业保险金已分别达到全国最低工资标准均值和中位数的72.6%和75.4%。但是从失业保险金占城镇非私营单位在岗职工平均工资的比重来看［（4）/（3）］，我国失业

① 注：此处包括31个省（自治区、直辖市）和深圳市的数据。

② 陈天红. 中国失业保险金给付标准：现状、问题及对策思考J. 广东行政学院学报，2016，28（3）：12-18，36.

保险金的替代率水平仍然较低，2017 年仅为 17.5%，远低于国际上平均失业保险金一般为在岗职工工资的 50%的标准①。这也导致了失业保险基金累积结余的持续增加，虽然基金结余能保证失业保险制度的稳定发展，但同时也反映出基金利用不够充分。因此，未来研究如何充分利用大量的基金结余，对我国失业保险制度的进一步发展意义重大。

表 12.4　2013—2018 年我国失业保险金的保障水平

年份	全国最低工资标准的均值（元）(1)	全国最低工资标准的中位数（元）(2)	在岗职工月平均工资②（元）(3)	月人均失业保险金（元）(4)	失业保险金占最低工资均值的比重（%）(4)/(1)	失业保险金占最低工资中位数之比（%）(4)/(2)	失业保险金占职工工资之比（%）(4)/(3)
2013	1 260.5	1 215	4 365.7	767.3	60.9%	63.2%	17.6%
2014	1 403.2	1 370	4 780.1	852	60.7%	62.2%	17.8%
2015	1 543.6	1 525	5 270.1	960	62.2%	63.0%	18.2%
2016	1 611.1	1 540	5 749.4	1 051	65.2%	68.2%	18.3%
2017	1 706.1	1 680	6 343.4	1 111	65.1%	66.1%	17.5%
2018	1 744.8	1 680	6 871.8	1 266	72.6%	75.4%	18.4%

数据来源：根据历年《中国统计年鉴》《中国经济年鉴》《人力资源和社会保障事业发展统计公报》、人社部及各地人社厅相关公开数据整理所得。

四、失业保险的预防失业和促进就业功能较薄弱

“促进人的自我依靠，提高失业者自我保障能力和责任，是当今全球失业保障的发展趋势”③。失业保险制度能否真正帮助失业者尽快返回劳动力市场、

① 吕学静. 中国失业保险面临大考［J］. 中国社会保障，2009（1）：30-31.

② 我国 2017 年以前一直将城镇非私营单位在岗职工年平均工资作为社平工资，2018 年调整为按全口径统计社平工资。城镇非私营单位在岗职工年平均工资、年末领取失业保险金人数、失业保险基金支出三个指标的数据是根据历年《中国统计年鉴》和《中国经济年鉴》整理所得；年人均失业保险金的数据来自 2013—2018 年的《人力资源和社会保障事业发展统计公报》。

③ 郑功成，等. 中国社会保障制度变迁与评估［M］. 北京：中国人民大学出版社，2002：186.

重新实现就业，是衡量该制度是否有效的终极标准。但是目前我国失业保险在预防失业和促进就业方面的功能还比较薄弱，主要原因在于：

首先，我国失业保险基金主要用于发放失业保险金，在促进再就业方面的支出相对较少。其次，我国失业保险金的给付时间过长，在一定程度上降低了失业人员再就业的积极性。国际劳工组织综合各国失业情况和工人生活情况，确认失业保险金的给付期为每年 78~156 天①。而我国失业保险金的给付期时间视失业人员失业前累计缴纳失业保险费的期限而有所不同，但是最低 12 个月、最高 24 个月的给付时间明显过长，在一定程度上会导致失业人员产生懒惰、懈怠、依赖的心理，减少再工作的积极性，从而阻碍其再就业。最后，目前我国失业保险提供的职业培训主要是针对技能要求低、培训时间短、偏公益性质的岗位，在满足失业人员对高职业技能的需求，以及困难企业对专业型人才的需求上有所不足，因此，失业保险基金在支持失业人员就业和再就业方面的培训质量还有待提升。

第六节　我国失业保险制度走向高质量发展的前景展望

一、失业保险的覆盖面和受益面将进一步扩大

失业问题不仅是经济问题，更是社会问题。因此，进一步扩大失业保险的覆盖面和受益面，不仅是失业保险制度高质量发展的必然趋势，更能在体现社会公平的同时，有利于实现社会和谐。

1. 有效提高农民工的参保率，完善灵活就业人员的失业保障

由于农民工群体工作性质的特殊性，其面临的失业风险相对较高，失业

① 徐宏鸣. 国际劳工组织制定失业保险的公约和建议［J］. 就业与保障，2008（6）：38-39.

保险金对他们的保障作用也相对更为重要。但是目前我国农民工失业保险的参保率很低，2017 年只有 17.1%。因此，作为劳动力市场的“安全阀”和“减震器”，未来失业保险的发展将通过提高农民工的参保意识，促使其参保率的有效提高，从而使其生活能得到基本保障。同时，我国具有规模大且类型复杂的灵活就业人员，他们的就业和收入相对更不稳定，因此，完善针对灵活就业人员的失业保障，对于保障其基本生活，提高其应对就业市场风险的能力，进而维护社会稳定具有重要意义。

2. 将应届大学毕业生纳入参保范围，缓解严峻的就业形势

根据教育部发布的统计数据，2018 年我国高校应届毕业生达 820 万人，比 2017 年多出 25 万人，创历史新高。因此，未来失业保险制度的发展，应是把应届大学毕业生这一庞大群体纳入保障范围，并且考虑到其特殊性，在确定其失业保险内容时，把促进就业放到重要位置。例如给大学毕业生提供相关的实习、就业培训和指导等，促使其在校期间就能够较好地了解就业市场，进而查漏补缺，预防失业，促进就业。①

二、动态的费率调整机制将不断健全

考虑到经济周期、金融危机、物价上涨水平、通货膨胀率、行业失业风险等因素，未来失业保险制度将根据实践情况，及时、灵活地调整失业保险金的给付水平、给付周期等，从而建立动态的失业保险费率调整机制。例如深圳市在全面结合其区域经济发展和失业状况等的基础上，把用人单位的缴费率与其解雇职工的比例、失业保险基金收支率等挂钩，确定失业保险费率可以在 1.2%~2%内浮动。同时，还可以根据行业、单位的失业风险大小制定差别费率，使失业保险制度更好地发挥保障功能②。例如，在条件相对成熟的省市探索分行业的差别费率机制，对于失业风险较高的劳动密集型产业，劳

① 封芬. 现行失业保险制度促进就业功能的实证研究［D］. 南昌：江西财经大学，2015.

② 孟颖颖，李慧丽. 改革开放以来我国失业保险制度的政策回顾与述评［J］. 社会保障研究，2015（5）：73-81.

动者抗风险能力较弱，可以适当提高其失业保险费率，而对于失业风险相对较低的技术密集型产业，则可以适当降低费率。

三、失业保险金给付标准和给付期限更加科学合理

关于失业保险金的给付问题，从公平角度出发，其给付标准应与缴费工资挂钩，按照缴费工资的一定比例进行发放，缴费工资越高，对应的失业保险金将越多。这样既能消除现行失业保险“劫富济贫”的弊端，也有利于鼓励高收入劳动者按照实际工资而非最低缴费工资缴纳失业保险费，从而吸引更多的劳动者参加失业保险，形成良性循环①。同时，科学合理的失业保险金给付标准，也能提高失业保险基金结业的使用效率。

失业保险给付期限方面，目前大部分国家支付失业保险待遇的期限已经缩短为 90 天到 1 年，并且失业保险待遇的计算标准按照失业期的长短确定，失业期越短，支付标准就越高。例如法国规定，劳动者在失业后最开始的一段期间内，能领取到的失业救济金是日基准工资的 57.4%，在这之后，该支付标准将被调低，且每 4 个月调低一次。国际上通过缩短失业保险领取期限和调整待遇标准来迫使失业者尽快再就业的措施已初见成效。因此，我国失业保险制度为了实现高质量发展，失业保险金的给付期限将适当缩短，变得更加科学合理。

四、积极预防失业和促进就业的生产性功能将得到大力发展

我国失业保险在保障失业人员基本生活方面发挥了积极的稳定器作用，未来失业保险在预防失业和促进就业方面的作用将得到进一步强化发展，以充分体现“保生活、防失业、促就业”三位一体功能。

---

① 李满奎. 从《失业保险条例》修订看我国失业保险制度的完善 [J]. 中国劳动，2018，416（8）：41-48.

1. 完善失业保险制度预防失业功能

建立失业预防基金，并明确基金的使用方向和适用群体，提高累积结余资金的利用率，扩大结余资金的应用领域。失业预防基金主要通过两个层面发挥作用，一方面通过援助相关企业使得企业能够提供稳定的就业岗位，另一方面通过提升职工的技能增强职工的就业能力。此外，在现代科技日益发达的今天，通过建立包含失业率、失业人数、失业人群行业分布、失业人群年龄结构等因素的失业信息数据库，并结合经济发展形势，利用互联网信息技术综合确定失业变化规律，科学测定失业率的波动范围，并据此制定相应的失业预警线，当失业率变动触发失业预警时，政府部门能够尽早采取相关措施，及时控制失业形势。

2. 完善失业保险制度促进就业功能

加大失业保险基金对再就业指导的支出，大力开发、推进再就业服务项目，并将失业保险金的领取时间与再就业时间挂钩。例如设计更加完善、科学的职业培训体系，根据目前企业的实际需求，有针对性地提高再就业技能培训的质量，创新再就业培训的内容。此外，利用大数据技术，对失业者的信息进行统计分析，把失业者的年龄、家庭状况、薪资水平、健康状况、失业时间、所属地区、所属行业等多方面信息纳入计算机系统，便于充分了解失业者整体的状况。同时利用互联网技术强化就业服务信息的传递和扩散，降低失业者信息寻求成本，及时准确地为失业者提供完整而有效的岗位信息，从而大幅提高再就业成功率①。

---

① 李林，冯亚洲，孙晓兰．保定市发挥失业保险“三位一体”功能的对策［J］．保定学院学报，2018，31（3）：128-135.

第十三章 新中国工伤保险制度的变迁与展望

工伤保险制度的建立和发展，对保护经济建设中职工因公受伤害期间的生活、工作和健康权利，维护社会安定、促进我国工业化、城镇化的快速发展，具有重要意义。梳理我国工伤保险制度的变迁历程，可以看到，我国政府高度重视职工工伤保险制度的建立和完善。早在新中国成立之初，就通过《中华人民共和国劳动保险条例》确立了我国适应计划经济体制的企业工伤保险制度。改革开放后，对其进行了改革和调整，以适应市场经济多种所有制发展成份和市场化改革的需要。2003 年，适应市场经济发展的《工伤保险条例》正式颁布，但不同地区、不同行业企业的工伤保险待遇标准差别较大、公平性较差。2010 年 12 月，国务院通过《关于修改〈工伤保险条例〉的决定》，真正统一的工伤保险制度在 2011 年全面建立。

第一节 计划经济时代（1949—1978 年）的企业工伤保险制度

新中国成立后，在恢复和发展国民经济的同时，政务院于 1951 年 2 月 26 日颁布了全国统一的在企业实行的《中华人民共和国劳动保险条例》（以下简称《劳动保险条例》）。这一条例也是我国最早的工伤保险制度的雏形。

一、计划经济时期的工伤保险制度立法

《中华人民共和国劳动保险条例》的主要政策目标是保障劳动者权益，且是我国最早的工伤保险制度的雏形，对工伤保险的实施范围、资金来源、待遇项目以及给付方式等内容作了详细规定，其所反映的内容就是最大限度调动个人积极性，保护工人的国家主人公地位和立足反映社会主义的分配体系，对应到社会保险制度之中就是介入了企业的单位负责制，“企业职工”的工伤保险制度实行“国家负责，企业包办”的运作模式。“企业包办”就是指工伤保险的缴费由企业按照工资总额的 3%缴纳，并建立劳动保险基金，用于支付因工残疾抚恤费和补助费。

1953 年，随着国家财政经济状况的逐步好转，《劳动保险条例若干修正的决定》和《劳动保险条例实施细则修正草案》，对工伤保险的适用范围进行了扩大，并细化了相关规定，甚至还涉及一些具有康复性质的工作①。

1957 年，随着我国工业生产的发展，职业病的影响逐渐加重，因此《职业病范围和职业病患者处理办法的规定》第一次把工伤保险的保障范围拓展至职业病，逐步构建起适应计划经济体制的工伤保险制度框架。但是，此时的工伤保险受低工资、高福利政策的影响，只是以职工福利的形式存在，而不是作为一种风险分散机制存在，并且其保障内容还比较有限，主要是补偿

① 孙树菡，朱丽敏．新中国工伤保险制度六十年的发展变迁［J］．河北学刊，2009，29（6）：1-6.

加救治，涉及工伤后康复的保障较少，且尚未提及工伤预防。

1958年起，“大跃进”和“文化大革命”的相继开始，使得原本平稳运行的工伤保险制度被打乱。随着中华全国总工会被迫停止活动，企业的劳动保险业务变得无人管理，从而导致工伤保险制度也无法正常运转。

1969年2月，财政部发布《关于国营企业财务工作中几项制度的改革意见（草案）》，在保险经费收支方面规定如下：“国营企业一律停止提取劳动保险金，企业的退休职工、长期病号工资和其他劳保开支在营业外列支”，这一规定意味着在社会保险行为中，取消了国家和政府的责任，但这也造成了工伤保险制度的扭曲，自此工伤保险退化成了“企业保险”①。用人单位需要全面负责职工的工伤费用，具有分散功能的工伤保险制度夭折，社会保险的风险统筹调剂职能也彻底丧失，造成企业负担不均，职工待遇悬殊，保障力度弱化。

总之，计划经济时期我国的工伤保险制度在实施范围、工伤医疗和康复待遇、因工伤残待遇、因工死亡待遇、职业病防治政策、机关工作人员因公伤残抚恤政策等方面都做了详细的规定，形成了以企业工伤保险为主体，职业病防治和民政伤残优抚的“三柱式”保障体系，工伤保险制度在经济建设中起到了积极的保障作用。

二、计划经济时期工伤保险制度存在的问题

计划经济时期我国的工伤保险制度存在着包括实施范围、模式、标准和工作程序等方面的众多问题，主要体现在以下几个方面：

（一）覆盖范围过窄

在工伤保险制度的覆盖范围方面，《劳动保险条例》和后来的一些补充规定，虽然涉及范围较广，但实际上的实施范围只局限于国有企业和部分集体企业，没有包含国营企业中的临时工以及其他用工形式的人员，这不符合社

① 孙树菡，朱丽敏. 新中国工伤保险制度六十年的发展变迁［J］. 河北学刊，2009，29（6）：1-6.

会保险的公平原则，不能维护所有劳动者的基本权益，大大影响了工伤保险目标的实现。

（二）缺乏基金制度，“企业保险”方式难以分散劳动风险

1969 年，随着劳动保险基金的取消，在企业之间调剂工伤保险费用的功能也随之消失。这不仅限制了对职工的工伤保障权益，而且弱化了对企业安全生产等方面的促进作用。具体而言，由于工伤保险制度的社会化程度低，工伤保险缴费、工伤待遇资格认定和待遇给付等都由企业负责，企业的负担较重，对其发展不利。而企业保险模式的工伤保险制度互济性差，管理服务社会化程度低，抗风险能力弱，不同企业、行业之间工伤待遇不均，影响企业生产和劳动力的合理流动。综合以上分析，亟须建立工伤保险基金和社会统筹。

（三）待遇标准偏低，待遇层次划分不合理

企业保险模式的工伤补偿制度对工伤职工提供的补偿能力较弱，不管工伤职工是轻伤、重伤还是死亡，该保险模式下提供的工伤待遇都只有医疗待遇和不高于工伤职工原来的标准工资的生活待遇，死亡待遇和残疾待遇偏低，没有给因工死亡和因工致残的职工或家属发放一次性抚恤待遇，工伤职工和遗属处境艰难。进而造成企业中“闹工伤”以及工伤职工上访现象时有发生，企业正常的生产经营受到干扰，甚至影响到社会稳定。同时，待遇层次划分不合理，远不能满足对不同情况致残者的补偿需要。例如：截去上肢或者下肢者，退休待遇仍同正常人退休一样，没有专门的补偿或补偿不合理。护理费用偏低，使伤残人员难以雇请到护理人员。

（四）工伤认定及评残的标准和程序不健全

由于无法可依，各地缺乏规范、统一、科学的伤残鉴定标准和程序。工伤往往由企业认定，各企业的评残标准不统一，劳动能力鉴定机构不健全，处理工伤问题缺乏规范和法制程序，影响了工伤补偿制度的实用性。当“闹工伤”事件发生时，常常会影响到企业的正常生产，甚至会影响社会稳定。此外，各地评残机构缺乏权威性，劳动鉴定工作不严格，评残标准不明确，相应的程序也不够健全。

（五）缺乏工伤预防机制，难以发挥工伤保险促进事故预防的积极作用

此时的工伤保险制度内容主要局限于发生工伤事故后的赔偿，而对事故前的预防则不够重视。事故预防手段欠缺，没有兼顾工伤保险制度对安全生产和职业康复的促进作用，不符合经济效益和社会效益相统一的原则。同时，工伤补偿制度还缺乏法律机制的保障，从而无法体现工伤补偿制度的强制性特征。工伤保险由于社会化程度低，再加上监督机构，即劳动行政部门的劳动保险机构不健全，监督力度不够，致使一些企业漏报、瞒报伤亡人数，影响了工伤补偿制度的贯彻实施。

第二节　改革开放初期（1979—2002 年）企业工伤保险制度调整

改革开放以来，各项制度和体制都发生了相应的变革。此时，经济体制由计划经济向市场经济转轨，经济发展迅速，但同时也导致了不断增加的安全生产事故。而当时实行的企业工伤保险由于从缴费到待遇给付都由企业负责，不仅无法分散企业的风险，而且还使企业的负担变得更重，不符合企业追求经济效益的生产经营目标，“企业保险”的弊端性凸显，建立社会保险的呼声此起彼伏。

一、改革开放初期企业工伤保险制度的改革调整

（一）改革开放初期企业工伤保险制度的改革过程

1980 年 3 月 14 日，国家劳动总局、中华全国总工会出台了《关于整顿和加强劳动保险工作的通知》，强调建立医务劳动鉴定委员会，确定病、伤职工的休假、复工、定残工作，并加强对退休、退职、残疾职工和因工死亡职工遗属的管理教育工作等。

1987 年 11 月 5 日，卫生部、劳动人事部、财政部、中华全国总工会颁发

《职业病范围和职业病患者处理办法的规定》（〔87〕卫防字第82号），扩大职业病的范围为九大类，共99种，基本上包括了国际劳工大会第121号工伤事故和职业病津贴公约中规定的29种职业病项目。

1988—1994年，一系列政策文件指出改革工伤保险制度的必要性①。直到1994年7月5日，《中华人民共和国劳动法》颁布，将工伤保险作为五项社会保险之一，这是我国首次以法律的形式确定工伤保险制度，也是我国最早的工伤保险制度。

随后，在1996年8月，劳动部颁布了我国历史上第一部工伤保险专项立法——《企业职工工伤保险试行办法》（以下简称《试行办法》）。第一次明确强调，要把工伤保险的预防、康复和补偿三方面功能结合起来。《试行办法》推进了工伤保险制度的改革进程，规范了待遇标准等问题，使工伤保险由“企业保险”变为社会保险，提出实行社会统筹，把工伤保险覆盖面扩大到各类企业及全体职工，在全社会范围内分散工伤事故风险，使企业处于平等竞争的地位。《试行办法》彰显了在从计划经济时代向市场经济时代转变的环境下，工伤保险制度从“企业保险”式的工伤待遇向社会化工伤保险待遇的转变。截至2002年年底，全国实施工伤保险社会统筹的有28个省（自治区、直辖市）以及新疆生产建设兵团，总参保人数达4 406万人，对于维护参保职工的合法权益，以及促进企业的改革和发展发挥了重要作用②。

在此之后，国家还进一步制定实施了《中华人民共和国职业病防治法》《中华人民共和国安全生产法》等法律法规。在完善工伤保险制度、建立工伤保险基金、扩大工伤保险覆盖范围、实行差别费率和浮动费率、制定科学合理的伤残等级评定制度等方面都做出了积极而富有成效的探索。

（二）改革开放初期工伤保险制度的主要变化③

1. 扩大了工伤保险覆盖范围

此阶段，工伤保险制度在“全民执行、集体参照执行”的基础上，逐步

---

① 本阶段的具体政策文件可参考后文重要事件索引部分。
② 姚宏. 建设有中国特色的工伤保险制度［J］. 劳动保护，2003（7）：11-12.
③ 张旭升，刘桂梅，米双红. 社会保险［M］. 上海：复旦大学出版社，2007：140-141.

扩大到覆盖所有企业和劳动者，包括被批准入境就业的外籍职工，都实行统一的工伤保险制度。

2. 完善了伤残鉴定和扩大工伤认定范围

伤残鉴定上，1996 年国家技术监督局颁布《职工工伤与职业病致残程度鉴定》。其中，关于伤残鉴定方面，详细地划分了 10 个伤残等级，使伤残鉴定工作能够客观公正地展开。工伤认定范围上，除了维持已有规定中的事故伤亡、职业病和抢险救灾伤亡等以外，还适当扩大，将职工上下班交通事故列为工伤，使之与机关和事业单位的现行规定一致。

3. 调增和完善了工伤保险待遇项目和标准

在提高工伤职工的定期待遇以外，对被鉴定为一至四级的工伤职工增加了一次性补偿。而且把工伤待遇的计发基数由标准工资改为本人工资收入。为了排除一些偶然性因素，规定职工本人工资为工伤或者工亡前一年内的月平均工资。关于工伤待遇的封顶标准和保底标准的确定，以社会平均工资作为基础。此外，为了保障在物价波动情况下，不至于造成工伤职工生活水平的下降，相应地建立了工伤保险待遇调整机制。

4. 建立了工伤保险基金，并合理确定工伤保险费率

工伤保险基金的筹集原则是“以支定收，收支基本平衡”，而且实行的是社会统筹、调剂与支付。工伤保险费由企业缴纳，职工个人不用缴费，且不同行业间实行差别费率，原则上高风险行业按照高费率缴费，低风险行业按照低费率缴费。同时，为了促进安全生产，加强安全管理，避免缴纳了工伤保险费的企业忽视安全管理，还规定了在行业差别费率的基础上，对企业单位实行浮动费率。

5. 进一步明确了工会组织在职业病防治方面的权利

《职业病范围和职业病患者处理办法的规定》提道：各级工会组织有权监督检查患职业病的职工有关待遇的处理情况，对于不按国家规定处理，损害职工合法权益的单位，应出面进行交涉，直至代表职工本人向法院起诉。各省（自治区、直辖市）的卫生行政部门应会同同级劳动和社会保障部门、财政部门和工会组织根据本规定的基本原则，结合本地区的实际情况，制定实

施细则，并报卫生部、劳动和社会保障部、财政部、全国总工会备案①。

二、改革开放初期工伤保险制度改革的成效

改革开放初期工伤保险制度改革的成效主要有以下几个方面：

（一）参保人数明显增加，保障水平进一步提高

随着工伤保险制度改革的推进，扩大了工伤保险制度的覆盖范围，获得工伤保险保护的职工总量也不断扩大。保障水平方面，工伤保险改革不仅提高了待遇支付标准，而且增加了一次性伤残补助金等项目，进一步提高了保障水平。例如，截至2002年年底，全国参加工伤保险的城镇职工有4 406万人，比1995年增加了1 791万人。其中，有24.9万人享受到工伤保险待遇。

（二）建立统筹基金，提高了抵御工伤风险的能力

在“企业保险”制度下，工伤职工的待遇都由企业负担，但随着经济体制转轨，企业面临市场经营风险，进而影响到企业的公平竞争。《试行办法》实施后，对工伤职工实行社会化管理和安置，把工伤保险的责任由企业转移到政府和社会机构，减轻了企业负担。通过建立工伤保险基金社会统筹，高风险企业也能够平等参与竞争，提高了抵御工伤风险的能力。由社会保险经办机构按照国家规定标准支付工伤保险待遇，减少了企业和职工间的工伤争议，保障了企业正常生产工作的秩序和职工的工伤权益。

（三）建立了工伤保险预防机制，提出建立预防、补偿和康复相结合的工伤保险制度体系的目标②

《试行办法》提出了促进工伤预防和加强工伤康复的要求，明确了开展工伤预防和康复所需费用的支付途径，切实转变了职工福利性质的工伤企业保险。

---

① 张旭升，刘桂梅，米双红．社会保险［M］．上海：复旦大学出版社，2007：140-141.

② 张虹，刘明亮，白净．论我国工伤保险制度的完善［J］．财经理论与实践，2005（5）：69-71.

第三节　适应市场经济的社会工伤保险制度建立（2003 年至今）

《企业职工工伤保险试行办法》的颁布实施虽然取得了一定成效，但也存在立法层次较低、约束力不强、覆盖范围有限等问题。随着我国市场经济改革的深化，工业化、城镇化快速发展，大量农民向城镇转移就业，就业制度发生较大变化，原有的工伤保险制度只限于企业单位，适用范围过窄，不能适应社会主义市场经济的要求，社会化管理的工伤保险制度亟须进一步改革和完善。

一、工伤保险法律体系建设：2003 年《工伤保险条例》

（一）工伤保险法律体系建设过程

通过总结我国劳动保护制度实践几十年的经验，结合我国经济结构的变化以及就业形式多样化的实际情况，并参照有关的国际法规和国际通行准则，2003 年 4 月 27 日，国务院颁布《工伤保险条例》（以下简称《条例》）。

《条例》的颁布，标志着适应我国社会主义市场经济的新型工伤保险制度开始形成，同时也说明国家对职工工伤保险权益的高度重视，对于保障职工权益、促进安全生产、维护社会稳定具有重要作用。同时，对于促进我国职业伤害保障方面的立法进程产生了积极影响，我国工伤保险制度开始进入法制化轨道。随后，国家依法为工伤保险制定了配套的规章或政策，并将其与各地方性政策法规一起，共同构成了我国工伤保险制度体系。

（二）《工伤保险条例》改革的几点重要内容[①]

1. 扩展了工伤保险制度的适用范围

《条例》进一步明确和规范了工伤保险制度的适用范围，将工伤保险制度

① 曹岁明. 五项重大突破 十条主要特点 七个注意问题——详细解读新《工伤保险条例》[J]. 福建劳动和社会保障，2003（8）：11-14.

的覆盖范围扩大到境内各类企业和有雇工的个体工商户，把不同所有制形式、不同地域和不同组织结构的用人单位统一纳入工伤保险制度范围，体现出对劳动者权益保护的倾斜。

2. 准确界定并放宽了工伤认定范围

《条例》规定劳动者在上下班途中受到机动车事故伤害的情形均可认定为工伤，取消了旧条款中下班交通事故时间和路线概念的前提条件。同时，还明确将“在工作时间和工作场所内，因工作原因受到事故伤害”的情况延伸到“从事与工作有关的预备性或收尾性工作受到事故伤害”。对突发疾病死亡也不再作条件限制。

3. 明确规定了工伤认定的申请时限

《条例》中更加明确和具体地规定了工伤认定的申请和受理程序，而且明确提出个人在用人单位不申请的前提下，可以在一年内自行申请工伤认定。劳动保障行政部门受理工伤认定申请，并且做出决定的时效为六十天。此外，《条例》明确了劳动能力复查鉴定的时间；伤残复查鉴定的时间。还规定劳动能力鉴定委员会组成人员或者参加鉴定的专家与当事人有利害关系的，应当回避。

4. 工伤保险待遇方面的调整

关于工伤保险的待遇支付和标准方面，《条例》增加了“三目录”和定期待遇的调整机制，并且规定了当职工劳动关系发现变化时，工伤保险关系的处理办法。同时，明确规定了职工在遭受事故伤害或者患职业病后，在及时获得医疗救治的基础上，获得各项补贴待遇、辅助器具配备以及开展职业康复等。此外，《条例》规定了对于应参加工伤保险而未参加的单位，其职工发生工伤时的认定和待遇支付办法。

5. 对工伤保险基金支付项目的规定

关于工伤保险基金的支出项目，《条例》对其进一步作了规范，删除了管理费、宣传费和科研项目费用。《条例》的颁布实施，为减轻用人单位负担提供了重要保证。通过建立工伤保险基金，有效分散了用人单位的工伤风险。同时，通过规定对用人单位实行行业差别费率和单位浮动费率机制，建立工伤保险费用与工伤发生率挂钩的预防机制，对促进企业改进安全生产工作起到了积极作用。

二、工伤保险法律体系的完善：2010年新《工伤保险条例》

自2004年实施《工伤保险条例》以来，我国工伤保险制度不断完善。特别是，随着工业化城镇化的快速发展，工伤保险制度加强了对农民工等特殊行业和特殊群体的关注，强制企业和行业的参保覆盖范围不断扩大。劳动与社会保障部2004年连续发布了《关于农民工参加工伤保险有关问题的通知》《关于铁路企业参加工伤保险有关问题的通知》和《关于进一步推进矿山等高风险企业参加工伤保险工作的通知》，2005年又发布《关于做好煤矿企业参加工伤保险有关问题的通知》，2006年发布《关于做好建筑施工企业农民工参加工伤保险有关问题的通知》等，使更多特殊群体享受到工伤保险的权益保障。

随着工伤保险制度的加速发展和细节的不断完善，工伤保险事业取得了巨大成就，从工伤保险的参保人数，到工伤保险基金的规模，再到享受工伤保险待遇的人数，均出现了大幅度的上升。但是，在取得成就的同时，工伤保险制度仍然存在诸如覆盖范围不够宽、保障水平不够高、法律定位不明确等不足。

基于此，2010年10月28日，《中华人民共和国社会保险法》正式颁布。这是我国第一部社会保险制度综合性法律，是一部着力于保障和改善民生的法律，是我国人力资源和社会保障法制建设中的又一个里程碑。《社会保险法》的颁布使社会保险体系建设全面步入法制化轨道，并有专章规定工伤保险，从而使工伤保险制度走上了一条更加专业化、法制化的道路。

2010年12月20日，在总结《工伤保险条例》实践经验的基础上，国务院发布《关于修改〈工伤保险条例〉的决定》。修订后的《工伤保险条例》于2011年1月1日起施行，至此，我国工伤保险制度不断完善，其法律体系基本形成。“新条例作为《社会保险法》的重要配套法规，对于进一步保障工伤职工的合法权益，分散用人单位工伤风险，促进工伤保险制度的完善具有重要意义”①。

新条例主要修订了以下重要内容②③：

（一）扩大工伤保险的适用范围

新条例在原有的工伤保险适用于各类企业和有雇工的个体工商户的基础上，进一步扩大适用范围，覆盖了包括除参照《中华人民共和国公务员法》管理的事业单位以外的所有事业单位，以及民办非企业单位、基金会和会计师事务所等组织。

（二）扩大了工伤保险的认定范围

在新条例中，关于工伤保险的认定范围，进一步延伸至非本人主要责任的所有交通事故，从而使得工伤保险制度可以保障到更多的职工，体现了社会公平原则。

（三）简化了工伤认定程序

在新条例中，关于工伤认定的处理程序得到了简化处理。缩短了无争议的工伤认定申请的认定时限，并“取消了工伤认定争议处理中行政复议前置的规定，缩短了工伤认定时间”。

（四）大幅提高并统一工伤保险的伤亡待遇标准④

在新条例中，统一把职工因工死亡的一次性补助金标准，调整为按照上年度全国城镇居民人均可支配收入的20倍（相当于240个月）发放，工伤死亡待遇的确定标准最终得到了不分地区和身份的全国统一，并大幅度提高。此外，对于伤残职工的一次性伤残补助金，规定视伤残等级增加补助金。

（五）增加了基金支出项目

在新条例中，用于“工伤预防的宣传、培训等费用”也被纳入工伤保险

---

① 引自：关于印发《工伤保险条例》（修订）宣传提纲的通知［EB/OL］. 中华人民共和国人力资源和社会保障部，（2010-12-23）.［2019-07-16］. http://www.mohrss.gov.cn/gkml/zcfg/gfxwj/201407/t20140717_136105.html.

② 同①.

③ 本刊编辑部. 新《工伤保险条例》给力职工权益［J］. 中国人力资源社会保障，2011（2）：9-10.

④ 邱天平. 初心不渝为民生——吉林省工伤保险事业改革发展综述［J］. 劳动保障世界，2019（1）：8-9.

基金的支付范围。此外，住院伙食补助费、统筹地区以外就医的交通食宿费以及终止或解除劳动关系时的一次性医疗补助金"，也都统一纳入工伤保险基金支付范围。统一由基金支付以后，使得企业负担大大减轻，因此在提高职工工伤权益的同时，还有利于提高企业的参保积极性。

（六）进一步加大了强制实施的力度

在新条例中，"增加了行政复议和行政诉讼期间不停止支付工伤职工治疗工伤的医疗费用的规定，使工伤职工能够得到及时救治"。同时，对于"不参加工伤保险和拒不协助工伤认定调查核实的用人单位"，增加了行政处罚规定，从而使得工伤保险的强制性得到加强。

三、我国工伤保险事业发展取得的重要成效和问题评析

（一）工伤保险事业发展取得的重要成效

工伤保险作为社会保险主要险种之一，在保障劳动者权益、降低企业风险、促进社会经济发展中发挥着重要作用。结合工伤保险制度变迁的历程，我们从工伤保险制度的公平和效率两方面来分析其发展成效，主要以工伤保险的覆盖范围、基金收支情况、待遇享受情况、制度公平性等作为评估指标。

1. 覆盖范围随着经济建设需要不断扩大，参保人数大幅增加

《工伤保险条例》颁布实施后，参保人数始终保持高速增长，我国工伤保险制度的覆盖范围扩展至"中华人民共和国境内的企业、事业单位、社会团体、民办非企业单位、基金会、律师事务所、会计师事务所等组织和有雇工的个体工商户"①。部分省份还在公务员和参照公务员管理的事业单位实行了工伤保险保障政策。2010 年 12 月，为了配合《社会保险法》和新修订的《工伤保险条例》的贯彻实施，针对诸如建筑施工企业、小型服务企业、小型矿山企业等这些直接按照工资总额计算工伤保险费比较困难的企业，人社部制定了《部分行业企业工伤保险费缴纳办法》，进一步促进了工伤保险的

① 易芳. 当前我国工伤保险制度的困境与突破［D］. 南昌：江西财经大学，2018.

发展。

根据图 13. 1 和表 13. 1 分析我国工伤保险制度 1998—2017 年的发展情况。分析发现：1998—2017 年，随着我国工伤保险制度的不断完善，参保人数持续增加。其中，2004 年，在《关于农民工参加工伤保险有关问题的通知》的政策支持下，工伤保险制度将农民工群体纳入保障范围，从而，数量庞大的农民工群体使得 2004 年的工伤保险参保人数的增长率高达 49. 6%，工伤保险成为社会保险项目里发展最快的一项。2006 年年底，工伤保险参保人数历史性地突破了 1 亿人，达到 10 268 万人。2014 年，工伤保险参保人数为 20 639 万人，首次突破两亿人。截至 2017 年年底，全国参加工伤保险人数进一步上升到 22 724 万人，其中，参加工伤保险的农民工人数为 7 807 万人，比上年年末增加 297 万人①。工伤保险覆盖范围不断扩大，为广大劳动者者提供了最强有力的保障。

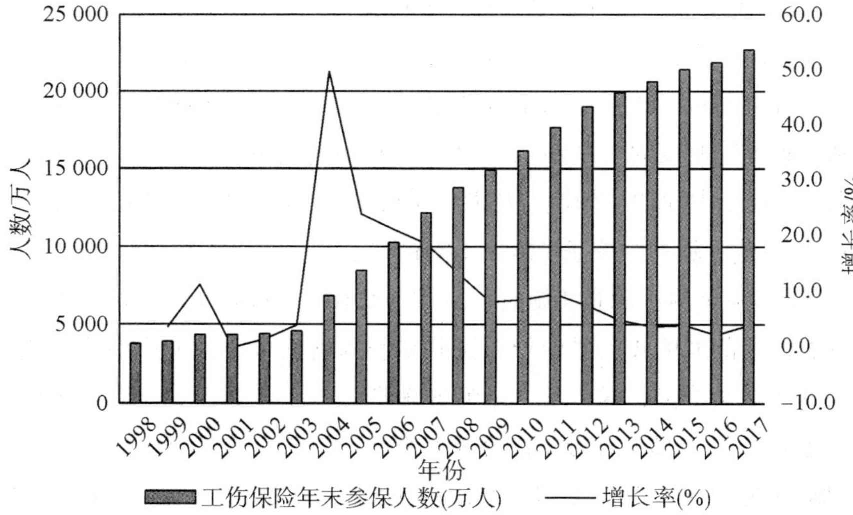

图 13. 1　1998—2017 年全国工伤保险参保人数

数据来源：根据国家统计局资料整理。

① 数据来源于《2017 年度人力资源和社会保障事业发展统计公报》。

表 13.1　1998—2017 年全国工伤保险参保人数及享受工伤待遇人数

年份	年末工伤保险参保人数(万人)	享受工伤待遇的人数(万人)	年份	年末工伤保险参保人数(万人)	享受工伤待遇的人数(万人)
1998	3 781.3	15.3	2008	13 787.2	117.8
1999	3 912.3	15.1	2009	14 895.5	129.6
2000	4 350.3	18.8	2010	16 160.7	147.5
2001	4 345.3	18.7	2011	17 695.9	163
2002	4 405.6	26.5	2012	19 010.1	190.5
2003	4 574.8	32.9	2013	19 917.2	195.2
2004	6 845.2	51.9	2014	20 639.2	198.2
2005	8 478	65.1	2015	21 432.5	201.9
2006	10 268.5	77.8	2016	21 889.3	196
2007	12 173.3	96	2017	22 723.7	192.8

数据来源：根据国家统计局资料整理。

2. 工伤保险费用征缴有力，基金规模持续增长

我国工伤保险基金采用的是“收支两条线”的管理方式。这种方式有利于保证基金的来源稳定性和管理科学性[①]。2004 年颁布的《工伤保险条例》，进一步强化了工伤保险基金的管理。

根据图 13.2 和图 13.3 的分析发现：1998—2017 年，全国工伤保险基金收入稳步增长。其中，2004 年基金收入为 58 亿元；2017 年基金收入达到 854 亿元，比 2016 年增长 15.9%。2004 年基金支出为 33 亿元；2017 年达到 662 亿元，比 2016 年增长 8.5%（见图 13.2）。且截至 2017 年年底，工伤保险基金累计结余已达 1 607 亿元（含储备金 270 亿元），比 2016 年增加 13.89%（见表 13.2、图 13.3）。

① 孙树菡，朱丽敏. 中国工伤保险制度 30 年：制度变迁与绩效分析 [J]. 甘肃社会科学，2009 (3)：59-65.

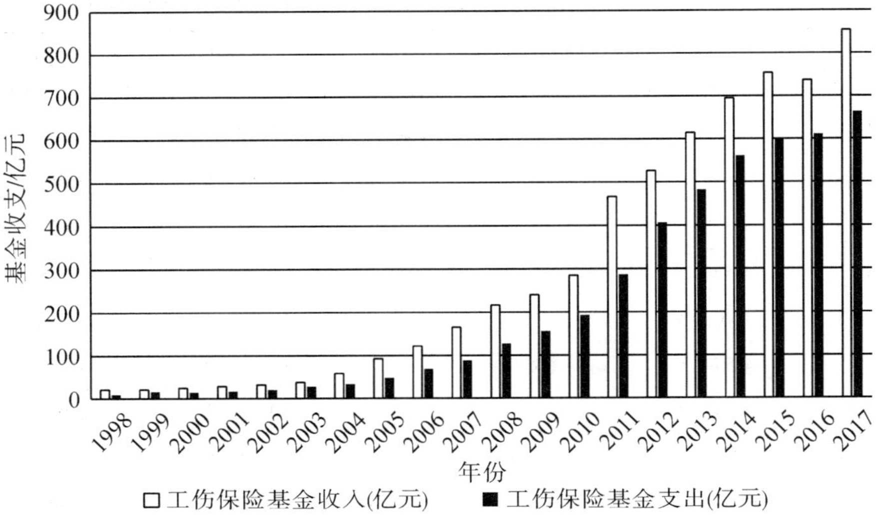

图 13.2　1998—2017 年工伤保险基金收支情况

数据来源：根据国家统计局资料整理。

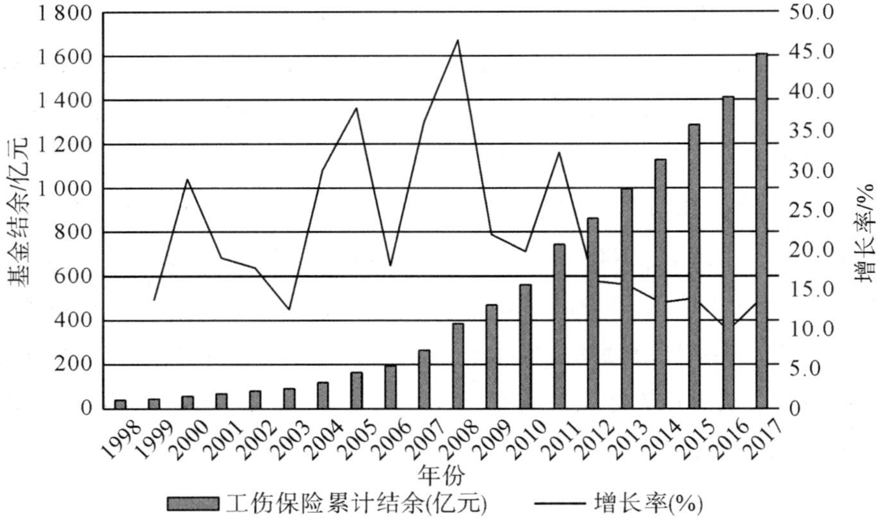

图 13.3　1998—2017 年工伤保险基金结余情况

数据来源：根据国家统计局资料整理。

表 13.2 1998—2017 年全国工伤保险基金收支及结余情况

单位：亿元

年份	工伤保险基金收入	工伤保险基金支出	工伤保险累计结余
1998	21.2	9	39.5
1999	20.9	15.4	44.9
2000	24.8	13.8	57.9
2001	28.3	16.5	68.9
2002	32	19.9	81.1
2003	37.6	27.1	91.2
2004	58.3	33.3	118.6
2005	92.5	47.5	163.5
2006	121.8	68.5	192.9
2007	165.6	87.9	262.6
2008	216.7	126.9	384.6
2009	240.1	155.7	468.8
2010	284.9	192.4	561.4
2011	466.4	286.4	742.6
2012	526.7	406.3	861.9
2013	614.8	482.1	996.2
2014	694.8	560.5	1 128.8
2015	754.2	598.7	1 285.3
2016	736.9	610.3	1 410.9
2017	853.8	662.3	1 606.9

数据来源：根据国家统计局资料整理。

3. 工伤认定方式更加科学，待遇享受人群大幅增加

随着工伤保险覆盖范围和基金规模的扩大，享受工伤保险待遇的人数也从 2003 年的 33 万人增加到了 2017 年的 193 万人，14 年间享受工伤待遇人数

增长了4.8倍（见图13.4）。但是近几年享受待遇人数的增长率趋缓，甚至从2016年起开始出现负增长。

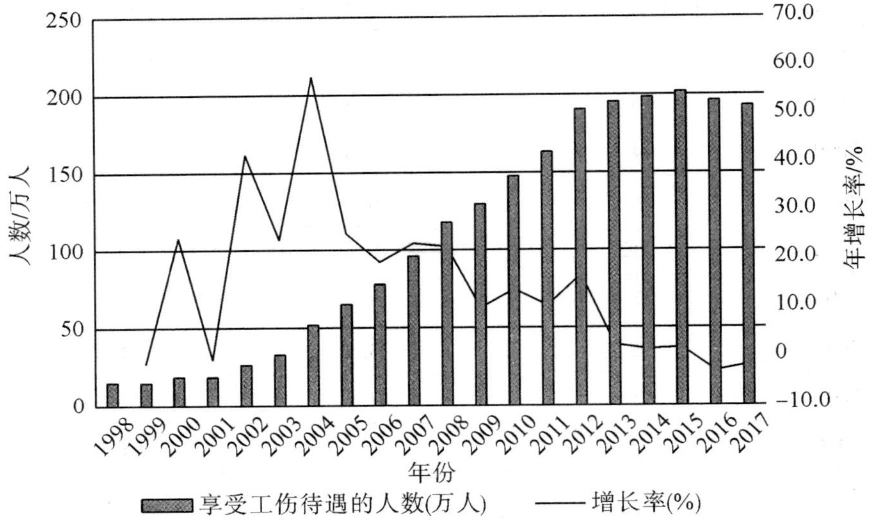

图13.4 1998—2017年享受工伤保险待遇的人数变化情况

数据来源：根据国家统计局资料整理。

4. 工伤待遇标准不断提高并逐步统一，大大增强了制度公平性和有效性

我国工伤保险的待遇确定标准，长期存在着不同地区、不同行业企业，甚至同一事故中不同身份（如城镇户籍与农村户籍的差别）之间的巨大差异，"同命不同价"问题一直受到社会诟病。2010年年底，国务院《关于修改〈工伤保险条例〉的决定》（国务院令第586号），提高了职工因工死亡的一次性补助金标准。并且从2011年1月1日开始，工务死亡待遇的确定标准终于得到了不分地区、行业、企业和个人身份的全国统一，并大幅度提高。同时，还提高了伤残职工的一次性伤残补助金。我国工伤保险制度的公平性迅速增强，对职工个人的保障力度大幅提高。

（二）工伤保险制度进一步改革发展需要解决的问题

通过前文对我国工伤保险制度变迁过程的梳理，结合目前的发展情况和职工需要，我国工伤保险制度的进一步发展还需要解决以下主要问题：

1. 工伤保险制度的立法层级不够高

我国工伤保险制度现有的法律法规的立法层级高低不齐，虽然我国工伤保险制度在不断完善，但是新《工伤保险条例》实施后，一般民众认为这只是一部国务院的行政法规，而不是具有最高效力的法律。而我国是一个依法治国的国家，所以，目前我国工伤保险制度亟须有“一部能够统领工伤保险立法各个方面的法律”①。

2. 工伤保险的受益范围仍然有限

根据公开数据，截至2017年年底，中国就业人员高达77 640万人，比2016年年末增加了37万人。其中，参加工伤保险的人数为22 724万人（仅占就业人数的29.3%），比上年年末增加了834万人②。从工伤保险的参保情况来看，对于维护职工利益和减轻企业负担不利。

具体分析我国工伤保险参保情况，还可以发现：工伤保险参保情况在东中西部地区之间，大中小城市之间，以及经济发达与落后地区之间都存在着不平衡的问题。

3. 工伤保险的统筹层次较低

我国目前以地级市统筹为主，工伤保险统筹层次较低，缺乏全国统一的实施细则，各地区间经济发展和工伤保障需求的差异也较大。由于在大多数的省级区域内，各地市之间甚至有的县级工伤保险运行制度各不相同，各统筹地区相关部门在工伤保险相关处理上享有自主权，依据市级社会平均工资等标准所实行的政策规范和工伤标准千差万别③。因此，需要提高和完善工伤保险统筹层次，并计划于2020年年底前全面实现省级统筹④。

4. 工伤预防机制还不够完善

关于工伤预防机制，在《工伤保险条例》中，缺乏具体的工伤预防措施。

---

① 熊冯瑜. 论我国工伤保险制度的立法完善［D］. 南昌：江西财经大学，2018.

② 数据来源于人力资源和社会保障部公布的《2017年度人力资源和社会保障事业发展统计公报》。

③ 刘睿. 关于全面实施工伤保险省级统筹的思考［J］. 中国市场，2018（35）：60，64.

④ 人力资源和社会保障部财政部关于工伤保险基金省级统筹的指导意见［EB/OL］. 人力资源社会保障部网站，（2017-06-22）［2019-07-20］. http://www.gov.cn/xinwen/2017-08/25/content_5220331.htm.

新《工伤保险条例》在此基础上，有了很大的进步，对工伤预防进行了明确规范，主要是针对企业安全生产和职业病防治来构建全方位和多层次的工伤预防体系。然而，实际情况却是，缺乏对工伤预防规程等内容的常态化宣传、定期培训、定期或不定期考核，从而导致工伤事故仍然不断发生。因此，需要将在实践中总结发现的、行之有效的、具体的工伤预防措施逐渐总结、归纳和制定到法律条文中①，进一步明确相关细则和措施，在真正意义上实现我国工伤预防制度的完善。

5. 工伤康复机制缺失

我国目前的工伤康复尚处于医疗康复阶段，无工伤康复机制。首先，从法律层面看，我国目前还没有有关工伤康复制度的法律规定，导致工伤康复缺少法律依据。其次，由于工伤康复是一个系统工程，需要投入大量成本，所以目前我国工伤康复存在资金欠缺的问题。最后，康复医学受发展水平所限，不能满足工伤康复的设备和技术需求，从而在一定程度上也影响了工伤保险在工伤康复中的积极作用。

第四节　我国工伤保险制度的改革发展展望

一、进一步提高工伤保险的立法层次

目前，我国的工伤保险制度尚缺少一部专门的工伤保险法律。工伤保险制度存在立法层次不高、强制性和权威性不强、配套措施不完善等问题。分析国外的工伤保险制度，可以发现其是以基本法的形式存在，强制力度较大。而分析我国的工伤保险制度，由于立法层次低，效力层级不高，从而地区之

① 熊冯瑜. 论我国工伤保险制度的立法完善［D］. 南昌：江西财经大学，2018.

间差异化较大。因此，我国工伤保险制度的未来发展，需要提高立法层次，提高强制性和权威性，从而促进工伤保险制度的统一实施和发展。

二、进一步扩大工伤保险的受益范围

我国目前的工伤保险制度的覆盖范围还不能满足制度外群体的保障需求，特别是新就业形态人员、灵活就业人员等。因此需要进一步完善工伤保险制度，在以有劳动关系的劳动者为主要参保对象的前提下，逐步向各类职业人群扩展。比如将“自由职业者、自谋职业者、快递业从业人员以及农民专业合作社、家庭农场等新经济组织从业人员纳入制度保障”①。以实现法定覆盖范围内的职工全员参保，法定覆盖范围外的职业劳动者也有制度保障，使所有劳动者都有相应的制度安排。同时，“建立适合不同群体的认定标准、程序、保障项目、保障标准等，使各类人群伤有所保”②。

三、逐步提高工伤保险的统筹层次

以市级统筹为基础，以省级统筹为目标，逐步提高工伤保险的统筹层次，从而提高工伤保险基金的抗风险能力。全面实行市级统筹，规范工伤保险市级统筹，再结合工伤保险经办工作的环节多、过程长等特点，制定出切实可行的省级统筹管理办法，明确省、市、县各级间的人、事、权、责关系。同时，建立配套的激励机制，以充分调动市、县两级的工作积极性。对于工伤保险制度地区间的不平衡问题，应积极鼓励中西部地区，以及各地市发展不平衡的省份，先行实现省级统筹，最终逐步在全国范围内全面实现省级统筹。随着工伤保险统筹层次的提高，工伤保险基金的统筹层次也相应提高，从而便于在更大的范围内进行更加合理的资源配置，能够实现风险共担的作用，

① 王丽. 我国工伤保险制度的现状特点和展望［J］. 中国人力资源社会保障，2018（4）：32-34.

② 王丽. 我国工伤保险制度的现状特点和展望［J］. 中国人力资源社会保障，2018（4）：32-34.

有利于体现工伤保险作为社会保障制度的互济性特征①。

四、加快推进工伤预防和工伤康复机制建设

加强以工伤待遇补偿为主体、以工伤康复、工伤预防为两翼的“三位一体”的工伤保险制度体系建设，需要完善科学待遇结构与标准、建立科学的工伤康复和工伤预防运行机制。

（一）完善工伤预防机制建设

主要是通过设立科学合理的工伤保险费率机制②和强化监督机制，以促进工伤预防工作的落实。首先，关于工伤保险费率机制，需要对用人单位依据其行业风险的大小来进行详细归类，进而制定出更加科学的工伤保险费率机制。通过对不同风险的行业或管理能力不同的企业实行差别费率制度，并尽量拉大各风险类别行业的费率差距，来促使用人单位提高工伤预防责任意识。具体而言，企业可以通过积极做好职业安全知识、劳动保护知识的宣传和培训等，来降低其工伤事故的损害程度。同时，对于高风险行业和事故高发的区域，检查部门要加强监控，对在一定时期内事故高发的单位进行警示，并相应调整其工伤保险费率。从而持久实现以防促控、防控结合的工伤保险运行体系。

（二）加强工伤康复机制建设

一是实行医疗救治和医疗康复一体化管理。建立工伤“大医疗”概念，把工伤医疗救治和医疗康复视为一个整体，实现先治疗康复、后鉴定补偿，以最大程度保护工伤人员的权益。二是强化职业康复，以提高和恢复工伤人员的身体功能为目标，使其尽可能回归原工作岗位或原工作单位。并积极探索以回归原单位为主要渠道的多种再就业途径，增加工伤人员的再就业机会。

---

① 汪文婷. 我国工伤保险发展历程及其可持续发展的思考［J］. 管理观察，2017（3）：168-170.

② 吴鹏程. “伤害行为”或“伤害结果”发生之日是工伤认定起点［J］. 中国医疗保险，2012（4）：62-63.

三是通过建立激励机制，来促使用人单位接收工伤人员再就业。四是要重视工伤人员的心理康复，对其进行心理干预，尽可能地减少工伤事故对其心理的影响。

五、完善各项认定标准和程序，全面提升工伤保险管理服务水平

首先，制定和完善工伤保险管理服务的规章办法和标准，并进一步简化工作流程，规范工伤认定、劳动能力鉴定、工伤康复及辅助器具配置等工作环节。其次，逐步完善工伤保险的信息系统，规范相关数据指标，并提高数据质量，为工伤保险管理的统计、分析、决策提供数据支撑。例如，可以探索打破险种界限，借助其他险种如医保的平台等资源，加强监管和服务，从而加快工伤保险的信息化建设，不断提高服务的便捷水平。再次，建立与工伤保险事业发展相匹配的管理、服务队伍，以保证工伤保险事业的健康可持续发展[①]。对于工伤认定、劳动能力鉴定、管理和经办服务队伍，要根据工作量配备相应人员，并视工作需要配备必要的车辆与设备，以保证工作的顺利开展。同时要加强对工伤保障行政、管理、经办人员的培训，建立培训考核制度，整体提高工伤保障队伍的能力水平。最后，还可创新性地建立工伤保险责任员制度，把服务下移到用人单位，由保险责任员负责区域内的工伤保障政策宣传、事故监督、经办服务指导等工作。

---

① 张军. 对完善我国工伤保险制度的一些思考 [J]. 中国医疗保险，2018 (2)：66-67，69.

第十四章 新中国生育保险制度的变迁与展望

生育保险制度，是指国家通过强制手段，筹措专用基金对生育子女期间暂时丧失劳动力的妇女给予一定的经济和物质补偿，保障其生活、工作和健康权利的一种社会保险制度。生育保险可以有效解决妇女在生育、照料婴儿期间，因工作中断、工资收入中断的生活保障问题；同时可有效保障妇女在生育过程中得到必要的医疗服务，促进妇女和下一代健康成长。新中国成立以来，生育保险制度的发展与变迁，映照出党中央、国务院对人口家庭问题的高度重视和“以人为本”的经济改革之路。

第一节　计划经济时代（1949—1978 年）的生育保险制度

计划经济时期，我国经济基础薄弱，卫生资源匮乏，这一时期，我国的生育保险制度主要以保障城镇职工生育待遇为主，在农村尚未建立生育保险制度。1951 年颁布的《中华人民共和国劳动保险条例》作为我国对生育保险制度的首次立法，明确了生育保险的覆盖范围、生育保险基金来源、生育保险待遇标准等。

一、全国统筹与企业留存相结合的社会生育保险探索（1949—1958 年）

（一）新中国成立初期社会生育保险制度建立的历史背景

新中国成立初期，我国经济基础薄弱，人均 GDP 大约只有 119 元，当时的卫生资源十分匮乏，全国的公私立产科医院、儿科医院、妇幼保健所总共 126 个，床位 2 825 张，助产学校 54 所，助产士 13 900 人，接生员 32 061 人。而这些为数不多的机构和工作人员则正是新中国早期为妇女分娩提供医疗服务的重要基础。

同时，1949 年，我国城镇妇女的就业率很低，全国城镇妇女就业人数只有 60 万人，占职工总数的 7.5%，占城镇人口的比例只有 1%。并且就业妇女大多是有文化、有技能的女性，或者是从事一线工业企业生产劳动的女工。将近 90%的城市妇女都没有就业，只是从事家务劳动，农村妇女则一般从事农业生产劳动。在当时农村医疗条件、基础设施等非常薄弱的情况下，农村妇女主要是请“接生婆”到家里帮助接生，这也导致当时农村的婴儿死亡率和孕产妇死亡率非常高，分别达到 200‰和 1 500/10 万（2015 年，农村婴儿死亡率和孕产妇死亡率已分别降至 8.1‰和 20.1/10 万）。

在当时的历史条件下，我国早期生育保障制度主要以保障城镇职工生育待遇为主，包括女职工和男职工家属，在农村尚未建立生育保障制度①。

（二）新中国成立初期生育保险制度的建立及主要内容

1. 新中国成立初期生育保险制度的建立

1949 年 9 月 29 日，新中国起临时宪法作用的《中国人民政治协商会议共同纲领》获得通过，其对妇女拥有的包括经济权利在内的各项法律赋予的平等权利予以明确。1951 年 2 月 26 日政务院颁布的《中华人民共和国劳动保险条例》标志着我国社会保险制度的建立，也是我国对生育保险制度的首次立法。该条例明确了生育保险的覆盖范围、生育保险基金来源、生育保险待遇标准等。1953 年 1 月 26 日，劳动部公布试行《中华人民共和国劳动保险条例实施细则修正草案》，对原《劳动保险条例》中生育保险的相关内容进行了调整：一是把保障范围扩展至人数在一百人以上的单位及其附属机构；二是对生育多胞胎的家庭给予一次规定数额的生育补助金；三是调整非正式职工的生育津贴，规定非正式职工产假期间的工资为标准工资的 60%②。

1955 年 4 月 26 日，国务院又进一步颁布了《国务院关于女工作人员生产假期的通知》，对原《劳动保险条例》覆盖范围之外的机关、事业单位所属女职工的生育保险做了规定，相关内容与原《劳动保险条例》基本一致。不仅扩大了女职工生育保险的覆盖面，也保证了国家机关工作人员的生育待遇。

2. 新中国成立初期社会生育保险制度的主要内容

从新中国成立初期到社会主义改造结束这段时期称为社会生育保险时期，这一时期我国生育保险制度的主要内容包括以下几个方面③：

（1）保障范围。雇用工人与职员人数在一百人以上的国营、公私合营、私营及合作社经营的工厂、矿场及其附属单位与业务管理机关。

（2）生育保险基金的管理。生育保险基金包含在劳动保险金中，实行全国统筹与企业留存相结合的基金管理制度。劳动保险金由企业行政或资方按工资总额的 3%提留，其中 30%上缴中华全国总工会，70%存于该企业工会基层委员会账户内。

---

① 胡晓义. 医疗保险和生育保险［M］. 北京：中国劳动社会保障出版社，2011：253.

② 张春丽. 我国生育保险制度研究［D］. 哈尔滨：哈尔滨商业大学，2015.

③ 潘锦棠. 中国生育保险制度的历史与现状［J］. 人口研究，2003，27（2）：29-35.

（3）产假及生育津贴。女工人与女职员生育，产前产后共给假56日，产假期间，工资照发。

（4）生育补助。《中华人民共和国劳动保险条例实施细则（修正草案）》第十六条规定：女工人与女职员或男工人与男职员的配偶生育时，由劳动保险基金项下付给生育补助费，其数额为五市尺（1市尺=0.333 3米）红布，按当地零售价付给之。第四十三条还规定：如系双生或多生，其生育补助费应按所生子女数加倍发给。随后，在《中华人民共和国劳动保险条例（修正草案）》的第十六条中又规定："生育补助"由现金四元取代"五市尺红布"，多生子女的补助费加倍发给的政策不变。

（5）医疗服务。《中华人民共和国劳动保险条例（修正草案）》第十六条规定：女工人与女职员怀孕，在该企业医疗所、医院或特约医院检查或分娩时，其检查费与接生费由企业行政方面或资方负担。

（6）女性临时工、季节工及试用工的生育保险。根据《中华人民共和国劳动保险条例实施细则（修正草案）》的第三十六条规定：怀孕及生育的女工人、女职员，其怀孕检查费、接生费、生育补助费及生育假期与一般女工人、女职员相同；产假期间由企业行政方面或资方发给产假工资，其数额为本人工资的60%。

（7）其他。关于小产、难产和多胎的保险规定。

3. 新中国成立初期社会生育保险探索的成效分析

新中国成立初期，国家建设和各项事业快速发展，但由于生产力水平较低，对劳动力的需求很高，加之受苏联鼓励生育政策的外部环境影响，国家对节育、人工流产和避孕等措施进行严格控制，导致我国总和生育率（平均一对夫妇一生生育的子女数）1950—1954年从5.8增长到6.3，人口自然增长率从19‰升至25‰，四年间净增人口5 170万，人口总量快速增长。

按照当时的生育保障制度，城市家庭的夫妻双方只要一方未失业，无论生育多少子女，都可以享受规定的生育保障待遇，且享受的保障水平不会因为其享受次数的多寡而出现下降或提升。因此，在新中国成立初期，尤其是社会生育保险时期，我国的生育保障政策在一定程度上起到了促进人口增长的作用。

二、企业生育保险时期（1958—1978 年）

随着新中国成立之初社会主义“三大改造”的结束，我国的经济体制由私有制转为公有制，从而形成了劳动者“单位所有制”的制度，职工的生育保险责任也由国家转向企业。从此，生育保险从社会保险走向了企业保险。

（一）企业生育保险的发展

这一时期，我国妇女就业人数的增长在很大程度上促进了企业生育保险制度的发展。1958—1960 年，在我国“三年超英，五年超美”的政策号召下，城镇职工人数增长迅速，1957 年女职工人数 328.6 万人，占职工总人数的 13.4%；到 1960 年，女职工人数增长两倍多，达 1 008.7 万人，占职工总人数的 20.0%。这一时期内女职工的增速大大高于男职工。特别是在 1957—1958 年，女职工人数猛增了 2.47 倍。在这一阶段，国营单位和街道集体企业接收了大量原本没有工作的城市职工家属和其他家庭妇女，满足了她们的就业意愿，妇女就业中的计划分配机制从此开始形成，城市女性一旦达到劳动年龄并具备相应的劳动能力，在缺少自主选择的情况下即被分配到国家需要的岗位。

随着我国社会主义建设步伐的加快，妇女就业数量和就业领域都在扩大，从而女工对妇女劳动保护的需求也逐步增加，尤其是在高温、高空、低温、冷水条件下劳动和在有毒有害环境下工作的妇女，其身体受到的负面影响较大，急需加强生育期间的保护措施。

因此，我国陆续发布了一系列生育保险的政策法规，对生育保险的待遇标准进行了细化。1960 年 7 月，中共中央批转劳动部、全国总工会、全国妇联党组《关于女工劳动保护工作的报告》，提出：积极改变有损于女工和下一代安全健康的笨重的、有毒害的劳动条件和劳累的手工操作，建立女工在经期、孕期、产期、哺乳期的保护等项政策。国家开始对妇女劳动保护及生育保护措施进行研究。1962 年 7 月 26 日，中华全国总工会在《关于女职工在病假期间生育待遇的复函》中规定：病假 6 个月以内生育时，也给予支付产假工资。1964 年出台补充规定：怀孕检查费包括挂号费、检查手续费及化验费。然而，1969 年 2 月，财政部颁发《关于国营企业财务工作中几项制度的改革意见（草稿）》，要求“国营企业一律停止提取工会经费和劳动保险金”，并且规定“企业的退休职工、长期病号工资和其他劳保开支，改在企业营业外列支”。从此，我国社会保险的统筹制度一度中断，管理职工生育保险业务的各级工会组织也停止工作，生育保险工作基本处于停滞状态。

（二）该时期生育保险制度的主要变化

我国生育保险制度在这一时期发生的变化主要有两方面：

一是生育保险制度从国家统筹变成企业统筹，各企业只对本企业层面的女工负责，生育保险基金也只能在企业自身内部流动，社会统筹所体现的互济功能也随之丧失，这种变化实际上是一种倒退。

二是随着临时工逐步转为固定工，生育保险制度从适合多种用工制变为单一制。

这两个变化标志着生育保险进入企业生育保险时期，伴随而来的是生育保险多层次与“灵活性”特征的消失，在以后的经济体制改革中甚至成了阻碍女性平等就业的绊脚石。这一时期，政府实际上将生育保险的权责完全推给了企业，是一个国家去权、企业增权的过程。

（三）企业生育保险时期的成效分析

企业生育保险时期，生育保险制度的作用从鼓励人口增长变成控制人口增长。这是由于社会资源已经不能承载因多年人口鼓励政策导致的人口总量急速增长，包括上学、就业、住房等一系列问题也就逐步显现出来。1971 年，国务院批转《关于做好计划生育工作的报告》，提出以控制人口数量为核心的人口政策。此后，在整个 70 年代，我国城乡都推行“晚、稀、少”的政策。在此人口政策影响下，全国的总和生育率①由 1970 年的 5.7 降低到 1980 年的 2.4，同期人口自然增长率也由 2.6%下降到 1.2%。

为了配合计划生育政策，生育保险待遇只针对执行计划生育政策的职工，对于多生育子女的家庭，则不能享受生育保险保障，生育子女的费用由其个人负担。有的地区甚至采取措施惩罚多生育子女的家庭。我国的生育保险制度自此由鼓励人口增长转向人口数量控制和人口质量提高。

① 总和生育率是指一个国家或地区每个妇女一生平均生育的子女数。

第二节　改革开放初期（1979—2000年）生育保险制度的探索

改革开放初期，我国适应新的商品经济和市场经济发展的生育保险制度改革尚处于探索时期。此时，生育保险的成本仍然完全由企业负担。改革开放后，企业逐渐开始自负盈亏、独立核算，并开始探索和改革用工制度，为了降低经济成本，开始对工人的性别有所选择，大量女工被企业辞退，或者企业接受女工但不为其缴纳生育保险费，女性公平就业的权利遭到了严重的侵害。为了改善女性因生育子女而影响其公平就业的情况，生育保险制度改革成为重点。20世纪80年代中期，党中央提出建立适应社会主义市场经济体制要求的社会保障体系任务，自此，包括生育保险在内的社会保障制度开始按照市场经济的要求进行新的探索，企业生育保险转向社会生育保险成为大势所趋。

一、企业生育保险制度的延伸：1988年《女职工劳动保护规定》

（一）生育保障内容的延伸和拓展

随着市场经济体制的逐步建立，《劳动保险条例》规定的生育保障措施已难以适应快速发展的妇女就业形势的需要。为了保护女职工生育期间的身体健康，1986年卫生部、劳动人事部、全国总工会、全国妇联共同发布了《女职工保健工作暂行规定（试行草案）》。这一规定对育龄女职工在生产期间的保健情况做了详细的规定，也为《女职工劳动保护规定》的颁发奠定了基础。

1988年年初，在生育政策实践的基础上，国务院颁布了《女职工劳动保护规定》（1988年国务院第9号令），不仅扩大了生育保险的实施范围，提高了待遇水平，并且统一了机关、企业、事业单位的生育保险制度，是我国生育保险制度改革的一大进步。同时还废止了1953年的《中华人民共和国劳动保险条例（修正草案）》中对育龄女职工不公平生育待遇的规定和1955年颁布的《国务院关于女工作人员生产假期的通知》。

《女职工劳动保护规定》对生育保障的内容进行了延伸和拓展，大致体现在：一是延长了产假时间。产假由56天增加到90天（其中产前休假15天）。此外，对于发生难产、多胞胎生育的女职工再增加15天产假。二是明确规定企业“不得在女职工怀孕期、产期、哺乳期降低其基本工资，或者解除劳动合同”。三是加强对怀孕女职工平等就业的保护，把女职工进行产前检查的时间也算作其劳动时间。四是对处于孕期、产期、哺乳期的女职工，对有关其劳动强度、劳动环境及劳动时间等方面都做出了更加具体的保护规定。1988年，劳动部印发《关于女职工生育待遇若干问题的通知》，对《女职工劳动保护规定》有关产假及产假工资等问题做出了详尽说明。

随后，劳动部于1990年1月18日颁布了《女职工禁忌劳动范围的规定》，与《女职工劳动保护规定》一起，对加强女职工劳动保护、维护女职工合法权益、保护女职工及其后代的健康、提高我国出生人口素质方面发挥了重要作用。

（二）女职工劳动保护的历史作用

1. 保护了女职工身体健康

国家通过对女职工经期、孕期、产期和哺乳期的“四期”保护，有效地保证了女职工身体健康。女职工在经期、孕期不能胜任一些剧烈、寒冷、超负荷等方面的工作，如从事纺织行业的挡车女工，需要长期站立行走工作，所以在怀孕后期，通过调整到工作强度轻的工作岗位，可以避免或减少发生流产或其他意外。此外，有关女职工怀孕期间不得加班加点、不得上夜班等规定，保证了女职工充足的休息时间。

2. 对提高出生人口素质产生了积极的影响

国家对于从事有毒、有害工种的怀孕、哺乳期女职工，做出调离原有工作环境的规定，主要是考虑不良环境对产妇及胎儿身体健康不利。如从事放射性工种或在铅、汞、苯、镉等作业场工作的女职工，一旦决定怀孕就调离岗位，直至哺乳期满后再从事原工作，以免有毒有害物质对胎儿造成伤害，保证胎儿的正常发育。通过上述政策和一些相关办法，使女职工在孕期、产期和哺乳期内的劳动时间、劳动强度以及工作环境等方面都能得到相应的照顾，保护了女职工和婴儿的身体健康。这一制度的实施，是我国新生儿、产妇死亡率下降的一个重要因素，对于提高出生人口素质产生了积极的影响。

3. 对女职工平等就业产生了积极的影响

新中国为妇女事业的发展提供了广阔的空间，劳动保护制度为女职工就业提供了保障和支持。国家的女职工“四期”保护制度，解除了女职工的后顾之忧。无论女职工处在经期、孕期、产期还是哺乳期，都能得到相应的照顾，保障妇女不因承担生育责任而影响就业，为妇女就业拓宽了渠道[①]。

二、从企业保障走向社会统筹：1994 年《企业职工生育保险试行办法》

到了 20 世纪末，我国生育保险制度在不断探索中逐步走向成熟，生育保险的待遇标准有所提升，适用范围也不断扩大。1994 年，国家颁布了《劳动法》，这是新中国成立以来第一部调整劳动关系、确立劳动标准的基准法，以保护劳动者合法权益为宗旨，以维护社会安定、促进社会主义市场经济发展和建立新型劳动体制为目的。《劳动法》明确规定：女职工与男职工在女职工育龄期间同样享有生育保险待遇的权利；女职工在生产期间不仅可以享受不少于 90 天的产假，而且在生育期间仍然依法享受社会保险的相关待遇等，为生育保险办法的出台奠定了法律基础。

为了促进企业的公平竞争，更好地保障女性的合法权益，适应社会主义市场经济和转换企业经营机制的需要，1994 年 12 月 14 日，劳动部颁布了《企业职工生育保险试行办法》（1995 年 1 月 1 日起试行），这是依据《劳动法》对生育保险的规定而制定的配套法规。至此，全国有了统一的生育保险基金统筹办法，生育保险由企业统筹回归到社会统筹。该法规通过建立生育保险基金，使生育保险由企业管理过渡到社会化管理，均衡企业负担，分散

① 胡晓义. 医疗保险和生育保险［M］. 北京：中国劳动社会保障出版社，2011：259.

风险，为企业参与市场竞争创造条件，更好地保障妇女的合法权益①。1994年10月27日，《中华人民共和国母婴保健法》提出：要对老少边穷地区的母婴保健事业提供特别扶持。此外，该法规对婚前保健也做了详细的规定，还增加了对育婴各阶段行为的技术鉴定、行政管理等方面的内容，从而使母婴能够从多方面得到保障。

1995年7月27日，国务院印发《中国妇女发展纲要（1995—2000年）》，主要包括妇女在参政、就业、劳动保护、教育、卫生保健、家庭、走出贫困、人身权利等方面要达到的11项主要目标，以及为实现这些目标所采取的对策和措施。在生育保险方面的目标是，到20世纪末在全国城市基本实现女职工生育费用的社会统筹②。为此，要改革女职工生育保障制度，将女职工生育保险费用由企业管理逐步改为社会统筹管理，改革覆盖范围由国有企业逐步扩展到所有企业。随后在11月中旬，劳动部发布了《关于贯彻实施〈中国妇女发展纲要〉的通知》，指出：为了适应企业发展的要求，应积极构建生育保险基金，将生育保险由企业管理陆续转变为社会统筹管理，平衡企业负担，分散企业的风险。

第三节　适应市场经济的社会生育保险制度的建立与完善（2000年至今）

2000年至今，我国生育保险制度进一步根据市场经济发展、社会需求的变化不断进行改革调整，逐步进入了发展和完善时期，生育保险制度从过去的企业保障全面过渡到社会保险。

① 杨宜勇. 目前我国社会保险制度改革的情况与发展目标［J］. 经济研究参考，1996（G1）：11-15.
② 艾红林. 生育保险制度的历史演变［J］. 煤矿现代化，2005（4）：88-89，57.

一、2000—2010 年的试点调整及《中华人民共和国社会保险法》的统一规定

2001 年 5 月 22 日，国务院颁布《中国妇女发展纲要（2001—2010）》《计划生育技术服务管理条例》《计划生育技术服务管理条例实施细则》《中华人民共和国母婴保健法实施办法》，对各项生育保健措施的具体内容做出了规定，包括技术服务、监督管理以及相关工作人员的职责，在控制人口数量，提高人口素质，保障公民的生育健康权利方面起到了重要作用。

2003 年，政府在北京、南京、天津、包头、西安、廊坊、石家庄和深圳八个城市率先开展生育保险试点工作，并在 2004 年正式施行。

2005 年 8 月 28 日，《关于修改〈中华人民共和国妇女权益保障法〉的决定》指出，各地区要逐步建立并完善符合且适应本地区经济发展的生育保险政策及与生育保险相关的其他保障制度。

2007 年 8 月 30 日，《中华人民共和国就业促进法》规定：“用人单位招用人员时，除国家规定的不适合妇女的工种或者岗位外，不得以性别为由拒绝录用妇女或者提高对妇女的录用标准。”

2009 年 9 月 10 日，为了贯彻落实党的十七大提出的加快建立统筹城乡社会保障制度的要求，解决城镇居民生育保障问题，人社厅发布了《关于确定城镇居民生育保障试点城市的通知》，确定长春市、南通市、马鞍山市、常德市、惠州市、成都市、铜川市 7 个城市作为城镇居民生育保障试点城市。

2010 年 10 月 28 日，全国人大常委会通过了《中华人民共和国社会保险法》，从更高层次上对生育保险制度进行了专门的规定，这也标志着我国社会保险制度进入重要的发展时期。

《社会保险法》于 2011 年 7 月 1 日起开始实施，其中对生育保险做出一些新的规定：一是规定生育保险的责任主体是用人单位，职工有权利且应当参与生育保险，而且生育保险费应该由用人单位按照国家规定为职工缴纳，职工个人不用缴纳。二是规定对逾期不为职工缴纳保险费的用人单位，在补缴欠缴费用及规定的滞纳金基础上，视情节轻重处以一定罚款。三是规定生

育保险待遇包括生育津贴和生育医疗费，所需资金从生育保险基金中支付。

二、2012 年《女职工劳动保护特别规定》

随着经济社会的发展，原有的《女职工劳动保护规定》中的一些内容开始不再适应新形势的需要[①]，所以为了减少和解决女职工在劳动中因生理特点造成的特殊困难，更好地保护女职工健康，2012 年 4 月 18 日，国务院第 200 次常务会议通过了《女职工劳动保护特别规定》。同时废止 1988 年的《女职工劳动保护规定》。新规定主要做了以下几个方面的完善：

（一）调整女职工禁忌从事的劳动范围

新规定在《女职工禁忌劳动范围的规定》的基础上做了一些调整。

（1）扩大了女职工孕期和哺乳期禁忌从事的劳动范围，突出了对孕期和哺乳期的保护；

（2）考虑到《劳动法》仅规定经期、孕期、哺乳期禁忌从事的劳动范围，删去了已婚待孕期禁忌从事的劳动范围；

（3）缩小了女职工经期禁忌从事的劳动范围，以平衡女职工劳动保护和妇女就业的关系。

（二）规范了产假假期和产假待遇

产假假期方面：生育产假假期延长至 14 周，即 98 天；对于女职工怀孕未满 4 个月流产的，给 15 天产假；怀孕满 4 个月流产的，给 42 天产假[②]。产假待遇方面：原《女职工劳动保护规定》规定生育女职工的产假工资为原工资的 100%，而《企业职工生育保险试行办法》规定生育女职工的生育津贴按照本企业上年度职工平均工资计发[③]，二者标准不一容易造成执行层面上的矛

---

① 佚名. 国务院法制办负责人就《女职工劳动保护特别规定》答记者问［J］. 司法业务文选，2012（19）：2，49.

② 佚名. 文件解读之二 女职工劳动保护特别规定［J］. 天津社会保险，2012（3）：55-56.

③ 梁艳华，李菲菲，王传华. 将生育保险纳入医疗保险之中的可行性分析［J］. 劳动保障世界（理论版），2012（9）：48-51.

盾。新规定参考《社会保险法》《企业职工生育保险试行办法》以及各地生育保险规定，分别对参加和未参加生育保险的女职工的产假待遇和相关费用进行了详细规定。其中，对于已经参加了生育保险的女职工，由生育保险基金支付其产假期间享有的、按照用人单位上年度职工月平均工资的标准计算的生育津贴①。此外，对于生育或者流产的医疗费用，按照生育保险规定的项目和标准，由生育保险基金支付；未参加生育保险的女职工，其产假期间的生育津贴由其所在用人单位按照其产假前工资的标准支付，生育或者流产的医疗费用也由用人单位支付。

（三）调整了监督管理体制

调整主要包括明确部门职责分工和规定法律责任两方面。明确部门职责分工方面：新规定对女职工劳动保护监督管理体制进行了调整，由原劳动行政部门改为县级以上人民政府人力资源社会保障行政部门、安全生产监督管理部门按照各自职责负责对用人单位遵守新规定的情况进行监督检查。在规定法律责任方面：新规定则对违反女职工劳动保护的法律责任进行了明确，视用人单位违规的具体情况，处以不同标准的罚款，对于“情节严重的，责令停止有关作业，或者提请有关人民政府按照国务院规定的权限责令关闭”。

随后，2012 年 11 月 21 日，人力资源和社会保障部还研究起草了《生育保险办法（征求意见稿）》，向社会公开征求意见。目的是保障城镇女性职工的生育权益，为其提供生育期间的医疗服务和资金补贴，进一步促进就业的公平性，同时保证生育保险基金的可持续性。

2015 年 8 月 17 日，人社部和财政部联合发布了《关于适当降低生育保险费率的通知》，提出基于生育保险基金地区发展不平衡、部分地区基金结余较高的问题，同时也为了减轻企业负担，要求统筹地区生育保险基金累计结余超过 9 个月的，把基金费率从单位职工总工资额的 1%调整到 0.5%以内。

2016 年 4 月人社部、财政部联合发文指出，生育保险和基本医疗保险将合并，具体实施办法待国务院制定。

---

① 王国军．生育险和医保合并将带来哪些变化［J］．中国卫生，2017（4）：68-70.

三、2017年《生育保险和职工基本医疗保险合并实施试点方案》

（一）出台背景及主要内容

1. 出台背景

经过多年的实践，我国生育保险制度运行平稳，在维护女性平等就业权益、均衡企业的负担、保障职业妇女在生育期间的基本生活以及身体健康方面，均起到了重要作用。同时，随着国家相关政策的出台，分别由城镇居民基本医疗保险制度和新农合及国家分娩补助等政策解决了城镇非职业妇女和农村妇女的生育医疗费。目前，我国的生育保障政策已经基本覆盖城乡所有育龄妇女。

随着我国社会经济的快速发展，中共十八届五中全会提出“建立更加公平更可持续的社会保障制度”，并在国家“十三五”规划纲要以及中央全面深化改革任务中部署“将生育保险和基本医疗保险合并实施”的任务①。

在此背景下，2017年1月19日，国务院办公厅印发了《生育保险和职工基本医疗保险合并实施试点方案》，经全国人大常委会授权，自2017年1月开始，在河北省邯郸市、山西省晋中市、辽宁省沈阳市、江苏省泰州市、安徽省合肥市、山东省威海市、河南省郑州市、湖南省岳阳市、广东省珠海市、重庆市、四川省内江市、云南省昆明市12个城市陆续开展两险合并实施试点工作，试点期限一年。试点方案提出“遵循保留险种、保障待遇、统一管理、降低成本的总体思路，推进两项保险合并实施”。

2. 主要内容

两险合并试点方案的主要内容概括起来就是“四统一、一不变”②，具体如下：

（1）统一参保登记。参加职工基本医疗保险的在职职工同步参加生育保险。实施过程中完善参保范围，结合全国参保登记计划摸清底数，促进实现

---

① 两险合并试点 强化提升基金运行 人社部解读《生育保险和职工基本医疗保险合并实施试点方案》[J]. 劳动保障世界，2017（4）：14-15.

② 任社宣. 完善社会保障体系 提升管理综合效能［N］. 中国劳动保障报，2017-02-07（004）.

应保尽保。

（2）统一基金征缴和管理。生育保险基金并入职工基本医疗保险基金，统一征缴。试点期间，可按照用人单位参加生育保险和职工基本医疗保险的缴费比例之和确定新的用人单位职工基本医疗保险费率，个人不缴纳生育保险费。两项保险合并实施的统筹地区，不再单列生育保险基金收入，在职工基本医疗保险统筹基金待遇支出中设置生育待遇支出项目。

（3）统一医疗服务管理。两项保险合并实施后实行统一定点医疗服务管理，强化对生育医疗服务的监控，执行职工基本医疗保险、工伤保险、生育保险药品目录以及基本医疗保险诊疗项目和医疗服务设施范围，生育医疗费用原则上实行医疗保险经办机构与定点医疗机构直接结算。

（4）统一经办和信息服务。两项保险合并实施后，要统一经办管理，规范经办流程。生育保险经办管理统一由职工基本医疗保险经办机构负责，实行信息系统统一体化运行，资源共享。

（5）职工生育期间生育保险待遇不变。生育保险待遇包括《中华人民共和国社会保险法》规定的生育医疗费用和生育津贴，所需资金从职工基本医疗保险基金中支付。生育津贴支付期限按照《女职工劳动保护特别规定》等法律法规的产假期限执行。

截至 2017 年年底，全国生育保险参保人数达到 19 240 万人，比 2016 年同期增加了 797 万人。

此外，随着 2016 年我国“两孩”政策的全面实施，生育保险基金支出大幅增加。基于此，2018 年 3 月 13 日，多部门联合印发了《关于做好当前生育保险工作的意见》。该意见主要“从适应全面‘两孩’政策实施的角度，对做好当前生育保险工作提出了明确要求，以切实维护职工合法权益，确保实现生育保险制度稳健运行”①。提出当前生育保险应重点做好以下工作：一是提高认识，确保生育保险待遇落实。二是加强预警，完善费率调整机制。三

① 卓晓君. 关于建立生育保险基金风险预警机制的若干思考［J］. 中国医疗保险，2018（8）：43-47.

是引导预期，规范生育津贴支付政策。四是加强管理，提高基金使用效率。

（二）生育保险与医疗保险合并的必要性

生育保险是指国家和社会给予因生育行为而暂时丧失劳动能力的女职工生育假期、生育津贴及医疗保健服务的社会保险制度。医疗保险是指向因疾病、伤残或生育等原因需要治疗时提供必要的医疗服务和物质帮助的社会保险制度。生育保险制度作为社会保障体系的重要组成部分，一方面覆盖面过小，受益人群太有限，社会保险的大数法难以充分体现，制度的公平性难以体现；另一方面，制度单独运行造成人力物力财力的浪费，难以体现经办优势。"十三五"规划提出，探索生育保险与医疗保险合并实施。因此接下来，我们将对生育保险与医疗保险合并的必要性进行阐述。

1. 生育保险与医疗保险的关联性

（1）参保对象重叠。我国的生育保险目前主要是保障城镇职工，有些地市已经开始探索关于灵活就业人员的生育保险模式，即加入城镇职工医疗保险的人员就可以同等享受到城镇职工生育保险的待遇，从而为灵活就业人员提供参加生育保险的渠道。而我国基本医疗保险的覆盖面广，目前基本已实现全覆盖，2016 年还实现了新农合与城市居民基本医疗保险制度的合并，形成了城乡居民基本医疗保险制度。二者在参保对象上存在重叠。另外，由于真正能够享受生育保险待遇的主体是育龄妇女，人数其实非常有限，即使扩大生育保险覆盖面到全社会，也不会对生育保险基金的支出造成冲突。所以把生育保险和医疗保险合并，不仅可以扩大生育保险的覆盖范围，也可以健全医疗保险项目。

（2）报销项目交叉。生育保险和医疗保险在保障项目上具有很强的关联性。生育保险待遇包括医疗服务、生育津贴和产假。其中，生育津贴和产假与医疗保险的关系不大，但是生育保险中的医疗服务则与医疗保险关系紧密。虽然生育保险对生育医疗费用支出做出了规定，但是由于生育医护与普通医疗之间没有绝对的界限，从而在怀孕、生育期间引起的疾病费用有时与医疗保险的报销项目难以分清，有时只能依靠有经验的医疗人员进行简单的分类，容易造成报销困难，参保人的生育权益也无法保障。若是对生育保险的医疗服务与医疗保险进行详细区分又会造成人力物力耗费过多，诊疗费用、疾病及后遗症的医疗费用比较难以区分。

（3）报销模式相似。我国的医疗保险制度经过多次改革发展，已经形成了一套较为成熟的体系。目前，医疗保险的报销程序比较简便，患者在诊断和治疗时，只要携带参保证件和相关的医疗证明就可以在医疗机构专门的窗口进行实时报销，避免了手续的烦琐和先交费后报销的弊端，方便了参保人。而生育保险主要报销的也是医疗费用，两险合并更便于管理。但是生育保险的报销程序则比较烦琐，首先由医疗机构审核生育费用，然后参保人需要携带参保证明、医疗机构审核表、计划生育证明等多种资料到社会保障局的医保部门和生育保险部门进行再次审核才能报销。其中的生育津贴则需要发放到企业，然后由企业转发给个人。由于两险的报销模式相似，所以若是合并起来，统一采用医疗保险的报销方式，将大大提高保险管理效率，方便参保人。

2. 生育保险与医疗保险合并的意义

（1）扩大生育保险的覆盖面。我国的生育保险主要是城镇女职工生育保险，受益群体主要是参保的城镇女职工。近年来，虽然我国生育保险的参保人数逐年递增，但是增长幅度较小，生育保险覆盖面仍然较窄，例如：2017年年末，全国参加基本医疗保险的人数为117 681万人，参加生育保险人数仅为19 240万人，只占基本医疗保险参保人数的16.3%。“试点全面启动1年后，12个试点城市参保人数1 510万人，比试点前增长12.6%，明显高于同期全国5.5%的增长水平。此外，还促进了小微企业参保，如泰州市生育保险参保人数增加6.3%，但参保单位数增加了35.7%，增量中大多数为小微企业。”① 有力扩大了覆盖范围。

因此，两险合并有利于扩大生育保险的保障范围，使非城镇职工群体生育权益也得到保障，通过扩大生育保险的覆盖面，有效提高社会公平性，实

---

① 引自：国务院关于生育保险和职工基本医疗保险 合并实施试点情况的总结报告——2018年12月23日第十三届全国人民代表大会常务委员会第七次会议，《中华人民共和国全国人民代表大会常务委员会公报》，2019-01-15。

现职工医疗保险与生育保险的协同推进、融合发展，有利于促进社会的和谐发展。

（2）提高管理服务水平，促使“全面二孩”政策顺利实施。我国基本医疗保险制度的发展已经相对成熟，具有一套完善的运行体制，由于生育保险和医疗保险存在很多相似之处，所以两险合并后，生育保险就可以享受医疗保险比较成熟的网络信息平台，使公民在生育保险方面享受刷卡就医、联网结算的一站式服务，从而使生育保险报销更加便捷、高效，从而提高行政效率，降低管理运行成本。如晋中市通过统一直接结算生育医疗费用，报销周期最长缩短了8个月；四川省内江市实现生育津贴申领“只跑一次”，极大方便了参保人。

同时，两险合并也能使各省（自治区、直辖市）分散的生育保险基金与医疗保险基金集中起来统一运作、管理及运营，能够加强基金共济性，更好应对长期风险，有利于生育保险稳定可持续发展。随着统筹层次的提高，将会形成一定规模的收益，统一运作和管理还可以大大减少专门管理各省（自治区、直辖市）生育保险基金的人员、资金及物资等，基金的管理也会更简单有效，不仅可以节约管理成本，简化操作过程，而且使生育保险基金的安全性也大大提高，有利于充分利用生育保险基金，提高生育保险待遇水平。在良好的生育保障环境下，也有利于促使我国“全面二孩”政策的顺利实施。

（3）减轻企业社会保险缴费负担。目前，我国生育保险的缴费率已经调到0.5%以下，生育保险与医疗保险合并后，则可以取消生育保险缴费，企业就可以节省这项开支。合并后的筹资模式继续沿用医疗保险的筹资模式，同时加大政府财政补贴来减轻企业成本，使其能够把更多的资金投入到生产中，有利于企业的长期发展。

四、生育保险制度的发展成效及问题评析

（一）生育保险制度的发展成效

1. 覆盖面不断扩大，参保人数大幅增加

分析我国生育保险制度近二十余年的发展情况，可以得出生育保险制度

的参保人数逐年递增。其中，2009 年，生育保险参保人数为 10 875.7 万人，首次突破 1 亿人。截至 2017 年年底，全国参加生育保险的人数进一步上升到 19 300.2 万人，生育保险制度覆盖范围不断扩大（见图 14.1）。

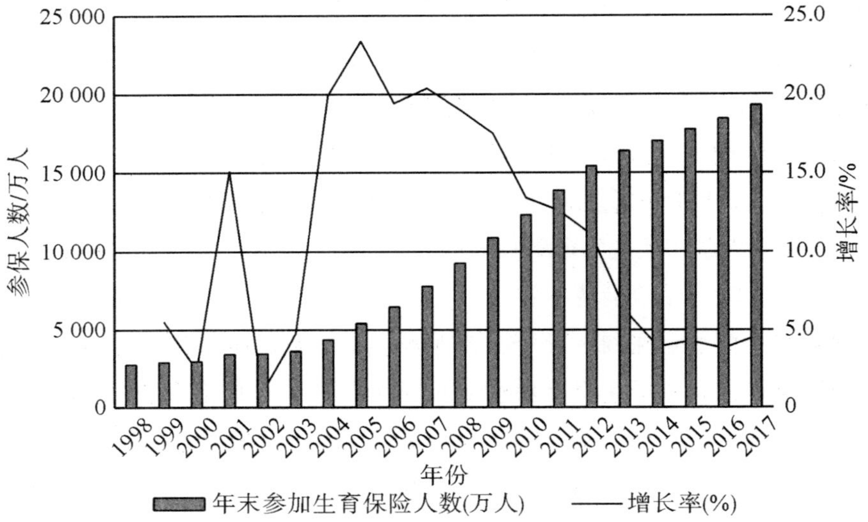

图 14.1　1998—2017 年全国生育保险参保人数变化情况

数据来源：根据国家统计局资料整理。

分析生育保险参保人数的增长率可以发现，从 2005 年起，生育保险参保人数的增长率就呈下降趋势，特别是 2014—2017 年的增长率都不足 5%（见表 14.1）。但是根据 2018 年 12 月 23 日提请十三届全国人大常委会第七次会议审议的《国务院关于生育保险和职工基本医疗保险合并实施试点工作总结的报告》显示：两险合并试点实施一年后，通过统一参保登记的方式，有效扩大了生育保险覆盖面，全国生育保险参保人数的增长率也提高到 5.5%；12 个试点城市的参保人数增长率明显高于同期全国的增长水平，从而也证明，两险合并有利于提高生育保险覆盖面。

表 14.1　1998—2017 年全国生育保险参保人数及享受待遇人数

单位：万人

年 份	年末参加生育保险的人数（万人）	增长率（%）	享受生育保险待遇的人数（万人）	增长率（%）
1998	2 776.7	—	—	—
1999	2 929.8	5.5	—	—
2000	3 001.6	2.5	—	—
2001	3 455.1	15.1	—	—
2002	3 488.2	1.0	—	—
2003	3 655.4	4.8	—	—
2004	4 383.8	19.9	—	—
2005	5 408.5	23.4	—	—
2006	6 458.9	19.4	107.9	—
2007	7 775.3	20.4	113	4.7
2008	9 254.1	19.0	140.1	24.0
2009	10 875.7	17.5	174	24.2
2010	12 335.9	13.4	210.7	21.1
2011	13 892	12.6	264.7	25.6
2012	15 428.7	11.1	352.7	33.2
2013	16 392	6.2	522	48.0
2014	17 038.7	3.9	613.4	17.5
2015	17 771	4.3	641.9	4.6
2016	18 451	3.8	913.7	42.3
2017	19 300.2	4.6	1 112.8	21.8

数据来源：根据国家统计局资料整理。

2. 基金规模持续扩大，基金支出不断增加

1998—2017 年，我国生育保险基金收入稳步增长，基金收入从 9.8 亿元增加到 642.5 亿元，增长约 65.6 倍。其中，2014—2017 年基金收入增长率不

高，2016 年一度跌至 4.0%（见图 14.2），与上文分析的近几年生育保险参保人数增长率不高相符合。

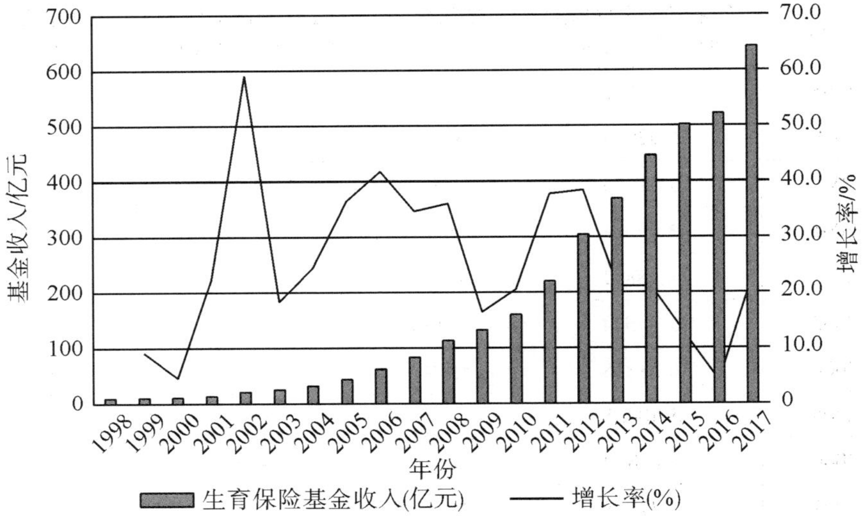

图 14.2　1998—2017 年生育保险基金收入变化情况

数据来源：根据国家统计局资料整理。

随着国家“全面二孩”政策的实施，分析发现：全国参保职工的生育保险需求得到了集中释放。相应的，生育保险享受待遇人次大量增多，生育保险基金的支出也大幅上升。尤其是 2016 年以来，在生育保险基金的总收入没有出现大幅增长的情况下，全国享受生育保险待遇的人数和生育保险基金支出呈现出快速上升的趋势。其中，2016 年全国享受生育保险待遇的人数为 913.7 万人，增长率为 42.3%，2017 年则分别为 1 112.8 万人和 21.8%。2016 年全国生育保险基金支出为 530.6 亿元，增长率为 28.9%，2017 年则分别为 743.5 亿元和 40.1%（见图 14.3、图 14.4、图 14.5 以及表 14.2）。

分析表 14.2 发现，全国生育保险基金已经连续两年出现当期收不抵支的情况，因此，当务之急应该建立生育保险基金风险预警机制，以有效应对基金的运行风险。

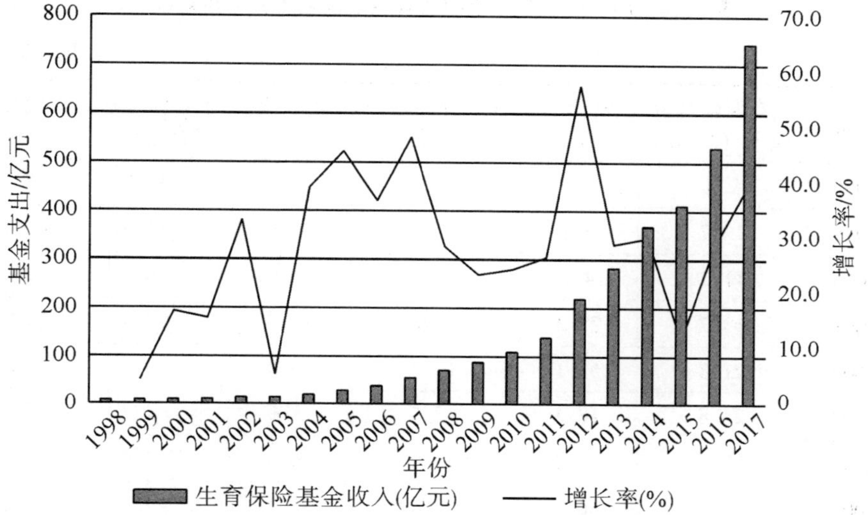

图 14.3　1998—2017 年生育保险基金支出变化情况

数据来源：根据国家统计局资料整理。

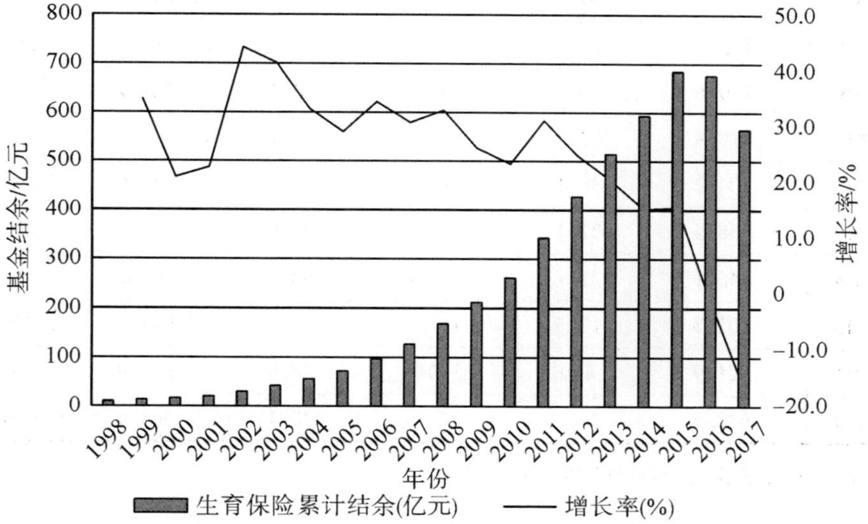

图 14.4　1998—2017 年生育保险基金结余情况

数据来源：根据国家统计局资料整理。

表 14.2　1998—2017 年全国生育保险基金收支及结余情况

单位：亿元

年份	生育保险基金收入（亿元）	增长率（%）	生育保险基金支出（亿元）	增长率（%）	生育保险累计结余（亿元）	增长率（%）
1998	9.8	—	6.8	—	10.3	—
1999	10.7	9.2	7.1	4.4	13.9	35.0
2000	11.2	4.7	8.3	16.9	16.8	20.9
2001	13.7	22.3	9.6	15.7	20.6	22.6
2002	21.8	59.1	12.8	33.3	29.7	44.2
2003	25.8	18.3	13.5	5.5	42	41.4
2004	32.1	24.4	18.8	39.3	55.9	33.1
2005	43.8	36.4	27.4	45.7	72.1	29.0
2006	62.1	41.8	37.5	36.9	96.9	34.4
2007	83.6	34.6	55.6	48.3	126.6	30.7
2008	113.7	36.0	71.5	28.6	168.2	32.9
2009	132.4	16.4	88.3	23.5	212.1	26.1
2010	159.6	20.5	109.9	24.5	261.4	23.2
2011	219.8	37.7	139.2	26.7	342.5	31.0
2012	304.2	38.4	219.3	57.5	427.6	24.8
2013	368.4	21.1	282.8	29.0	514.7	20.4
2014	446.1	21.1	368.1	30.2	592.7	15.2
2015	501.7	12.5	411.5	11.8	684.4	15.5
2016	521.9	4.0	530.6	28.9	675.9	-1.2
2017	642.5	23.1	743.5	40.1	564.5	-16.5

数据来源：根据国家统计局资料整理。

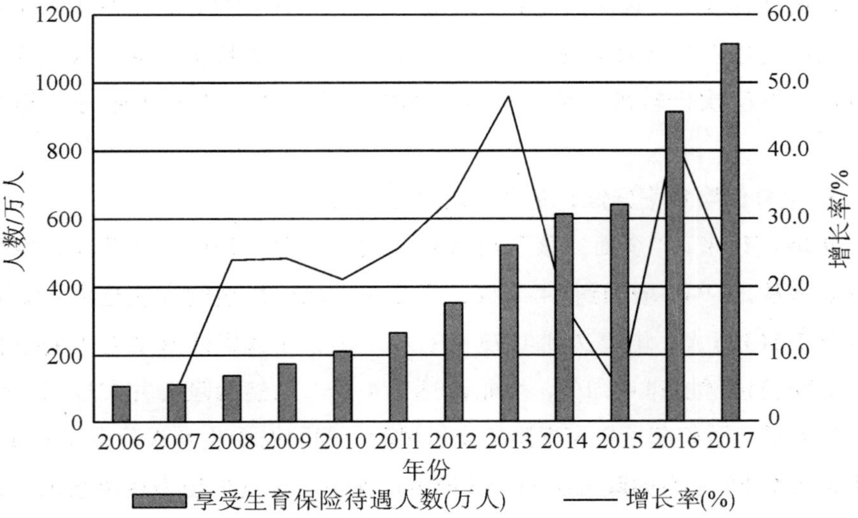

图 14.5　1998—2017 年享受生育保险待遇的人数变化情况

数据来源：根据国家统计局资料整理。

（二）生育保险制度进一步发展需要解决的问题

1. 制度碎片化，缺乏全国统一的管理系统

目前，我国关于生育保险的法规立法层次较低，没有对生育保险具体的内容、标准、实施做出规范。缺乏强有力的法律支撑，从而社会关注度不够，参保人法律意识淡薄，管理缺失。由于没有统一的法律标准，导致各地结合实际情况制定一些地方政策，从而出现制度碎片化，缺乏全国统一管理系统。例如：在不同经济发展水平的地区，生育保险的统筹层次都可能不同，进而覆盖人数、保险费征缴、补偿标准等方面也存在着差异。

2. 生育保险的统筹层次较低，覆盖范围仍然较窄

2017 年，全国生育保险的参保人数为 19 240 万人，其中，全年共有 1 113 万人次享受了生育保险待遇，而城镇职工生育保险参保率只有 67. 4%①，没有做到应保尽保。同时，各地区经济发展不平衡，使生育保险难以做到全

① 数据来源：《2017 年人力资源和社会保障发展统计公报》。

国范围内社会统筹，也使其覆盖率偏低①。目前，两险合并试点城市的生育保险采用的是建立在调剂金制度上的市级统筹，尚未实现基金的统收统支，生育保险统筹层次仍较低，从而基金协调能力也较差，不利于充分分担基金风险。

3. 生育保险费率偏低，基金支出压力较大

2016 年以来，“全面二孩”政策效应逐渐显现。2015—2017 年，生育保险覆盖率从 22. 94%增加到 24. 78%，享受生育保险待遇的人次也由 642 万人增加到 1 113 万人，增幅达到 1. 73 倍；相应的，生育保险基金支出的增长率从 11. 8%持续增加到 40. 1%，增幅高达 3. 4 倍。虽然两险合并实施后，生育医疗统筹基金承担起了生育保险的支付风险，但同时受生育保险费率从 1%左右下调为 0. 5%左右的政策影响，各地生育保险基金支出压力逐年增加。2017 年，有不少试点城市首次出现基金当期收不抵支的情况，快速消耗着以往的滚存结余，导致部分地区原有生育保险基金政策性出险。因此，两险合并后统筹基金规模增大的同时，也伴随着基金运行风险的上升，所以应该高度重视基金安全问题，以保证基金的偿付能力和可持续发展能力②。

4. 企业社会保险负担过重

我国的生育保险费由企业单独缴纳，个人不用缴费。虽然为了减轻企业负担，生育保险基金费率已经从单位职工总工资额的 1%调整到 0. 5%以内，但是随着我国经济的快速发展，我国平均工资水平不断增长，社会保险的缴费基数就逐渐变大，社会保险缴费水平不断提高，依然会加大企业的负担。对于一些中小型企业而言社会保险负担则更重，造成许多员工“弃保”的现象发生，这也导致生育保险的覆盖率偏低。

① 李卢霞，戴维周，孙晓燕. 国外生育保险制度概览及我国生育保险制度改革 [J]. 卫生经济研究，2005 (11)：17-18.

② 孙洁. 我国生育保险制度改革方向的探讨 [J]. 中国社会保障，2018 (7)：79-81.

第四节　我国生育保险制度的改革发展展望

一、全面推进生育保险与医疗保险合并实施，迅速扩大覆盖面

《国务院关于生育保险和职工基本医疗保险合并实施试点工作总结的报告》指出，关于两险合并，试点探索形成了成熟的制度经验和法律保障依据，具备全面推行的条件。按照“保留险种、保障待遇、统一管理、降低成本”的思路，把生育保险与医疗保险合并，一方面可以更好地发挥生育保险的平等保障功能，提高生育保险统筹层次、扩大生育保险的覆盖范围，进而扩大基金的共济范围和共济能力，增强生育保障功能，提高生育待遇水平；另一方面，也有利于提高行政效率，降低管理运行成本，而且缴费基数的提高也可以适当降低缴费比例，有利于减轻企业负担。

但是目前两险合并的试点方案主要是针对城镇职工，距离覆盖绝大部分育龄妇女仍有较大差距。所以，对农村女性群体、非正规就业的城镇女性群体及自由职业者等群体可以另行规定，使其能够灵活参加生育保险。例如：一是将生育保险进一步与城乡居民基本医疗保险合并，扩大覆盖群体；二是对于低收入者，可以由政府负责为其缴纳生育保险，或是规定男性参加生育保险的，可以灵活转移给其配偶使用，同时转移方则不再享受生育医疗待遇，以提高生育保险的使用效率和覆盖范围。

二、增加生育保险资金来源，减轻企业缴费负担

目前我国生育保险的缴费主体是企业，个人不用缴纳，即使是生育保险和职工基本医疗保险合并实施试点方案中也规定由同一基金征缴和管理，且个人不缴纳生育保险费。这种方式加重了企业负担，甚至导致有些企业不给职工缴纳生育保险，从而使部分职工的生育权益得不到保障，不利于生育保

险扩大覆盖面。随着“全面二孩”政策的推行，孕妇数量增加，生育保险需求得到释放，生育保险支出大幅增加，生育保险稳定地可持续发展面临挑战。

因此，对于生育保险未来的发展，建议提倡资金来源多元化，扩大资金的筹集渠道，建立由个人、用人单位和国家三者共同承担的生育保险缴费机制。强化个人缴费义务不仅符合权利义务一致原则，也能提高社会公平程度。三方共同承担生育保险缴费，也有利于减轻企业负担，扩大资金筹集渠道，进而扩大生育保险保障范围。具体措施包括：生育保险与医疗保险合并后，可以随着医疗保险政策增加个人缴费，同时随着人口政策的调整可以将计划生育补助转化为国家供款等。

三、进一步完善生育保险立法，加强基金监督和管理

通过在 12 个试点地区实行两险合并，目前已经具备全面展开的条件，但是还缺乏相对完善的法律法规。所以，应该制定一个对两险合并可具体规范管理的社会保险法律，明确相关管理和经办机构的权责，使全国范围内的两险合并有法可依，减少推广阻力。同时，应提高生育保险的立法层次，增强其法律强制力，制定包括全国各个行业在职妇女均可适用的生育保险法律。通过法律形式规范生育保险管理的行为和职责，确立有效的管理制度，并建立与经济发展相适应的社会统筹生育保险模式①，从而促进生育保险制度的不断完善和可持续发展。

同时，加强对生育保险基金的监督和管理，以确保生育保险制度的可持续发展。“全面二孩”政策实施后，生育保险支出增加，给生育保险基金带来严重的冲击，同时，在降低费率政策的影响下，生育保险基金的平稳运行受到极大挑战。因此，要明确规定基金管理机构和完善监督体系，加强合并后的基金监控，同时预测基金风险，建立费率动态调整机制，以确保生育保险

① 孙琼如. 社会性别视角下的生育保险政策反思　以泉州市生育保险政策为例 [J]. 华侨大学学报（哲学社会科学版），2010（4）：91-96.

的可持续发展，进而充分保障参保人的利益。

四、探索引入商业保险模式，提高生育保险待遇和服务质量

我国“全面二孩”政策实行以来，人口出生率不增反降，分析发现影响育龄家庭是否有生育意愿，并且能把生育意愿化为实际生育行为的一个重要因素就是家庭的经济承受能力。因此，建议尝试将商业保险引入生育保险的管理运营体系，采用两种模式共同发展——社会保险制度与商业保险相结合。投保人按照自愿原则，参加商业保险公司提供的生育保障，可以将城镇生育保险中规定的生育医疗费支付范畴外的项目纳入商业保险的保障范围，例如意外早产、早产儿康复保健、人工受孕等。商业保险的缴费模式可以采取分级缴费的办法，多缴多得，如果缴费到了一定时长或达到一定金额，就能享受其对应的生育保险待遇水平。两种模式相结合从而使生育女性在享受社会生育保险的基础上，可以根据自身经济条件购买不同等级的额外生育保险项目，从而减低其生育期间的风险成本。

同时，参加商业生育保险的人群可以不受性别和雇佣状态的限制。根据《上海城镇生育保险办法》的规定，缴纳城镇生育保险的男性，在其非本市户籍配偶失业的情况下，夫妻双方都不能享受城镇生育保险待遇。而商业生育保险如果把男性纳入购买人群，那么他们可以自主选择投保，在其配偶生育后就可以获得相应的生育保障，从而变相降低家庭的生育成本，提高生育保险待遇和服务质量。

第十五章
新中国长期照护保险制度的试点与展望

为积极应对人口老龄化给我国社会稳定、经济发展带来的冲击，贯彻党中央“以人民为中心的发展思想”，保障失能群体（特别是失能老人）的利益，《中华人民共和国国民经济和社会发展第十三个五年规划纲要》明确提出探索建立长期护理保险（又称“长期照护保险”①）制度。人力资源和社会保障部于2016年7月提出在成都、上海、青岛等15个城市先行先试，为全国性长期照护保险制度的顶层设计和推广摸索探路。该制度的试点运行，目前已取得了多方面的积极成效，受到试点地区市民的广泛欢迎，实现了政府、失能家庭、商保公司与照护市场的多方共赢，并逐步形成了长期照护保险的社商合作运行管理特色。展望长期照护保险制度发展的未来，其必将在满足中共十九大报告提出的“人民日益增长的美好生活需要”方面，取得重大突破性成效，并可能成为我国覆盖城乡居民的第六大社会保险险种。

---

① 在我国目前出台的大部分官方文件中都称为“长期护理保险”，少数地区（如成都市）称为“长期照护保险”。该制度主要是对生活自理能力缺失的老年人及残疾人提供社会化的生活照料服务，因此，为了与（疾病）医疗护理保险制度相区别，笔者认为称之为“长期照护保险”更为妥帖。

第一节　我国长期照护保险的试点进展与制度特征

2012 年，青岛率先开始探索试点长期照护保险。2016 年 7 月人力资源和社会保障部办公厅《关于开展长期护理保险制度试点的指导意见》（人社厅发〔2016〕80 号）的颁布，正式拉开了我国在 15 个城市试点长期护理（照护）保险的序幕。各试点城市纷纷响应，陆续出台了各具特色的试点方案，试点进程达到高潮。图 15.1 梳理了我国长期照护保险的试点历程。

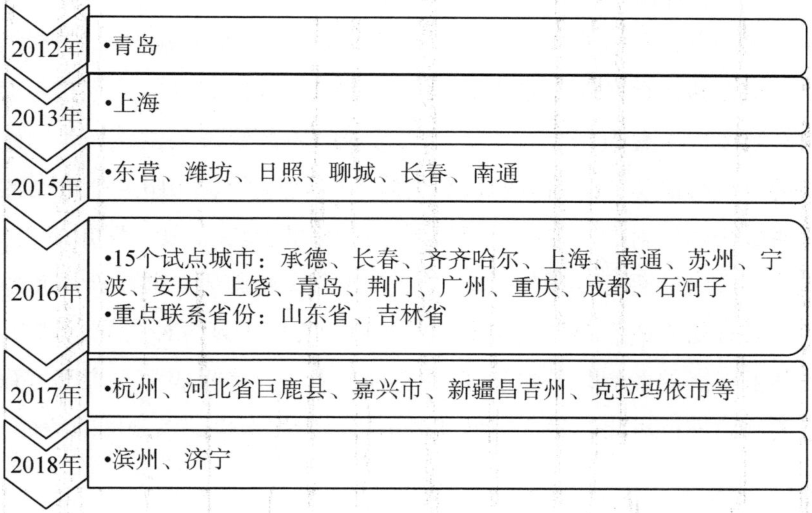

图 15.1　我国长期照护保险的试点进程

青岛市对长期护理保险的探索最早可以追溯到 2000 年，起初建立了家庭病床服务，为长期卧床不起的病人提供社区服务。在 2005 年和 2009 年又先后建立了老年护理和医疗专护，实行了家庭病床、护理员服务和中小医院临床服务。2012 年青岛将上述服务整合确立了长期医疗护理保险制度。继青岛之后，2015 年山东省又在东营、潍坊、日照、聊城四地试点职工长期护理保险。

2013 年 7 月上海市在浦东、杨浦、长宁 3 个区 6 个街镇开展高龄老人医疗护理计划试点，2014 年扩大至 6 个区 28 个街镇，2016 年年初进一步覆盖上海全市的高龄老人。

长春在 2015 年试点失能人员医疗护理保险，保障对象为生活不能自理，需要入住养老机构或医疗机构接受长期或短期（有明确的病种范围）日常照料和医疗护理的人员及癌症晚期舒缓疗护患者。

南通在 2013 年将《南通市护理保险制度研究》列入重大研究项目，组建课题研究团队，对制度及可行性进行研究。2015 年 10 月南通市政府印发《关于建立基本护理保险制度的意见（试行）》，2016 年 1 月 1 日正式试点，这项制度作为社会保险“第六险”在南通建立。

在上述城市试点的基础上，2016 年 7 月我国在 15 个城市正式开始试点，并确定了山东和吉林两个重点省份。这些试点地区既有上海、广州等经济发达的东部城市，也有石河子、安庆、荆门等中西部经济欠发达城市。随着国家政策的宣传与推动，全国掀起试点热潮，在 2017 年、2018 年杭州等地自行探索长期照护保险制度，这也说明我国建立该制度迫在眉睫、时机恰当。

成都通过向早期已经开始试点的城市进行实地调研，并结合本市实际情况制定了具有地方特色的试点方案。青岛和南通作为该险种的先行试点城市，已经积累了丰富的经验，并取得了显著的效果。下文将成都与青岛、南通等典型代表城市进行对比，分析归纳成都市长期照护保险试点制度的特征。

一、长期照护保险试点制度的参保人群比较

成都市按照“整体设计、分步实施、量力而行、逐步完善”的思路，在综合平衡基金和保障需求等相关因素的前提下，在长期照护保险试点初期，由于农村地区养老服务提供体系尚不完善，并且为了以更加稳妥的方式推进试点，成都市选择从城镇职工基本医疗保险参保人起步，待条件成熟后再将覆盖范围扩大到城乡居民基本医疗保险参保人员。这种在试点初期不贪大求全的做法，在一定程度上可以避免制度试点的风险。同时，保障对象为城镇

职工中的长期重度失能人员，保障内容侧重于对失能人员的日常生活照料，这样可以更好地与提供诊疗服务和医疗护理的基本医疗保险做好制度衔接。青岛市从 2012 年开始试点摸索，参保人群逐步扩大，由最初只保障城镇职工到职工和居民全覆盖。南通市照护保险的覆盖范围较狭窄，仅为市区内的职工和居民医疗保险的参保人员。成都市有 743 万城镇职工先后参保，青岛市和南通市的参保人数分别为 825.9 万人和 120 万人。

二、长期照护保险试点制度的筹资渠道比较

成都市采取“财政补助+个人缴费+用人单位+社会捐助”的多元筹资渠道。青岛市构建单一筹资渠道，不需要个人或单位另行缴费。南通市也设计“财政补助+个人缴费+医保统筹基金+福彩公益金”的多元筹资渠道。具体的筹资标准如表 15.1 所示：

表 15.1　成都、青岛和南通的长期照护保险筹资标准

	成都	青岛	南通
筹资标准	个人：40 岁以下职工、40 岁以上到法定退休年龄职工和退休职工分别按医保缴费基数的 0.1%、0.2%、0.3%从个人账户中按月划拨； 用人单位：按医保缴费基数的 0.2%从统筹账户中按月划拨； 财政补助：对退休人员每月按其医保个人账户划入基数的 0.1%进行缴费补贴划转	职工：一部分按医保结余基金的 20%一次性划拨，另一部分按个人账户计入基数总额的 0.5%按月从医保基金中划拨； 居民：按居民医保筹资总额的 10%从居民医保基金中划拨	定额筹资：暂定为每人每年 100 元，具体为个人缴纳 30 元，医保统筹基金划拨每人 30 元，政府补助每人 40 元

成都市建立的个人、单位、政府和社会捐助等多方责任共担的多元筹资机制较有特色，明确了职工单位和个人（包括退休人员）缴费的主体责任，财政补助由市和区（市）县财政按比例分担。同时，对个人按年龄和失能风险的大小确定筹资标准，充分发挥单位、政府和社会的多方责任。并且，为了激励年轻人积极参保，成都市对缴费年限累计满 15 年后，每增加 2 年，支付

比例就提高1%。成都市预计全年度长期照护保险基金筹资规模将达到12亿元。这12亿元与财政补助以及退休人员个人缴费有很大关系，这当中职工个人（包括近200万退休职工）的个人账户划入5.89亿元、统筹账户基金划入5.2亿元、财政划入0.91亿元。如果退休人员不缴费或者财政部门对退休人员不予以补助，成都长期照护保险的筹资能力不可能这么强。因此，明确多元主体的筹资责任十分重要。

青岛的参保人群比成都市多，筹资标准也较高，2017年青岛筹资28.8亿元，全部来自医保基金结余。其中，医保基金一次性为职工划拨19.8亿元，职工人均每年又从医保基金中划拨156元，筹资6亿元，职工共筹资25.8亿元，城乡居民人均筹集61元/年，共筹资约3亿元。南通市职工个人缴费部分从医疗保险个人账户中划转，居民个人缴费则在缴纳医疗保险费时一并缴纳。与成都和青岛的比例筹资方式不同，南通市采取定额筹资且政府承担了更多的筹资责任。居民医保中的未成年人（含在校学生）以及特困人员和丧失劳动能力的1~2级重残人员的医保费用全部由财政补贴，2017年南通市照护保险筹资总额1.2亿元，其中财政投入占47.2%。

三、长期照护保险试点制度的受益对象确定机制比较

成都市在Barthel指数评定量表的基础上构建了包括“身体-精神/认知-沟通/社交”的评估量表，由ABC三个主要亚量表构成，另设立D量表，补充采集医疗护理的一些问题。成都市将重度失能人员纳入受益范围，根据重度失能程度又分为“重1”“重2”“重3”三个等级，失能程度依次增强。成都市老年人口比例为21.41%，重度失能率为0.54%，参保职工中的重度失能人员约有3.82万人。同时，成都市拟在试点基础上渐进式扩大受益面，分阶段纳入重度失智人员、中度失能人员和高龄老人，并且市人社局成立专家小组开展重度失智人员课题研究。

青岛市以Barthel指数评定量表作为评估工具，受益人群为中、重度身体失能者。2017年1月又将职工和一档缴费成年居民中60岁及以上入住机构的

重度失智老人纳入保障。2017 年年底，青岛市老年人口为 176 万人，占比 21.9%，其中失能失智老人约 30 万人。失智人员申请时，需要经过社保经办机构确定的失智诊断评估机构的专家诊断，用青岛市长期护理保险失智老人失智状况评估量表、蒙特利尔认知评估量表等评估量表评估后确定失智程度。

南通市在失能鉴定方面也以 Barthel 指数评定量表为基础，2016 年试点时，只保障重度失能。2017 年根据制度运行情况，开始逐步将中度失能人员纳入保障范围。南通市老龄化程度比较高，老年人口占比 28.2%，高于全国 10%左右，失能人口也比较多，仅市区失能人数就有 3 万人。

四、长期照护保险试点制度的照护服务内容比较

成都市的长期照护形式包括机构照护和居家照护，“重 1”“重 2”“重 3”分别对应照护三级、二级、一级，可享受的服务项目依次增多。成都市将服务内容分为生活照料 11 项、护理照料 13 项、风险防范 3 项和功能维护 4 项共 4 大类 31 项，对各照护等级除了规定基础固定服务项目外，还可以根据本人的失能状况选择服务菜单内的其他项目。在协议照护机构接受服务的，11 项生活照料为必选项，其余的服务项目根据照护一级、二级、三级分别能选择 7、4、1 项；选择居家照护服务的则没有必选限制，照护一级、二级、三级分别可选择 18、15、12 项照护项目。

青岛市的服务形式包括医疗专护（专护）、护理院医疗护理（院护）、居家医疗护理（家护）和社区巡护（巡护）四种模式，“专护”对重症失能老人在二级、三级医院的专护病房进行全天候的专人护理，“院护”对患有慢性重病，常年卧床不起的老人送入专业养老机构接受医疗护理，“家护”和“巡护”是乡镇卫生院和养老院的医护人员定期或不定期地提供上门医疗护理服务。在照护机构中设立“失智专区”为失智老人提供服务，包括长期照护、日间照护和短期照护（又称“喘息服务”）三种形式，提供饮食照料、睡眠照料、排泄照料和情感照护、心理干预等服务内容。青岛市的服务内容考虑到城乡服务体系的差距，结合实际情况，层次分明；并在全国建立了第一个

针对失智老人的精准护理保障制度，提高了服务质量，丰富了服务形式。

南通市的照护服务除了居家照护，医疗机构、养老机构等各种护理机构只要符合长期照护保险政策规定的都可以对其提供服务，并鼓励失能者选择由定点照护协议机构提供上门服务，包括卫生清洁、饮食照料、排泄照料等服务内容。

五、长期照护保险试点制度的支付标准比较

成都结合失能等级和服务形式具体确定支付标准，青岛对照护机构实行“定额包干，超支不补”的结算办法，结合参保身份和服务形式制定限额标准。南通为保障制度的稳定和可持续发展，实行支付待遇定额结算的方式。具体的支付标准和支付比例如表 15.2 所示。

表 15.2　成都、青岛和南通的长期照护保险支付标准和支付比例

	成都	青岛	南通
支付标准	照护一级月定额标准 = 2015 年（上上年）社会平均工资 4 790 元/月 * 50% = 2 395 元/月； 照护二级月定额标准 = 2015 年（上上年）社会平均工资 4 790 元/月 * 40% = 1 916 元/月； 照护三级月定额标准 = 2015 年（上上年）社会平均工资 4 790 元/月 * 30% = 1 437 元/月	失能人员实行“定额包干、超支不补”的结算办法，根据护理服务形式、护理服务机构医疗资质与服务能力，分别确定包干标准：“专护”170 元/天，“院护”65 元/天，“家护”50 元/天；“巡护”根据参保人身份制定限额，一档缴费居民 1 600 元/年，二档缴费居民 800 元/年。 “失智专区”实行“定额包干、超支不补”的结算办法，并按床日包干管理：长期照护和短期照护 65 元/天，日间照护 50 元/天	照护机构：重度失能人员每人每天 50 元，中度失能人员每人每天 10 元； 养老机构：重度失能人员每人每天 40 元，中度失能人员每人每天 10 元； 居家上门照护服务：重度、中度失能人员按每人每天 15 元、8 元的标准发放照护补助，并享受每月 370~500 元的居家上门照护服务

表15.2(续)

	成都	青岛	南通
支付比例	照护一级机构照护支付金额=2 395 元/月 * 70% = 1 676 元/月；照护二级机构照护支付金额=1 916 元/月 * 70% = 1 341 元/月；照护三级机构照护支付金额=1 437 元/月 * 70% = 1 005 元/月。照护一级居家照护支付金额=2 395 元/月 * 75% = 1 796 元/月；照护二级居家照护支付金额=1 916 元/月 * 75% = 1 437 元/月；照护三级居家照护支付金额=1 437 元/月 * 75% = 1 077 元/月	失能人员在服务期间发生的符合规定的医疗护理费，城镇职工报销 90%，一档居民报销 80%，二档居民报销 40%；"失智专区"在照护服务期间发生的符合规定的医疗护理费：职工报销 90%，一档缴费成年居民报销 80%	在照护保险支付范围及标准内的费用：医疗机构接受照护服务：照护保险基金支付 60%，同时可享受医保住院待遇；养老机构接受照护服务：照护保险基金支付 50%；居家上门照护服务：照护保险基金分项目按标准按月限额支付，月限额为 1 200 元

成都市秉承"亲情优于专业"的理念，在政策上鼓励居家照护，以月定额为基准，居家照护的支付比例比机构照护高 5%。青岛的政策保障的是失能失智人员在机构接受医疗护理服务，其筹集的资金也比成都多，因此支付标准和比例都比成都高。在支付比例方面，职工的年筹资额比居民多，决定了职工的报销比例也比居民高。南通市仅覆盖市区内的职工和居民，基金总额有限，支付比例也比较低。南通市最明显的特点是对居家上门照护服务给予大力支持，中、重度失能人员不仅可以享受专业机构提供的上门照护服务，还可以获得每天 10 元或 8 元的照护补助。

六、长期照护保险试点制度的经办管理机制比较

成都、青岛和南通都是采取社商合作、社保商办的经办模式。成都市创新采取"医保搭台，商保竞技"的方式，将成都市划分为 5 个承办片区，市医保局委托 5 家商保公司分片区经办，并建立长效机制为承办的保险机构提供合理的运营费用来源，不以最低价为中标标准，防止商业保险机构之间的恶性竞争，保证照护服务质量。

青岛市由中国人民健康保险公司一家承办，社保部门负责政策设计、筹

资、监督考核和业务授权，商保公司负责费用核算和待遇支付等业务。按照“结余返还、风险调节”的思路，如果当年长期照护保险基金实现结余，商保公司扣除合同约定的成本后将结余部分返还给医保基金；如果亏损，合同约定的额度之上由商保公司自行承担，并在第二年对超出部分经过政策调整解决。这种方式督促商保公司做好风险控制工作，减少超支风险。

南通市通过公开招标由 4 家商保公司承办，共同组建照护保险服务中心作为联合经办机构，采取合署办公的形式。保险公司基于“运行风险共担、保险事务共办、管理费率固定、年度考核退出”的模式参与经办，负责居家照护受理评定、费用审核、结算支付、稽核调查等业务，政府机构每年对经办服务进行考核。

第二节　长期照护保险的试点成效评析

长期照护保险试点方案发挥了政府和保险公司两者的优势，采取政府+公司的经办服务方式，试点工作进展顺利，受到社会各界关注，基本实现了政府、商保公司、参保居民和照护市场的多方共赢。

以成都市为例，截至 2018 年 6 月 30 日，长期照护保险社商合作机制运行了一整年，共承保覆盖了 746 万城镇职工，筹集资金约 12 亿元，签订协议照护服务机构 53 家（其中养老机构 36 家，医疗机构 17 家），培训建立 550 多名专业评估员队伍，失能评定受理 22 959 人，初审通过 19 491 人，确认重度失能享受保障待遇的 16 013 人。一年来五家保险公司累计向重度失能人员支付保险金 5 089. 30 万元，其中向居家照护人员支付 4 200 万元，占比 82. 3%；向照护机构入住人员支付 914. 4 万元，占比 17. 47%（见表 15. 3）。

表 15.3　成都市长期照护保险重度失能申请及评估通过情况

（2017.7.1—2018.6.30）

申请评估基本情况	申请人数（人）	初审通过（人）	失能评估通过（人）	重度一级（人）	重度二级（人）	重度三级（人）	结论送达（人）	投诉复评（人）	异议复评（人）
	22 959	19 491	16 013	9 359	6 543	111	18 779	14	431
占比（%）	100	84.9	69.7	58.5	40.9	0.69	96.4	0.06	1.88
失能人员年龄结构、照护方式选择	重度大于60岁的人数（人）	重度40至59岁人数（人）	重度小于40岁的人数（人）	最大年龄（岁）	最小年龄（岁）	居家照护人数（人）	机构上门人数（人）	机构照护人数（人）	未签协议或协议无效人数（人）
	15 155	771	87	117	18	13 188	3	2 203	619
占比（%）	94.64	4.81	0.54	—	—	82.36	0.02	13.76	3.87

备注：1. 评估通过人数=重一人数+重二人数+重三人数

2. 本次统计根据人数进行统计，不包括人次，多次申请的以最近的一次为准。

长期照护保险的社商合作机制带来如下多方共赢的初步成效。

一、对居民家庭及社区的积极意义与成效

对于居民家庭来说，重度失能老人，经常出现感染、褥疮等家庭和养老机构难以处理的病情，老人只能反复住院或长期住院，对家庭而言不仅经济负担沉重，家属陪床也不堪重负。通过长期照护保险，这些失能老人在家就能得到专业的护理服务，大大缓解了家庭的照护压力。社商合作的长期照护保险的开展，给居民家庭带来的重要意义包括：

（1）社商合作的长期照护保险开展，有效减轻了照护失能老人的家庭经济负担。成都市重度失能人员的基本照护费用（只含照护服务费）平均为3 200元/月左右，长期照护保险的支付标准为（1 005~1 796）元/月，每位重度失能者每年最高获得21 552元的保障金额，至少可以减轻家庭1/3以上的照护经济负担。实际上，在各经办保险公司加强对专业照护机构的监督管理后，机构的护理收费大幅下降，在第二经办片区照护费用平均下降了35%~56%，护

理费标准大都降到每月 1 500 元左右，从而进一步提升了长期照护保险对失能照护的保障效果，每月给付的保险金可以弥补失能家庭 2/3 以上的照护费用支出。

（2）社商合作长期照护保险的开展，有效地保障了失能人员基本生活权益，提升了重度失能人员有尊严的生活质量，也弘扬了中国传统文化美德。在得到长期照护保险重度失能保障待遇之前，很多重度失能老人长期得不到社会的关怀，有些在享受失能待遇后不久就死亡了。经统计，在 2017 年 7 月—2018 年 5 月的 11 个月时间里，死去的重度失能老人共 2 643 人，占同期通过重度失能评估人数的 17%。其中，享受居家照护的死亡人数 1 810 人，享受机构照护的死亡人数 379 人，还有通过了重度失能评估但是还未来得及签照护协议就死亡的，人数达 454 人。在各家公司负责照护管理的失能人员中，几乎每个月都有死去的。这些死去的重度失能人员在临死前得到了政府的长期照护保险及相关工作人员的关怀，体现了社会对他们的尊重，在一定程度上保障了他们在重度失能状态下和死亡前的生命尊严，很多失能老人是带着感恩的心态离开世界的。事实上，在宣传开展长期照护保险头三个月的时间里，中国人寿、中国人保、大地保险等多家公司就收到了很多参保家庭送来的锦旗，“心系群众暖人间，长照保险保尊严”“长照保险惠民生，人保尽心做实事”等，是参保家庭对长期照护保险实施效果的真实反馈和写照。

（3）对社区和社会而言，在人口老龄化伴随高龄化、少子化和空巢化趋势不断加剧的社会背景下，成都市社商合作的长期照护保险制度广泛覆盖和稳定运行，有利于增进人民幸福感，促进社会公平正义，维护社会稳定。

二、对地方政府及社保经办部门的积极意义与成效

经过一年的社商合作试点运行，成都市医保局通过保险公司组建了五支训练有素的专业运营团队，完善了长期照护保险的运作机制，建立了长效发展的制度基础。长期照护保险制度的开展不仅涉及参保人与政府经办部门之间的权利义务关系，还涉及护理机构、照护人员及失能家庭等多方利益关系，理清各方关系，建立有效约束制衡机制，准确界定各自职能责任定位，对制

度的长效发展十分重要。成都市通过购买服务的方式将具体业务委托给商业保险公司运营，政府与市场利用各自的优势，各司其职。政府发挥政策性主导作用，做好具体的政策制定、监督管理和考核工作，由原来的“裁判员兼运动员”转变为“裁判员”，提升了政府的行政管理效能。保险公司利用专业人员、网络体系、成本控制和风险管理等方面的优势，提高运营效率，实现基金效用的最大化。各家承办保险公司按经办合同要求组建了独立的专业管理团队（五支团队各有 100 人左右，具有医学、护理专业背景的人员占 50%以上），对照护机构及照护人员进行专业化培训和监督管控，促进照护市场规范发展，确保照护服务质量。同时，利用社商合作机制为全市节省政务开支与运营成本至少 1 亿元以上。另外，促进了医疗资源的合理分配和利用，节省了基本医疗保险基金的支出。长期照护保险的发展减轻了医院对失能人员的护理压力，释放医疗资源更好地服务于危重患者；而重度失能人员从医院迁出，也大大节省了医保基金支出。通常重度失能人员住在医院接受护理，由医保支付的住院费用平均为每床每日 1 000 多元；而回到家中接受居家照护或者在专业照护机构接受照护，长期照护保险支付的费用则为每月 1 000~2 000 元，大约是二级、三级医院的 1/20。

三、对商业保险公司的积极意义与成效

通过社商合作机制受托经办相关业务，商业保险公司可以获得稳定的长期照护保险保费资金来源和委托经办费用，并获取一定的盈利。根据社商合作考核机制的要求，我们对各家公司第一年度获得的委托经办费用收入和各项成本投入进行了初步测算。在受托经办的第一年度，大部分保险公司（特别是寿险公司）都可以实现保本微利，个别财产保险公司由于前期投入较大，第一年预期有 20%左右的亏损，但预期在整个合同周期（3 年）内可以实现整体盈利。另外，每家公司获得的 1 亿~2 亿元的保费资金，可扩大保险公司的保费市场份额，带来一定投资收益，具有重要意义。

另外，社商合作还有利于提升商业保险公司的社会形象和品牌知名度，促进商业保险公司相关保险产品的商业开发和市场销售。

第三节　中国特色长期照护保险制度的发展展望

经过科学合理的制度设计和规范精细的经办管理，成都等地的长期照护保险社商合作运行机制取得了开局良好、多方受益的初步成效，切实保障了失能参保人的合法权益，减轻了失能患者及其家庭的负担，得到社会普遍认可。但是，随着试点工作的继续推进和逐步推广，还需要对长期照护保险及其社商合作的体制机制进一步完善。

一、进一步明确政府与市场的边界，鼓励合理竞争，适当分权让利

长期照护保险制度的发展，既要坚持政府的主导地位，确保长期照护保险制度发展的公益性、公平性和可持续性，又要适当放权、分权，持续推进管理理念和机制创新，充分调动保险公司的工作积极性，鼓励经办服务创新和合理有序竞争。

正如国家医疗保障局某领导在医改北京论坛上所说，长期照护保险作为将来要独立的社保领域，不可能再延续医疗保险的思维惯性，观念上必须有所突破，政府应成为利益平衡者而不是利益相关方①。社商合作的目标定位，不应是转嫁基金损失风险，让商业公司来承担社会责任，应定位为从市场购买服务，通过完善服务和健全机制来降低基金风险。

同时，要让经办公司拥有一定的管理自主权与通过竞争享有合理利润的机会和空间。当前，繁杂的过程、程序和太多的表格填写、上报，让部分经办公司人员已经深感压力和疲惫，建议通过全面梳理，减少或合并部分报表及过程性要求，改为以目标考核和结果考核为主，对过程管理适当灵活放权。

---

① 王东进. 运用中国智慧中国办法创建中国特色长期照护保险制度 [J]. 中国医疗保险，2018 (3): 9-12.

同时，要有长远思维和放水养鱼的观念，让经办公司有利可图，建立可持续的有利于提高经办服务质量的利益分配机制。

二、提升商保经办能力和政策水平，形成统一的高质量经办服务标准

一是受托经办保险公司的商业性业务与政策性业务在经办、宣传等方面要进行有效区隔。正确认识社保与商保在功能定位、经营性质等方面的联系和区别，严禁在长期照护保险服务中出现搭载、捆绑商业保险险种的行为，避免造成百姓对商保、社保的混淆，维护政府和公司的社会形象。

二是进一步提升专业管理技能。为失能、失智人员提供保障服务需具有专业性、技巧性，甚至有时具有一定的危险性。各家商保公司在参与社保服务过程中要利用专业优势推动机制创新和技术发展，积极参与长期照护保险的失能鉴定标准、护理服务标准、第三方服务机构管理等方面的管理技术研究，加强对上门经办服务人员的专业培训和危险防范教育，提升专业管理能力。

三是要创造条件促进形成行业统一的高质量经办服务标准。目前一些试点城市只有失能评定及经办考核方面的技术标准，还没有制订统一的经办服务标准，目的是在试点初期阶段鼓励创新和竞争。但是，从长远看，为了避免多家公司经办带来的不同区域服务内容和服务质量的参差不齐，也为了规避各家公司的过度竞争和盲目攀比，建议在积累了足够的经办经验和技能后，在国家有关社会保障法规约束和指导之下，由医保局牵头组织经办公司共同协商制订出适合本地的长期照护保险统一的高质量行业经办服务标准，促进经办服务市场的良性竞争和可持续发展。

三、通过政保合作培育长期照护市场，满足快速增长的照护服务需求

与地方政府对长期照护保险的高度重视、社会对失能照护的广泛需求相

比，试点地区专业的照护服务人员供给数量与质量存在严重不足。现阶段，护工基本上是四五十岁的农民工，大部分护工只能完成简单的生活护理，而不具备心理疏导和康复指导方面的专业知识。护理服务不应是单纯的家政服务，而要有一定的技术含量，不是打扫卫生、洗衣做饭，不能把护理服务公司做成一个大的家政公司。目前亟须加大对专业护理机构和个人护理员制度建设的扶持力度，要进一步规范养老护理及其管理人才的培养、培训。而要补上服务短板，必须以政保合作为抓手，充分利用市场机制，吸引社会资本进入照护服务市场，以居家照护和社区照护方式为主体大力培育长期照护市场，同时健全市场准入和退出机制，保证服务质量。

首先，在给付待遇设计上对居家照护给予一定的激励，并建立“喘息式服务”机制，有利于鼓励家庭成员积极承担照护责任和传承弘扬孝道文化传统。为让持续承担照料责任的家庭成员能得到适度休息机会，建议在社区建立“喘息式服务”机制作为居家照护的补充，即允许将老人送到社区照护机构接受短期照顾（机构喘息式服务）或机构派照护人员到家里进行全天候照护（居家喘息式服务）。“喘息式服务”应当定位于半福利性，防止被滥用。

其次，地方政府与各片区承办公司合作做好社区养老设施的覆盖和利用规划，引导发展社区嵌入式中小型长期照护机构，在居民家门口建起养老院、护理院，打通居家、社区、机构之间的阻碍。社区内的居家养老中心、社区日间照料中心等微型照护机构主要面向轻度失能失智人群，可对其提供预防性照护服务以及一般性的生活照料、文化娱乐、保健康复等服务。社区嵌入式中小型长期照护机构则面向中、重度失能失智人群，提供更专业更复杂的照护服务。

最后，积极引导和鼓励社会资本以多种形式参与养老照护事业，鼓励医院、保险公司和私人资本投资建设养老机构。对能提供长期照护服务的养老机构，尤其是民办养老机构应予以重点关注，这类机构将是未来承担机构照护的主体。建议明确针对这类机构制定相关的长期照护保险定点政策，以鼓励民办养老机构的发展。农村地区的养老机构设施落后，照护人才缺乏，政府应加大对农村养老机构的补贴，在土地购置、房屋建设、民办公助、信贷支持等方面给予政策扶持，吸引社会资本在农村地区开办养老机构。

四、借助社商合作平台推动多层次社保体系发展，形成失能老人的综合保障

针对失能老人的保障，仅靠长期照护保险一种制度是不够的。长护保险目前做的是“雪中送炭”的工作，而不是“锦上添花”，要防范泛福利化的倾向。失能老人保障制度建设，要坚持“一根支柱，两头辅助”的思想。成都市借助社商合作平台推动多样化多层次社会保障体系发展，发挥救助和多层次补充保险，建立综合保障。

一是要解决长期照护保险定位和养老、医疗社保衔接的问题，明确能解决什么问题，不能解决什么问题，不能大包大揽。长护保险不是健康人的养老，保障的不是床位费，也不是伙食费，而是照护的服务费用。现在一些地方在试点过程中，只要老人住进养老院，他所享受的所有服务费全部纳入长期照护保险的支付范围，这是不妥的。长期照护保险面向的是失能或失智导致的生活不能自理的群体，主要支付的是基本照护服务费用。同时，要做好与医疗保险的衔接。关于疾病有“三分治疗，七分护理”的说法，比如脑中风，在医院治疗后，后续更多的是需要康复治疗，此时在待遇支付上是由医疗保险还是由长期照护保险承担支付责任，需要进行明确的划分。成都市目前的做法值得肯定，将病情未稳定前符合医疗保险规定的医疗护理费用由医保支付，待病情稳定后符合照护险规定的与生活照料相关的照护费用由照护险支付。并且不接受申请人在住院期间提出的失能等级评定申请，只有在出院后，评估人员才会上门开展失能等级现场评估工作。对于正在享受照护险待遇的失能人员需要就医的，长期照护保险将停止支付，就诊期间发生的护理费用转由医疗保险支付，出院之后经审核确认病情稳定，再由照护险接着支付。应继续做好长期照护保险与养老保险、医疗保险的分工定位和有效衔接。

二是要大力发展商业保险的补充作用，弥补现行长期照护保险的保障不

足问题。据调查，成都市机构护理的费用成本较高，长期照护保险待遇给付只能承担其中的30%左右，商业保险应发挥补充作用。特别是受托承办长期照护保险业务的保险公司，应发挥自身优势，开发补充性护理保险、健康保险、养老保险等险种，形成协同效应，延伸保险产业链，增加商保附加值。保险公司在设计补充性长期照护保险产品时，首先要扩大消费群体，丰富保单类型。针对中等收入群体提供更简单的、该群体能负担得起的保险产品；在投保条件上，应适当降低对被保人年龄的限制；在保障风险上，不仅要设计针对身体功能丧失的失能群体的产品，也要推出更多适合认知功能障碍患者的保险产品。其次，借鉴美国经验，完善保险条款的内容。考虑到年轻的投保人未来将面临很大风险，可增加通货膨胀条款和不丧失价值条款提高年轻人的投保积极性。最后，在保险金给付方式上，以服务给付为主。保险公司与服务机构合作，对保险金与失能等级、服务形式和服务项目建立关联机制，与社会长期照护保险做好衔接。

另外，还应做好长期照护保险制度与民政低保制度、医疗救助制度、残疾人救助制度、老年津（补）贴制度，以及卫生部门的“临终关怀”制度等的有效衔接，发挥制度的合力作用，避免制度间的重复给付，减轻长期照护保险的运营压力。

五、健全立法为长期照护保险的长效发展提供法律保障

对比日本和美国对长期照护保险法律法规建设的重视程度，我国关于长期照护保险的法律法规还不够健全。长期照护保险在我国覆盖范围有限，处于刚刚试点起步阶段，“顶层设计”尤为重要，法律法规的建设不能总是滞后于实践情况，应当以良好的法律环境促进长期照护保险的健康发展。

一是建议将长期照护保险逐步纳入国家经济社会发展规划和《社会保险法》。建设以社会保险为主体的长期照护保险制度，需要将长期照护保险写入《社会保险法》中，进行最高的立法规定，通过立法明确运行机制、筹资模式、服务体系、监管体制以及配套制度等内容，明确个人、家庭和政府、市

场的权利和义务，使长期照护保险走上法制化的道路，也有利于保障参保人群的权益，提高服务质量。在地方和各部门的法规中，根据各地不同的特点进行补充，对经办机构、照护机构、评估机构等机构制定管理政策。随着长期照护保险的不断发展，相关的法律法规也要与时俱进，同步进行修订与完善。

二是统一失能失智评估标准，促进异地申请、评估和监管问题的解决。由国家民政部牵头，组建一个跨部门的评估标准起草班子，由社会福利、医疗康复、医疗保险、财务经济、评估考核等方面的专家组成。经深入调研、资源整合、汲取国外成功经验并广泛征求社会意见，形成一个符合实际、惠及全体老人，能够对接长期照护保险的全国统一评估体系。在设立评估标准时，不仅有针对身体失能的评估量表，针对失智人员也要设计专门的评估工具。评估失能人员和失智人员的侧重点不同，对失能人员主要针对身体功能受限情况，而失智人员更偏向于精神状态、认知功能受损状况。目前很多老人跟随子女到异地生活，但是社保并没跟着人转到异地，在申请失能等级评估时，如果各地标准不一，就必须要回到社保参保地进行评估，失能人员往往行动不便，无法两地奔波。建立全国统一的失能失智评估标准，不仅能够避免各地区重复工作，而且也解决了跨地区进行失能等级评估和享受服务的问题。

三是以法律形式进一步明确社会保险管理中社商合作的范围、方式和委托经办费用来源等。尽管国务院及部委文件多次提出，为促进政府职能转变，鼓励地方政府通过向市场购买服务创新公共管理方式，鼓励大病保险业务可以通过市场机制委托商业保险公司开展经办服务，但是，对于基本养老保险、基本医疗保险等传统社会保险业务，并没有明确规定可以委托商业保险公司经办。《社会保险法》第八条规定：“社会保险经办机构提供社会保险服务，负责社会保险登记、个人权益记录、社会保险待遇支付等工作。”第七十二条规定：“社会保险经办机构的人员经费和经办社会保险发生的基本运行费用、管理费用，由同级财政按照国家规定予以保障。”并没有明确社会保险服务是否可以委托商业保险公司提供，而且，根据《社会保险法》规定，“经办社会保险发生的基本运行费用、管理费用，由同级财政按照国家规定予以保障”，而目前具有社保属性的成都市长期照护保险的委托经办管理费用从基金收入总额中提取是否不符合现行法律规定，也难以判定。建议为提高社会保险业务的经办效率和服务质量，更好地满足人民群众对美好生活的需求，《社会保险法》应进一步明确社会保险管理可以通过采取购买服务、委托经办的方式，并进一步明确社商合作的业务范围和方式，委托经办费用可否从基金中提取一定比例等。

第五篇

新中国70年城乡社会保险制度变迁之重要事件索引

第一节　新中国城镇职工养老保险制度改革发展的重要事件索引

1949 年

9 月 29 日，《中国人民政治协商会议共同纲领》提出逐步实行劳动保险制度。

11 月，劳动部与中华全国总工会牵头组建劳动保险起草委员会，开始起草劳动保险法规工作。

1950 年

3 月 15 日，政务院财政经济委员会发布《关于退休人员处理办法的通知》，对在旧中国时期就有退休金的党政机关、铁路、海关、邮局等公共服务部门职工所享受的退休保障制度进行了认可。

1951 年

2 月 26 日，政务院公布了《中华人民共和国劳动保险条例》，标志着我国城镇职工养老保险制度的确立。

1952 年

1 月 12 日，政务院财经委员会颁发《国营企业工人职员退职处理暂行办法（草案）》，规定了国营企业工人退职处理办法。

1953 年

1 月 2 日，政务院颁布了《关于中华人民共和国劳动保险条例若干修正的决定》，扩大劳动保险实施范围，放宽待遇享受条件。

1954 年

9 月 20 日，1954 年宪法通过。该宪法明确了国家举办社会保险，以保证劳动者享受社会保险权利。

1955 年

8 月，国务院发布《关于国家机关工作人员全部实行工资制和改行货币工资制的命令》，废除了包括老年优待费在内的规定，从此结束了供给制与工资制并存的局面。

12月29日，国务院发布《国家机关工作人员退休处理暂行办法》《国家机关工作人员退职处理暂行办法》《关于处理国家机关工作人员退职、退休时计算工作年限的暂行规定》等法规，确立了机关事业单位养老保险制度。

1958年

2月9日，国务院正式实施《关于工人、职员退休处理的暂行规定》，将机关事业单位和企业职工的养老保险进行了统一，并进一步放宽了退休条件，调整了待遇标准。

3月7日，国务院公布实施了《国务院关于工人职员退职处理的暂行规定（草案）》

1966年

4月20日，第二轻工业部、全国手工业合作社发布《关于轻、手工业集体所有制企业职工、社员退休统筹暂行办法》《关于轻、手工业集体所有制企业职工、社员退职暂行办法》，尝试建立集体所有制职工退休统筹制度和退职制度。

12月，中华全国总工会机关被造反组织“全国临时工造反总部”查封，停止了工会领导机关的一切活动，劳动保险管理机构受到冲击。

1969年

2月，财政部颁发《关于国营企业财务工作中几项制度的改革意见（草案）》，使劳动保险失去了原由工会负责的统筹调剂功能，劳动保险制度蜕变为企业保险制度。

1973年

5月15日，财政部发布《国营工业交通企业若干费用开支办法》，规定退休职工的退休金、职工退职金等劳动保险费用均在营业外开支。

1977年

12月14日，轻工业部、财政部、国家劳动总局发出《关于手工业合作工厂劳动保险福利待遇标准和劳保费用列支问题的通知》，规定手工业合作工厂所支付劳动保险费用可在营业外开支。

1978年

6月2日，国务院颁布实行《国务院关于安置老弱病残干部的暂行办法》和《国务院关于工人退休、退职的暂行办法》，对原有的退休制度进行恢复重建。

8月19日，交通部、财政部、国家劳动总局印发了《关于集体所有制企业劳动保险金和福利基金提取、列支问题的通知》，规定集体所有制交通运输企业所支付的劳动保险费用由“营业外”列支。

9月1日，卫生部、财政部、国家劳动总局发出《关于集体卫生人员退休退职有关问题的通知》，要求合作商店的职员、社员和集体卫生人员的退休退职分别参照国营企业和国家机关的规定执行。

9月29日，国务院批转商务部等四单位《关于合作商店实行退休办法的报告》，指出国营商业、供销合作社归口领导的合作商店中的正式员工其退休条件参照国营企业职工退休办法执行。

1980年

2月，财政部、国家劳动总局发出《关于城镇集体所有制企业的工资福利标准和列支问题的通知》。

7月，国务院发布《中外合资经营企业劳动管理规定》，要求中外合营企业按照国营企业标准支付职工的劳动保险费。

10月7日，国务院公布《关于老干部离职休养的暂行规定》。

1982年

4月10日，国务院颁发《国务院关于发布老干部离职休养制度的几项规定的通知》，对离职休养待遇做了规定。

12月4日，第五届全国人大第五次会议审议通过《中华人民共和国宪法》。第四十四条规定：“国家依照法律规定实行企事业组织的职工和国家机关工作人员的退休制度。退休人员的生活受到国家和社会的保障。”第四十五条规定：“中华人民共和国公民在年老、疾病或者丧失劳动能力的情况下，有从国家和社会获得物质帮助的权利。国家发展为公民享受这些权利所需要的社会保险、社会救济和医疗卫生事业。”

1983 年

4 月 14 日，国务院颁发了《关于城镇集体企业所有制经济若干政策问题的暂行规定》，规定城镇集体所有制企业要根据自身的经济条件逐步建立社会保险制度，解决职工年老退休、丧失劳动能力的生活保障等问题。该规定为进一步解决城镇集体经济组织职工的社会保险问题提供了条件和依据。

1984 年

1 月，劳动人事部发布《中外合资经营企业劳动管理规定实施办法》，要求合资企业职工的劳动保险和福利待遇按照国营企业的有关规定执行。

4 月 26 日，劳动人事部、中国人民保险公司印发《关于城镇集体企业建立养老保险制度的原则和管理问题的函》。

1985 年

9 月 23 日，《中共中央关于制定国民经济和社会发展第七个五年计划的建议》提出，应改变过去全部由国家包办的方式，社保资金的筹集应由国家、企业和个人合理负担，以单位承担为主；社会保障工作要实行社会化管理和单位化管理相结合，以社会化管理为主的改革方向。

1986 年

7 月 12 日，国务院发布《国营企业实行劳动合同制暂行规定》，明确指出劳动合同制工人退休养老实行社会保险制度，养老基金主要来自企业和工人缴纳。养老金入不敷出时，国家予以适当补助。

1991 年

6 月 29 日发布了《关于企业职工养老保险制度改革的决定》。

1992 年

1 月 27 日，人事部下发《关于机关事业单位养老保险制度改革有关问题的通知》，正式拉开了机关事业单位养老保险制度改革的序幕。

1993 年

10 月 19 日，劳动部发布《关于基本养老金计发办法改革试点工作的通知》，规定了基本养老金由社会性养老金和缴费性养老金两部分组成。

11 月 14 日，中共十四届三中全会通过《中共中央关于建立社会主义市场经济体制若干问题的决定》，该决定指出城镇职工养老和医疗保险金由单位和个人共同负担，实行社会统筹和个人账户相结合，确立了统账结合的原则。

1994年

7月5日，第八届全国人民代表大会常务委员会第八次会议通过《中华人民共和国劳动法》。

1995年

3月17日，国务院颁布了《关于深化企业职工养老保险制度改革的通知》，对养老保险制度深化改革提出了明确要求。

1997年

7月16日，国务院发布了《关于建立统一的企业职工基本养老保险制度的决定》，对企业职工养老保险制度进行了统一。

1998年

1月27日，财政部、劳动部、中国人民银行以及国家税务总局下发了《企业职工基本养老保险基金实行收支两条线管理暂行规定》

8月6日，国务院发布《关于实行企业职工基本养老保险省级统筹和行业统筹移交地方管理有关问题的通知》，将行业统筹移交地方政府管理。

2000年

12月25日，国务院印发了《关于完善城镇社会保障体系的试点方案》，决定在辽宁进一步进行深化改革试点。

2001年

6月6日，国务院印发了《减持国有股筹集社会保障资金管理暂行办法》，正式开启了“减持国有股筹资社保基金”的第一轮改革。

9月28日，劳动和社会保障部颁布了《关于职工在机关事业单位与企业之间流动时社会保险关系处理意见的通知》。

12月22日，劳动和社会保障部发布了《关于完善城镇职工基本养老保险政策有关问题的通知》，对企业职工工作变动引致的养老保险关系变动进行了规范。

2005 年

4 月 27 日，第十届全国人民代表大会常务委员会第十五次会议通过了《中华人民共和国公务员法》，规定了国家公务员保险制度，明确其所需经费列入财政预算，并规定了公务员可以提前退休的条件。

12 月 3 日，国务院发布了《关于完善企业职工基本养老保险制度的决定》，该决定的主要任务之一就是逐步做实个人账户，完善社会统筹与个人账户相结合的基本制度。

2006 年

6 月 23 日，人事部和财政部印发了《关于机关事业单位离退休人员计发离退休费等问题的实施办法》。

2007 年

1 月 18 日，劳动和社会保障部和财政部联合发出《关于推进企业职工基本养老保险省级统筹有关问题的通知》。

2 月 15 日，劳动和社会保障部、财政部联合下发了《关于进一步扩大做实企业职工基本养老保险个人账户试点工作有关问题的通知》。

2008 年

2 月 29 日，国务院常务会议原则通过了《事业单位工作人员养老保险制度改革试点方案》，开启新一轮事业单位养老保险制度改革，确定在山西、上海、浙江、广东、重庆 5 省（直辖市）先期开展试点，与事业单位分类改革配套推进。

2009 年

6 月 19 日，财政部、国资委、证监会、社保基金会印发了《境内证券市场转持部分国有股充实全国社会保障基金实施办法》，开启了“转持国有股份充实社保基金”的第二轮改革。

2010 年

10 月 28 日，第十一届全国人大常委会第十七次会议通过了《中华人民共和国社会保险法》，成为社会保障制度建设走向法制化轨道的一个标志。

2013 年

8 月 14 日，财政部、国资委、证监会和社保基金会联合印发《关于进一步明确金融企业国有股转持有关问题的通知》，进一步界定了金融企业国有股转持范围。

11 月 12 日，中共第十八届中央委员会第三次全体会议通过了《中共中央关于全面深化改革若干重大问题的决定》，确立了公平和可持续将是社会保障制度的两大基本原则，提出了社会保障制度改革方案。

2015 年

1 月 14 日，国务院发布了《关于机关事业单位工作人员养老保险制度改革的决定》，正式开启了第三轮机关事业单位养老保险制度改革。

3 月 27 日，国务院印发了《机关事业单位职业年金办法》，建立机关事业单位工作人员职业年金。

2016 年

7 月 6 日，人力资源和社会保障部发布了《人力资源和社会保障事业发展“十三五”规划纲要》，进一步对中共十八届三中全会的社会保障改革方案进行了细化。

2017 年

1 月 12 日，人力资源和社会保障部、财政部联合印发了《关于机关事业单位基本养老保险关系和职业年金转移接续有关问题的通知》。

4 月 13 日，人力资源和社会保障部、财政部联合印发了《统一和规范职工养老保险个人账户记账利率办法》，统一和规范了机关事业单位和企业职工养老保险个人账户记账利率的决定原则和方式。

11 月 18 日，国务院下发了《划转部分国有资本充实社保基金实施方案》，开启了“划转部分国有资产充实社保基金”的第三轮改革。

2018 年

3 月 21 日，中共中央对外公布了《深化党和国家机构改革方案》，确定社保缴费征收职责由税务部门承担。

6 月 13 日，国务院发布《关于建立企业职工基本养老保险基金中央调剂制度的通知》，建立企业职工基本养老保险中央调剂金制度。

第二节　新中国城镇职工医疗保险制度改革发展的重要事件索引

1951 年

2 月 26 日，政务院颁布《中华人民共和国劳动保险条例》，其中包含了职工医疗保障制度建设的内容，标志着我国企业职工劳保医疗制度开始建立。

1952 年

6 月 27 日，政务院签发《关于全国各级人民政府、党派、团体及所属事业单位的国家工作人员实行公费医疗预防的指示》，标志着我国公费医疗制度的确立。

8 月 30 日，卫生部颁发《国家工作人员公费医疗预防实施办法》，明确了享受公费医疗待遇人员的范围及公费医疗预防经费等问题。

1953 年

1 月 23 日，卫生部颁布《关于公费医疗的几项规定》。公费医疗制度延伸到大学和专科在校的学生和乡镇干部中。

1957 年

3 月 23 日，国务院转批《关于整顿现行附加工资提取办法的报告》，调整细化了劳保医疗制度的医疗费提取比例。

党的八届三中全会上，周恩来同志作了《关于劳动工资和劳保福利问题的报告》，首次提出要按照“简化项目，加强管理，克服浪费”的方针整顿劳保福利工作和制度。

1965 年

10 月 27 日，卫生部和财政部发布《关于改进公费医疗管理问题的通知》，在公费医疗中明确自费范围，减少医疗浪费。

1966 年

4 月，劳动部和中华全国总工会发布《关于改进企业职工劳保医疗制度几个问题的通知》，缩减劳保医疗制度覆盖范围，减少医疗浪费。

1969年

2月，财政部颁发《关于国营企业财务工作中几项制度的改革意见（草案）》。国营企业停止提取劳动保险金，改由企业营业外列支；劳动保险制度蜕变为企业保险制度。

1974年

7月20日，卫生部、财政部颁发《关于检发“享受公费医疗人员资费药品范围（试行）”的联合通知》，落实了自费药品改革。

1975年

9月，国家劳动总局宣告成立，标志着劳保医疗的行政组织管理工作逐步走上正轨。

10月7日，卫生部、外交部发布《关于调整外国人医疗收费标准问题的通知》，外籍专家及家属的医疗费不再由公费医疗报销，改由聘请单位支付。

1981年

2月27日，国务院批转卫生部《关于解决医院赔本问题的报告》，允许医疗机构试验按成本收费，标志着医疗机构市场化改革的开始。

1982年

3月18日，中华全国总工会、国家劳动总局、财政部发布《关于制止把医药费全部发给职工个人包干使用的通知》，标志着单位自发控费改革探索的结束。

1984年

4月28日，卫生部和财政部发布《关于进一步加强公费医疗管理的通知》，开始了政府对传统公费医疗制度改革探索的新阶段。

1985年

4月25日，国务院批转卫生部《关于卫生工作改革若干政策问题的报告》，同意鼓励开展社会办医，医疗机构市场化改革进一步深化。

11月，河北省石家庄地区先后在6个县、市开展退休人员医疗费用社会统筹试点，标志着地方政府对医保制度改革探索的开始。

1987 年

5 月，北京市东城区蔬菜公司建立“大病医疗统筹”制度，标志着大病医疗社会统筹探索的开始。

1988 年

7 月 28 日，卫生部医疗制度改革研讨小组提出《职工医疗保险制度改革设想（草案）》，职工基本医疗保险制度已具雏形。

1989 年

3 月 4 日，国务院批转《国家体改委 1989 年经济体制改革要点》，在丹东、四平、黄石、株洲进行医疗保险制度改革试点，在深圳、海南进行社会保障制度综合改革试点；职工医疗保险制度开始探索性试点。

8 月 9 日，卫生部、财政部颁布《关于公费医疗管理办法的通知》，在公费医疗开支范围内对具体的 13 种自费项目进行了说明。

1992 年

5 月 4 日，国务院办公厅发出《关于进一步做好职工医疗制度改革工作的通知》，成立由八个部门组成的医疗制度改革小组，负责推进和指导全国医改工作。

5 月 21 日，卫生部成立公费医疗制度改革领导小组，下设全国公费医疗管理与改革办公室，并下发《关于加强公费医疗制度改革试点工作的通知》。公费医疗制度改革正式推进。

9 月 7 日，劳动部发出《关于试行职工大病医疗费用社会统筹的意见的通知》，标志着大病医疗费用社会统筹制度的建立。

1993 年

11 月 14 日，中共十四届三中全会通过《中共中央关于建立社会主义市场经济体制若干问题的决定》，提出要建立由单位和个人共同负担、社会统筹和个人账户相结合的新型城镇职工医疗保险制度，标志着职工医疗保障制度变迁开始进入新时期。

1994 年

4 月 14 日，国家体改委、财政部、劳动部、卫生部共同制定《关于职工医疗保险制度改革的试点意见》，标志着城镇职工医疗保险制度首次试点开始。

1996 年

5 月 5 日，国家体改委、财政部、劳动部、卫生部颁布《关于职工医疗保险制度改革扩大试点的意见》，城镇职工医疗保险试点工作在全国范围内铺开。

1997 年

1 月 15 日，中共中央、国务院发布《关于卫生改革与发展的决定》，提出城镇职工医疗的保险费用采用多方分担形式，由职工本人、所在单位和国家共同负担。

1998 年

12 月 14 日，国务院颁布《关于建立城镇职工基本医疗保险制度的决定》，统账结合的城镇企业职工基本医疗保险制度在中国正式确立。

2003 年

4 月 7 日，劳动和社会保障部发布《关于进一步做好扩大城镇职工基本医疗保险覆盖范围工作的通知》，将破产企业退休人员纳入当地医疗保险，扩大了职工医保覆盖范围。

5 月 26 日，劳动和社会保障部出台《关于城镇职工灵活就业人员参加医疗保险的指导意见》，进一步扩大医保覆盖范围，将城镇灵活就业人员纳入城镇职工基本医疗保险。

2004 年

5 月 28 日，劳动和社会保障部出台《关于推进混合所有制企业和非公有制经济组织从业人员参加医疗保险的意见》，进一步扩大制度覆盖范围，将混合所有制企业和非公有制经济组织从业人员纳入城镇职工基本医疗保险。

2005 年

2 月 26 日，民政部、卫生部、劳动和社会保障部、财政部发布《关于建立城市医疗救助制度试点工作的意见》，初步确立城市医疗救助制度。

2006 年

2 月 23 日，国务院下发《关于发展城市社区卫生服务的指导意见》，提出建立以社会医疗卫生服务中心为基础的城市医疗卫生服务体系。

5 月 23 日，劳动和社会保障部发布《关于开展农民工参加医疗保险专项扩面行动的通知》，进一步扩大制度覆盖面，将农民工纳入城镇职工基本医疗保险。

6 月 26 日，国务院下发《关于保险业改革的若干意见》，提出统筹发展城乡商业养老保险和健康保险，完善多层次社会保障体系。

第十届全国人大第四次会议通过“十一五”规划纲要，首次提出要建立健全多层次的医疗保障体系。

2009 年

3 月 17 日，中共中央国务院出台《关于深化医药卫生体制改革意见》：标志着新医改正式启动，首次提出全民医保建设。

5 月 27 日，保监会下发《关于保险业深入贯彻医改意见，积极参与多层次医疗保障体系建设的意见》，大力发展商业健康保险，探索健康管理服务模式，满足多样化的健康保障需求。

7 月 24 日，人力资源和社会保障部、财政部下发《关于进一步加强基本医疗保险基金管理的指导意见》，提出要提高基本医疗保险统筹层次，到 2011 年基本实现地级市统筹。

8 月 18 日，发改委、卫生部等 9 部委联合发布《关于建立国家基本药物制度的实施意见》，国家基本药物制度建立工作正式启动。

12 月 31 日，人力资源和社会保障部、卫生部、财政部共同印发《流动就业人员基本医疗保险关系转移接续暂行办法》，完善职工医保转移接续管理。

12 月 31 日，人力资源和社会保障部与财政部印发《关于基本医疗保险异地就医结算服务工作的意见》，首次明确异地就医结算管理规则。

2010 年

2 月 1 日，卫生部发布《关于公立医院改革试点的指导意见》，政府作用回归的公立医院试点改革开始。

10月28日，第十一届全国人民代表大会常务委员会第十七次会议通过《中华人民共和国社会保险法》，明确了社会保险广覆盖、保基本、多层次、可持续，与经济社会发展水平相适应的发展方针。

2011年

3月14日，第十一届全国人民代表大会第四次会议审议通过《中华人民共和国国民经济和社会发展第十二个五年规划纲要（草案）》，提出要提高城镇职工医保最高支付限额和住院费用支付比例，全面推进门诊统筹，提升医疗保险保障水平。

2013年

11月12日，党的十八届三中全会发布《中共中央关于全面深化改革若干重大问题的决定》，明确提出建立更加公平可持续的社会保障制度。

2014年

3月5日，李克强总理在《政府工作报告》中指出：推动医改纵深发展，巩固全民基本医保，完善政府、单位和个人合理分担的基本医疗保险筹资机制。

8月18日，人力资源和社会保障部印发《关于进一步加强基本医疗保险医疗服务监管的意见》，强化医疗保险医疗服务监管，将监管对象延伸到医务人员，建立医疗保险费用监控预警和数据分析平台。

2015年

5月8日，财政部联合税务总局和保监会印发《关于开展商业健康保险个人所得税政策试点工作的通知》，商业健康保险税优政策出台。

2016年

3月16日，十二届全国人民代表大会四次会议审查通过《中华人民共和国国民经济和社会发展第十三个五年规划纲要》，提出健康是全面小康建设的先决条件和重要内容。

6月22日，人力资源和社会保障部下发《流动就业人员基本医疗保险关系转移接续业务经办规程》，进一步细化基本医疗保险转移继续的操作细节。

8月26日，中央政治局审议通过《“健康中国2030”规划纲要》，将全民健康提升到国家战略层面。

12月8日，人力资源和社会保障部、财政部联合印发《关于做好基本医疗保险跨省异地就医住院医疗费用直接结算工作的通知》，医疗保险实现跨省就医住院费用的直接结算。

2017年

4月11日，发改委召开全国医疗服务价格改革工作座谈会，对新一轮医疗改革做出部署，要求各级各类公立医院于2017年9月底前全部取消药品加成。

6月20日，国务院办公厅颁布《关于进一步深化基本医疗保险支付方式改革的指导意见》，推出按病种付费为主的多元复合式医保支付方式，医保支付的方式改革开始。

2019年

5月20日，国家医保局印发《按疾病诊断相关分组付费国家试点城市名单》，确定30个城市作为DRG付费国家试点城市，医保支付改革进一步推开。

第三节　新中国农村社会保险制度改革发展的重要事件索引

1950年

8月7日至19日，卫生部召开第一届全国卫生工作会议，决定有步骤地发展和健全全国的基层卫生组织，要求农村每个乡都要建立医疗卫生组织。

1951年

4月4日，卫生部公布《关于调整医药卫生事业公私关系的决定》，提出要发展合作性质的联合诊所，强调各地卫生行政机关应帮助合作性质的医疗机构发展。

1955 年

伴随农业合作化的高潮的到来，山西高平县米山乡建立我国第一个医疗保健站，采取由社员群众出“保健费”和生产合作公益金补助相结合的办法。由群众集资合作医疗，实行互助共济。此办法被称为“合医合防不合药”的医疗制度。

1956 年

6 月 30 日，第一届全国人大第三次会议通过《高级农业生产合作社示范章程》，规定合作社要负责因公负伤或因公致病社员的医疗，首次赋予集体介入农村社会成员疾病医疗的职责，促进了农村合作、互助医疗发展。

河南正阳县王店团结农庄创建“社办合作医疗制度”，湖北麻城县、河南登封县、正阳县吕和店、山东商河正店等人民公社均办起合作医疗。

1959 年

11 月，卫生部在山西省稷山县召开全国农村卫生工作会议，正式肯定了农村合作医疗，促使其进一步兴起和发展。

12 月 16 日，卫生部向中央上报《关于全国农村卫生工作山西稷山现场会议情况的报告》以及附件《关于人民公社卫生工作几个问题的意见》，充分肯定了人民公社社员集体保健医疗制度，同时提出了具体建议。

1960 年

2 月 2 日，中共中央向各省（自治区、直辖市）党委转发卫生部党组报告及附件，要求各地参照执行，合作医疗自此成为政府在农村实施医疗卫生工作的一项基本制度。

1962 年

8 月，卫生部在《关于调整农村基层卫生组织问题的意见（草案）》中对合作医疗制度运行中存在的问题及失误进行了总结和调整。

1965 年

6 月 26 日，毛泽东发出“把医疗卫生工作的重点放到农村去”的指示。

9 月，中共中央转批卫生部党委《关于把卫生工作重点放到农村的报告》，强调加强农村基层卫生保健工作，使农村合作医疗保障事业更加普及。

1968 年

11 月，毛泽东亲自批转了湖北省长阳县乐园人民公社举办合作医疗的经验，并称赞“合作医疗好”。

1974 年

5 月，在第 27 届世界卫生大会上，中国农村合作医疗受到第三世界国家的普遍关注，引起许多国家的极大兴趣。

1976 年

7 月，卫生部向中共中央、国务院递交书面报告，总结全国农村合作医疗事业的发展情况，高度肯定了“赤脚医生”在农村卫生事业发展中的积极作用。

1978 年

3 月 5 日，第五届全国人大第一次会议通过的《中华人民共和国宪法》规定：“国家逐步发展社会保险、社会救济、公费医疗和合作医疗等事业，以保证劳动者享受这些权利”，从而把农村合作医疗事业纳入法律范畴。

12 月 22 日，中国共产党第十一届中央委员会第三次全体会议原则通过《农村人民公社工作条例（试行草案）》，方案规定：有条件的基本核算单位可以实行养老金制度。

1979 年

12 月 15 日，卫生部、农业部、财政部、国家医药总局和全国供销合作总社联合下发通知，发布《农村合作医疗章程（试行草案）》，要求推进合作医疗，并对农村合作医疗的举办形式和管理机构、基金和管理制度、医务人员管理和药品管理做了全面详细的政策性规定。

1981 年

2 月 27 日，国务院转批了卫生部《关于合理解决赤脚医生补助问题的报告》，就稳定和发展赤脚医生队伍，解决报酬提出了建议。

1986 年

民政部开始探索农村养老保险制度的改革，建立农村养老保险制度的建议被写进了第七个五年计划。

1987 年

3 月 14 日，民政部印发《关于探索建立农村基层社会保障制度的报告》，提出："我国农村地域广阔，各地情况不一，开展这项工作需逐步进行，应以民政部为主先进行探索和试点，不宜一下铺开"，但应纳入政府议事日程，积极探索。

1990 年

3 月 15 日，卫生部、国家计委、农业部、国家环保局、全国爱卫会联合发布《我国农村实现"2000 年人人享有卫生保健"的规划目标》，提出到 2000 年我国贫困、温饱、宽裕、小康四类不同经济地区集资医疗保健的覆盖率分别是 50%、50%、60%、60%。

6 月 26 日，卫生部、农业部等部门联名向国务院提交了《关于改革加强农村医疗卫生工作的请示》，认为"50 年代在我国农村就已兴起的合作医疗保健制度，是农民群众在防治疾病方面发扬互助合作精神的体现，应当继续提倡，正确指导，改革完善，稳步推行"。

1991 年

3 月 25 日，时任国务院总理李鹏在第七届全国人大第四次会议上作的《关于国民经济和社会发展十年规划和第八个五年计划纲要的报告》中再次明确提出"在农村继续推行集资办医与合作医疗保险制度"。

6 月，民政部制订了《县级农村社会养老保险基本方案（草案）》，并在山东省五个县进行了农村养老保险试点。

11 月底，党的十三届八中全会通过《中共中央关于进一步加强农业和农村工作的决定》，进一步强调要"抓紧农村医疗卫生网建设，建立健全合作医疗制度"。

1992 年

1 月 3 日，民政部颁布了《县级农村社会养老保险基本方案（试行）》。该方案从指导思想和基本原则，保险对象及交纳、领取保险费的年龄，保险资金的筹集，交费标准、支付及变动，基金的管理与保值增值，立法、机构、管理和经费，与部分现行养老办法的衔接七个方面，对农村养老保险进行了初步的框架性制度设计和探索。

1993 年

7 月 22 日，中央办公厅、国务院办公厅发布了《关于涉及农民负担项目审核处理意见的通知》，要求在农村取消包括“乡村医疗卫生机构建设集资”“乡村医生补助”“初级卫生保健达标”“合作医疗卫生建设达标”等 37 项收费和 43 项要求农民出钱、出物、出工的达标升级活动。

1995 年

10 月 19 日，国务院转发了民政部《关于进一步做好农村社会养老保险工作意见的通知》，以推动农村社会养老保险积极、稳妥、健康地发展。

1996 年

7 月 15-19 日，卫生部在河南林州市召开了全国农村合作医疗经验交流会。

12 月 9 日，中共中央、国务院召开的全国卫生工作会议，进一步肯定了农村合作医疗制度的必要性和重要性。

1997 年

1 月 15 日，中共中央、国务院下发了《关于卫生改革与发展的决定》，指出要“积极稳妥地发展和完善合作医疗制度，在政府的组织和领导下，坚持民办公助和自愿参加的原则，筹资以个人投入为主，集体扶持，政府适当支持……力争到 2000 年在农村多数地区建立起各种形式的合作医疗制度”。

5 月 28 日，国务院批转卫生部、国家计委、财政部、农业部、民政部五部委《关于发展和完善农村合作医疗的若干意见》，阐明了在农村发展和完善合作医疗的基本理论、基本原则和主要政策，对纠正和消除干部群众对合作医疗的顾虑和片面认识具有重大作用。

11 月 7 日，卫生部发出《关于进一步推动合作医疗工作的通知》，就进一步落实国发〔1997〕18 号文件提出意见。

1999 年

7 月 2 日，国务院转批《整顿保险业工作小组“保险业整顿与改革方案”的通知》，指出：“目前我国农村尚不具备普遍实行社会保险的条件，对民政系统原来开展的‘县级农村养老保险’要进行整顿，停止接受新业务，区别情况，妥善处理；有条件的可以逐步将其过渡为商业保险。”

2001 年

5 月 24 日，国务院办公厅转发国务院体改办等五部委联合提出的《关于农村卫生改革与发展的指导意见》，要求：“地方各级人民政府要加强对合作医疗的组织领导”，提倡以县（市）为单位实行大病统筹，帮助农民抵御个人和家庭难以承担的大病风险。

2002 年

10 月 29 日，中共中央、国务院在《关于进一步加强农村卫生工作的决定》中首次明确提出要“逐步建立新型农村合作医疗制度”，并在先行试点、取得经验的基础上，逐步推广，到 2010 年基本覆盖农村居民。

11 月，中共十六大提出在有条件的地方，探索建立农村养老、医疗保险和最低生活保障制度。

2003 年

1 月 16 日，国务院办公厅转发了卫生部、财政部、农业部的《关于建立新型农村合作医疗制度的意见》，对目标原则、组织管理、筹资标准、资金管理、医疗服务管理、组织实施等做了详细、明确的规定和指导，并要求从 2003 年起，各省（自治区、直辖市）至少要选择 2~3 个县（市）进行新型合作医疗试点，取得经验后逐步推开。

7 月 9 日，劳动和社会保障部发布了《关于当前做好农村社会养老保险工作的通知》，对做好农村养老保险工作进行了具体部署。

2004 年

1 月 13 日，国务院办公厅转发了卫生部等部门制定的《关于进一步做好新型农村合作医疗试点工作的指导意见》，对试点工作提出十六个方面的指导意见。

12 月 31 日，中共中央、国务院发布《关于推进社会主义新农村建设的若干意见》，提出“探索建立与农村经济发展水平相适应、与其他保障措施相配套的农村社会养老保险制度”。

2005 年

9 月 13-14 日，召开全国新型农村合作医疗试点工作会议，时任中共中央政治局委员、国务院副总理吴仪出席会议并强调，加大力度、加快进度，突破难点，积极推进新型农村合作医疗制度健康发展。

2006 年

1 月 31 日，国务院发布。《关于解决农民工问题的若干意见》。提出通过建立大病医疗保险统筹基金、完善医疗保险结算等途径解决农民工医疗保障问题。

2007 年

1 月 22 日-23 日，国务院在陕西省西安市召开了第四次全国新型农村合作医疗工作会议，研究部署全面推进新农合发展的工作任务。

1 月 31 日，财政部、卫生部发出《关于调整中央财政新农合制度补助资金拨付办法有关问题的通知》，重点规范了中央财政补助资金拨款申请规程，从制度上确保新农合财政补助资金及时足额拨付。

9 月 10 日，卫生部、财政部、国家中医药管理局联合出台了《关于完善新农合统筹补偿方案的指导意见》，调整和完善了新农合统筹补偿方案。

10 月，中共十七大把“人人享有基本医疗卫生服务”确立为全面建成小康社会的重要目标之一，为农村医疗卫生事业发展指明了方向。

2008 年

1 月 22 日，财政部会同卫生部制定了《新型农村合作医疗基金财务制度》，加强新型农村合作医疗基金的财务管理。

2 月 24 日，财政部印发《新农合基金会计制度》，规范新型农村合作医疗基金的会计核算。

10 月 24 日，卫生部颁布《关于规范新型农村合作医疗健康体检工作的意见》，进一步规范新农合健康体检工作。

2009 年

3 月 17 日，中共中央、国务院颁布《关于深化医药卫生体制改革的意见》，提出要全面推开城镇居民基本医疗保险，全面实施新型农村合作医疗制度。

7月2日，卫生部等五部委颁布《关于巩固和发展新型农村合作医疗制度的意见》，就巩固和发展新农合制度提出了意见。

9月1日，国务院发布《关于开展新型农村社会养老保险试点的指导意见》，确定了新型农村社会养老保险的基本制度框架，标志着全国“新农保”试点工作全面启动。

2010年

6月7日，卫生部和民政部颁布《关于提高农村儿童重大疾病医疗保障水平试点工作的意见》，对农村儿童重大疾病保险医疗保障进行试点部署，实质上开启了重大疾病医疗保险制度的初步探索。

10月28日，第十一届全国人民代表大会常务委员会第十七次会议通过《中华人民共和国社会保险法》。

2011年

5月25日，卫生部和财政部发布《关于进一步加强新型农村合作医疗基金管理的意见》，就切实加强新农合基金管理，保障基金安全，提高基金使用绩效，提出建议。

2012年

3月14日，国务院印发《“十二五”期间深化医药卫生体制改革规划暨实施方案的通知》，提出要充分发挥基本医保、医疗救助、商业健康保险、多种形式补充医疗保险和公益慈善的协同互补作用，切实解决重特大疾病患者的因病致贫问题。

4月12日，卫生部、国家发改委、财政部发布了《关于推进新型农村合作医疗支付方式改革工作的指导意见》，明确了新农合支付方式变革根本路径。

8月24日，国家发改委、卫生部等六部委发布了《关于开展城乡居民大病保险工作的指导意见》，建立了城乡居民大病医疗保险制度的基本运行框架。

11月13日，卫生部颁布《关于加快推进农村居民重大疾病医疗保障工作的意见》，就加快推进农村居民重大疾病医疗保障工作提出了意见。

2015 年

7 月 28 日，国务院办公厅印发《关于全面实施城乡居民大病保险制度的意见》，要求在 2015 年年底前，大病保险覆盖城乡居民基本医保参保人群，2017 年建立起比较完善的大病保险制度，与医疗救助等制度紧密衔接，共同发挥政策托底保障功能。

2014 年

4 月 21 日，国务院下发了《关于建立统一的城乡居民基本养老保险制度的意见》，决定将新农保和城居保两项制度合并实施，在全国范围内建立统一的城乡居民基本养老保险制度。

2016 年

1 月 3 日，国务院下发了《关于整合城乡居民基本医疗保险制度的意见》，明确提出将城镇居民基本医疗保险和新型农村合作医疗制度合并为统一的城乡居民基本医疗保险。

10 月 25 日，中共中央、国务院印发并实施《“健康中国 2030”规划纲要》，提出健全医疗保障体系的具体内容，明确到 2030 年全民医保体系成熟定型。

2017 年

6 月 20 日，国务院办公厅发布《关于进一步深化基本医疗保险支付方式改革的指导意见》，提出从 2017 年起，全面推行以按病种付费为主的多元复合式医保支付方式，并进一步明确了各支付方式的适用范围。

2018 年

3 月 29 日，人力资源和社会保障部、财政部印发《关于建立城乡居民基本养老保险待遇确定和基础养老金正常调整机制的指导意见》，以解决城乡居民基本养老保险制度目前存在的保障水平较低、待遇确定和正常调整机制尚未健全、缴费激励约束机制不强等问题。

9 月 30 日，国家医保局、财政部、国务院扶贫办制定《医疗保障扶贫三年行动实施方案（2018—2020 年）》，以进一步做好农村贫困人口医疗保障工作，完善医疗保障扶贫顶层设计，进一步明确、细化扶贫政策，推动工作有效落实。

第四节　新中国失业保险制度改革发展的重要事件索引

1950 年

3 月 15 日，政务院财政经济委员会发布《关于退休人员处理办法的通知》，这是新中国成立后最早的退休办法，适用范围是过去有退休金的机关、铁路、海关、邮局等单位的职工，没有在全国职工中普遍实行。

6 月 17 日，政务院发布《关于救济失业工人的指示》；同期，劳动部公布了《救济失业工人暂行办法》，自同年 7 月 1 日起施行。该办法确定了救济城市失业工人的措施，但它只是社会救济而非社会保险。

1951 年

2 月 26 日，政务院公布《中华人民共和国劳动保险条例》。该条例是中华人民共和国成立后第一个内容完整的社会保险法规，对职工的老年、医疗、工伤、生育等各项社会保险待遇和业务管理工作做了规范，标志着新中国社会保险制度正式确立。

1952 年

8 月 27 日，政务院发布《关于处理失业工人的办法》，对《救济失业工人暂行办法》进行了修改和补充。

1953 年

1 月 2 日，劳动部发布了修订后的《中华人民共和国劳动保险条例》。

1956 年

5 月 9 日，内务部、劳动部联合发出《关于失业工人救济工作由民政部接管的联合通知》。该通知指出，原劳动部门管理的失业人员和失业知识分子的救济工作移交民政部门管理；失业工人的救济标准，按照国务院 1952 年颁布的《关于处理失业工人办法》的规定执行。

1979 年

7 月 13 日，国务院颁布《关于扩大国营企业经营管理自主权的若干规定》《关于开征国营工业企业固定资产税的暂行规定》。

1984 年

3 月 20 日，劳动人事部发布《城镇待业人员登记管理办法》。

5 月 10 日，国务院发出《关于进一步扩大国营工业企业自主权的暂行规定》。在生产经营计划、产品销售、价格、物资选购、资金使用、资产处理、机构设置、人事劳动管理、工资资金、联合经营十个方面，给企业以应有的权力。

1985 年

9 月 11 日，国务院批准了原国家经委、国家体改委起草的《关于增强大中型国营工业企业活力若干问题的暂行规定》。

1986 年

7 月 12 日，国务院发布《国营企业实行劳动合同制暂行规定》《国营企业招用工人暂行规定》《国营企业辞退违纪职工暂行规定》及《国营企业职工待业保险暂行规定》。《国营企业职工待业保险暂行规定》的出台，标志着我国失业保险制度初步建立。

11 月 10 日，劳动人事部发布《关于外商投资企业用人自主权和职工工资、保险福利费用的规定》，明确规定外商企业中的中方职工的劳动保险待遇及企业方面的缴费责任。

1987 年

1 月 13 日，财政部发布《关于加强国营企业职工待业保险基金和退休养老基金财务管理的暂行规定》。其目的是为了配合劳动制度改革，促进生产发展，保障职工生活。

3 月 21 日，财政部发布《国营企业职工待业保险基金和退休养老金预管理暂行办法》（失效时间：1997 年 9 月 8 日）。

4 月 24 日，劳动人事部发出《关于退休养老基金和职工待业保险基金管理问题的通知》。

1988 年

2 月 27 日，国务院颁布《全民所有制工业企业承包责任制暂行条例》。

8月23日，劳动部发出《关于职工待业保险基金管理问题的通知》。

1989年

4月21日，劳动部印发《国营企业职工待业保险基金管理办法》，加强了对待业保险基金的管理。

1991年

12月20日，劳动部、国务院生产办公室发布《关于对关停企业被精简职工实行待业保险的通知》。

1992年

2月2日，国家人事部发出《关于离退休人员待遇有关问题的通知》。

3月25日，国务院生产办印发《关于全民所有制工业企业实行关停并转若干问题的意见》。

1993年

4月12日，国务院颁布《国有企业职工待业保险规定》，自5月1日起施行（原《国有企业职工待业保险暂行规定》同时废止），预示着我国失业保险制度的目标重心开始向促进就业转移。

1995年

1月19日，劳动部发出《关于全面实施再就业工程的通知》。

4月16日，国务院办公厅转发劳动部《关于实施再就业工程的报告》。

1998年

9月8日，财政部、劳动和社会保障部联合印发《国有企业下岗职工基本生活保障和再就业资金管理暂行办法》。

9月8日，劳动和社会保障部发出《关于严格执行国有企业下岗职工基本生活保障和再就业工作有关政策的通知》。

9月11日，劳动和社会保障部发出《关于进一步加强就业服务大力促进下岗职工再就业的通知》。

10月20日，劳动和社会保障部、财政部发出《关于调剂失业保险基金支付企业再就业服务中心有关问题的通知》。

1999 年

1 月 22 日，国务院颁布《失业保险条例》，标志着我国建立起了与市场经济相适应的失业保险制度。1993 年 4 月 12 日颁布的《国有企业职工待业保险规定》同时废止。

2000 年

8 月 4 日，劳动和社会保障部、财政部发出《关于切实做好事业单位参加失业保险工作有关问题的通知》。

10 月 10 日，劳动和社会保障部颁布《失业保险金申领险金发放办法》，明确规定了失业保险金申领条件、发放标准、领取期限等问题，进一步完善了失业保险制度。

2001 年

5 月 29 日，劳动和社会保障部发布《关于开展再就业援助行动的通知》。

2005 年

11 月 4 日，国务院颁布《国务院关于进一步加强就业再就业工作的通知》。

2006 年

1 月 11 日，国务院发出《关于适当扩大失业保险基金支出范围试点有关问题的通知》。

2007 年

8 月，全国人大审议通过《中华人民共和国就业促进法》，规定：国家建立健全失业保险制度，依法确保失业人员的基本生活，并促进其实现就业。

2008 年

12 月 20 日，人力资源和社会保障部、财政部、国家税务总局联合下发《关于采取积极措施减轻企业负担稳定就业局势有关问题的通知》。

2009 年

7 月 31 日，人力资源和社会保障部发布《关于延长东部 7 省（市）扩大失业保险基金支出范围试点政策有关问题的通知》。

12 月 16 日，人力资源和社会保障部、财政部、国家税务总局联合发布

《关于进一步做好减轻企业负担稳定就业局势有关问题的通知》。

2010 年

1 月 25 日，人力资源和社会保障部办公厅发布《关于做好当前失业保险工作稳定就业岗位有关问题的通知》。

10 月 28 日，中华人民共和国第十一届全国人民代表大会常务委员会第十七次会议通过了《中华人民共和国社会保险法》，2011 年 7 月 1 日实施。这标志着我国社会保障体系建设开始由长期试验性状态走向定型、稳定与可持续发展阶段，同时，用立法方式让我国失业保险具有了规范性、强制性和稳定性。

2015 年

2 月 27 日，人力资源和社会保障部、财政部发布《关于调整失业保险费率有关问题的通知》，该通知规定：从 2015 年 3 月 1 日起，失业保险费率暂由 3%降至 2%。

2016 年

4 月 14 日，人力资源和社会保障部、财政部发布《关于阶段性降低社会保险费率的通知》，该通知规定：从 2016 年 5 月 1 日起，失业保险总费率在 2015 年已降低 1 个百分点的基础上可以阶段性降至 1%～1.5%，其中个人费率不超过 0.5%，降低费率的期限暂按两年执行。

2017 年

2 月 16 日，人力资源和社会保障部、财政部印发《关于阶段性降低失业保险费率有关问题的通知》，该通知规定：从 2017 年 1 月 1 日起，失业保险总费率为 1.5%的省（区、市），可以将总费率降至 1%，降低费率的期限执行至 2018 年 4 月 30 日。

11 月 10 日，人力资源和社会保障部公布《失业保险条例（修订草案征求意见稿）》，标志着失业保险制度进入一个新的发展阶段。

2018 年

4 月 20 日，人力资源和社会保障部、财政部发布《关于继续阶段性降低社会保险费率的通知》，该通知规定：实施失业保险总费率 1%的省（区、市），延长阶段性降低费率的期限至 2019 年 4 月 30 日。

第五节 新中国工伤保险制度改革发展的重要事件索引

1951 年

2 月 26 日，政务院颁布《中华人民共和国劳动保险条例》，并于 1953 年、1956 年两次修订，全面确立了适用中国城镇职工的劳动保险制度。《中华人民共和国劳动保险条例》首次对工伤事故和职业病的认定、赔偿和抚恤做出了明确规定，可以看作是我国工伤保险立法工作的先声。

1957 年

2 月 28 日，卫生部制定并颁布了《职业病范围和职业病患者处理办法》，标志着我国正式将职业病纳入工伤保险保障范围。

1971 年

11 月 30 日，国务院发出《关于改革临时工、轮换工制度的通知》，规定临时工因工死亡时应当按照固定工的劳动保险待遇执行。

1978 年

6 月 3 日，国务院发布的《关于工人退休、退职的暂行办法》规定：全民所有制企业、事业单位和党政机关、群众团体的工人，因工致残，由医院证明，并经劳动鉴定委员会确认，完全丧失劳动能力的，应该退休。

1979 年

7 月 11 日，国家劳动总局发出《关于做好工人退休、退职工作的通知》。

1982 年

12 月 4 日，第五届全国人民代表大会第五次会议通过《中华人民共和国宪法》，第四十五条规定：中华人民共和国公民在年老、疾病或者丧失劳动能力的情况下，有从国家和社会获得物质帮助的权利。国家发展为公民享受这些权利所需要的社会保险、社会救济和医疗卫生事业。

1984 年

3 月 19 日，卫生部颁发《职业病诊断管理办法》。

1985 年

1 月 10 日，民政部、财政部发布《关于对革命烈士家属、因公牺牲军人家属、病故军人家属发给定期抚恤金的通知》。从 1985 年 1 月 1 日起，将革命烈士家属、因公牺牲军人家属、病故军人家属的定期定量补助改为定期抚恤金，并对抚恤金做了适当调整。

1986 年

6 月 25 日，财政部发出《关于事业单位人员因公牺牲、病故一次抚恤金标准的通知》。

1987 年

11 月 5 日，卫生部重新修订《职业病范围和职业病患者处理办法的规定》，确定 9 大类职业病，共计 99 种。

1989 年

4 月 15 日，国务院授权民政部制定、颁布了《革命伤残军人评定伤残等级的条件》，原内务部于 1950 年 12 月 11 日制定的评残条件即行废止。同年财政部、民政部联合发布通知，机关事业单位工作人员因工负伤致残参照该文件。

4 月 17 日，民政部发布《关于贯彻执行〈军人抚恤优待条例〉若干具体问题的解释》。

7 月 10 日，劳动部发出《关于加强企业职工伤亡事故统计管理工作的通知》。

1990 年

12 月 30 日，中国共产党第十三届中央委员会第七次全体会议通过的《中共中央关于制定国民经济和社会发展十年规划和“八五”计划》的建议中，明确提出“要改革医疗保障和工伤保险制度”

1991 年

3 月 1 日，国务院颁布《企业职工伤亡事故报告和处理规定》。

3 月 25 日，民政部、人事部、劳动部联合发出《关于在国家机关、企事业单位工作的因战因公伤残军人享受所在单位因公（工）伤残人员的保险福利待遇的通知》。

5 月 1 日，国务院公布实施《企业职工伤亡事故报告和处理规定》。1956 年国务院发布的《工人职员伤亡事故报告规定》同时废止。

7 月 25 日，国务院发布《全民所有制企业招用农民合同制工人的规定》，对农民合同工的有关社会保障问题作了一些规定。

7 月 25 日，劳动部发布《〈企业职工伤亡事故报告和处理规定〉有关问题的解释》。

1992 年

3 月 9 日，劳动部、卫生部、中华全国总工会联合颁布《职工工伤与职业病致残程度鉴定标准（试行）》，将工伤分为十个等级。

9 月 29 日，劳动部、财政部、中华全国总工会发出《关于调整企业工伤全残职工护理费标准的通知》。

1993 年

11 月 14 日，中共十四届三中全会通过的《中共中央关于建立社会主义市场经济体制若干问题的决定》，明确提出“普遍建立企业工伤保险制度”。

12 月，深圳市人大常委会颁布全国第一个工伤保险单项立法的地方性法规《深圳经济特区工伤保险条例》。

1994 年

4 月 9 日，第七届全国人民代表大会第四次会议批准《中华人民共和国国民经济和社会发展十年规划和“八五”计划纲要》，指出要“努力改革医疗保险和工伤保险制度”。

7 月 5 日，第八届全国人民代表大会常务委员会第八次会议通过《中华人民共和国劳动法》，第三条规定劳动者享有“享受社会保险和福利的权利”；第七十条规定，国家发展社会保险事业，建立社会保险制度，设立社会保险基金，使劳动者在年老、患病、工伤、失业、生育等情况下获得帮助和补偿；第七十三条规定，劳动者在“因工伤残或者患职业病”等情形下，依法享受社会保险待遇。

12 月 1 日，劳动部发布《企业职工患病或非因工负伤医疗期规定》。在适应劳动用工制度改革需要，保护劳动者合法权益，促进企业改革，完善劳动合同制度方面发挥了重要作用。

1996 年

3 月 14 日，国家技术监督局发布《职工工伤与职业病致残程度鉴定国家标准》，对工伤和职业病伤残鉴定标准进行了规定，意味着我国将对沿用了 40 多年的工伤保险制度进行全面改革。

8 月 12 日，劳动部颁布《企业职工工伤保险试行办法》，同年 10 月 1 日起试行。以部门规章形式规范了企业工伤保险办法，可以看作是我国工伤保险专门法规的雏形，标志着我国工伤保险初步完成了由企业保险向社会保险的转变。

2001 年

10 月 27 日，第九届全国人民代表大会常务委员会第二十四次会议通过《中华人民共和国职业病防治法》，为预防、控制和消除职业病危害，防治职业病，保护劳动者健康及其相关权益，促进经济社会发展，发挥了重要作用。

2002 年

4 月 5 日，劳动和社会保障部发布《关于如何理解〈企业职工工伤保险试行办法〉有关内容的答复意见》和《职工非因工伤残或因病丧失劳动能力程度鉴定标准（试行）》。

7 月 5 日，广州市劳动和社会保障局印发全国首个工伤康复管理规范性法律文件——《广州市社会工伤保险工伤康复管理试行办法》。

2003 年

4 月 16 日，国务院第五次常务会议讨论通过《工伤保险条例》，自 2004 年 1 月 1 日起施行，标志着我国建立了工伤预防—工伤赔偿—工伤康复三位一体的现代工伤保险制度框架。

9 月 23 日，劳动和社会保障部发布《工伤认定办法》《非法用工单位上万人员一次性赔偿办法》《因工死亡职工供养亲属范围规定》，对规范工伤认定程序，依法进行工伤认定，维护当事人的合法权益进行了明确规定。

10 月 29 日，劳动和社会保障部、财政部、卫生部、国家安全生产监督管理局发布《关于工伤保险费率问题的通知》。对合理确定用人单位缴纳工伤保险费的费率及费率浮动档次进行了规定。

2004 年

1 月 1 日，国务院颁布施行了《工伤保险条例》，对我国工伤保险的适用范围、工伤保险基金来源、工伤认定的标准、劳动能力鉴定、工伤保险待遇以及工伤争议的处理等方面做出了原则性规定。此条例从最高立法层次上成为我国第一部工伤保险单项法规。

3 月 2 日，劳动和社会保障部工伤保险司成立。

6 月 1 日，劳动和社会保障部颁布《关于农民工参加工伤保险有关问题的通知》，对农民工参加工伤保险和工伤认定等做出特别规定。

12 月 29 日，劳动和社会保障部发出《关于进一步推进矿山等高风险企业参加工伤保险工作的通知》。

2005 年

4 月 4 日，劳动和社会保障部、国家安全生产监督管理总局、国防科学技术工业委员会联合发出《关于贯彻〈安全生产许可证条例〉做好企业参加工伤保险有关工作的通知》。

12 月 29 日，劳动和社会保障部、人事部、民政部、财政部联合发出《关于事业单位、民间非营利组织工作人员工伤有关问题的通知》。

2006 年

5 月 17 日，劳动和社会保障部颁布《关于实施农民工“平安计划”加快推进农民工参加工伤保险工作的通知》，提出了农民工参加工伤保险工作的具体步骤，并提出加快推进农民工特别是矿山、建筑等高风险企业农民工参加工伤保险工作。

11 月 2 日，国家质量监督检验检疫总局、国家标准化管理委员会联合发布《劳动能力鉴定职工工伤与职业病致残等级》。该标准于 2007 年 5 月 1 日起开始实施，代替了《职工工伤与职业病致残程度鉴定》。

2007 年

2 月 27 日，劳动和社会保障部、卫生部、国家中医药管理局联合发出

《关于加强工伤保险医疗服务协议管理工作的通知》。

4月3日，劳动和社会保障部发出《关于加强工伤康复试点工作的指导意见的通知》，规范和促进工伤康复试点工作的健康开展。

9月7日，劳动和社会保障部、国务院国有资产监督管理委员会联合发出《关于进一步做好中央企业工伤保险工作有关问题的通知》。

2008年

3月11日，劳动和社会保障部发出《关于印发〈工伤康复诊疗规范（试行）〉和〈工伤康复服务项目（试行）〉的通知》。

3月28日，国务院发布《国务院关于解决农民工问题的若干意见》，对农民工特别是建筑行业农民工参加工伤保险提出了明确要求。

2009年

4月10日，人力资源和社会保障部颁布《关于做好老工伤人员纳入工伤保险统筹管理工作的通知》，要求妥善解决老工伤人员纳入工伤保险统筹管理的问题。

9月25日，人力资源和社会保障部发出《关于开展工伤预防试点工作有关问题的通知》。

2010年

3月15日，人力资源和社会保障部发出《关于推进工伤保险市级统筹有关问题的通知》。

10月28日，中华人民共和国第十一届全国人民代表大会常务委员会第十七次会议通过了《中华人民共和国社会保险法》，2011年7月1日实施。这是我国工伤保险社会保障领域的第一部法律，同时标志着我国社会保障体系建设开始由长期试验性状态走向定型、稳定与可持续发展阶段。

12月20日，国务院通过《关于修改〈工伤保险条例〉的决定》。对于进一步保障工伤职工的合法权益，分散用人单位工伤风险，促进工伤保险制度的完善具有重要意义。

12月23日，人力资源和社会保障部发出《关于做好〈工伤保险条例〉（修订）贯彻实施工作的通知》。

12月31日，人力资源和社会保障部发布《工伤认定办法》《非法用工单位伤亡人员一次性赔偿办法》《部分行业企业工伤保险费缴纳办法》。

2011年

1月20日，人力资源和社会保障部、财政部、国务院国资委、监察部印发《关于做好国有企业老工伤人员等纳入工伤保险统筹管理有关工作的通知》，要求彻底解决国有企业老工伤人员等工伤统筹问题。

6月23日，人力资源和社会保障部发出《关于工伤保险有关规定处理意见的函》。

9月25日，人力资源和社会保障部发出《关于做好工伤保险费率浮动工作的通知》。

2012年

8月15日，人力资源和社会保障部发出《关于印发工伤保险辅助器具配置目录的通知》。

10月29日，人力资源和社会保障部、财政部联合发出《关于进一步做好事业单位等参加工伤保险工作有关问题的通知》。

2013年

4月22日，人力资源和社会保障部发出《关于印发〈工伤康复服务项目（试）〉和〈工伤康复服务规范（试）〉（修订版）的通知》。

4月22日，人力资源和社会保障部发出《关于进一步做好工伤预防试点工作的通知》。

4月25日，人力资源和社会保障部发出《关于推行〈工伤保险条例〉若干问题的意见》。

12月23日，国家卫生计生委、人力资源和社会保障部、安全监管总局、中华全国总工会发出《关于印发〈职业病分类和目录〉的通知》。

2014年

12月29日，人力资源和社会保障部、住房城乡建设部、国家安全监督管理总局、中华全国总工会出台《关于进一步做好建筑业工伤保险工作的意见》，大力推进建筑业农民工参加工伤保险工作。

2015 年

3 月 27 日，人力资源和社会保障部办公厅印发《关于开展建筑业“同舟计划”——建筑业工伤保险专项扩面行动计划的通知》，要求用三年左右时间，全面推进建筑业从业人员参加工伤保险。

4 月 12 日，人力资源和社会保障部发布《关于实施修订后劳动能力鉴定标准有关问题处理意见的通知》。

7 月 22 日，人力资源和社会保障部、财政部印发《关于调整工伤保险费率政策的通知》，根据行业工伤风险将工伤保险行业基准费率划分为 8 档，要求根据用人单位工伤保险费使用、工伤发生率、职业病危害程度等因素，确定工伤保险费率并进行浮动。

2016 年

2 月 16 日，人力资源和社会保障部、民政部、国家卫生计生委联合颁布《工伤保险辅助器具配置管理办法》。

3 月 24 日，人力资源和社会保障部发布《关于加快推进建筑业工伤保险工作的通知》。

2017 年

6 月 22 日，人力资源和社会保障部、财政部印发《关于工伤保险基金省级统筹的指导意见》，明确要求各地区在 2020 年年底前全面实现工伤保险省级统筹。

8 月 17 日，人力资源和社会保障部、财政部、国家卫生计生委、安全监管总局印发《工伤预防费使用管理暂行办法》，明确工伤预防费从工伤保险基金列支的标准以及使用范围。

8 月 21 日，人力资源和社会保障部印发《关于工伤保险待遇调整和确定机制的指导意见》，作为调整和确定工伤保险待遇水平的政策依据。

2018 年

1 月 2 日，人力资源和社会保障部、交通运输部、水利部、能源局、铁路局、民航局印发《关于铁路、公路、水运、水利、能源、机场工程建设项目参加工伤保险工作的通知》，加大力度将在各类工程建设项目中流动就业的农民工纳入工伤保险保障。

6 月 27 日，人力资源和社会保障部办公厅发布《关于加强 2018—2020 年工伤保险普法宣传工作的通知》，对新时期工伤保险普法宣传工作进行了详细规定。

9 月 24 日，人力资源和社会保障部发布《关于推进工伤认定和劳动能力鉴定便民化服务工作的通知》。

第六节　新中国生育保险制度改革发展的重要事件索引

1951 年

2 月 26 日，政务院公布《中华人民共和国劳动保险条例》，标志着新中国社会保险制度的正式确立。

1953 年

1 月 26 日，劳动部公布试行的《中华人民共和国劳动保险条例实施细则修正草案》，对生育保险的相关内容进行了调整。

1955 年

4 月 26 日，国务院发布《关于女工作人员生产假期的通知》，首次对女工作人员生育产假的期限、待遇做了规定。

1962 年

7 月 26 日，全国总工会在《关于女职工在病假期间生育待遇的复函》中规定："病假 6 个月以内生育时，也给予支付产假工资。"

1982 年

2 月 9 日，中共中央、国务院发布《关于进一步做好计划生育工作的指示》。

1986 年

5 月 30 日，卫生部、劳动人事部、中华全国总工会、全国妇联联合发布《女职工保健工作暂行规定（试行草案）》，为保障女职工的合法权益发挥了重大作用。

1988 年

7 月 21 日，国务院颁布《女职工劳动保护规定》，自同年 9 月 1 日起施行。此规定适用于中国境内一切国家机关、团体、企事业单位的女职工，它的颁布使得我国生育保险制度有了相对的进步和完善。

9 月 4 日，劳动部发出《关于女职工生育待遇若干问题的通知》，对《女职工劳动保护规定》有关产假及产假工资等问题做出了详尽说明。

1989 年

1 月 20 日，劳动部发布《女职工劳动保护规定问题解答》。

1990 年

1 月 18 日，劳动部颁布了《女职工禁忌劳动范围的规定》，对加强女职工劳动保护、维护女职工合法权益、保护女职工及其后代的健康、提高我国出生人口素质方面发挥了重要作用。

1992 年

4 月 3 日，第七届全国人民代表大会第五次会议通过《中华人民共和国妇女权益保障法》，明确“国家保护妇女依法享有特殊权益，逐步完善对妇女的社会保障制度”。

1993 年

11 月 26 日，卫生部、劳动部、人事部、中华全国总工会、全国妇联颁发《女职工保健工作规定》，1986 年发布的《女职工保健工作暂行规定（试行草案）》同时废止。

1994 年

7 月 5 日，《中华人民共和国劳动法》颁布，规定女职工与男职工享有同等的权利和义务，劳动者在生育情况下，依法享有社会保险待遇。

10 月 27 日，中华人民共和国第八届全国人民代表大会常务委员会第十次会议通过了《中华人民共和国母婴保健法》（2017年11月4日，第十二届全国人民代表大会常务委员会第三十次会议通过了《中华人民共和国母婴保健法》修改版本），首次提出对我国老少边穷等地区生育保险倾斜政策。

12月14日，劳动部发布《企业职工生育保险试行办法》，自1995年1月1日起试行，这是我国第一部关于生育保险的正式法规，标志着我国生育保险制度的改革和发展进入了一个新的阶段。

1995年

7月27日，国务院发布《中国妇女发展纲要（1995—2000年）》，提出到19世纪末女职工育婴费用的社会统筹要基本覆盖全国各城市的目标。

1997年

10月8日，劳动部发出《关于印发〈生育保险覆盖计划〉的通知》。

1998年

3月30日，劳动和社会保障部发出《关于规范企业职工生育保险统筹项目、支付标准、征缴费率的指导意见》。

2001年

5月22日，国务院印发《中国妇女发展纲要（2001—2010年）》，对保障妇女在获得经济资源、劳动和社会保障方面的平等权利作了专门论述。

2004年

9月8日，劳动和社会保障部办公厅发布《关于进一步加强生育保险工作的指导意见》。

2005年

8月28日，第十届全国人民代表大会常务委员会第十七次会议通过《关于修改〈中华人民共和国妇女权益保障法〉的决定》，该决定规定：各地区要逐步建立并完善符合且适应本地区经济发展的生育保险政策及与生育保险相关的其他保障制度。

2009年

9月10日，人力资源和社会保障部发布《关于确定城镇居民生育保障试点城市的通知》，确定了长春市、南通市、马鞍山市、常德市、惠州市、成都市、铜川市7个城市作为城镇居民生育保障试点城市。

2010年

10月28日，全国人大常委会通过了《中华人民共和国社会保险法》，从更高层次上对生育保险制度进行了专门的规定，这也标志着我国社会保险制度进入重要的发展时期。

2012年

4月18日，国务院通过《女职工劳动保护特别规定》。为适应我国经济社会发展的新形势，进一步减少和解决女职工在劳动中因生理特点造成的特殊困难，更好地保护女职工健康，起到了重要作用。

2017年

3月17日，人力资源和社会保障部办公厅、财政部办公厅、国家卫生计生委办公厅发出《关于做好生育保险和职工基本医疗保险合并实施试点有关工作的通知》。

参考文献

刘传济，孙光德，1987. 社会保险与职工福利［M］. 北京：劳动人事出版社：31.

《当代中国》丛书编辑部，1987. 当代中国的职工工资福利和社会保险［M］. 北京：中国社会科学出版社：330.

郑功成，1994. 中国社会保障论［M］. 武汉：湖北人民出版社：12.

道格拉斯·诺斯，1995. 经济史的结构与变迁［M］. 刘瑞华，译. 台北：时报文化出版企业股份有限公司.

郑功成，1996. 从企业保障到社会保障［M］. 沈阳：辽宁人民出版社：33-34.

《中国经济年鉴》编委会，1998. 中国经济年鉴（1998）［M］. 北京：中国经济年鉴社：680.

李迎生，2001. 社会保障与社会结构转型：二元社会保障体系研究［M］. 北京：中国人民大学出版社.

郑功成，等，2002. 中国社会保障制度变迁与评估［M］. 北京：中国人民大学出版社.

张琪，2003. 中国医疗保障理论、制度与运行［M］. 北京：中国劳动社会保障出版社.

丁晓波，2005. 农村卫生改革和新型农村合作医疗工作手册［M］. 北京：中国财政经济出版社.
丁少群，李桢，2007. 我国新型农村合作医疗制度及其可持续发展研究［M］. 厦门：厦门大学出版社.
张旭升，刘桂梅，米双红，2007. 社会保险［M］. 上海：复旦大学出版社.
中国劳动和社会保障部，2007. 新中国劳动和社会保障事业［M］. 北京：中国劳动社会保障出版社：710.
郑功成，2008. 中国社会保障30年［M］. 北京：人民出版社：69.
新型合作医疗试点工作评估组，2008. 发展中的中国新型农村合作医疗——新型农村合作医疗试点工作评估报告［M］. 北京：人民卫生出版社.
郑功成，2009. 从企业保障到社会保障：中国社会保障制度变迁与发展［M］. 北京：中国劳动社会保障出版社.
郑功成，2009. 中国社会保障论［M］. 北京：中国劳动社会保障出版社：98-100.
《新中国卫生事业60年》编辑委员会，2009. 新中国卫生事业60年［M］. 北京：人民卫生出版社.
王书城，2009. 中国卫生事业发展［M］. 北京：中医古籍出版社.
王跃生，2009. 中国当代家庭结构变动分析——立足于社会变革时代的农村［M］. 北京：中国社会科学出版社.
林义，2010. 社会保险［M］. 北京：中国金融出版社：144.
郑秉文，2011. 中国养老金发展报告2011［M］. 北京：经济管理出版社：31.
胡晓义，2011. 医疗保险和生育保险［M］. 北京：中国劳动社会保障出版社.
郑秉文，2012. 中国养老金发展报告2012［M］. 北京：经济管理出版社：1.
丹尼尔·W. 布罗姆利，2012. 经济利益与经济制度——公共政策的理论基础［M］. 陈郁，郭宇峰，汪春，译. 上海：格致出版社/上海三联书店/上海人民出版社.
陈竺，张茅，等，2013. 中国新型农村合作医疗发展报告（2002—2012）［M］. 北京：人民卫生出版社.
陈文辉，等，2013. 我国城乡居民大病保险发展模式研究［M］. 北京：中国经济出版社.
郑秉文，2013. 中国养老金发展报告2013——社保经办服务体系改革［M］. 北京：经济管理出版社：118.
邓大松，2014. 可持续发展的中国新型农村社会养老保险制度研究［M］. 北京：经济科学出版社.
聂爱霞，2014. 中国失业保险制度与再就业问题研究［M］. 北京：中国社会科学出版社.
戴卫东，2014. 长期护理保险——理论、制度、改革与发展［M］. 北京：经济科学出版社.
赵林，多田罗浩三，桂世勋，2014. 日本如何应对超高老龄社会——医疗保健，社会保障对策［M］. 北京：知识产权出版社.
周弘，张浚，2015. 走向人人享有保障的社会——当代中国社会保障的制度变迁［M］. 北京：中国社会科学出版社.
朱恒鹏，2017. 中国城乡居民基本医疗保险制度整合研究［M］. 北京：中国社会科学出版社.
黄丽，罗锋，刘红梅，2017. 城乡居民基本养老保险制度的可持续发展［M］. 北京：中国农业出版社.
宋占军，2018. 城乡居民大病保险政策评估与制度优化研究［M］. 北京：经济科学出版社.
刘丹，宋坤，钟莹，等，2018. 农村养老模式与农村养老保险保障研究［M］. 成都：西南财经大学出版社.
马文瑞，1957. 关于“国务院关于工人、职员退休处理的暂行规定（草案）”的说明［J］. 中国劳动（23）：4-5.
费孝通，1983. 家庭结构变动中的老年赡养问题——再论中国家庭结构的变动［J］. 北京大学学报（哲学社会科学版）（3）.
杨宜勇，1996. 目前我国社会保险制度改革的情况与发展目标［J］. 经济研究参考（G1）：11-15.
欧水生，1997. 深圳市基本医疗保险制度的主要特点及运作情况［J］. 中华医院管理杂志（11）：17-19.
吕建设，1997. “亮光”在闪烁——青岛医疗、生育保险改革纪实 基金三块管理：医改模式的选择…… [J]. 中国社会保险（9）：33-34.
张声源，1998. 职工医疗保险制度统账结合方式比较分析 [J]. 中国卫生经济（7）：36-37.
左学金，胡苏云，1998. 城市医疗保险改革的深化需要组织创新 [J]. 中国卫生经济（2）：27-29.
本刊编辑部，1998. 医改备忘录之一 职工医疗保障制度变迁的轨迹（下）[J]. 中国社会保险（8）：19-21.
杨健敏，1998. 医改备忘录之一——职工医疗保障制度变迁的轨迹（中）[J]. 中国社会保险（7）：9-11.
本刊编辑部，1998. 医改备忘录之一——职工医疗保障制度变迁的轨迹（上）[J]. 中国社会保险（6）：10-11.
刘燕生，1999. 构筑城镇职工的基本医疗保障 [J]. 劳动保障通讯（11）：13-14.
丁晓沧，陈志兴，1999. 我国职工医疗保险改革模式的比较分析与策略思考 [J]. 中国卫生事业管理（6）：8-11.
何筠，2000. 医疗保险改革新方案的特点、难点和对策 [J]. 价格月刊（2）：3-5.
慈勤英，2000. 关于基本养老保险统筹“条块之争”的思考 [J]. 湖北大学学报（哲学社会科学版）（3）：95-98.
冯万勇，2000. 我国职工医疗保险制度改革的难点及对策 [J]. 广西社会科学（6）：101-104.
佚名，2000. 全面推进依法行政 大力促进劳动保障事业的发展——劳动和社会保障部副部长刘雅芝在全国劳动保障依法行政工作会议上的讲话（摘录）[J]. 中国劳动（8）：4-7.
林毓铭，2001. 深化医疗保险改革的主要政策举措 [J]. 江西财经大学学报（5）：29-32.

张文，2002. 国有股减持与市场仲裁的独立性［J］. 财贸经济（5）：43.
郑秉文，2002. 信息不对称与医疗保险［J］. 经济社会体制比较（6）：8-15.
王英，2002. 医疗保险改革主要观点综述［J］. 党政干部学刊（3）：37-38.
王正斌，刘慧侠，2003. 多层次城镇医疗保险体系发展研究［J］. 中国软科学（2）：25-30.
杨方方，2003. 中国失业保险制度的回顾与展望［J］. 北京行政学院学报（3）：65-70.
姚宏，2003. 建设有中国特色的工伤保险制度［J］. 劳动保护（7）：11-12.
曹岁明，2003. 五项重大突破 十条主要特点 七个注意问题——详细解读新《工伤保险条例》［J］. 福建劳动和社会保障（8）：11-14.
潘锦棠，2003. 中国生育保险制度的历史与现状［J］. 人口研究，27（2）：29-35.
董研，2004. 我国医疗保障制度的变迁与改革［J］. 人口与经济（S1）：51-54.
《中国失业问题与财政政策研究》课题组，2005. 中国失业问题与财政政策研究［J］. 管理世界（6）：4-15，26，171.
张虹，刘明亮，白净，2005. 论我国工伤保险制度的完善［J］. 财经理论与实践（5）：69-71.
艾红林，2005. 生育保险制度的历史演变［J］. 煤矿现代化（4）：88-89，57.
李卢霞，戴维周，孙晓燕，2005. 国外生育保险制度概览及我国生育保险制度改革［J］. 卫生经济研究（11）：17-18.
李华，2005. 我国农村合作医疗变迁的制度环境分析［J］. 学习与探索（6）：219-222.
张运刚，2005. 人口老龄化与我国养老保险制度改革［J］. 四川师范大学学报（社科版）（32）.
陈培勇，林琳，2006. 社会保障立法：难题·破解［J］. 中国劳动（9）：19-21.
马维胜，2006. 医疗改革的核心问题和未来出路［J］. 中国工业经济（4）：14-22.

杨思斌，2007. 中国社会保险法制建设述评［J］. 财贸研究（3）：136-142.

郑秉文，房连泉，2007. 社会保障供款征缴体制国际比较与中国的抉择［J］. 公共管理学报（4）：1-16，121.

沈华亮，余华英，2008. 试论我国社会医疗保险的发展趋势［J］. 医学与社会（2）：26-28.

顾昕，2008. 通向全民医保的渐进主义之路——论三层次公立医疗保险体系的构建［J］. 东岳论丛（1）：6-11.

彭宅文，2008. 我国的社会保险制度与促进就业：历程与问题［J］. 中国劳动（8）：11-15.

徐宏鸣，2008. 国际劳工组织制定失业保险的公约和建议［J］. 就业与保障（6）：38-39.

邓敦，朱刚令，2009. 提高医疗保险统筹层次［J］. 中国医疗保险（1）：32-34.

郑秉文，2009. 中国社会保险“碎片化制度”危害与“碎片化冲动”探源［J］. 社会保障研究（1）：209-224.

夏波光，2009. 从配套到支柱（1986—1997）［J］. 中国社会保障（10）：32-35.

孟昭喜，2009. 社保经办：以参保人员为本——改革开放 30 年社会保险经办事业发展记略［J］. 中国社会保障（1）：20-23.

成欢，蒲晓红，2009. 事业单位养老保险改革存在的争议及思考［J］. 经济体制改革（5）：62-65.

吕学静，2009. 中国失业保险面临大考［J］. 中国社会保障（1）：30-31.

孙树菡，朱丽敏，2009. 新中国工伤保险制度六十年的发展变迁［J］. 河北学刊，29（6）：1-6.

孙树菡，朱丽敏，2009. 中国工伤保险制度 30 年：制度变迁与绩效分析［J］. 甘肃社会科学（3）：59-65.

杨善发，2009. 中国农村合作医疗制度渊源——流变与当代发展［J］. 安徽大学学报（哲学社会科学版）（9）：147-150.

朱俊生，2009. 对我国农村合作医疗变迁的制度经济学解释——制度的均衡、非均衡、变革与制度供给［J］. 人口与经济（5）：77-83.

曹普，2009. 20世纪90年代两次“重建”农村合作医疗的尝试与效果［J］. 党史研究与教学（4）：18-26.

徐宁，2010. 关于我国职工医疗保险“统账结合”模式的再思考——基于基金财务模式的视角［J］. 社会保障研究（2）：43-48.

顾昕，2010. 走向普遍覆盖：全民医疗保险面临的挑战［J］. 东岳论丛，31（1）：155-159.

姚力，2010. 新中国城镇职工医疗保障制度的历史考察［J］. 党的文献（3）：94-99.

金刚，2010. 国有资产充实养老保险基金方式的选择［J］. 南方经济（4）：26.

吕学静，2010. 中国失业保险的稳定就业促进就业政策——从临时措施到长效机制的思考［J］. 社会保障研究（6）：55-63.

孙琼如，2010. 社会性别视角下的生育保险政策反思以泉州市生育保险政策为例［J］. 华侨大学学报（哲学社会科学版）（4）：91-96.

王胜，2010. 关于《山西省稷山县农村公共卫生事业》一文几个问题的商榷［J］. 当代中国史研究（4）：69-74.

荆涛，2010. 建立适合中国国情的长期护理保险制度模式［J］. 保险研究（4）.

孟艳春，2011. 中国养老模式与优化路径探析［J］. 河北学刊（1）：129-132.

盛和泰，2011. 养老保险“碎片化”的成因分析与应对策略［J］. 保险研究（5）：32-35.

杨思斌，2011. 社会保险立法述评［J］. 河北法学，29（9）：77-84.

郑功成，2011.《社会保险法》：我国社会保障法制建设的里程碑［J］. 中国劳动（1）：6-9.

朱铭来，宋占军，2011. 未来“老护”之路的设计走向［J］. 中国社会保障（2）.

杨思斌，2011. 我国失业保险制度的重大发展与实施挑战［J］. 前沿（11）：136-141.

本刊编辑部，2011. 新《工伤保险条例》给力职工权益［J］. 中国人力资源社会保障（2）：9-10.

财政部财政科学研究所课题组，2012. 我国事业单位养老保险制度改革研究［J］. 经济研究参考（52）：3-25.

魏华林，何玉东，2012. 中国长期护理保险市场潜力研究［J］. 保险研究（7）.

张彦丽，2012. 我国失业保险制度变迁历程研究［J］. 商业研究（11）：151-155.

吴鹏程，2012.“伤害行为”或“伤害结果”发生之日是工伤认定起点［J］. 中国医疗保险（4）：62-63.

佚名，2012. 国务院法制办负责人就《女职工劳动保护特别规定》答记者问［J］. 司法业务文选（19）：2，49.

佚名，2012. 文件解读之二：女职工劳动保护特别规定［J］. 天津社会保险（3）：55-56.

梁艳华，李菲菲，王传华，2012. 将生育保险纳入医疗保险之中的可行性分析［J］. 劳动保障世界（理论版）（9）：48-51.

郑功成，2012. 城乡统筹是医保制度定型稳定的首要任务［J］. 中国医疗保险（3）：10-11.

郑秉文，2013. 中国社会保险经办服务体系的现状、问题及改革思路［J］. 中国人口科学（6）：2-16，126.

《中国社会保障》编辑部，2013. 十八届三中全会《决定》中的社会保障全解——专家学者眼中的社保改革蓝图［J］. 中国社会保障（12）：14-19.

乌日图，2014. 医疗保险制度改革的回顾和展望［J］. 中国医疗保险（6）：14-17.

田雪原，2014. 人口老龄化与养老保险体制创新［J］. 人口学刊，36（1）：5-15.

吕学静，2014. 日本长期护理保险制度的建立与启示［J］. 中国社会保障（4）.

曹信邦，陈强，2014. 中国长期护理保险需求影响因素分析［J］. 中国人口科学（4）.

荆涛，谢远涛，2014. 我国长期护理保险制度运行模式的微观分析［J］. 保险研究（5）.

李慧欣，2014. 美国商业长期护理保险的发展及其启示［J］. 保险研究（4）.

申曙光，2014. 全民基本医疗保险制度整合的理论思考与路径构想［J］. 学海（1）：52-58.

席恒，翟绍果，2014. 更加公平可持续的养老保险制度的实现路径探析［J］. 中国行政管理（3）：11-14.

杨燕绥，2014. 统一的城乡养老保险并非简单整合［J］. 中国社会保障（4）：35.

张思锋，曹信邦，2014. 中国国民年金制度设计的基本思路［J］. 理论探讨（1）：81-84.

张川川，JOHN GILES，赵耀辉，2014. 新型农村社会养老保险政策效果评估——收入、贫困、消费、主观福利和劳动供给［J］. 经济学（季刊）（1）：203-230.

周延，2014. 我国长期护理保险瓶颈分析及险种的改进探究［J］. 江西财经大学学报（2）.

林宝，2015. 对中国长期护理保险制度模式的初步思考［J］. 老龄科学研究，3（5）.

朱恒鹏，高秋明，陈晓荣，2015. 与国际趋势一致的改革思路——中国机关事业单位养老金制度改革述评［J］. 国际经济评论（2）：9-28，4.

郭捷，张琳，2015. 我国《社会保险法》的问题反思及未来展望［J］. 中国劳动（10）：40-44.

郑功成，2015. 从地区分割到全国统筹——中国职工基本养老保险制度深化改革的必由之路［J］. 中国人民大学学报，29（3）：2-11.

朱恒鹏，高秋明，陈晓荣，2015. 与国际趋势一致的改革思路——中国机关事业单位养老金制度改革述评［J］. 国际经济评论（2）：9-28，4.

曾益，刘倩，虞斌，2015. 中国机关事业单位养老保险制度财务可持续性研究——基于转制成本分担的视角［J］. 经济管理，37（10）：158-168.

邓大松，郭婷，2015. 中国长期护理保险制度构建浅析——以青岛市为例［J］. 卫生经济研究（10）.

孟颖颖，李慧丽，2015. 改革开放以来我国失业保险制度的政策回顾与述评［J］. 社会保障研究（5）：73-81.

宁满秀，王小莲，2015. 中国农村家庭代际经济支持行为动机分析［J］. 农业技术经济（5）：21-33.

唐未兵，吴开明，2015. 论全民统一养老保险制度的筹资模式与公平规则［J］. 湖南师范大学社会科学学报（1）：106-113.

胡宏伟，李佳怿，栾文敬，2015. 美国长期护理保险体系：发端、架构、问题与启示［J］. 西北大学学报（哲学社会科学版）45（5）.

金维刚，2016. 城乡居民医保整合及其发展趋势［J］. 中国医疗保险（3）：35-38.

董朝晖，2016. 全民医保在健康中国战略中的功能与地位［J］. 中国医疗保险（10）：23.

李滔，王秀峰，2016. 健康中国的内涵与实现路径［J］. 卫生经济研究（1）：4-10.

高健，2016. 社会医疗保险统筹层次提升的分析框架的构建［J］. 鸡西大学学报，16（2）：71-74.

王延中，2016. 中国“十三五”时期社会保障制度建设展望［J］. 辽宁大学学报（哲学社会科学版），44（1）：1-14.

熊成，2016. 城镇职工医疗保险制度的历史考察和理论检省［J］. 法制博览（2）：192.

褚福灵，2016. 机关事业单位养老金制度改革历程和经验［J］. 中国高等教育（7）：18-21.

高春兰，果硕，2016. 中国长期护理保险给付对象的等级评价体系研究［J］. 社会建设（4）.

戴卫东，2016. 长期护理保险：中国养老保障的理性选择［J］. 人口学刊（2）.

胡宏伟，李佳怿，汤爱学，2016. 日本长期护理保险制度：背景、框架、评与

启示 [J]. 人口与社会, 32 (1).
胡晓宁, 陈秉正, 祝伟, 2016. 基于家庭微观数据的长期护理保险定价 [J]. 保险研究 (4).
荆涛, 杨舒, 孟郁聪, 2016. 消费者对长期护理保险的购买意愿及影响因素分析 [J]. 保险职业学院学报, 30 (1).
荆涛, 杨舒, 2016. 政策性长期护理保险定价研究——以北京市为例 [J]. 保险研究 (9).
荆涛, 杨舒, 2016. 建立政策性长期护理保险制度的探讨 [J]. 中国保险 (5).
鲁於, 杨翠迎, 2016. 我国长期护理保险制度构建研究回顾与评述 [J]. 社会保障研究 (4).
孙东雅, 姜利琴, 2016. 美国长期护理保险模式 [J]. 中国金融 (18).
杨燕绥, 陈诚诚, 2016. 中国建立长期护理保险面对的机遇和挑战 [J]. 中国社会保障 (4).
尚越, 吕国营, 2017. "健康中国" 战略下基本医疗保险责任分担机制研究 [J]. 中国医疗保险 (8): 16-20.
何文炯, 杨一心, 2017. 医疗保障治理与健康中国建设 [J]. 公共管理学报, 14 (2): 132-138, 159.
郑秉文, 2017. "健康中国" 的解读: 从理念精髓到中国国情——学习习近平总书记在全国卫生与健康大会上讲话的体会 [J]. 中国医疗保险 (3): 18-19.
郑功成, 2017. 全民医保在健康中国建设中应有新作为 [J]. 中国医疗保险 (3): 3-5.
高臻耀, 2017. 医保坚守 "保基本" 底线才是对健康中国的最大促进 [J]. 中国医疗保险 (2): 17-18.
林鹏, 2017. 从制度变迁视角看我国医疗保障体制改革 [J]. 濮阳职业技术学院学报, 30 (4): 70-73.
范玉改, 李大奇, 2017. 对我国城镇职工基本医疗保险个人账户改革的思考 [J]. 中国医院, 21 (6): 59-61.

郑尚元，2017. 依法治国背景下社会保险法制之建构［J］. 武汉大学学报：哲学社会科学版，70（4）：27-35.

郑功成，2017. 全面理解党的十九大报告与中国特色社会保障体系建设［J］. 国家行政学院学报（6）：8-17，160.

鲁全，2017. 中国共产党对社会保障认识的变迁与发展（1997—2017）［J］. 国家行政学院学报（6）：99-104，163.

丁少群，陈怡迪，2017. 我国长期护理保险的迫切需求及发展方向探索［J］. 上海保险（2）.

荆涛，杨舒，朱海，2017. 政策性长期护理保险补贴制度研究［J］. 保险研究（8）.

刘金霞，2017. 我国商业性长期护理保险产品：现状、问题与优化建议［J］. 南方金融（8）.

刘晓雪，钟仁耀，2017. 长期护理保险的国际比较及对我国的启示［J］. 华东师范大学学报（哲学社会科学版）（4）.

孙洁，2017. 论社会长期护理保险的目标与功能［J］. 中国医疗保险（3）.

赵斌，陈曼莉，2017. 社会长期护理保险制度：国际经验和中国模式［J］. 四川理工学院学报（社会科学版）（5）.

朱铭来，郑先平，2017. 我国长期照护保险发展实践［J］. 中国金融（21）.

汪文婷，2017. 我国工伤保险发展历程及其可持续发展的思考［J］. 管理观察（3）：168-170.

林义，2017. 中国多层次养老保险的制度创新与路径优化［J］. 社会保障评论（3）：29-42.

王国军，2017. 生育险和医保合并将带来哪些变化［J］. 中国卫生（4）：68-70.

两险合并试点 强化提升基金运行 人社部解读《生育保险和职工基本医疗保险合并实施试点方案》［J］. 劳动保障世界，2017（4）：14-15.

郑秉文，2018. 中国社会保障40年：经验总结与改革取向［J］. 中国人口科学（4）：2-17，126.

何文炯，2018. 改革开放以来中国社会保险之发展［J］. 保险研究（12）：96-100.

李乐乐，俞乔，2018. 国家治理现代化与中国特色基本医疗保险制度变迁——基于历史制度主义的分析框架［J］. 党政研究（6）：23-32.

孙淑云，2018. 改革开放40年：中国医疗保障体系的创新与发展［J］. 甘肃社会科学（5）：21-28.

王延中，王俊霞，单大圣，等，2018. 改革开放40年与社会保障中国模式［J］. 学术界（8）：17-42.

房连泉，2018. 建立可持续的基本养老保险待遇指数化调整机制研究——来自国际案例的经验启示［J］. 人口学刊，40（5）：66-77.

郑秉文，2018. 养老保险降低缴费率与扩大个人账户——征缴体制改革的“额外收获”［J］. 行政管理改革（11）：12-21.

刘睿，2018. 关于全面实施工伤保险省级统筹的思考［J］. 中国市场（35）：60，64.

王丽，2018. 我国工伤保险制度的现状特点和展望［J］. 中国人力资源社会保障（4）：32-34.

张军，2018. 对完善我国工伤保险制度的一些思考［J］. 中国医疗保险（2）：66-67，69.

田大洲，梁敏，2018. 积极的失业保险政策研究：理念与实践探索［J］. 中国劳动（7）：4-15.

李满奎，2018. 从《失业保险条例》修订看我国失业保险制度的完善［J］. 中国劳动（8）：39-46.

李林，冯亚洲，孙晓兰，2018. 保定市发挥失业保险“三位一体”功能的对策［J］. 保定学院学报，31（3）：128-135.

卓晓君，2018. 关于建立生育保险基金风险预警机制的若干思考［J］. 中国医疗保险（8）：43-47.

孙洁，2018. 我国生育保险制度改革方向的探讨［J］. 中国社会保障（7）：

79-81.

朱恒鹏，2018. 城乡居民基本医疗保险制度整合状况初步评估［J］. 中国医疗保（2）：8-12.

侯万军，王汉章，王天龙，2018. 完善我国大病保险制度的几点建议［J］. 社会治理（3）：43-45.

宫晓霞，2018. 财政支持城乡居民养老保险制度：面临的风险及应对策略［J］. 经济社会体制比较（1）：45-53.

彭宅文，2018. 改革开放以来的社会医疗保险制度改革：政策范式转移与制度约束［J］. 社会保障评论，2（4）：56-74.

仇雨临，2019. 中国医疗保障 70 年：回顾与解析［J］. 社会保障评论，3（1）：89-101.

古钺，2019. 劳动保险制度的兴衰——新中国社会保险史话之二［J］. 中国社会保障（2）：10-11.

仇雨临，王昭茜，2019. 我国医疗保险制度发展四十年：进程、经验与展望［J］. 华中师范大学学报（人文社会科学版），58（1）：23-30.

贾玉娇，2019. 养老保险全国统筹的复杂性分析转向与框架［J］. 华中科技大学学报（社会科学版），33（1）：35-41.

房连泉，2019. 实现基本养老保险全国统筹的三种改革路径及利弊分析［J］. 北京工业大学学报（社会科学版），19（3）：8-16.

邱天平，2019. 初心不渝为民生——吉林省工伤保险事业改革发展综述［J］. 劳动保障世界（1）：8-9.

徐莉，2003. 论我国失业保险的制度创新［D］. 武汉：华中师范大学.

周毕芬，2003. 我国失业保险制度的历史回顾与现实思考［D］. 福州：福建师范大学.

管维，2009. 我国城镇医疗保险制度改革问题研究［D］. 天津：天津财经大学.

张慧霞，2011. 中国城镇社会养老保险政策变迁［D］. 北京：中国社会科学院研究生院：141.

齐艳华，2013. 中国失业保险制度变迁研究（1950—2012 年）［D］. 沈阳：辽宁大学.

陈谦，2014. 我国失业保险制度评估及改革研究［D］. 西安：西北大学.

封芬，2015. 现行失业保险制度促进就业功能的实证研究［D］. 南昌：江西财经大学.

张春丽，2015. 我国生育保险制度研究［D］. 哈尔滨：哈尔滨商业大学.

胡鹏，2015. 基本医疗保险运行及可持续发展的精算模型分析［D］. 大连：东北财经大学.

柯龙山，2016. 我国城镇养老金双轨制的历史演进与终结研究［D］. 福州：福建师范大学：86.

郄蔓丽，2018. 我国失业保险制度若干问题探析［D］. 济南：山东大学.

易芳，2018. 当前我国工伤保险制度的困境与突破［D］. 南昌：江西财经大学.

熊冯瑜，2018. 论我国工伤保险制度的立法完善［D］. 南昌：江西财经大学.

周恩来，1957. 关于劳动工资和劳保福利问题的报告［R］. 北京：八届三中全会.

谌伟，2015-05-29. 美国混合型长期护理保险分析［N］. 中国劳动保障报（003）.

任社宣，2017-02-07. 完善社会保障体系 提升管理综合效能［N］. 中国劳动保障报（004）.

陈凯，2017-02-21. 推进长期护理保险必须强调两个要点［N］. 中国保险报（007）.

戴卫东，2017. 推进长期护理保险制度建设的几点建议［N］. 中国劳动保障报（03）.

马向东，2017-11-08. 长期护理保险的改革路径［N］. 中国保险报（008）.

赵广道，2017-03-08. 全国政协委员戴皓：建立全国统一的长期护理保险受护标准［N］. 中国保险报（001）.

托马斯·麦金纳尼，2017-07-03. 美国长期护理保险市场的发展［N］. 中国保险报（007）.

卢驰文，2018-04-24. 基本养老保险中央收取调剂金制度的目标与功能定位［N］. 中国经济时报（005）.

郑秉文，2018-01-03. 构建长期护理保险体系应处理好八大关系［N］. 中国保险报（006）.

JEFFREY R. BROWN，AMY FINKELSTEIN，2009. The private market for long-term care insurance in the United States：a review of the evidence［J］. The journal of risk and insurance，76.

MICHAEL K. MC SHANE，LARRY A. COX，YANLING GE，2012. Early mover advantages：evidence from the Long-Term care insurance market［J］. The journal of risk and insurance，79.

JASON BROWN，MARK WARSHAWSKY，2013. The life care annuity：a new empirical examination of an insurance innovation that addresses problems in the markets for life annuities and long-term care insurance［J］. The journal of risk and insurance，80.

后记

本书是由团队合作、汇聚了集体智慧的研究成果。本书由丁少群提出总体框架和研究思路，经课题组成员共同讨论确定了写作大纲和写作分工。林义教授、陈滔教授、胡秋明教授等对本书的研究思路和写作大纲提出了宝贵的建议。各章撰写分工如下：导论由丁少群撰写；第一章~第三章由蹇滨徽撰写；第四章由蹇滨徽、丁少群、李培撰写；第五章~第八章由谭莉、林攀撰写；第九章~第十章由苏瑞珍、丁少群撰写；第十一章由苏瑞珍撰写；第十二章由王亚茹、丁少群撰写；第十三章~第十四章由王亚茹撰写；第十五章由丁少群、孙莉娟撰写；第五篇“新中国70年城乡社会保险制度变迁之重要事件索引”由各相应章节的撰写者收集整理、编辑而成。最后，全书由丁少群总纂定稿。

本书在编写过程中先后得到了西南财经大学老龄化与社会保障研究中心、西南财经大学保险学院、中国社会保障学会、四川省人力资源和社会保障厅、成都市医疗保障局、西南财经大学科研处、西南财经大学出版社等单位的大力支持，得到了西南财经大学林义教授、陈滔教授、胡秋明教授、孙蓉教授，以及首都经贸大学庹国柱教授、上海财经大学杨翠迎教授等的热情指导和帮助。在出版过程中，得到了西南财经大学出版社孙婧女士等的大力支持和帮助；西南财经大学保险学院研究生詹宇航、杨诗画等同学对本书进行了部分文字的编辑和校对工作。藉书成之际，谨向以上提供指导和帮助的单位和个人、向所有参与本书写作的学者，表示真诚的感谢！另外，本书的出版得到了国家社会科学基金项目、西南财经大学中央高校基本科研业务经费的资助。本书在编著过程中参考了国内外多部（篇）社会保险研究著作，在此向相关机构和人士致以诚挚的谢意！

由于我们水平有限，书中疏漏和错误在所难免，恳请读者批评指正，以便我们今后进一步修订和完善。

丁少群

2019 年 12 月于光华园